U0711488

商事仲裁
实务精要和案例指引

COMMERCIAL
ARBITRATION

PRACTICE
AND
CASE
GUIDELINES

谢国旺 于 澈 著

中国政法大学出版社

2021·北京

图书在版编目（ＣＩＰ）数据

商事仲裁实务精要和案例指引/谢国旺，于澈著.—北京：中国政法大学出版社，2021.2
ISBN 978-7-5620-9740-2

Ⅰ.①商… Ⅱ.①谢… ②于… Ⅲ.①国际商事仲裁 Ⅳ.①D997.4

中国版本图书馆CIP数据核字(2020)第225718号

出 版 者　　中国政法大学出版社

地　　址　　北京市海淀区西土城路 25 号

邮寄地址　　北京 100088 信箱 8034 分箱　　邮编 100088

网　　址　　http://www.cuplpress.com (网络实名：中国政法大学出版社)

电　　话　　010-58908289(编辑部) 58908334(邮购部)

承　　印　　固安华明印业有限公司

开　　本　　720mm×960mm　1/16

印　　张　　27.5

字　　数　　435 千字

版　　次　　2021 年 2 月第 1 版

印　　次　　2021 年 2 月第 1 次印刷

定　　价　　99.00 元

序 言

　　著名法国哲学家、数学家和科学家笛卡尔说过这样一句名言："要以探求真理为毕生的事业。"他做到了，也激励了一代又一代青年热烈地追求自己的事业。自从我十八年前在清华大学法学院听了杨良宜先生的仲裁讲座之后，我就热爱上了商事仲裁，希望以探求仲裁精髓、发扬仲裁精神为毕生的事业。

　　我国的仲裁事业尚处在发展期，特别是相比西方国家 300 多年的仲裁历史，我国直到 1995 年《中华人民共和国仲裁法》实施后才形成了较为完整的制度体系，相当年轻。但年轻不是关键，关键是有朝气、有发展。在当今中国经济水平不断提高、商业发展欣欣向荣的大好环境下，我国商事仲裁以前所未有的速度和规模蓬勃发展。目前，国内仲裁机构已经从 20 世纪 90 年代的 11 家增长至 300 余家，年收案数量从 1000 余件增长至逾 10 万件，年总收案标的从 50 亿元增长至逾 1000 亿元。仲裁已经成为我国商事纠纷解决机制中的重要支柱。我国仲裁已经不再是"懵懂少年"，他已经不断走向成熟和完美，也修炼出独特的人格和精神。

　　那么什么是仲裁的独特人格和精神？从《中华人民共和国仲裁法》的角度看，有三：一是仲裁出于自愿；二是仲裁要依据事实和法律；三是仲裁要独立和中立。概括说就是尊重意思自治，在纷繁的商事争议下抽丝剥茧、还原真相，尊重专业知识和专业判断。这些应该就是仲裁精神的一部分吧。

　　十八年来，我对仲裁的热爱和执着丝毫没有减少。在任职了多家仲裁员之后，我对仲裁有了更深的理解和感悟。仲裁员作为商事仲裁的裁决者，在被选任和选定后，在审理案件的整个过程中，无论是年轻的仲裁员还是资深的仲裁员，都肩负着一份沉甸甸的责任与使命，公正、公平、客观、专业、严谨、开阔等字眼时时刻刻都萦绕在脑海中。这可能是仲裁精神的另一个维度，也是我们做人、做事的要求与准则。

仲裁精神虽存在于无形，但也深入每一个仲裁人心中，体现在代代相传，体现在"传帮带"的执业关系中。我特别期望能通过一个有型的载体，将仲裁精神、仲裁思维、仲裁人格融入进去，让像我当年一样对仲裁向往而又迷茫的人，开启仲裁的大门，打开仲裁事业的天空。

历经一年多的时间，经过无数次大幅修改与小范围雕琢，本书终于成稿。书中既体现了仲裁的一般理论，又结合仲裁的典型案例进行分析，讲解法律分析逻辑和裁判规则，特别是书中绝大多数章节，选取了典型的商事争议进行法律实操和策略分析，将理论与实务相结合，二者相得益彰。

当然，我国的商事仲裁还有很长的路要走，"路漫漫其修远兮，吾将上下而求索"。《中华人民共和国民法典》将合同法、物权法等商事交易的基本法进行了融合，同时吸收了司法解释、典型判例既有规则，鼓励合同自由，强调契约公正。这对商事争议的解决具有十分重要的历史意义。乘着《中华人民共和国民法典》施行的东风，推动我国商事仲裁事业的发展，使之繁荣昌盛，既需要老一辈仲裁人传承帮扶，更需要青年一代投身于此，精耕细作。

著此书，与君共勉！

是为序。

CONTENTS 目 录

第九章　裁决后救济途径 / 302

第一章

中国商事仲裁新发展

第一节　中国商事仲裁的历史和状况

一、中国商事仲裁制度的建立与发展

中国商事仲裁最早可以追溯至清末。1896 年，清政府为了振兴商务实业，设立商务局兼理商事纠纷，并于 1904 年颁行了《商会简明章程》。该章程的颁布，以法律形式承认了商会受理商事纠纷的裁判权。辛亥革命后，北洋政府颁行了《商事公断处章程》，章程详细规定了公断处设立的宗旨、组织机构、职员的任选资格与程序、公断程序等方面内容。同时明确指出，商事公断处"对于商人之间商事之争议，立于仲裁地位，以息讼和解为主旨"。至此，中国商事仲裁制度的雏形渐显，有法可循。

第二次国内革命战争时期和解放战争时期，在中国共产党的领导下，革命根据地和解放区也建立了仲裁制度。1943 年晋察冀边区颁布了《关于仲裁委员会的工作指示》，规定了仲裁委员会的性质、任务和权限。

20 世纪 50 年代后，由于历史原因，商事仲裁的发展受到了阻碍。到 20 世纪 80 年代初期，商事仲裁活动又重新活跃起来。中国的商事仲裁在改革开放后取得了长足发展，为了应对对外贸易中出现的商事纠纷，国务院决定将"对外贸易仲裁委员会"变更为"对外经济贸易仲裁委员会"，并扩大了案件的受理权限和受理范围。20 世纪 90 年代之后，北京仲裁委员会、广州仲裁委员会等一批仲裁委员会按照《中华人民共和国仲裁法》（以下简称《仲裁法》）的规定建立起来。

1994 年第八届全国人大常委会第九次会议通过了《仲裁法》，在中国确立了统一、规范、符合国际习惯的仲裁制度，《仲裁法》的颁行是中国仲裁制度发展的里程碑。

二、中国商事仲裁的现状

（一）商事仲裁行政化与去行政化

1954 年 5 月，中央人民政府政务院通过了《关于在中国国际贸易促进委员会内设立对外贸易仲裁委员会的决定》。1956 年 3 月，中国国际贸易促进委员会通过了《中国国际贸易促进委员会对外贸易仲裁委员会仲裁程序暂行规则》。根据国务院的决定，1959 年初中国正式成立了海事仲裁委员会，并制定了相应的仲裁规则，以处理我国对外贸易产生的经济纠纷。这一时期的仲裁制度与当时的计划经济体制相适应，国务院以苏联当时的行政仲裁制度为蓝本，建立了行政仲裁制度。当事人之间的商事及经济合同纠纷，只能通过带有行政特色的仲裁委员会进行仲裁和处理。

随着中国经济的发展，为适应改革开放和民间商事仲裁需求，1983 年 8 月，国务院发布了《中华人民共和国经济合同仲裁条例》，将行政权力部分下放，条例明确规定了经济合同的仲裁机关是国家工商行政管理局和地方各级工商行政管理局设立的经济合同仲裁委员会。直到 1991 年《中华人民共和国民事诉讼法》（以下简称《民事诉讼法》）和 1994 年《仲裁法》公布，我国才正式确定了现行的仲裁制度，将仲裁机构改为民间机构的体制，与行政机构脱钩。

（二）中国仲裁规则概况

仲裁规则是指在仲裁过程中应当遵循和运用的程序规范，仲裁机构订立仲裁规则的目的是为当事人提供一套公正合理、科学方便的争议解决程序。按照法律规定，我国国内的仲裁规则和涉外的仲裁规则分别由中国仲裁协会和中国国际商会制定，但目前，中国仲裁协会仍然没有成立。因此，目前中国的国内仲裁规则由各个仲裁委员会制定的暂行规则组成。

（三）仲裁裁决的司法审查概况

为了规范人民法院办理的仲裁裁决执行案件，确认当事人的权利归属，切实保障当事人以及案外人的合法权益，2017 年 12 月 26 日，最高人民法院发布了《关于仲裁司法审查案件报核问题的有关规定》（法释〔2017〕21 号）和《关于审理仲裁司法审查案件若干问题的规定》（法释〔2017〕22 号），上述文件是最高人民法院自 2006 年颁布并实施《关于适用〈中华人民共和国仲裁法〉若干问题的解释》（法释〔2006〕7 号）（以下简称《仲裁法解释》）之后，再次以司法解释的方式详细规定了关于仲裁法的适用及仲裁裁决的司法审查问题。2013 年至今相继出台了一系列法律和司法解释，经过了《民事诉讼法》修订、最高人民法院出台《关于适用〈中华人民共和国民事诉讼法〉的解释》（法释〔2015〕5 号），2016 年和 2017 年连续两年最高人民法院出台关于仲裁裁决司法审查的司法解释，既说明我国司法机关对商事仲裁的重视程度在不断增加，也说明商事仲裁遇到了新的问题和新的情况，需要不断通过法律更新来弥补漏洞。总的来看，以上种种说明了商事仲裁繁荣发展的趋势。

三、中国商事仲裁与世界接轨

据统计，国际商会仲裁院作为传统国际仲裁机构，其近年来受理的案件中，中国当事人参与的案件比例不断增加。国内商事仲裁机构中，以中国国际经济贸易仲裁委员会为代表的仲裁机构使用英语或中英双语的案件数量也呈上升趋势。由此不难看出，我国当事人参与国际商事仲裁案件的数量增加，中国商事仲裁的国际化程度也得到了同步提升。特别是近年来，我国开放化水平不断提高，联合国国际贸易法委员会《国际商事仲裁示范法》被我国部分仲裁机构认可甚至直接适用，我国仲裁机构及仲裁员参加联合国国际贸易法委员会相关会议，参与联合国相关贸易规则制定与研讨，都体现出我国商事仲裁与国际商事仲裁的融合度有所增进。

第二节　中国商事仲裁机构的发展状况

一、中国商事仲裁机构与其发展

进入到 21 世纪，在改革开放经济发展的不断驱动下，为了满足商事纠纷专业化解决需求，商事仲裁机构的数量不断增加，解决方式日趋多元化。根据《仲裁法》第 10 条的规定，仲裁委员会可以在直辖市和省、自治区人民政府所在地的市设立，也可以根据需要在其他设区的市设立，不按行政区划层层设立。仲裁委员会由前款规定的市的人民政府组织有关部门和商会统一组建。上述条款明确规定了仲裁委员会的成立条件，即仲裁机构的设立不再需要经过中央部门的批准，商事仲裁机构成立的门槛被大大降低。总体而言，仲裁机构的地区分布呈现出东部多、西部少的特点，东部各省基本都在较大的地级市设立了仲裁委员会。《仲裁法》明确了商事仲裁机构的成立条件后，商事仲裁机构不仅大量增加，已经成立的部分商事仲裁机构也出现了为适应市场发展合并、分立的情况，历史遗留问题如何处理，也成了商事仲裁机构征集解决中的重要一环。[1]

商事仲裁机构设立门槛降低，加快了商事仲裁的发展，各省、市设立商事仲裁机构，在一定程度上将商事仲裁案件分流，提高了仲裁效率。但是仲裁机构门槛降低，也产生了一系列问题，比如部分仲裁机构专业化水平有待提高，某些仲裁机构只重视商业化利益而忽视法律与公正等。

二、当今活跃的商事仲裁机构

随着商事仲裁的发展及仲裁机构数量的增加，仲裁机构之间的差异日益显现。

通常来说，经济越是发达的地区商事仲裁机构越活跃，商事活动伴随着大量的资金流转和合同行为，仲裁是化解商事经济纠纷的一大重要途径，因此，设立在北京、上海、广州、深圳、天津等地的仲裁机构相对活跃。

新中国成立后最早设立的中国国际经济贸易仲裁委员会，因其仲裁规则相对完善、组织机构科学、仲裁员自身专业素质过硬，得到了商事仲裁领域的普遍认可。中国国际经济贸易仲裁委员会的总会设在北京，并分别于1989年、1990年、2009年在深圳、上海和重庆设立了分会，不断扩展业务。北京仲裁委员会是另一较为活跃的仲裁机构。在华南地区，广州仲裁委员会是较为活跃的商事仲裁机构之一，业务范围广泛，下设南沙国际仲裁中心，充分利用其地理位置优势，处理东南亚地区的商事争议。

---

〔1〕 见案例1-1双方在仲裁协议中约定的仲裁机构，与其他仲裁机构合并后成为该仲裁机构的分支机构，该仲裁协议是否有效？当事人与仲裁庭对争议的法律关系认定不一致，仲裁庭是否应就该差异所适用法律及法律后果进行释明？

三、新时代的特色商事仲裁机构

党的十八大以来，为了响应国务院《进一步深化中国（上海）自由贸易试验区改革开放方案》中提出的"探索建立全国性的自贸试验区仲裁法律服务联盟"要求，一大批新兴的具有特色的商事仲裁机构建立起来。这些新时代的商事仲裁机构大都采取行业共建、民主自律的管理模式，体现出我国新时期商事仲裁发展的新趋势。

（一）中国自贸区仲裁合作联盟

2015年4月中国自贸区仲裁合作联盟在深圳前海成立。中国自贸区仲裁合作联盟是由上海国际经济贸易仲裁委员会、华南国际经济贸易仲裁委员会、天津仲裁委员会、珠海仲裁委员会、南沙国际仲裁中心等机构联合发起，经联盟特别邀请，中国其他沿海开放城市的仲裁机构也可以成为特邀成员。作为新时代的仲裁机构，合作联盟具有较强的开放性，旨在集聚优质的仲裁资源，提高中国商事仲裁的专业水平。

（二）"一带一路"倡议中的商事仲裁机构

党的十八大后，关于中国经济发展的另一件大事是"一带一路"倡议的提出，为配合"一带一路"倡议的顺利运行，武汉仲裁委员会发起并组建了"一带一路"（中国）仲裁院，受理"一带一路"倡议所涉及的建设工程和商事项目争议。"一带一路"（中国）仲裁院的设立正顺应了发展需要，由在国内设立的商事仲裁机构处理涉外工程争议，不仅为国内企业节约了大量时间、物力成本，更能大大提升争议解决的效率。另外，"一带一路"沿线国家法律体系不同，法律裁判水平也有不同的差异，相比而言专业化的商事仲裁能使双方当事人的利益得到更有效的保障。因此，商事仲裁将会成为解决涉外商事纠纷的主要途径。

（三）南沙国际仲裁中心

2012年我国设立三沙市之后，南沙地区作为东南亚商事贸易交叉地带，与香港地区、澳门地区、广东及其他东南沿海各省的商事贸易关系愈加密切。为了增强南沙新区发展的活力与动力，由广州仲裁委员会、香港与澳门地区的仲裁机构及法律专家共同组建了非营利性的国际商事仲裁平台即南沙国际仲裁中心，该仲裁中心提供了粤港澳三地的仲裁规则以及《联合国国际贸易法委员会仲裁规则》供当事人自主选择适用，更能体现出当事人的意思自治，也显现出我国商事仲裁机构的国际化趋势。

案例 1-1 双方在仲裁协议中约定的仲裁机构，与其他仲裁机构合并后成为该仲裁机构的分支机构，该仲裁协议是否有效？当事人与仲裁庭对争议的法律关系认定不一致，仲裁庭是否应就该差异所适用法律及法律后果进行释明？

案情简介：

资阳市某城市建设投资有限公司（以下简称"城投公司"）与四川省资阳市某房地产开发有限公司（以下简称"房地产公司"）双方签订的《S106线排水涵洞配置土地整理借支协议》（以下简称《借支协议》）中约定了仲裁条款，双方选择的仲裁委员会名为"成都仲裁委员会资阳办事处"。成都仲裁委员会裁决了该案件，一方当事人认为双方真实意思表示是选择设立在资阳的仲裁机构。

另外，一方当事人提出，其主张的法律关系与仲裁庭据以审理的法律关系不一致，仲裁庭也未就其区别及结果进行释明。

裁判结果：

房地产公司与城投公司签订的《借支协议》中包含仲裁条款，即第8条："如产生争议，甲、乙双方协商解决，协商不成，申请成都仲裁委员会资阳办事处仲裁。"《成都仲裁委员会仲裁规则》第2条第3款规定："当事人约定的仲裁机构名称为本会设立的分会、本会设立的行业或专业仲裁院的（包含全称和简称），视为当事人同意将争议提交本会仲裁。"房地产公司与城投公司于2013年1月7日签订《借支协议》，当时资阳办事处为成都仲裁委员会设立的分支机构，根据《成都仲裁委员会仲裁规则》第2条第3款的规定，可以认定双方同意将争议提交成都仲裁委员会仲裁。故成都仲裁委员会具有管辖权。

关于当事人主张的法律关系的性质与仲裁机构根据案件事实作出的认定

不一致时，（2017）成仲案字第118号案件的仲裁庭没有向当事人释明就擅自裁决，违反了法律规定的问题，在该仲裁案件中，房地产公司认为《借支协议》系民间借贷合同，城投公司认为该案属于借款合同纠纷，成都仲裁委员会认定本案案由为借款合同纠纷，并认定《借支协议》包含了垫支还款关系和民间借贷关系两种不同的法律关系，应分别适用《中华人民共和国合同法》（以下简称《合同法》）及相关司法解释和《最高人民法院关于审理民间借贷案件适用法律若干问题的规定》。成都仲裁委员会上述认定属于成都仲裁委员会对借支数额的区分，对适用法律依据的释明。成都仲裁委员会按照上述认定的法律关系审理该案，城投公司也按照上述法律关系对该案进行了充分抗辩。成都仲裁委员会对该案的审理不影响城投公司的抗辩权，该情形不属于违反仲裁法规定的仲裁程序和当事人选择的仲裁规则可能影响案件正确裁决的情形。因此，城投公司提出的成都仲裁委员会没有向当事人释明就擅自裁决，违反了法律规定的主张不能成立。

本案要旨：

本案中，双方当事人签订仲裁协议时约定的仲裁机构后与其他仲裁机构合并，成为另一仲裁机构的分支机构，按照合并后的仲裁机构的仲裁规则，合并后的仲裁机构有权对分支机构管辖的案件进行裁决。

一方当事人认为《借支协议》系民间借贷合同，另一方当事人认为该案属于借款合同纠纷，成都仲裁委员会认定本案案由为借款合同纠纷，并认定《借支协议》包含了垫支还款关系和民间借贷关系两种不同的关系，应分别适用《合同法》及相关司法解释和《最高人民法院关于审理民间借贷案件适用法律若干问题的规定》。仲裁机构已经对法律关系及适用法律进行释明，仲裁庭对法律关系及适用法律进行释明并非法律规定，而是为了保障双方实体权利如抗辩权的有效实现。本案中，仲裁机构不仅释明了法律关系及法律依据，双方也就此法律关系下的争议焦点进行了充分举证与抗辩，并未影响审理的公正。

第三节 中国商事仲裁机构仲裁规则的发展

一、仲裁规则发展的特点

（一）由封闭走向开放、完善

理论上的仲裁规则，包括仲裁机构制定的仲裁规则和当事人自行拟定的仲裁规则，但在实践中，我国不存在当事人自行拟定仲裁规则的情况。按照法律规定，当事人在约定仲裁条款时，应当默认适用选定的仲裁机构的仲裁规则，受到该仲裁规则的拘束，只有在选定的仲裁机构允许当事人在几个仲裁规则中做出选择时，当事人才可以在该范围内自行选择仲裁规则。这种相对选择权的形成，主要是考虑到商事仲裁规则的制定非常烦琐，制定该规则需要非常完备的法律知识和宏观意识，不是一般当事人能操作的，所以我国也从法律层面明确了这一点。

根据《仲裁法》第 75 条的规定："中国仲裁协会制定仲裁规则前，仲裁委员会依照本法和民事诉讼法的有关规定可以制定仲裁暂行规则。"该法条的立法意图是将仲裁规则的制定权授予中国仲裁协会，各仲裁委员会的仲裁规则不具备通用功能。仲裁规则的作用是为仲裁员和参与仲裁的当事人提供程序、权利义务的规范和指引，仲裁规则一经当事人确定，仲裁参加人必须遵守，仲裁规则带有一定强制性。因此，在过去近二十年的仲裁实践中，仲裁机构要求仲裁参加人必须接受其已制定的仲裁规则。这体现了仲裁规则的封闭性。

近几年，随着我国经济发展水平提升，对外开放程度加深，不少仲裁机构意识到，封闭的仲裁规则已经不能满足日益多元化的仲裁需求，有的仲裁机构允许当事人选用其他仲裁机构制定的仲裁规则，或允许当事人对其已制定仲裁规则进行部分内容条款的修改，以适应当事人的需要，如前文提到的南沙国际仲裁中心，但相应的争议也随之而来。[1] 另外，部分仲裁机构为

---

〔1〕 见案例 1-2 仲裁条款中约定仲裁机构为 a 机构，约定适用 b 仲裁机构的仲裁规则，该仲裁条款有效吗？

了避免仲裁规则与时代脱节，也为了不断完善规则，更好地服务于仲裁参加人，会定期调整、修订仲裁规则，例如北京仲裁委员会的仲裁规则平均两年就要修订一次。

（二）国内各仲裁机构之间、国内与国际仲裁机构之间，规则趋同

2010 年，联合国国际贸易法委员会完成其 1976 年仲裁规则的修订。同年，新加坡国际仲裁中心也开始施行 2010 年版仲裁规则。2012 年，国际商会仲裁院和中国国际经济贸易仲裁委员会开始施行 2010 年版仲裁规则。上述更新后的规则，都带有一定程度的相同性，部分条款甚至是对《联合国国际贸易法委员会仲裁规则》的直接引用。从国内的商事仲裁机构来看，将国内商事仲裁机构和国际商事仲裁机构（如国际商会仲裁院、伦敦国际仲裁院、美国仲裁协会等世界著名商事仲裁机构）的仲裁规则稍加比较就可以发现，其基本规则没有本质上的区别。回看我国各地仲裁机构，其仲裁规则也体现出一定趋同性，甚至某些地区，已经开始由省级政府法制办推动成立本地的仲裁行业自治协会，统一省内仲裁机构的仲裁规则。

二、仲裁紧急措施

仲裁紧急措施一般是指仲裁庭根据当事人的申请，发出以保全财产或保全证据为目的的临时指令措施，以向申请方提供紧急救济。在仲裁实践中，仲裁庭开庭以前，仲裁庭组成人员的选定，往往要耗费较长时间，在这段时间内，可能会出现某些特殊情形，如果不采取紧急措施将会给当事人造成不利后果并对将来的仲裁裁决结果产生影响，当事人只能选择向法院申请保全，这与协议选择仲裁解决纠纷的初衷相违背。

（一）国际仲裁规则中的仲裁紧急措施

国际商会仲裁院作为目前世界上最有影响力的国际商事仲裁机构之一，在仲裁紧急措施方面做出了尝试，其制定的仲裁规则中包括了紧急仲裁申请提交的时间、申请书的要求、申请的审查、具体程序、紧急措施申请程序仲裁员的回避等详细内容，为中国商事仲裁机构制定关于仲裁紧急措施的规则提供了参考。

以新加坡仲裁机构的紧急仲裁规则为例，新加坡的仲裁机构要求当事人申请紧急仲裁时必须要向仲裁机构申请，并说明申请紧急仲裁的理由。《新加

坡国际仲裁中心仲裁规则》（2010 年第 4 版）之"附则一"第 1 项对当事人提交的紧急救济书面申请作了一些条件限制，如书面申请须陈述申请救济的性质，说明以紧急情况请求本项救济的理由，当事人还须提供证据证明申请书已送达其他所有当事人并按照主簿指示缴费。在紧急救济程序结束后，紧急仲裁员不得继续在与该争议有关的任何仲裁程序中再担任仲裁员，但当事人另有约定的除外，这是为了保证仲裁员的中立地位，使仲裁员不被之前的案情所影响，是"程序一次原则"的体现。新加坡的紧急仲裁规则直接确定紧急仲裁和普通仲裁一样拥有最终的裁决地位，紧急仲裁员有权决定适用本规则分摊费用的具体方法，并以此决定费用分摊，此决定是终局决定，不可申诉。

（二）我国仲裁紧急措施相关规定

中国多家仲裁机构也在借鉴外国紧急仲裁制度的基础上不断修订仲裁规则，以应对当事人申请临时救济的需求。以北京仲裁委员会为例，《北京仲裁委员会仲裁规则》（2015 年版，下同）第 62 条和第 63 条分别规定了临时措施和紧急仲裁员制度。根据当事人的申请，仲裁庭可以采取其认为适当的临时紧急措施。这一点依据了新加坡的仲裁规则，要求有当事人的申请才能启动紧急仲裁程序，同时，北京仲裁委员会规定的仲裁员回避制度也是模仿了新加坡有关紧急仲裁员"程序一次"的理念，保障庭审的公正性。

当然，中国的紧急仲裁制度现在还处于不断地探索前进之中，中国的仲裁机构在实践中不断总结经验，外国的紧急仲裁制度的发展也为中国仲裁规则提供了重要参考。

案例 1-2 仲裁条款中约定仲裁机构为 a 机构，约定适用 b 仲裁机构的仲裁规则，该仲裁条款有效吗？

案情简介：

北京某股份有限公司（以下简称"A 公司"）、某移动（中国）投资有限公司（原芬兰某移动通信设备生产公司，以下简称"B 公司"）之间签订仲裁协议，协议约定："因签署或履行本协议而引起或与本协议有关的任何争议应由本协议各方通过友好协商解决。权利主张方（'申请人'）应立即向另一方（'被申请人'）发出注明日期的通知，告知另一方已经发生了争议，并向其描述争议的性质。如在该等有关争议的通知之日后 60 日内双方未通过友好协商达成和解，任何一方可将争议事件提交中国国际经济贸易仲裁委员会（'贸仲'），由 3 名仲裁员（不包括芬兰或中国公民）组成仲裁庭，根据国际商会的调解仲裁规则（'仲裁规则'）及本协议第 10.2 条的规定在北京进行终局仲裁。"该协议第 10.2 条（b）款约定："仲裁庭由 3 名仲裁员组成。申请人和被申请人各指定 1 名仲裁员，该 2 名仲裁员应联合指定第 3 名仲裁员。如在当时有效的仲裁规则规定的时间限度内，申请人和被申请人未能各自指定 1 名仲裁员，或双方指定的 2 名仲裁员未能指定第 3 名仲裁员，则相关指定应由仲裁委及时作出。"

即双方选定由贸仲仲裁，但适用国际商会仲裁规则。

双方要求适用的 1988 年《国际商会调解和仲裁规则》在《股权转让协议》签订时已经失效，国际商会现行有效的仲裁规则为 1998 年《国际商会仲裁规则》。但 A 公司认为在此情形下贸仲不应当适用 1998 年《国际商会仲裁规则》，而应当适用贸仲的仲裁规则；B 公司则认为应当适用 1998 年《国际商会仲裁规则》或 1988 年《国际商会调解和仲裁规则》。此后，贸仲针对双方当事人的上述争议作出决定，决定适用 1998 年《国际商会仲裁规则》审理案件。

裁决作出后，A 公司以贸仲据以裁决的仲裁规则不是当事人约定的仲裁规则为由，申请撤销仲裁裁决。

裁判结果：

A 公司与 B 公司就其约定的仲裁规则的理解与适用问题产生争议后，如果双方在仲裁程序中能够对仲裁规则的适用达成新的一致意见，那么则应当依据《中国国际经济贸易仲裁委员会仲裁规则》（2005 年版）第 4 条第 2 款的规定，适用双方一致选择的仲裁规则；如果双方在仲裁程序中不能对仲裁规则的适用达成新的一致意见，那么由于仲裁规则的确定是仲裁案件继续审理的必要前提且双方当事人已经一致认可由贸仲行使仲裁案件的管辖权，因此贸仲有权对当事人在仲裁条款中约定的仲裁规则应当如何理解与适用问题作出决定。本案中，A 公司与 B 公司在仲裁程序中未对仲裁规则适用问题达成新的一致意见，贸仲针对双方有关争议作出了适用 1998 年《国际商会仲裁规则》的决定，并将决定内容及其原因告知双方当事人，双方当事人亦在 2012 年 11 月 6 日的会议后及 2013 年 9 月 13 日签订《审理范围书》时对适用 1998 年《国际商会仲裁规则》予以确认。结合以上论述，法院认为，本案中贸仲针对双方当事人有关仲裁规则适用产生的分歧意见行使决定权并未违反法定程序。至于贸仲决定适用 1998 年《国际商会仲裁规则》是否妥当，只要其不违反《仲裁法》第 58 条的规定，则不属于人民法院司法干预的范围。

本案要旨：

1. 当事人选定的仲裁机构、仲裁规则不同，即选定的仲裁规则不是选定的仲裁机构的规则，不影响仲裁协议效力，但程序在实际仲裁中运用繁杂。

2. 在当事人选定适用的仲裁规则失效的情况下，仲裁机构在不背离当事人意愿的前提下，有权决定适用何种仲裁规则。

第四节　网上仲裁与临时仲裁创新

一、网上仲裁概况及对网上仲裁合法性的探讨

（一）网上仲裁

网上仲裁，来自于英文 Online Arbitration 或者 Cyber Arbitration。联合国贸易与发展会议前秘书长赫尔曼先生（Gerold Hemnann）将网上仲裁称为 Cybitration。有人根据网上仲裁的虚拟性特征将其称为 Virtual Arbitration，也有人根据英文将网上仲裁称为"在线仲裁"。

网上仲裁是一种在虚拟空间所进行的虚拟程序。与常规仲裁中信息的传输与交换主要借助普通邮寄、邮政快递、电报及传真等传统的通信手段不同，网上仲裁主要借助网络技术如电子邮件进行信息的即时传输与交换，所有信息均主要以数字化形态经由互联网快速传递。

网上仲裁程序进行的方式及信息的处理加工在一定程度上均依赖于网络技术。因此，在网上仲裁程序中，技术软件发挥着重要作用。网上仲裁成功

与否在很大程度上取决于是否拥有强大的信息处理软件。由此，网络技术在一定程度上代替了仲裁员的部分工作，电脑在一定程度上代替了人脑。网络技术与仲裁员相互协调与互动的方式在很大程度上决定了网上仲裁程序进行的方式。

（二）我国的网上仲裁

目前，部分初步具备实施网上仲裁条件的仲裁机构已经开始了网上仲裁的探索。例如，广州仲裁委员会于 2007 年在中国商事仲裁网开辟了网上仲裁网页，开通网上仲裁审理，同时广州仲裁委员会也在积极筹备电子商务网上仲裁的相关事宜。上海仲裁委员会、西安仲裁委员会也已开始探究和试行网上仲裁。

但是，我国网上仲裁仍处于起步阶段，这与我国商事贸易的快速发展不匹配。快捷高效的网上仲裁能够为商事贸易提供与其自身特性相适应的争议解决方式，有利于国内乃至国际商事业务的发展。实际上，我国政府已经认识到网上仲裁的重要性。早在 2007 年，国务院法制办公室便与欧盟合作，组建了在线仲裁项目办公室，对在线仲裁进行系统的专题研究。项目办公室主要由中国专家和欧洲专家组成，由国务院原信息化办公室和中国欧盟信息化项目办公室担任支持单位，由国务院法制办公室担任业务领导单位。项目办公室已于 2007 年底向国务院法制办公室、国务院原信息化办公室、欧盟正式提交了《在线仲裁研究报告》。

我国现行的《仲裁法》并没有对网上仲裁作出规定，立法层面上还属于空白状态。不过，对于能否将线下仲裁的规定延伸至网上仲裁，立法并无禁止性规定，这在客观上为网上仲裁的发展留下了空间。

我国《仲裁法》第 16 条第 1 款规定："仲裁协议包括合同中订立的仲裁条款和以其他书面方式在纠纷发生前或者纠纷发生后达成的请求仲裁的协议。"也就是说，"书面形式"是仲裁协议的生效要件，但"其他书面方式"这种原则性、概括性的用语，为之后对"书面形式"的扩张解释留下了足够的空间。在我国随后的立法活动中，为适应国际仲裁发展的最新潮流，鼓励以仲裁的方式解决争端，最高人民法院多次以司法解释的形式逐步放宽了对仲裁协议"书面形式"的要求，承认了海运提单、通过援引等方式达成的仲裁协议的效力。

从仲裁程序的角度来讲，《仲裁法》并未禁止仲裁程序在线进行，其只对仲裁庭组成等问题作了相对原则性的规定，而对仲裁程序以何种方式进行以及仲裁文书的送达方式等均没有具体规定。因此，这可以由当事人协议约定，或者由仲裁机构的仲裁规则予以规定。当事人选定某仲裁机构，如无明确说明，则可默认为适用该仲裁机构的仲裁规则。据此，当事人可以约定或者仲裁规则可以规定仲裁程序在网上进行，仲裁文书可于网上送达。由于《中华人民共和国电子签名法》（以下简称《电子签名法》）已经确认了数据电文的书面形式效力，因此《仲裁法》第24条、第33条及第42条等规定的书面通知可以电子形式向当事人发送，但应当采取相应措施确保当事人收到电子通知。此外，《仲裁法》同时认可开庭审理和书面审理，也未对开庭审理的方式作出具体规定。

因此，不仅当事人可以通过电子方式向仲裁庭提交案件陈述及相关证据，由仲裁庭依据所提交的材料进行书面审理；而且仲裁庭也可以借助网上聊天室、网络视频会议及其他网络软件和技术进行开庭审理。

（三）网上仲裁存在的问题

当事人之所以将案件提交给仲裁机构裁判，是因为仲裁机构作为第三方中立机构具有公正性和权威性。网上仲裁的最大问题在于其真实性、公正性受到来自网络技术的挑战。首先，《仲裁法》规定了仲裁员的条件和产生，而网上仲裁没有统一的仲裁员选拔标准，这使商事仲裁裁判专业化、裁判中立性的特点不能得到体现。其次，传统仲裁中的仲裁员不一定能够胜任网上仲裁员的工作，因为网上仲裁涉及电子信息、网络技术等专业技术问题，一旦网络仲裁员在电子技术上存在操作不当的问题，就会对仲裁裁决的真实性产生影响。网上仲裁的仲裁员除了法律、商业、技术的知识积淀外，还需要接受网络技术的培训。最后，网络仲裁的选择往往基于格式条款，而格式条款的效力一般不被认可[1]。例如，消费者在电子商务平台购买服务或者产品时，商家往往会提前拟定好仲裁条款，选定好特定的仲裁机构。网上仲裁机构作为商业化运行的机构，而电商平台能为网上仲裁机构提供大量业务，即

---

[1] 见案例1-3证券公司拟定的融资融券格式合同是否会导致其中的仲裁条款无效？案例1-4格式条款中的仲裁条款，究竟何时才无效？

网上仲裁机构因电商平台的仲裁业务产生了大量利润，此时，电商平台即与网上仲裁机构产生了"合作伙伴"关系，如此情况下，网上仲裁机构如果总是作出不利于该商家的裁决，则必然会导致与该商家的"合作伙伴"关系终结，结果是该仲裁条款拟订者不再指定由该网上仲裁机构解决其与其消费者之间的争议。因此网上仲裁可能在裁判过程中，有形或无形地给予商家一定的倾向性。

网上仲裁的程序、仲裁地的确定、网上仲裁裁决结果的承认和执行问题都是影响网上仲裁能否被大众普遍接受为新型纠纷解决形式的因素。这些因素能否阻碍网上仲裁的发展脚步，或者说网上仲裁能否冲破这些因素的限制，理论和实践上也正在积极地寻找相应的对策。例如有关裁决的形式问题，裁决以电子形式作出虽然不符合《仲裁法》的现行规定，但是否足以构成违反社会公共利益本身尚值得探讨。在现有法律未认可电子裁决的情形下，仲裁庭或仲裁机构在电子裁决之后，将纸本打印并签署盖章的裁决送达当事人，能否足以避免法律障碍以及是否因裁决不具备法定形式而不被法律认可？由此可见，网上仲裁的合法性问题是能够在法律框架内寻求到合理的解决办法的。

二、临时仲裁的概念及临时仲裁在国内的现状

临时仲裁是指依据当事人之间的仲裁协议，在争议发生后，由双方当事人推选仲裁员临时组成仲裁庭进行仲裁，该仲裁庭仅负责审理本案，并在审理终结、作出裁决后即自行解散。也就是说，在临时仲裁的情况下，仲裁庭和仲裁机构的概念是一致的。临时仲裁一般无固定的组织、地点、人员和仲裁规则，它在审理争议并作出裁决后，即行解散。

临时仲裁在世界各国日益受到青睐，从各国商事的立法实践中看，大多数国家的仲裁法都承认和采纳临时仲裁判度。奥地利、比利时、德国、美国、丹麦、芬兰、法国、英国、意大利、荷兰、挪威、瑞典等多个国家的仲裁制度中都规定了临时仲裁制度。作此规定的国际公约有 1958 年《承认及执行外国仲裁裁决公约》（以下简称《纽约公约》）、1961 年《关于国际商事仲裁的欧洲公约》和 1975 年《美洲国家国际商事仲裁公约》。尤其是 1976 年《联合国国际贸易法委员会仲裁规则》，它主要供临时仲裁使用。1985 年联合国国际

贸易法委员会《国际商事仲裁示范法》亦是如此。

纵观我国《仲裁法》条文的规定，并没有关于临时仲裁的条文，换言之，我国尚不承认境内的临时仲裁裁决。从临时仲裁的制度价值角度来说，临时仲裁和普通仲裁发挥的作用是一样的，甚至在小额仲裁、紧急仲裁的情况下，临时仲裁庭更能发挥出仲裁的高效率优势。临时仲裁制度事实上已由我国加入的《纽约公约》第1条第3款确立。既然认可该条约中的约定，却在现行制度中并无体现，不能不说是一个重要的缺漏。我国在加入公约后需要承认他国的临时仲裁机构作出的仲裁裁决，我国当然也有权成立临时仲裁庭，所作的临时仲裁裁决在外国也具有约束力和执行力。

在临时仲裁机制下，仲裁庭和仲裁机构具有相同的性质，当事人自然可以约定由临时仲裁庭管辖案件。虽然我国在法律层面上并没有承认境内临时仲裁的效力，但各个仲裁机构自行制定的仲裁规则却对临时仲裁作出了相应的规定，说明临时仲裁在我国存在生存的土壤和需求。例如广州仲裁委员会为了规范临时仲裁机构的运行，和仲裁机构进行对接，制定了《临时仲裁与机构仲裁对接规则》，对临时仲裁的送达、仲裁员的选取、人数、仲裁员的回避、调解等仲裁环节加以具体规定。

综上所述，临时仲裁是灵活而有效率的争议解决方式，在我国建立临时仲裁制度是尊重当事人意志、提高我国仲裁的国际竞争力、促进我国市场经济发展和适应多样化仲裁形式的需要。以长远的眼光来看，临时仲裁制度还是会被纳入《仲裁法》之中，通过法律框架来保障临时仲裁裁决的执行力。

案例 1-3 证券公司拟定的融资融券格式合同是否会导致其中的仲裁条款无效？

案情简介：

申请人桂某、被申请人某证券股份有限公司签订了《融资融券合同》（合同编号：Z0285603），就申请人到被申请人处开通融资融券业务事宜进行约定。其中该合同第80条约定："本合同履行过程中如发生争议，应由双方友好协商解决。协商解决不成的，双方一致同意将争议提交至位于上海市的上海金融仲裁院依据其规则仲裁解决。"

桂某称该仲裁条款无效，其主要理由为：首先，《融资融券合同》系被申请人提供的格式合同，被申请人在双方签约时并未提示申请人该合同中有仲裁条款，被申请人一方采取胁迫手段迫使申请人签订《融资融券合同》，该合同中的仲裁条款应属无效；其次，仲裁的费用太高，申请人无法承担此费用。申请人向法院提交《融资融券交易风险揭示书》《融资融券合同》作为证据，证明《融资融券合同》为格式合同，被申请人未提示申请人该合同中存在仲裁条款。

某证券股份有限公司认为，其在申请人开通融资融券时已尽到提示义务，该公司的客户经理已经当面提示申请人要阅读所有的合同条款，包括在《融资融券合同》的"鉴于"条款、开户协议书等文件中均以书面形式提示申请人认真阅读相关文件。

裁判结果：

该合同"鉴于"部分的第3条载明："甲方确认，已充分理解本合同内容，愿意自行承担风险和损失。"在申请人签署的《融资融券交易风险揭示书》上，合同尾部以黑体字载明："……投资者在参与融资融券交易前，应认真阅读相关业务规则及《融资融券合同》条款……"

本案中，《融资融券合同》第7条中约定签约各方关于争议提交仲裁的意思表示一致，该合同中约定的仲裁机构为"位于上海市的上海金融仲裁院"，应系指上海仲裁委员会下设的上海金融仲裁院，仲裁事项为该合同履行过程中发生的争议，并未超过法律规定的仲裁范围。该仲裁条款内容明确具体，符合我国仲裁法规定的有效仲裁协议的构成要素。

申请人要求确认系争仲裁条款无效的主要理由在于《融资融券合同》系格式合同，被申请人并未提示申请人其中存在仲裁条款，申请人签约时存在被胁迫情形，故仲裁条款无效。对此，法院认为，虽然《融资融券合同》系被申请人提供的格式合同，但其中的仲裁条款属于对争议解决方式的约定，系双方将争议提交一个中立的第三方解决，即便该仲裁条款属于格式条款，也不属于《合同法》第39条规定的免除或者限制申请人责任的条款，被申请人对此无法定的提示和说明义务。

况且，根据被申请人提供的证据，申请人作为完全民事行为能力者，在确认理解与清楚从事融资融券的相关业务知识、确认已经阅读融资融券业务的文件内容的前提下才签署相关合同。《融资融券合同》"鉴于"部分的第3条和《融资融券交易风险揭示书》的内容也表明被申请人通过书面形式提示申请人阅读合同条款，表明被申请人也已尽到合理的提示和告知义务，申请人在《融资融券合同》上签字表明其接受该合同中的仲裁条款，申请人并未提供证据证明其在签署涉案合同时曾对其中的仲裁条款提出异议，也没有证据表明申请人系受到欺诈或者胁迫而签订该合同。对于申请人主张的仲裁费用过高，其无力负担的观点与仲裁条款效力认定无关，法院不予采信。

本案要旨：

虽然本案涉及的合同为格式合同，合同中有关争议解决的条款系格式条款，但仲裁协议的内容是约定将争议提交中立第三方解决，并未限制或免除格式条款提供方的责任，即格式合同并不必然导致合同中的仲裁条款无效。

案例 1-4 格式条款中的仲裁条款，究竟何时才无效？

案情简介：

双方当事人签订《移动 APP 产品服务合同》，该合同正面是协议内容，背面是《客户须知》，《客户须知》中就争议解决问题，载明仲裁管辖，现双方就该仲裁条款的效力发生争议，因一方当事人对一审裁判不服，遂上诉至二审。

裁判结果：

虽然在双方签订的《移动 APP 产品服务合同》背面，即《客户须知》中载明"如双方就合同内容或其执行发生任何争议，应友好协商。协商不成时，应提交至中国国际经济贸易仲裁委员会进行仲裁"，但该管辖条款系上诉人提供的《移动 APP 产品服务合同》背面《客户须知》中的格式条款，《客户须知》上双方并未签名盖章，且被上诉人在原审法院 2015 年 12 月 18 日制作的《询问笔录》中明确表示不认可该管辖条款，上诉人也无证据证明其已经采取合理方式提请被上诉人注意该管辖条款，根据《最高人民法院关于适用〈中华人民共和国民事诉讼法〉的解释》第 31 条 "经营者使用格式条款与消费者订立管辖协议，未采取合理方式提请消费者注意，消费者主张管辖协议无效的，人民法院应予以支持" 之规定，该管辖条款无效。

本案要旨：

本案中的仲裁条款被认定为无效的原因有二：一是载有仲裁条款的《客户须知》虽然与合同主文是正反面，但该《客户须知》没有客户签章，即不能认定双方对该《客户须知》达成了合意；二是格式条款的提供者没有尽到对该条款的合理告知义务。

◇ 延伸阅读："先予仲裁" 行不行？

一、"先予仲裁" 行不行，成了问题

2018 年 4 月，广东省高级人民法院受理了大量当事人持 "先予仲裁" 裁决向人民法院申请执行的案件，而就 "先予仲裁" 裁决的性质、执行依据、执行方式等法律问题各地法院存在较大分歧，法律适用标准及处理情况不统一。因此，广东省高级人民法院向最高人民法院请示，亟待最高人民法院对该类案件的处理方式进行释明。

二、什么叫 "先予仲裁"？

"先予仲裁" 也称无争议同时仲裁，是指双方当事人在合同签订的同时，为保障其合法权利将来得以实现，预防纠纷，避免产生纠纷后仲裁或诉讼的麻烦，迫使双方履行确定的条款，进而约定通过仲裁机构就合同所涉及的内容提前仲裁，以调解方式结案，并出具调解书或据双方要求制作裁决书的一种仲裁形式。

三、最高人民法院批复：明确 "先予仲裁" 到底行不行

因该类 "先予仲裁" 案件大多发生于网络借贷纠纷中，最高人民法院就广东

省高级人民法院《关于"先予仲裁"裁决应否立案执行的请示》作出批复。批复指出，当事人申请人民法院执行仲裁机构根据仲裁法作出的仲裁裁决或者调解书，人民法院经审查，符合民事诉讼法、仲裁法相关规定的，应当依法及时受理，立案执行。但是，根据《仲裁法》第2条的规定，仲裁机构可以仲裁的是当事人间已经发生的合同纠纷和其他财产权益纠纷。因此，网络借贷合同当事人申请执行仲裁机构在纠纷发生前作出的仲裁裁决或者调解书的，人民法院应当裁定不予受理；已经受理的，裁定驳回执行申请。

该批复主要明确了三个方面的问题：

一是进一步明确对合法仲裁应当依法及时受理、及时立案执行。尊重、鼓励、支持当事人选择以仲裁方式解决纠纷，是人民法院一以贯之的司法态度。对经司法审查的合法仲裁裁决及时执行，也是人民法院的法定职责。因此，该批复规定，当事人申请人民法院执行仲裁机构根据仲裁法作出的仲裁裁决或者调解书，人民法院经审查，符合民事诉讼法、仲裁法相关规定的，应当依法及时受理，立案执行。二是明确仲裁机构在当事人未发生网络借贷合同纠纷时，先予作出的仲裁裁决或者调解书，不应作为执行案件立案受理。根据《仲裁法》第2条的规定，仲裁机构的仲裁范围是平等主体之间发生的合同纠纷、其他财产权益纠纷。而纠纷的特点就在于当事各方对民事权利义务存在争议。仲裁的本质在于有争议或者纠纷实际发生，无争议即无仲裁，仲裁的启动必须以实际发生争议为前提。从"先予仲裁"案件特点看，当事人间只是存在发生纠纷的可能性或者风险，仲裁机构在纠纷未实际发生时，事先径行作出与合同约定内容相应的裁决或者调解书，脱离了仲裁的基本原理和制度目的。三是在网络借贷合同纠纷中，该批复明确了应当认定为仲裁程序违反法定程序的两种具体情形。网贷仲裁实践中出现了很多创新做法，对于法律范围内的创新，人民法院予以支持。

四、批复的适用范围

首先，需要明确的是，批复属于司法解释的一种形式，按司法解释一般适用原则，司法解释施行前已经终审的案件申请再审的，一般不适用司法解释。同理，本批复施行前已执行终结或者执行完毕的案件，当事人申诉的，不适用本批复。

其次，批复虽是针对广东省高级人民法院请示的有关网络借贷合同"先予仲裁"法律适用问题作出的，但无论是网络借贷合同纠纷，还是其他合同纠纷、财产权益纠纷，人民法院对其仲裁裁决进行司法审查时，适用法律的尺度应是一致的，故批复规定：其他合同纠纷、财产权益纠纷仲裁裁决或者调解书执行案件，适用本批复。

最后，根据 2006 年施行的《仲裁法解释》（经 2008 年调整）第 28 条，当事人请求不予执行仲裁调解书或者根据当事人和解协议作出的仲裁裁决书，人民法院不予支持。这一规定是从尊重当事人意思自治，维护诚信，发挥仲裁调解优势的角度出发而制定的，并不是指人民法院对仲裁调解书、仲裁和解裁决书放弃司法监督。因此，批复规定，仲裁机构未依照仲裁法规定的程序审理纠纷、主持调解，或者未保障仲裁当事人基本程序权利等"仲裁程序违反法定程序"的情形，同样应适用于仲裁调解书、仲裁和解裁决书。换句话说，虽然《仲裁法解释》第28 条规定，当事人请求不予执行仲裁调解书或者根据当事人和解协议作出的仲裁裁决书，人民法院不予支持。但当仲裁机构出具仲裁调解书、仲裁和解裁决书过程中，存在未依照仲裁法规定的程序审理纠纷、主持调解，或者未保障仲裁当事人基本程序权利等"仲裁程序违反法定程序"的情形时，当事人请求不予执行仲裁调解书或者根据当事人和解协议作出的仲裁裁决书，不受《仲裁法解释》第 28 条限制。

第五节 《纽约公约》与中国商事仲裁

一、我国加入《纽约公约》的状况

（一）我国加入《纽约公约》

我国国际经济贸易于 20 世纪 80 年代至 90 年代迅猛发展，全球一体化进程不断加深，国内外的企业之间商事争议和纠纷不断增多，且争议日益多元化。在这一背景下，国务院于 1986 年向全国人大常委会提交了关于我国加入《纽约公约》的议案。

1986 年，在第六届全国人大常委会召开的第十八次会议上，时任外交部副部长朱启祯作了《关于建议我国加入〈承认及执行外国仲裁裁决公约〉的说明》，阐述了公约产生的背景、公约主要内容以及建议我国加入该公约的理由、关于公约声明保留的问题。会议通过了关于我国加入《纽约公约》的决定，随后外交部正式向联合国秘书处交存了加入书，《纽约公约》于1987年4月22日正式对中国生效。

(二) 我国加入《纽约公约》的保留

我国在1986年通过了《关于我国加入〈承认及执行外国仲裁裁决公约〉的决定》，决定称："中华人民共和国加入《承认及执行外国仲裁裁决公约》并同时声明：①中华人民共和国只在互惠的基础上对另一缔约国领土内作出的仲裁裁决的承认和执行适用该公约；②中华人民共和国只对根据中华人民共和国法律认定为属于契约性和非契约性商事法律关系所引起的争议适用该公约。"上述两个保留条款即构成了我国加入《纽约公约》的保留。

第一个保留条款主要涉及我国是否承认"非内国裁决"的问题，即外国仲裁机构在我国境内仲裁所产生的裁决结果是否能得到我国法院的认可。加入《纽约公约》以前，我国有关仲裁的法律中并没有对仲裁地这一概念进行界定，导致司法实践中仲裁机构所在地和仲裁地混淆，仅以仲裁机构所在地来确定裁决的属性和国籍。当然，这与我国当时缺乏一定的国际视野有关。

加入《纽约公约》是我国涉外仲裁领域的重要进步。但是，由于保留条款的问题，当外国仲裁机构在我国境内作出终局裁决时，该裁决虽然为"非内国裁决"，可是我国只对在另一缔约国领土内作出的仲裁裁决的承认和执行适用该公约，即使作出该裁决的仲裁机构所在地符合"另一缔约国领土内"这一地理位置要求，该裁决仍可能不被我国承认与执行。

依照第二个保留声明，我国只承认和执行属于契约性或非契约性商事法律关系争议范围的仲裁裁决。按照最高人民法院1987年4月10日发布的《关于执行我国加入的〈承认及执行外国仲裁裁决公约〉的通知》，所谓"契约性和非契约性商事法律关系"，具体是指由于合同、侵权或者根据有关法律规定而产生的经济上的权利义务关系，例如货物买卖、财产租赁、工程承包、加工承揽、技术转让、合资经营、合作经营、勘探开发自然资源、保险、信贷、劳务、代理、咨询服务和海上、民用航空、铁路、公路的客货运输以及产品责任、环境污染、海上事故和所有权争议等，但不包括外国投资者与东道国政府之间的争端。除商事仲裁裁决外，我国不承认也不执行其他类型的仲裁裁决。所以第二个保留条款在我国学术界和实务部门一般称之为"商事保留"。

（三）对我国加入《纽约公约》时所作保留的呼吁

《纽约公约》制定的目的，是为了尽可能扩大公约裁决范围，为缔约国之间的裁决认可与执行提供方便，没有把裁决局限在某一缔约国国境的范围内。也就是说，对于一缔约国而言，只要被请求承认与执行的裁决是在被请求国领土以外作成，无论裁决作出地国是否是《纽约公约》的缔约国，被请求国都应按公约执行。这一规定显然具有增加缔约国承认与执行外国仲裁裁决国际义务的倾向，为吸引更多的国家加入公约，公约没有强制加入国必须承担这一国际义务，而是在公约的第 1 条第 3 款规定，任何缔约国在签署、批准或者加入本公约或者根据第 10 条通知扩延的时候，可以在互惠的基础上声明，本国只对另一缔约国领土内所作成的仲裁裁决的承认和执行，适用本公约。它也可以声明，本国只对根据本国法律属于商事的法律关系，不论是否为合同关系，所引起的争议均适用本公约。此即《纽约公约》所明确允许的"互惠保留"和"商事保留"。

虽然对《纽约公约》声明互惠保留是一种普遍现象，我国在加入该公约时，出于更好地保护国内当事人的考虑，也声明了保留。但是，由于我国国内仲裁立法尚不完善，我国对于《纽约公约》所声明的保留的保护效果较弱。

二、临时仲裁在我国的执行

中国作为《纽约公约》的缔约国，应遵守该公约第 1 条第 2 款的规定："仲裁裁决一词不仅指专案选派之仲裁员所作裁决，亦指当事人提请仲裁之常设仲裁机构所作裁决。"因此，《纽约公约》规定的外国仲裁裁决包括常设仲裁机构和非常设机构的仲裁庭作出的仲裁裁决，即符合条件的临时仲裁裁决也应被我国承认和执行。但是，中国法律并不认可国内的临时仲裁裁决。

2016 年 12 月 30 日，最高人民法院发布《关于为自由贸易试验区建设提供司法保障的意见》，其中第 9 条第 3 款规定：在自贸试验区内注册的企业相互之间约定在内地特定地点、按照特定仲裁规则、由特定人员对有关争议进行仲裁的，可以认定该仲裁协议有效。人民法院认为该仲裁协议无效的，应报请上一级法院进行审查。上级法院同意下级法院意见的，应将其审查意见层报最高人民法院，待最高人民法院答复后作出裁定。根据该条规定，在自贸区内注册的企业之间签订仲裁协议，如果满足约定在特定地点、按照特定仲裁规则、由特定人员对有关争议进行仲裁的条件，该仲裁协议就可以认定为有效。

尽管最高人民法院并未就"特定形式"仲裁作出明确解释，但由于"特定形式"仲裁协议并没有约定仲裁机构，仲裁界普遍认为这属于"三特定"仲裁（或称自贸区临时仲裁），因此对中国现行仲裁法和司法解释的规定有所突破，该举措必将对中国的仲裁事业产生深远影响。[1]

第六节　联合国贸法会与中国商事仲裁

一、联合国贸法会的性质及任务

联合国大会通过其 1966 年 12 月 17 日第 2205（XXI）号决议设立的联合国国际贸易法委员会（以下简称"联合国贸法会"），通过拟订并促进世界各国采纳和使用一些重要商法领域的立法和非立法文书，履行促进国际贸易法逐步统一和现代化的任务。[2]这些领域包括：争议解决、国际合同惯例、运输、破产、电子商务、国际支付、担保交易、采购和货物销售。上述文书经由参与者进行国际谈判达成，参与者包括联合国贸法会成员、非成员和受到邀请的政府间组织和非政府组织。由于该过程具有很强的包容性，该等规则容易被世界各国广泛接受。该等规则的建立，为拥有不同法律传统和处于不同经济发展阶段的国家提供了适当的解决办法。在设立之后的许多年里，联合国贸法会被视为联合国系统在国际贸易法领域的核心法律机构。

近年来，我国的法律专家、专业人士逐渐活跃在联合国及联合国贸法会的舞台上，参与立法与非立法文件的制定。2016 年，中国国际经济贸易仲裁委员会选派其仲裁员谢国旺等律师作为观察员与商务部代表团一起赴联合国总部参与跨境电子商务争议解决相关指引的制定与研讨。也说明，随着我国

---

〔1〕　张振安、郑蕾：《临时仲裁在中国的有限适用》，载 https：//www.vantageasia.com/zh-hans。

〔2〕　关于逐步发展国际贸易法任务的详情，参见秘书长的报告，载《大会正式记录，第二十一届会议》，A/6396（1966 年）；大会第二十一届会议第五委员会的报告，《大会正式记录，第二十一届会议》，A/6594（1966 年）；第六委员会有关议事简要记录，载《大会正式记录，第二十一届会议》，第六委员会，第947-955 次会议（A/C.6/SR.947-955）。

国力增强与法治建设的不断深化，联合国国际贸易法委员会对我国的法律意见更加重视，我国法律人也凭借自身过硬的业务素质和开阔的国际视野，为我国在国际舞台上争得了更大的规则话语权和影响力。

二、《示范法》对国际商事仲裁的影响

（一）《示范法》的历史与发展

联合国国际贸易法委员会《国际商事仲裁示范法》（以下简称《示范法》），由联合国国际贸易法委员会于 1985 年 6 月 21 日在其第十八届会议结束时通过。大会在其 1985 年 12 月 11 日第 40/22 号决议中，建议"所有国家鉴于统一仲裁程序法的需要和国际商事仲裁实际执行的具体需要，对《国际商事仲裁示范法》给予适当的考虑"。这是联合国继 1958 年《纽约公约》和 1976 年《联合国国际贸易法委员会仲裁规则》之后，对现代国际商事仲裁法的统一化和现代化所做出的又一卓越贡献，对当代各国的仲裁立法和仲裁实践及国际商事仲裁理论的发展，都产生了深远的影响[1]。

《示范法》是在与 1958 年《纽约公约》不相抵触的情况下对《纽约公约》的进一步发展。《示范法》在《纽约公约》的基础上，更详细地勾勒出了国际商事仲裁的法律框架，澄清和补充了《纽约公约》中模棱两可和未能达成一致的若干问题，使之有可能转化为可由国内法院直接实施的国内立法，并以国内法的形式将国际商事仲裁的程序规则予以示范。

整部《示范法》共分为 8 章 36 条：总则部分、仲裁协议、仲裁庭的组成、仲裁庭的管辖权、仲裁程序的进行、裁决的作出和程序的终止、对裁决的追诉、裁决的承认和执行，内容涉及国际商事仲裁的各个方面。2000 年，联合国贸法会开始着手对《示范法》进行修订并成立了工作组准备修订工作。经过六年、联合国贸法会仲裁工作组十几次会议的讨论，联合国贸法会第三十九届会议在美国纽约联合国总部审议通过了《示范法》第 9 条"仲裁协议的定义和形式"、第 17 条"仲裁庭命令采取临时措施的权力"以及第 35 条第 2 款的修改案文，增设了第 2 条第 2 款"国际渊源与一般原则"，从而进一步

---

〔1〕　王庆丽：《〈国际商事仲裁示范法〉及其对中国仲裁立法的完善》，中国政法大学 2007 年硕士学位论文。

放宽甚至取消了对仲裁协议书面形式的限制，创造性地授予仲裁庭作出初步命令的权力，赋予仲裁庭作出的临时保全措施强制执行及域外执行的效力。联合国在国际商事仲裁方面取得了突破性进展。[1]

1. 适用范围、国际渊源与一般原则

（1）适用事项范围。主要见于《示范法》第 1 条第 1、3、4 款。简而言之，《示范法》适用于国际商事仲裁。对于什么是商事性，什么是国际性，《示范法》尝试给出了较为宽泛的解释。从较为宽泛的角度定义国际商事仲裁的好处在于，由于国际商事交往发展日新月异，新的贸易形式层出不穷，如果定义过于狭窄，会把一些将来可能通过仲裁也适于通过仲裁解决的纠纷排除出去，使得《示范法》的规定落后于不断发展的商事实践。而采用较为宽泛的解释则可以在很大的程度上使《示范法》领先于或至少同步于国际商事实践。

（2）适用的地域范围。《示范法》第 1 条第 2 款规定，除第 8 条仲裁协议和向法院提出之实质性申诉、第 9 条仲裁协议和法院临时措施、第 35 条承认和执行、第 36 条拒绝承认或执行的理由外，严格规定只适用于仲裁地点在本国领土内的情况。据此，一国作为裁决作出地国时，需适用《示范法》。第 8 条仲裁协议和向法院提出之实质性申诉作为例外也适用《示范法》，这是因为当事人可能就已达成仲裁协议的标的又向仲裁程序进行地国以外的其他国家的法院提起诉讼，规定该诉讼进行地国的行为也应适用《示范法》而不是诉讼法院地法。其好处在于，可以按照《示范法》的规定，阻止已达成仲裁协议的争议标的在法院的诉讼程序，确保仲裁的进行。第 9 条仲裁协议和法院临时措施作为例外适用《示范法》是由于，不论仲裁地位于哪个国家，都允许法院在仲裁程序进行以前或进行当中要求采取仲裁临时措施，从而促进对仲裁协议的普遍承认。第 35 条和第 36 条作为例外适用《示范法》则是为了同《纽约公约》保持一致：一个有效的仲裁裁决，不论是在哪个国家作出的，都应予以承认和执行，[2]说明《示范法》的规定对国际条约和有关仲裁事项

---

〔1〕 王一平：《联合国贸易法委员会与现代国际商事仲裁制度的发展》，载《中南工业大学学报（社会科学版）》1999 年第 1 期，第 87 页。

〔2〕 Peter Binder, *International Commercial Arbitration and Conciliation Law Jurisdictions*, Thomson Sweet & Maxwell, 2005, p. 23.

的任何国内法规定不构成任何影响，其适用顺序后于前两种法律规定。

从取得的成就来看，《示范法》取得了极大的成功，自 1985 年颁布到现在，已经有遍布世界各地、实行不同社会制度的五十余个国家和地区接受或采纳了《示范法》，或以《示范法》为依据制定、修改本国的仲裁法。其中包括澳大利亚、奥地利、阿塞拜疆、巴林、孟加拉国、白俄罗斯、保加利亚、柬埔寨、加拿大、智利、克罗地亚、塞浦路斯、丹麦、埃及、德国、希腊、危地马拉、匈牙利、印度、伊朗伊斯兰共和国、爱尔兰、日本、约旦、肯尼亚、立陶宛、马达加斯加、马耳他、墨西哥、新西兰、尼加拉瓜、尼日利亚、挪威、阿曼、巴拉圭、秘鲁、菲律宾、波兰共和国、大韩民国、俄罗斯联邦、新加坡、西班牙、斯里兰卡、泰国、突尼斯、土耳其、乌克兰、大不列颠及北爱尔兰联合王国苏格兰和联合王国的海外领地百慕大及美利坚合众国加利福尼亚州、康涅狄格州、伊利诺伊州、路易斯安那州、俄勒冈州和得克萨斯州以及赞比亚和津巴布韦，还有我国香港地区和澳门地区。[1]《示范法》协调了大陆法系和英美法系中关于仲裁的不同规定，《示范法》所力倡的各项原则和制度，有许多已在世界范围内得到推行，成为普遍的仲裁实践。这样的成果堪与《纽约公约》相媲美。从世界各国对《示范法》的采纳和适用来看，《示范法》真正达到了当初协调和统一国际贸易法，消除由于各国国内法的差异而给国际贸易带来阻碍的目的。

（3）国际渊源与一般原则。2006 年《示范法》修订时，在原来第 2 条（定义及解释规则）中增加了一款，规定了《示范法》的国际渊源与一般原则：解释本法时，应考虑到其国际渊源和促进其统一适用的必要性并应遵循诚信原则；与本法有关但又未明确规定的事项，应依照本法所基于的一般原则加以解决。该款进一步完善了《示范法》的解释规则，在遇到与《示范法》有关的新问题时，可以之作指导，从而帮助国际商事仲裁的实践者完整地理解《示范法》，统一地适用《示范法》。

2. 仲裁协议的定义、形式及其修改

《示范法》规定了仲裁协议的定义和形式，见于《示范法》第 7 条。修订前的第 7 条规定，"仲裁协议"是指当事各方同意将在他们之间确定的不论是

---

〔1〕 参见 http://www.uncitral.org/uncitral_texts/arbitration/1985Model_arbitration_status.htm。

契约性或非契约性的法律关系上已经发生或可能发生的一切或某些争议提交仲裁的协议。仲裁协议可以采取合同中的仲裁条款形式或单独的协议形式，并且仲裁协议应是书面的。协议如载于当事各方签字的文件中，或载于往来的书信、电传、电报或提供协议纪录的其他电讯手段中，或在申诉书和答辩书的交换中当事一方声称有协议而当事他方不否认，即为书面协议。在合同中提出参照载有仲裁条款的一项文件即构成仲裁协议，如果该合同是书面的而且这种参照足以使该仲裁条款构成该合同的一部分的话。

修订前的《示范法》第 7 条第 2 款明确规定仲裁协议应当是书面的，与《纽约公约》第 2 条第 2 款相一致。同时，《示范法》对"书面"一词作了较《纽约公约》更为广泛的解释，不仅包括了《纽约公约》第 2 条第 2 款中的"当事人所签署的或者来往书信、电报中所包含的合同中的仲裁条款和仲裁协议"，而且包括了其他的电讯手段，以及以援引的方式包含在其他文件中的仲裁协议形式。应当说《示范法》第 2 条的规定适应了当时国际商事仲裁实践情况的需要，反映了当时国际商事仲裁理论界的普遍看法。

在《示范法》颁布后的近 20 年的时间里，国际贸易使用的通信手段日新月异，国际商事贸易惯例也有了新的发展，各国纷纷对仲裁协议的书面形式作从宽解释或从宽要求，有的国家甚至承认了口头仲裁协议的效力。但各国对书面形式的解释标准并不相同，从而减少了国际合同承诺的可预见性和确定性。《示范法》第 7 条对仲裁协议的书面形式的规定已不能适应国际商事仲裁实践的形式，必须加以修改。1999 年，联合国贸法会秘书处确定了 3 个议题供修订《示范法》时优先考虑，仲裁协议的书面形式问题被列入其中。为了在仲裁协议书面形式问题上更新各国的法律，同时确保根据《纽约公约》采取强制执行办法的途径，仲裁工作组提出了两个备选办法，一个是根据第 7 条修订草案，详细说明如何满足书面形式要求，另一个备选提案则完全取消了书面形式要求，并将这两个备选办法作为备选案文提供给各国。[1]

如此，修订以后的《示范法》第 7 条第 1 款保持不变，其他各款规定有两种备选案文。备选案文一：由原先的 2 款增加为 6 款规定，将原先第 2 款的内容在现在第 2、5、6 款中作出规定。另外，第 3、4 款作出了新的规定，大

---

[1] 联合国大会文件 A/CN.9/592，第 74 段。

大扩充了原来的内容。第 3 款规定，若仲裁协议的内容以任何形式记录下来，则为书面形式，无论该仲裁协议或合同是以口头方式、行为方式还是其他方式订立的。第 4 款规定，电子通信所含信息可以调取以备日后查用的，即满足了仲裁协议的书面形式要求。"电子通信"系指当事人以数据电文方式发出的任何通信，"数据电文"系指经由电子手段、电磁手段、光学手段或类似手段生成、发送、接受或储运的信息，这些手段包括但不限于电子数据交换、电子邮件、电报、电传或传真。

备选案文一与修订前的第 7 条相比，主要修改有：改原来的书面形式要求"有效要件主义"为"证明要件主义"。修订前的第 7 条认为仲裁协议应为书面的，不具备书面形式的仲裁协议则为无效。而修订后的条文则认为只要仲裁协议的内容能够记录下来就足以证明仲裁协议的存在，仲裁协议最初的订立方式则不再局限于书面形式了；着眼科技通信手段的发展，在技术层面上对书面形式作了广泛的解释。修订前的第 7 条规定"载于往来的书信、电传、电报或提供协议记录的其他电讯手段中"，其中所提及的几种通信手段已完全不能适应现状。修订后的条文则在第 4 款中规定仲裁协议可采取"电子通信、数据电文"的形式，并对其进行了详细解释，而且规定这些手段"包括但不限于"，从而确保了国际贸易使用的通信手段在未来较长时间内不会超出《示范法》规定的范围，能够促进电子商务的使用。

备选案文二：完全放弃了对仲裁协议的书面形式要求，仅给出了仲裁协议的定义。意味着仲裁协议是口头的还是书面的都在所不论。应该说，承认口头仲裁协议的做法一定程度上可以促进仲裁与国际合同实践保持一致，并且已经有一些国家这样做了。可以预见，随着国际商事仲裁的发展，将来对仲裁协议书面形式的放弃将是普遍的做法。然而在现阶段，国际社会的主流做法仍是要求仲裁协议应有一定的表现形式，不能仅凭口头协议就提起仲裁。放弃仲裁协议书面形式仍显得过于超前。从这个意义上来说，备选案文一更符合各国国际商事仲裁立法的现实。仲裁协议表明了当事人提交仲裁的合意，是国际商事仲裁的基石和根本，只有在双方当事人之间就解决争议达成提交仲裁的仲裁协议时，仲裁庭才可以对案件行使管辖权，否则，仲裁庭无权主动进行仲裁。当仲裁协议不符合一国国内法或国际普遍仲裁条约规定时，仲裁庭作出的仲裁裁决将得不到承认和执行。因此，对国际商事仲裁协议及其形式作出统一规定，能够统一各国国际商事仲裁实践，确保跨国商事纠纷当事人不因仲裁协议形式存在缺陷而使争议无法通过仲裁解决，使仲裁解决纠纷得以顺利进行。

3. 临时措施问题

临时措施又称保全措施，仲裁中的临时措施是指法院或仲裁机构根据仲裁案件当事人的申请，就有关当事人的财产作出临时性的强制措施，以保全申请人的权益，保证将来作出的裁决能够得到执行。临时措施具有如下特性：临时措施的临时性以及由此产生的可能必须修改或中止这些措施的可能性调整临时措施，使之适应执行法院的执行程序的必要性；临时措施影响到第三方利益的可能性；单方面可能下达临时措施的可能性（即在未听取另一受影响当事方的意见的情况下根据当事一方的请求下达临时措施）以及下达临时措施之后必须按要求听取当事双方意见的可能性。[1]临时保护措施主要有以下三种：①旨在便于仲裁程序进行的措施；②避免灭失或损害的措施和旨在在争端解决前保持某种现状的措施；③便于以后执行裁决的措施。[2]联合国贸法会仲裁工作组总体承认，临时保护措施越来越多地见于国际商事仲裁实践中，商事仲裁解决商事争端的有效性取决于执行此种临时措施的可能性。在某些情况下，仲裁裁决对胜方的有效性取决于胜方是否能够执行为促进以后执行仲裁裁决而设计的临时措施。[3]

《示范法》有关临时措施的规定主要见于第9条和第17条。

第9条仲裁协议和法院的临时措施规定：在仲裁程序进行前或进行期间内，当事一方请求法院采取临时保护措施和法院准予采取这种措施，均与仲裁协议不相抵触。第17条（仲裁庭命令采取临时措施的权力）已被修订。下面将详细阐述此次修订的具体过程和主要内容。

修订前的第17条赋予了仲裁庭命令采取临时措施的权力，但是，对于仲裁庭命令采取的临时措施，如果当事人不自动履行，相关当事人能否申请法院执行，《示范法》没有作出规定。在实践中，仲裁庭作出的仲裁裁决一裁终局，具有强制执行的效力，而仲裁庭作出的临时保全措施则没有强制执行的

---

[1] 联合国大会文件 A/CN.9/468，第70段。
[2] 联合国大会文件 A/CN.9/468，第81段。
[3] 联合国大会文件 A/CN.9/468，第60段。

效力。随着仲裁实践的发展及各国鼓励仲裁政策的逐步确立，多数国家逐步认为应赋予仲裁庭作出的临时保全措施以强制执行力，包括在域外得到执行的效力，以提高仲裁的权威性。此外，修订前的《示范法》中关于仲裁庭命令采取的临时保全措施的规定较为简单，对于何为临时仲裁措施，采取临时措施的条件等重要问题均未涉及，因此，也有必要进行完善。[1]

早在当初制定《示范法》时，工作组就曾考虑过对临时措施的可执行性问题以及国内法院协助执行临时措施的问题作出规定，但由于当时该问题被认为包含了一国国内诉讼法及法院权限内的事项，各国接受的可能性不大，因而最终没有在《示范法》中规定。临时措施的可执行性问题被留待各国国内法自行规定。联合国贸法会注意到，有关仲裁庭作出的临时保护措施的可执行性问题，在许多法律制度中都未得到令人满意的规定。当事人为逃避执行仲裁裁决，可以轻易地将其财产迅速转移至境外，而富有经验的合同当事人对行使自身的合法权利的能力却提出了更高的要求。因此，人们越来越要求从国际层面对临时保护措施给予有效的救济。联合国贸法会的考虑也因此发生突变。处理可执行性问题，联合国贸法会还考虑对仲裁庭临时保护措施的范围以及作出临时措施所应遵循的程序规则问题提供协调性的文本是否可行，是否能够被接受。第 17 条最初的条文仅概括规定了作出临时措施的范围，因为当时认为由第 17 条具体规定出一系列可采取的临时措施将会对仲裁庭权力构成限制。结果却导致在实施第 17 条时，不同的国家采取了不同的方式，相互之间缺少协调。有些国家规定了仲裁庭可以作出的临时措施种类，有些国家则规定了仲裁庭不可作出的临时措施种类，而有些国家则原封不动地照搬了《示范法》第 17 条的规定。因此，联合国贸法会认为，澄清仲裁庭的权力范围，确立仲裁庭采取临时措施的统一方法及程序为国际商事仲裁实践所需。有关临时措施的范围及其作出条件方面缺乏协调会阻碍国际商事仲裁的有效实行。[2]

修订前的第 17 条规定：除非当事各方另有协议，仲裁庭经当事一方请

---

[1]　赵健：《联合国〈国际商事仲裁示范法〉2006 年修订条款综述——兼论对我国仲裁立法与实践的影响》，载 http://www.China_arbitration.com/，最后访问日期：2007 年 1 月 8 日。

[2]　Sundaresh Menon, Elaine Chao, "Reforming the Model Law Provisions on Interim Measures of Protection", *Asian International Arbitration Journal*, 2006, p. 4.

求，可以命令当事任何一方就争议的标的采取仲裁庭可能认为有必要的任何临时性保全措施。仲裁庭可以要求当事任何一方提供有关此种临时措施的适当的担保。仅就仲裁庭有作出临时措施的权力和仲裁庭可要求当事人提供担保这两方面的问题作出了笼统性的规定。修订以后的第 17 条则大大扩充了原来的内容，形成了包括 5 节共 11 项规定，结构完整，内容丰富，几乎涵盖了临时措施的方方面面。其中尤为值得一提的是临时措施的强制执行力问题和初步命令制度。

临时措施部分主要包括：

（1）仲裁庭下令采取临时措施的权力。除非各方当事人另有约定，仲裁庭经另一方当事人请求，可准予采取临时措施。临时措施是任何采用裁决书形式或另一种形式的短暂措施，根据这种措施，仲裁庭在发出最后裁定纠纷的裁决书之前可随时命令一方当事人：在裁定纠纷之前维持或恢复现状；采取行动防止目前或即将对仲裁程序发生的损害或影响，或不采取可能造成这种损害或影响的行动；提供一种保全资产以执行后继裁决的手段，或者保全对解决纠纷可能具有相关性和重要性的证据。

（2）准予采取临时措施的条件。一方当事人请求采取第 17 条第 2 款 a、b 和 c 项所规定的临时措施，应使仲裁庭确信：不下令采取这种措施可能造成损害，这种损害无法通过判给当事人损害赔偿金而充分补偿，而且远远大于准予采取这种措施而可能对其所针对的当事人造成的损害；而且根据索赔要求所依据的案情，请求方当事人相当有可能胜诉，但对这种可能性的任何判定不得影响仲裁庭此后作出任何裁定的自由裁量权。

关于对第 17 条第 2 款各项所规定的临时措施的请求。本条第 1 款各项的要求只在仲裁庭认为适当的情况下适用。修订后的 17 条首先规定了仲裁庭有采取临时措施的权力，并进而详细说明了仲裁庭可采取的临时措施的种类，以及采取临时措施需满足的条件。使得仲裁庭在发布临时措施时有章可循。所给出的临时措施基本涵盖了现有的所有临时措施，规定得较为全面。对采取临时措施的条件进行规定，可以有效维护申请人和临时措施相对人之间利益的平衡，确保在保护申请人利益的同时，不使临时措施相对人的利益受到无端的损害。

新第 17 条的一个重要创新就是创立了初步命令制度。包括初步命令的适用条件及具体制度两大部分。除非各方当事人另有约定，一方当事人可以不通知其他任何当事人而提出临时措施要求，同时一并申请下达初步命令，指示一方当事人不得使所请求的临时措施的目的落空；仲裁庭可以准予下达初步命令，条件是仲裁庭认为事先向临时措施所针对的当事人透露临时措施请求可能使这种措施的目的落空；第 17 条第 2 款中规定的条件适用于任何初步命令，条件是根据第 17 条第 2 款项目评估的损害是下达命令或不下达命令而有可能造成的损害。

初步命令制度主要由美国等国倡导，是指仲裁庭有权在不通知其他任何当事人的情况下，仅根据一方当事人的申请，下达单方面的决定。初步命令制度的实质在于仲裁庭有权仅凭一方当事人的申请直接作出单方面的决定。[1]

仲裁庭就初步命令申请作出决定之后，应立即通知所有当事方，使之了解临时措施、初步命令申请、任何已下达的初步命令以及任何一方当事人与仲裁庭之间与此有关的所有其他通信，包括指明任何口头通信的内容。同时，仲裁庭应在实际可行的最早时间内给予初步命令所针对的当事人陈述案情的机会。仲裁庭应迅速就任何针对初步命令的反对意见作出裁定。初步命令自仲裁庭下达该命令之日起 20 天后失效。

不过，在通知初步命令所针对的当事人并为其提供陈述案情的机会之后，仲裁庭可以下达对初步命令加以采纳或修改的临时措施。初步命令对各方当事人均具有约束力，但不得由法院执行，这种初步命令不构成仲裁裁决。

任何制度的制定都面临利益的平衡，初步命令制度就面临着保护初步命令申请人与初步命令相对人的合法利益不受侵害两者的平衡。首先，为了保护初步命令申请人的利益，保证临时措施的有效实行，需发布单边的初步命令。同时，为了保障初步命令相对人的利益不因申请人滥用初步命令制度，而扰乱相对人正常的商业及生产秩序，从而维护相对人的合法利益，初步命令制度又纳入了相应的平衡机制，即首先应立即通知所有当事方让初步命令相对人有机会陈述案情，规定初步命令下达后 20 天内自动失效，意味着初步

---

〔1〕 赵健：《联合国〈国际商事仲裁示范法〉2006 年修订条款综述——兼论对我国仲裁立法与实践的影响》，载 http://www.China_arbitration.com/，最后访问日期：2007 年 1 月 8 日。

命令的执行受到限制。由此可见，初步命令仅仅是临时措施的一个辅助措施，其应用范围较为有限，所起的作用仅限于防止临时措施相对人转移财产、销毁证据，从而保证临时措施的后续进行。在性质上，初步命令不同于临时措施，更不可与仲裁裁决等同。

适用于临时措施和初步命令的条文主要规定了临时措施和初步命令的程序规则。仲裁庭可以在任何一方当事人提出申请时修改、中止或终结其准予采取的临时措施或初步命令。在非常情况下，同时事先通知各方当事人后，亦可自行修改、中止或终结其准予采取的临时措施或初步命令。仲裁庭应要求申请初步命令的一方当事人提供与这种命令有关的担保，除非仲裁庭认为这样做不妥当或没有必要；披露请求采取临时措施或者准予采取临时措施时所依据的情形发生任何重大变化的，请求临时措施的一方当事人应迅速加以披露。申请初步命令的一方当事人应向仲裁庭披露一切可能与仲裁庭判定是否准予采取或维持该命令有关的情形，这种义务应持续到该命令所针对的当事人有机会陈述案情之时。在此之后，申请方当事人对初步命令的披露义务，与本条第一款所规定的请求方当事人对临时措施的披露义务相同；如果仲裁庭后来裁定，根据情况本来不应准予采取临时措施或下达初步命令，则请求临时措施或申请初步命令的一方当事人应对该措施或命令对其所针对的当事人造成的任何费用和损害承担赔偿责任。仲裁庭可以在仲裁程序的任何时候判给当事人这种费用和损害赔偿金。

关于临时措施的承认和执行问题，是这次修订着力解决的重点问题。

由仲裁庭发出的临时措施应被确认为具有约束力，并且，不论该措施是在哪一国发出的，除非仲裁庭另有规定，否则应在遵守第17条第9款各项规定的前提下，在向有管辖权的法院提出申请后加以执行；正在寻求或已经获得对某一项临时措施的承认或执行的当事人，应将该临时措施的任何终结、中止或修改迅速通知法院；受理寻求承认或执行的国家的法院如果认为情况适当，在仲裁庭尚未就担保作出决定的情况下，或者在这种决定对于保护第三方的权利是必要的情况下，可以命令请求方当事人提供适当担保。

拒绝承认或执行临时措施的理由：

（1）仅可在下列任何情况下拒绝承认或执行临时措施：其一，应临时措施所针对的当事人的请求，法院确信：①这种拒绝因第36条第1（1）款第

1、2、3或4项中所述的理由而是正当的；②未遵守仲裁庭关于与仲裁庭发出的临时措施有关的提供担保的决定的；③该临时措施已被仲裁庭终结或中止或被已获此项权限的仲裁发生地国法院或依据本国法律准予采取临时措施的国家的法院所终结或中止的。其二，法院认定：①临时措施不符合法律赋予法院的权力，除非法院决定对临时措施作必要的重新拟订，使之为了执行该临时措施的目的而适应自己的权力和程序，但并不修改临时措施的实质内容的；②第36条第1（2）款第1或2项中所述的任何理由均适用于对临时措施的承认和执行的。

（2）法院根据本条款中所述的任何理由作出的任何裁定，均只在为了申请承认和执行临时措施时才具有效力。受理寻求承认和执行的法院不应在作出这一裁定时对临时措施的实质内容进行审查。《示范法》在为第17条第10款作的脚注中指明：该部分所载条件的目的是限制法院可拒绝执行临时措施时的情形，如果一国将采用的可拒绝执行的情形少一些，与这些《示范法》条文力求达到的统一程度并无相悖之处。

由此，新第17条明确规定了临时措施的强制执行力，不论一仲裁临时措施是否在本国作出，一国法院都应予以承认和执行。法院可以在仲裁庭以外针对临时措施的担保问题作出规定，从而使得当事人既可从仲裁庭也可由法院获得对临时措施的担保，有利于充分保护临时措施相对人的合法权益。将拒绝承认和执行临时措施类比于仲裁裁决的拒绝承认与执行，规定拒绝承认和执行仲裁裁决的原因完全适用于对临时措施的承认与执行。此外，如果未提供相应的担保也会导致临时措施不被执行。法院对临时措施仅限于作程序上的审查。可见，临时措施制度已被提到一个新的高度，其重要性仅次于仲裁裁决，不论是在程序上还是在实体影响上，都得到了充分的重视。此外，《示范法》还鼓励各国对临时措施的承认和执行确定较为宽松的条件，由此，《示范法》的立场是促进临时措施的采取和执行的。

（二）《示范法》对各国仲裁立法的积极影响

《示范法》充分考虑了国际商事仲裁的特点和需要，旨在帮助各国对其仲裁程序法律进行现代化改革，其目的在于将国际上关于商事仲裁的惯例，以及《纽约公约》和《联合国国际贸易法委员会仲裁规则》的规定以《示范法》的形式确定下来，并进一步加以明确，为各国制定、修改其仲裁法提供范本，以协调和统一各国对国际商事仲裁的不同态度和立场，为国际商事仲裁建立一个稳定的、可预测的国际法律框架。

具体而言，《示范法》制定的目标包括协调国际商事仲裁立法，将法院对仲裁的干预减到最少，为当事人提供选择仲裁程序的自由，从法院获得对仲裁的支持，仲裁裁决的强制执行力、制定强行性规定以保障公平和合法的程序等。

《示范法》的颁布，对世界许多国家包括一些仲裁先进国家的仲裁立法都产生了或多或少的影响。《示范法》作为国际商事仲裁范本的价值也就体现于此，其通过各国的采纳和参照《示范法》的规定，修改本国仲裁法律制度，从而达到世界范围内仲裁法律制度的协调，增强世界贸易的可预测性，推动世界贸易纠纷通过仲裁解决，促进贸易的发展。各国采纳《示范法》的方式主要包括两种：一种是援引式，在其本国法中概括规定，《示范法》在本国具有法律效力；另一种是直接采用式，即直接将《示范法》的条款纳入其本国法律，这种纳入，可以是作为本国民事诉讼法的一部分，也可以是作为一部单独的仲裁法。当然，这种纳入允许对《示范法》的相关规定加以补充和修改。[1]

鉴于这种状况，英国也开始考虑是否采纳《示范法》。贸易和工业部的顾问委员会负责对这一问题进行研究，并于1989年提交了一份报告认为新仲裁法应反映《示范法》的精神，同时该报告对英国当时的仲裁立法现状进行分析以后认为不应对《示范法》毫不分辨地全盘接受，而应当通过修订仲裁法，吸收《示范法》最有利的方面，进一步明确和改进英国现有的仲裁法，同时，使英国仲裁更易被国外当事人接受。[2]

英国《1996年仲裁法》在吸收《示范法》相关规定的基础上，形成了有关法律适用的系统规定。该法第4条规定：一是当事人享有自由选择仲裁程序法的权利，包括可以选择其他国家的法律，甚至是某一国际习惯法作为仲裁程序法，也可以约定适用某一仲裁机构的仲裁规则，或提供对某项问题作出决定的方式。无论当事人作出何种选择，该种选择的效力都等同于当事人

---

[1] Peter Binder, *International Commercial Arbitration and Conciliation Law Jurisdictions*, Thomson Sweet & Maxwell, 2005, p. 16.

[2] 蔡庆辉、杜晓帆：《英国仲裁法（1896）述评》，载梁慧星主编：《民商法论丛》（总第19卷·2001年第2号），全析文化出版（香港）有限公司2001年版。

在协议中对有关程序作出具体明确的约定。二是当事人的这种自由应受几方面的限制：①当事人的意思自治权应当限于仲裁法的适用范围内，即仅限于仲裁地在英格兰、威尔士或北爱尔兰的仲裁。②区分是否为英联邦公民或居民，《1996年仲裁法》附表中所列举规则是否强制适用作出了不同的规定，如果当事人是英联邦公民或居民，则附表中列举的规则不强制适用，当事人可以协议排除其适用如果当事人并非英联邦公民或居民，则附表中列举的规则强制适用，当事人必须遵守。③对附表以外的非强制性规则，当事人可以协议排除，这种协议应采取书面的形式，否则该规则将强制适用。与《示范法》相比，《1996年仲裁法》对当事人选择仲裁程序法的自治权作出了较为严格的限制，对本国公民赋予较外国当事人更多的意思自治权。

1877年生效的德国《民事诉讼法》设第10编专门就仲裁作出规定，这就是德国的仲裁立法。100多年来，国际商事仲裁的国际立法已经发生了翻天覆地的变化，但德国的《民事诉讼法》第10编却始终没有实质性的修改。作为国际仲裁地点，德国是不受欢迎的。

自20世纪80年代末开始，越来越多的德国学术界人士呼吁改革德国仲裁法，来适应不断发展的国际仲裁的需要，从而提高德国在国际仲裁领域中的地位。1998年1月1日生效的《仲裁程序修订法》（以下简称《修订法》），也即德国新仲裁法，对《民事诉讼法》第10编中关于仲裁程序的规定进行了修订。《修订法》以《民事诉讼法》整个第10编修订后的条文为核心内容，同时增加了一些调整有关国内立法和国际条约的条款。德国新仲裁法被规定在《民事诉讼法》的第10编中，但它本身构成了一个独立完整的体系，分成10章，包括总则、仲裁协议、仲裁庭的组成、仲裁庭的管辖权、仲裁程序的进行、仲裁裁决和程序的结束、对仲裁裁决的追诉撤销之申请、承认与执行仲裁裁决的条件，法院程序以及非契约性仲裁庭。新仲裁法在很多方面都对旧的规定有重大改变。德国新仲裁法在许多方面都采纳了《示范法》的规定，遵循了将《示范法》纳入国内法，并尽量保持其原貌的法律政策。〔1〕

新的法律从基本体例到条文的具体内容，基本上以《示范法》为蓝本。

---

〔1〕 孙珺：《德国仲裁立法改革》，载《外国法译评》1999年第1期。

最大的特点是在仲裁程序规则和法律适用方面给予当事人很大的自由，使得这个法律具有很大的灵活性，从而便于不同法律文化背景当事人加以适用。这次改革成果是显著的，新法律的出台得到了德国各界人士的称赞。

（三）《示范法》对中国商事仲裁的影响

我国《仲裁法》实施 20 多年来，在司法实践中暴露出许多问题，尽管最高人民法院出台了相应的司法解释进行完善，但是仍然与国外仲裁制度的通行做法存在一些差异。因而，借鉴《示范法》关于仲裁协议书面形式和临时措施的新规定，把握国际商事仲裁立法与实践的新发展，对完善我国仲裁法律制度十分必要。中国在 1991 年修订《民事诉讼法》和 1994 年颁布《仲裁法》时，都参考了《示范法》。1994 年《仲裁法》的施行标志着一个初步适应我国改革开放需要、与国际通行做法接轨的仲裁法律体系已经诞生，《示范法》对国内仲裁法律制度的统一和发展起到了十分重要的作用，它与 2005 年 12 月 26 日通过并于 2006 年 9 月 8 日起施行的《仲裁法解释》《民事诉讼法》《合同法》一起构成了我国现行的仲裁立法体制。

当然，对于《示范法》而言，我们既要看到其积极作用，也要充分考虑我国现阶段国情和法律环境，取其精华，使其既能充分发挥其示范法的作用，又能服务于我国商事仲裁事业。例如，关于仲裁协议书面形式问题，《示范法》从鼓励和有利于仲裁原则出发，对仲裁协议书面形式进行扩大解释，适应了电子商务发展的需要，符合国际商事惯例，进一步推动了仲裁的发展。但是若完全取消书面形式要求，在一定程度上可能会在承认和执行仲裁裁决时造成矛盾和混乱。在我国完全取消对仲裁协议的书面形式要求，并非不可以，但是对于现阶段我国的法律制度和社会环境而言，尚不具备适用的土壤。我国接受《示范法》该条款的可能性不大。

第二章

商事仲裁的基础约定

第一节 仲裁管辖

一、仲裁管辖与法院管辖的区别与优势

（一）仲裁管辖和法院管辖是相互排斥的，不能同时存在

仲裁管辖与法院管辖是相互排斥的，在二者当中，只能通过仲裁或法院中的一种管辖解决争议，这也就是通常所说的"或裁或审"。特别是仲裁管辖时，对法院管辖的排斥性更强，如在仲裁条款中同时约定仲裁管辖与法院管辖，争议中的一方或多方当事人对该管辖条款提出异议，则仲裁机构会否认仲裁机构对该案件的管辖权，争议各方当事人只能重新订立有效的仲裁协议或向法院提起诉讼。

（二）法院管辖具有法定性和强制性，仲裁管辖具有意定性和任意性

法院管辖案件，无论从地域还是级别甚至专属管辖上，都有着明确的法律规定，争议各方当事人必须按照相应的法律规定选择管辖争议的法院，当事人不具有任意选择权。

当事人选择以仲裁方式解决争议，只要当事人达成合意，可以任意选择仲裁机构解决争议。仲裁机构的选择，不受地域、争议标的等条件的限制，仲裁管辖更没有级别之说。

（三）仲裁关系是基于双方的自愿和约定，可以完全符合交易各方的真实意思自治

完全符合交易各方的真实意思自治是仲裁管辖的巨大优势。仲裁管辖的

前提是仲裁协议的订立，订立仲裁协议的本质是交易各方签订协议。而签订协议的基础是交易各方意思表示真实、协商一致。简言之，订立仲裁协议的过程，是交易各方充分表达自己意愿、充分协商的过程。

另外，仲裁管辖不受地域、级别、专属等管辖因素影响，由交易各方选定仲裁机构，选择范围广、干扰因素少，可以完全实现交易各方的意思自由。但是，在当事人签订的仲裁协议中，也经常出现当事人约定的仲裁机构名称不准确、约定的仲裁机构不确定甚至约定由国外的仲裁机构在国内仲裁的情况，这一类问题，也逐渐成了近年来涉及商事仲裁协议约定及管辖的热点问题之一。[1]

（四）处理管辖权异议的方法和途径不一样

人民法院受理案件后，本院自行发现对该案件没有管辖权或认为本院不适宜受理该案的，通常会自行将案件移送至有管辖权或适宜的法院进行审理，即指定管辖和移送管辖。当事人认为受理该案件的法院对该案没有管辖权的，也可提出管辖权异议的申请。

指定管辖，是指上级人民法院以裁定方式，指定下级人民法院对某一案件行使管辖权。常见的情形如，当事人诉某法院院长侵权，该法院法官都与该法院院长存在利害关系，则该法院法官被要求回避，此时上级法院会裁定由其他法院来审理该案件。

移送管辖，是指人民法院受理案件后，发现本院对该案件无管辖权，依照法律规定将案件移送给有管辖权的人民法院审理的情况，从法条上看，可以将法院的移送管辖拆分成四个要件：人民法院已经受理案件、受诉法院发现本院对该案无管辖权、受诉法院单方决定将案件移送给它认为有管辖权的法院、受移送的同级法院发现本院对移送的案件无管辖权的，不得再自行移送，而应报请上级人民法院指定管辖。简而言之，移送管辖就是指没有管辖权的法院将案件移送到有管辖权的法院。

仲裁中，当事人如对仲裁管辖权持有异议，应在仲裁庭首次开庭前以书

---

〔1〕 见案例 2-1 仲裁条款中约定提交北京仲裁中心进行仲裁，仲裁协议有效吗？案例 2-2 仲裁协议中约定原告方所在地仲裁委管辖，仲裁协议有效吗？案例 2-3 仲裁条款约定应提交买方法人所在地的仲裁机构解决，但法人住所地变更，应如何处理？案例 2-4 仲裁协议约定由外国仲裁机构在中国境内进行仲裁，该仲裁协议有效吗？

面形式提出，仲裁机构认为当事人异议成立的，终止仲裁，各方当事人重新订立仲裁协议或就争议提起诉讼。

仲裁管辖中通常不会出现法院指定管辖或移送管辖的情形。原因在于仲裁协议订立时各方当事人高度的意思自治，使得各方均能充分从自身趋利避害的角度进行协商。同时，因仲裁机构不存在上下级管辖，也就不会产生与级别有关的区别和争议。

案例 2-1 仲裁条款中约定提交北京仲裁中心进行仲裁，仲裁协议有效吗？

案情简介：

上海某演艺有限公司与东阳某影视有限公司在合同约定："如双方就本协议内容或其执行发生争议，应进行友好协商；协商不成时，任何一方均可按照《合同法》在北京仲裁中心进行仲裁，仲裁将是解决争议、矛盾或索偿的唯一且排他性的争议解决办法，其裁决是终局性的，对双方均有约束力。"

因争议，一方向北京仲裁委员会申请仲裁，裁决作出后，另一方当事人认为"北京仲裁中心"不等于北京仲裁委员会，该仲裁条款约定不明，向法院申请撤销该仲裁裁决。

裁判结果：

因北京有北京仲裁委员会和中国国际经济贸易仲裁委员会 2 家仲裁机构，且均可受理国内、国外争议案件，故该条款对仲裁机构的约定不明确，依据《最高人民法院关于适用〈中华人民共和国仲裁法〉若干问题的解释》第 5 条的规定，仲裁协议约定 2 个以上仲裁机构的，当事人可选择其中 1 个仲裁机构申请仲裁；当事人不能就仲裁机构达成一致的，仲裁条款无效。现申请人与被申请人选择的北京仲裁委员会仲裁不能达成一致意见，故约定的仲裁条款无效。依照《中华人民共和国仲裁法》第 20 条，《最高人民法院关于适用〈中华人民共和国仲裁法〉若干问题的解释》第 5 条、第 6 条之规定，裁定确认上海某演艺有限公司与东阳某影视有限公司于 2013 年 5 月签订的《刘德华中国巡回演唱会 2013-"上海站"协议书》管辖法律及争议解决部分中的仲裁条款无效。

本案要旨:

北京有北仲、贸仲两家仲裁机构,而当事人在合同中关于"北京仲裁中心"的表述,不能确定到一家具体的仲裁机构,合同当事人也无法就选定仲裁机构达成一致时,会产生仲裁条款无效的后果。这就要求相关人员在拟写合同时,尽可能准确表达仲裁机构的名称。

案例 2-2 仲裁协议中约定原告方所在地仲裁委管辖,仲裁协议有效吗?

案情简介:

A 公司、B 公司在《设备施工安装合同》第 11 条"争议的解决"中约定:"在执行本合同过程中产生的一切争议,甲乙双方应当通过友好协商解决,协商不成,应提交原告方所在地仲裁委员会依据其规则进行仲裁,该裁决应是终局性。"

后因争议,B 公司申请仲裁,A 公司申请撤裁,理由是仲裁协议无效。

裁判结果:

本案申请人 A 公司与被申请人 B 公司在《贴牌设备施工安装合同》中约定"在执行本合同过程中产生的一切争议,甲乙双方应当通过友好协商解决,协商不成,应提交原告方所在地仲裁委员会依据其规则进行仲裁,该裁决具有终局性",上述协议未约定明确的仲裁委员会,理由是:仲裁案件中不存在"原告方",即使将该"原告方"认定为仲裁案件的"申请人",在合同订立时,仲裁申请人尚未确定,A 公司和 B 公司都可能成为仲裁申请人。A 公司所在地在上海市,B 公司所在地在杭州市,根据上述仲裁协议的约定,上海市的仲裁委员会及杭州市的仲裁委员会都是约定的仲裁机构,故本案所涉仲裁协议中约定了 2 个或 2 个以上的仲裁机构。根据《最高人民法院关于适用若干问题的解释》第5条之规定，仲裁协议约定2个以上仲裁机构的，当事人可以协议选择其中的1个仲裁机构申请仲裁，当事人不能就仲裁机构选择达成一致的，仲裁协议无效。在本案审理过程中，A公司与B公司未能就仲裁机构选择达成一致，故本案所涉仲裁协议无效，申请人A公司主张仲裁协议无效的理由成立，本院对其请求予以支持。

本案要旨：

仲裁与诉讼不同，按照法律规定，仲裁机构必须是明确的，而不能约定以仲裁中的连接点为准确仲裁机构。本案中，双方当事人分别位于上海和杭州，所以在仲裁协议中选定的仲裁机构不是唯一确定的，且双方无法就选定仲裁机构达成一致，故仲裁协议无效。

案例 2-3 仲裁条款约定应提交买方法人所在地的仲裁机构解决，但法人住所地变更，应如何处理？

案情简介：

原告工贸公司因买卖合同纠纷以十五局公司为被告向北京铁路运输法院提起诉讼，被告十五局公司在首次开庭前以有书面仲裁协议为由对本院受理本案纠纷提出异议，请求将本案移送至洛阳仲裁委员会审理。理由是，双方签订的采购合同第24条约定："执行合同过程中出现争议时，买卖双方应本着公平、合理的原则及时友好协商解决，如在60天内未能解决，应提交买方法人所在地的仲裁机构解决。"该合同签订时为2013年，此时被告法人住所地尚在河南省洛阳市，而洛阳市仅有洛阳仲裁委员会一家仲裁机构，依据仲裁法、民诉法的相关规定，本案应由洛阳仲裁委员会仲裁。原告认为，双方发生争议时，其住所地已经变更至上海，买方法人所在地上海市有两个仲裁机构，即上海仲裁委员会和上海国际经济贸易仲裁委员会，双方对于仲裁机构双方约定不明。

裁判结果：

本案诉争采购合同系原被告双方2013年12月签订，该合同通用条款第

24.1条约定："执行合同过程中出现争议时，买卖双方应本着公平、合理的原则及时友好协商解决。如在60天内未能解决，应提交买方法人所在地的仲裁机构解决。仲裁结果为争议的最终解决方案，对买卖双方均有约束力。"买方法人即被告十五局公司提交的上海市工商行政管理局工商登记材料显示，十五局公司的注册地址于2014年11月由河南省洛阳市四通路2号变更为上海市闸北区共和新路666号6楼。按照双方签订合同时的约定，买方法人所在地的仲裁机构应理解为十五局公司当时的住所地河南省洛阳市的仲裁机构，洛阳市仅有一个仲裁机构，即洛阳仲裁委员会，因此双方签订合同时约定的仲裁机构是明确的，该仲裁条款有效，对双方均有约束力。

本案要旨：

1. 本案仲裁机构虽然以买方所在地为选定依据，但买卖合同中的买方是唯一确定的，同时因买方所在地只有一家仲裁机构，因此双方在仲裁协议中选定的仲裁机构也具有唯一性。

2. 因买方住所地变更，现住所地有两家仲裁机构，但对仲裁机构的认定应以双方签订仲裁协议时为准即以法人住所地变更前所在地的仲裁机构为准，所以该仲裁协议有效。

案例 2-4 仲裁协议约定由外国仲裁机构在中国境内进行仲裁，该仲裁协议有效吗？

案情简介：

A公司与B公司以及C公司于2010年10月28日签署了一份《销售合同》。该合同第10.1款为仲裁条款，约定："任何因本合同引起的或与其有关的争议应被提交国际商会仲裁院，并根据国际商会仲裁院规则由按照该等规则所指定的一位或多位仲裁员予以最终仲裁。管辖地应为中国上海，仲裁应以英语进行。"

后因争议进行仲裁，仲裁裁决作出后，A公司向法院申请撤销仲裁裁决，理由系仲裁所依据的仲裁协议无效。

A公司认为，上述仲裁条款的效力应依据中国法律进行判断。而该仲裁条款因违反我国相关法律规定，应属无效。理由是：①国际商会仲裁院不是我国仲裁法项下的仲裁机构，约定将争议提交给其仲裁不构成有效仲裁条款；②国际商会仲裁院在我国进行仲裁违背了我国的公共利益，存在侵犯我国司法主权之嫌；③即便国际商会仲裁院在我国境内作出裁决，该裁决也应属于我国仲裁法规定的"内国裁决"，不能依据《纽约公约》受到承认与执行。

裁判结果：

本案仲裁协议条款有效。理由如下：《中华人民共和国仲裁法》第16条规定："仲裁协议包括合同中订立的仲裁条款和以其他书面方式在纠纷发生前或者纠纷发生后达成的请求仲裁的协议。仲裁协议应当具有下列内容：①请求仲裁的意思表示；②仲裁事项；③选定的仲裁委员会。"涉案仲裁条款中具有请求仲裁的意思表示和约定的仲裁事项，并选定了明确具体的仲裁机构，是有效的仲裁条款。龙利得公司请求确认该仲裁条款无效的理由不能成立。

本案要旨：

本案中，该仲裁协议有效的关键在于其具备了《仲裁法》16条所具备的要素，虽然仲裁约定由外国仲裁机构在中国境内仲裁，但仍属有效。

◇ 延伸阅读：仲裁机构与法院的异同

仲裁机构虽然是民间机构，但其和作为国家公权力机关的法院一样，对于涉及仲裁的民商事私权争议案件，仲裁机构不主动介入当事人之间的纠纷。只有在当事人一方主动向仲裁机构申请仲裁时，仲裁机构才能受理立案。仲裁机构和法院另一个相同点是，仲裁裁决也只能在当事人请求的范围内作出，不能超出当事人的请求范围作出裁决。仲裁庭根据当事人事先约定的仲裁协议的内容，结合当事人的具体请求进行审理。但和法院不同的是，在法院的诉讼进程中，当事人可以变更诉讼请求，在仲裁中，对于当事人约定的仲裁事项范围以外的事项，当事人不得申请仲裁，仲裁庭也不能受理，这体现了仲裁的私权性。因为仲裁重在解决当事人之间的私权纠纷，必须尊重当事人的自由意志。

第二节　仲裁协议及其特点

一、仲裁条款的书面性

仲裁协议是指各方当事人根据意思自治的原则，表示愿意将他们之间已经发生或可能发生的财产权益争议提交仲裁进行解决的意思表示。

（一）仲裁协议的形式

仲裁协议有两种形式，一种是书面的，另一种是口头的。但是我国《仲裁法》第 16 条明文规定："仲裁协议包括合同中订立的仲裁条款和以其他书面方式在纠纷发生前或者纠纷发生后达成的请求仲裁的协议。"这说明，在我国仲裁协议的订立必须要采取书面形式，口头的仲裁协议无效。[1]

（二）仲裁协议采取书面形式的原因

第一，我国加入的《纽约公约》对仲裁协议形式的唯一要求，是仲裁协议应该是书面的，并将此作为缔约国承认和执行仲裁协议的主要条件之一。按照国际公约中统一规则优先于国内法的原则，凡加入国际公约的缔约国，只要没有对公约的仲裁协议形式作保留声明，就应当遵循公约的规定。

第二，我国《民事诉讼法》和其他法律要求仲裁协议应当是书面的。最新修订的《民事诉讼法》第 274 条规定："对中华人民共和国涉外仲裁机构作出的裁决，被申请人提出证据证明仲裁裁决有下列情形之一的，经人民法院组成合议庭审查核实，裁定不予执行：①当事人在合同中没有订立仲裁条款或者事后没有达成书面仲裁协议的……"本法条直接要求达成书面协议的仲裁协议才具有法定效力。

第三，为了证实当事人确实同意将争议提交仲裁，防止纠纷发生之后各方因利害关系诉诸法院，使纠纷难以解决。书面的仲裁协议在当事人发生争议之后能清楚地向法庭或者仲裁庭展示当事人的法律关系。

（三）仲裁协议订立的方式

仲裁协议，一种是单独订立仲裁协议，另一种是在合同中签订仲裁条款。

---

[1]　见案例 2-5 仲裁协议中的表达方式如何影响仲裁协议的有效性？

单独的仲裁协议，是指双方当事人在主合同之外又重新订立一个发生纠纷后提交仲裁机构仲裁的法律文件，具有合同的性质。仲裁协议书可以在纠纷发生前订立，也可以在纠纷发生后补充订立。仲裁协议书又可以细分为两种：一种是作为独立的法律文件附于主合同之后作为主合同的一个附件；另一种是当事人在发生争议前或发生争议之后达成的仲裁协议。这两种方式其实本质上都是合同。

仲裁条款是指当事人在合同订立时，表示愿意将他们之间将来可能发生的纠纷以仲裁方式解决约定的条款，不仅包括直接在主合同中约定的条款，还包括当事人在签订主合同之后通过信件、电报、邮件等方式所表达的同意提交仲裁的文字。仲裁条款比较简洁，经常在实务中使用。最典型的例子就是当事人直接在合同中约定"如发生纠纷，提请××仲裁委员会仲裁"，这就是一个简单的仲裁条款。

（四）仲裁协议应包含的内容

仲裁协议的内容存在定式，签署协议各方都应遵守协议。[1]

《仲裁法》第16条第2款规定：仲裁协议应当具有下列内容：①请求仲裁的意思表示；[2]②仲裁事项；③选定的仲裁委员会。此三项内容是必备的，否则就有可能被认定为无效仲裁协议，若仲裁协议无效，当事人只能向人民法院起诉。

请求仲裁的意思表示是指双方当事人在设立仲裁这一解决矛盾的方式时出于自愿，在知悉仲裁的事项和法律后果后，仍然清楚明白地表示愿意采用这种方式，并以书面形式确定下来。仲裁事项是指仲裁当事人之间具体的财产权益纠纷。选定的仲裁委员会是指双方当事人必须要选定仲裁委员会，否则仲裁将无法被受理。涉外的仲裁协议不仅需要满足上述三个条件，同时还要考虑国际惯例以及外国仲裁机构的规则。

根据《仲裁法》第18条："仲裁协议对仲裁事项或者仲裁委员会没有约定或者约定不明确的，当事人可以补充协议；达不成补充协议的，仲裁协议无效。"该法条说明仲裁协议的内容可以补充，补充的范围是仲裁的事项和没

---

〔1〕　见案例2-6当事人在仲裁协议中约定的仲裁期限与仲裁规则不一致，是否影响仲裁协议效力？案例2-7公司项目部与他方签订仲裁协议，该仲裁协议能约束项目部所在公司吗？

〔2〕　见案例2-8仲裁条款所在合同中，一方当事人签章是伪造的，如何处理？

有明确指定受理的仲裁委员会。因为这两项内容属于《仲裁法》第 16 条明确规定的重要内容，如果缺失，则仲裁协议无效。

仲裁协议除了上述两项内容可以补充外，其他内容能否进行补充或者修改，《仲裁法》对此并没有作出明确规定，按照当事人意思自治的原则，应当准许当事人在仲裁协议制定好后予以修改或补充。

（五）无效仲裁协议的确定

无效的仲裁协议不需要被仲裁机构或法院认定无效，仲裁协议本质上是一个合同，无效的合同自始无效、确定无效，双方当事人不受该无效合同的约束。但仲裁协议的一方如果认为仲裁协议存在效力瑕疵，需要通过人民法院进行确认。根据《最高人民法院关于审理仲裁司法审查案件若干问题的规定》第 2 条规定，如果需要确定仲裁协议的效力，由仲裁协议约定的仲裁机构所在地、仲裁协议签订地、申请人住所地、被申请人住所地的中级人民法院或者专门人民法院管辖。

二、仲裁条款的独立性

仲裁协议具有独立性。独立性是指应当提交仲裁的争议涉及合同的无效或终止，但并不影响作为合同一部分的仲裁条款的效力，仲裁条款依然有效。

尽管仲裁条款是主合同中的一个条款，是主合同的一个组成部分，但该合同条款和其他条款有着本质不同。主合同中的其他条款规定的是当事人在商事交易中的实体性权利义务问题，而仲裁条款则规定当事人在履行合同时发生纠纷的解决途径，属于程序性问题，是保障当事人能够得到救济、实现合同规定的权利义务的特殊条款。因此，这种条款应当具有相对的独立性，不应受到主合同无效的制约。

我国《仲裁法》明确规定仲裁协议具有独立性。《仲裁法》第 19 条规定："仲裁协议独立存在，合同的变更、解除、终止或者无效，不影响仲裁协议的效力。仲裁庭有权确认合同的效力。"仲裁协议的独立性在立法层面得到承认，同样，在司法实践方面仲裁协议的独立性也成为指导仲裁的原则之一。《最高人民法院关于适用〈中华人民共和国仲裁法〉若干问题的解释》第 10 条规定："合同成立后未生效或者被撤销的，仲裁协议效力的认定适用仲裁法第 19 条第 1 款的规定。当事人在订立合同时就争议达成仲裁协议的，合同未成立不影响仲裁协议的效力。"该司法解释的出台补充了主合同未生效和被撤销时，仲裁协议的效力问题，结合《仲裁法》条文，可以推导出无论主合同处于何种效力状态，均不影响仲裁协议的效力，仲裁协议始终是有效存在的，当事人在合同发生纠纷时可以直接向仲裁机构提起仲裁。[1]

仲裁条款的独立性原则不仅为国内法所肯定，现行的国际公约和国际文件都对仲裁条款的独立性作了肯定性规定。最早对仲裁协议独立性作出规定的是《联合国国际贸易法委员会仲裁规则》，该规则规定："作为组成部分并规定按照本规则进行仲裁的仲裁条款将被视为独立于该合同其他条款的一种协议。仲裁庭所做合同为无效的和作废的裁决并不在法律上影响仲裁条款的效力。"国际商会国际仲裁院 1998 年版《仲裁规则》也规定仲裁庭作出的关于合同无效或失效的决定本身不构成仲裁条款无效的理由。这些国内国际的立法实践和司法实践表明，仲裁条款的独立性已经成为现代仲裁机构普遍承认的法律原则。

案例 2-5 ▶ 仲裁协议中的表达方式如何影响仲裁协议的有效性？

案情简介：

有这样一份仲裁协议：

《个人保证借款合同》

第 9 条　争议解决

本合同履行中发生争议，由各方协商解决。协商不成，选择以下两种方式解决：

1. 仲裁。"提交金融仲裁委员会按其仲裁规则进行仲裁"。

2. 诉讼。

第 10 条　其他约定事项

其中"提交金融仲裁委员会按其仲裁规则进行仲裁"的空格处画有斜线。该合同第 10 条"其他约定事项"系两行空格，画有斜线，斜线旁盖有"因本

---

[1] 见案例 2-9 公司股东行使股东权，代位主张公司权利，该股东行使权力的方式是否受所涉争议中，公司与相对方签订仲裁协议约束？案例 2-10 合同相对人未在合同上签章，合同中的仲裁条款有效吗？

合同发生争议，提交安阳仲裁委员会仲裁"的长条印章。

如本合同各方当事人产生争议，应以仲裁或诉讼哪种方式解决争议？

裁判结果：

三官庙某信用社与借款人杨某、保证人刘某、朱某、王某、李某签订的《个人保证借款合同》第9条已明确争议解决的方式为诉讼。该制式合同第10条"其他约定事项"已画有斜线，却又加盖长条印章约定其他事项，明显不合常理，且长条印章显示的内容"因本合同发生争议，提交安阳仲裁委员会仲裁"，不但与合同第9条约定争议解决方式不符，而且与该第9条仲裁项空格所画斜线矛盾。综上所述，法院认为，长条印章显示的内容不足采信。最终裁定不予执行依据该协议作出的仲裁裁决。

本案要旨：

本案中，法院裁定对仲裁裁决不予执行的关键在于合同实际没有约定将仲裁作为争议解决方式，即仲裁机构没有管辖权。本案不同于常见的没有约定仲裁机构或仲裁协议约定不明的情况。在主合同中，争议解决方式中的仲裁方式被划掉，仅留下诉讼方式，虽然在合同中有长条印章写明提交安阳仲裁委员会仲裁，但在该印章内容与合同主文内容矛盾的情况下，应以合同主文为准，即以诉讼方式解决争议。

案例 2-6 当事人在仲裁协议中约定的仲裁期限与仲裁规则不一致，是否影响仲裁协议效力？

案情简介：

ZK 公司与 YT 公司于 2012 年 8 月 15 日签订的《房地产项目融资财务顾问协议》第 6 条第 2 款约定："甲乙双方因本协议引起的或与本协议有关的争议，双方应首先友好协商，若协商不能解决，则甲乙双方共同同意提交深圳仲裁委员会仲裁裁决，裁决期为 1 个月，仲裁裁决是终局的，对双方均有约束力。" ZK 公司、YT 公司均在该协议上盖章，YT 公司同时有授权代表在该协议上签字。

后因争议仲裁，ZK 公司向法院申请该仲裁协议无效，理由有二，一是该合同上并无 ZK 公司的法定代表人或授权代表的签名，该合同的签订是否是 ZK 公司的真实意思表示无法确定；二是《深圳仲裁委员会仲裁规则》（2008年）（以下简称《仲裁规则》）第 61 条规定：“仲裁裁决应当在仲裁庭组成之日起 4 个月内作出。”显然合同条款所约定“裁决期为 1 个月”的仲裁内容与深圳仲裁委员会的仲裁规则相冲突。

裁判结果：

首先，ZK 公司、YT 公司均在《房地产项目融资财务顾问协议》上盖章，双方当事人均认可该协议的真实性，该协议系双方当事人的真实意思表示。

其次，该协议第 6 条第 2 款的约定具有请求仲裁的意思表示、仲裁事项、选定的仲裁委员会，符合仲裁协议的构成要件，系有效的仲裁条款。

最后，《仲裁规则》第 4 条规定：“仲裁委员会所受理的仲裁案件，适用本规则。当事人另有书面约定的，从其约定，但当事人约定适用的规则仲裁委员会认为无法实施或与仲裁地法律、法规的强制性规定相冲突的除外。”据此，当事人有权书面对仲裁规则作出约定，涉案仲裁条款有关“裁决期为 1 个月”的约定系对仲裁期限的专门约定，不影响仲裁条款的效力。

本案要旨：

本案仲裁条款符合仲裁法规定的仲裁条款形式要件，虽然仲裁期限一项约定与仲裁机构的仲裁规则规定有冲突，但不影响仲裁协议的效力。

案例 2-7　公司项目部与他方签订仲裁协议，该仲裁协议能约束项目部所在公司吗？

案情简介：

2016 年 3 月 1 日徐某与“中国某钢铁集团有限公司年产 60 万吨高线工程项目部”签订了一份《工程款支付协议》，其中协议第 4 条约定：“如果甲方未能按期支付拖欠的工程款，甲乙双方均同意由贵港仲裁委仲裁解决"。

后因争议，徐某将该公司作为被申请人申请仲裁解决争议，该公司认为该仲裁协议无效。

该公司认为，民事权利能力和民事行为能力不完整的自然人、其他组织，是不被允许签订仲裁协议，成为仲裁当事人的。而本案中，与徐某签订《工程款支付协议》的是"中国某钢铁集团有限公司年产60万吨高线工程项目部"，该项目部并非由该公司成立，从法律层面上来分析，其既不具备民事主体资格，也不具备任何的民事权利能力和民事行为能力。

徐某认为，"中国某钢铁集团有限公司年产60万吨高线工程项目部"（以下简称"项目部"）虽然不是独立的法人，但其是该公司的分支机构马鞍山分公司成立的，已获得了该公司的概括性授权，理由是该项目部施工的具体进行、材料的采购、材料的结算及委托相关的检测机构进行项目检测，包括最后的工程款的支付，及整个项目所有的程序都是由项目部独立完成的，项目部针对该项目进行的所有的工作都获得了该公司的概括性授权。

裁判结果：

《中华人民共和国仲裁法》第16条规定：仲裁协议包括合同中订立的仲裁条款和以其他书面方式在纠纷发生前或者纠纷发生后达成的请求仲裁的协议。仲裁协议应当具有下列内容：①请求仲裁的意思表示；②仲裁事项；③选定的仲裁委员会。

"中国某钢铁集团有限公司年产60万吨高线工程项目部"与徐某签订的仲裁条款已经符合上述法律规定。从事实上看，北京ZC公司转包给"中国某冶金建设有限责任公司马鞍山分公司"的工程的一切事宜均由"中国某钢铁集团有限公司年产60万吨高线工程项目部"来负责实施，徐某有理由相信该项目部就是代表马鞍山分公司的，虽然该项目部不具有法人资格，但根据《中华人民共和国合同法》第49条"行为人没有代理权、超越代理权或者代理权终止后以被代理人名义订立合同，相对人有理由相信行为人有代理权的，该代理行为有效"的规定，应认定项目部与徐某签订的仲裁条款有效。

本案要旨：

本案中，该仲裁条款被确认有效的原因主要有二：一是仲裁条款符合法定的形式要件；二是虽然该仲裁协议由项目部签订，但工程项目的一切事宜均由项目部实施，使相对方有理由相信项目部有代理权，即使项目部实质上无权代理，也可构成表见代理，因此仲裁协议有效。

案例 2-8 仲裁条款所在合同中，一方当事人签章是伪造的，如何处理？

案情简介：

某银行股份有限公司深圳科技支行就《最高额保证合同》争议申请仲裁，另一方当事人梁某未参与仲裁程序，裁决作出后，梁某申请撤裁，理由是《最高额保证合同》上的"梁某"签名非梁某所签，该签名位置所按捺的手印也不是梁某的手印。

裁判结果：

经鉴定《最高额保证合同》并非梁某本人所签，梁某与某银行科技支行之间不存在仲裁协议，仲裁庭对梁某的相关裁决所依据的《最高额保证合同》系伪造的，故仲裁裁决中与梁某有关的裁决部分应予撤销。

本案要旨：

仲裁协议的订立必须是双方真实的意思表示，伪造他人签字获得的仲裁协议无效。本案中，仲裁协议不仅涉及上述两方，还涉及他方，他方当事人并未申请撤销裁决，故法院基于梁某的伪造签章，只撤销与梁某有关的裁决部分。

案例 2-9 公司股东行使股东权，代位主张公司权利，该股东行使权力的方式是否受所涉争议中，公司与相对方签订仲裁协议约束？

案情简介：

丁某系深圳 ZC 公司股东。深圳 ZC 公司与 GC 公司之间签订的《借款协议》第 5 条约定，凡与本协议有关的一切争议，由双方协商解决，协商不成的，提交深圳仲裁委员会仲裁。丁某代位起诉 GC 公司，要求 GC 公司向深圳 ZC 公司偿还借款 450 万元及利息。丁某直接起诉，而未按照仲裁条款申请仲裁。

裁判结果：

丁某为深圳 ZC 公司的股东，丁某就深圳 ZC 公司与 GC 公司之间的借款合同，根据《公司法》第 151 条第 3 款规定提起股东代表诉讼。根据《民事诉讼法》第 119 条第 4 项规定，当事人的起诉必须属于人民法院受理民事诉讼的范围并由受诉人民法院管辖，股东代表诉讼亦须符合上述规定。

由于深圳 ZC 公司与 GC 公司之间的借款合同约定了相关争议由深圳仲裁委员会管辖，该仲裁条款系当事人的真实意思表示，明确具体，合法有效，对于合同当事人均有约束力，深圳 ZC 公司与 GC 公司据此享有排斥法院管辖权的程序利益。

鉴于涉案的借款合同纠纷属于仲裁事项，丁某就该借款合同代深圳 ZC 公司对 GC 公司提起股东代表诉讼，其起诉不能排除 GC 公司的程序利益。因此，丁某虽非涉案借款合同的当事人，但其提起股东代表诉讼时仍应受该合同中仲裁条款的约束。因此，涉案的借款合同纠纷应由深圳仲裁委员会审理。

本案要旨：

股东行使股东权，代位行使公司的正当权利，被法律支持。但在公司与相对方有仲裁协议的前提下，仲裁管辖是双方真实的意思表示，也是双方正当权利的体现。法律不仅保护股东权利，同样保护相对方的正当权利，如果股东代位诉讼可以跨越仲裁条款直接诉讼，则损害了相对方的程序利益，因此公司股东代位主张公司权利，需要受到公司与相对方签订的仲裁协议约束。

案例 2-10 合同相对人未在合同上签章，合同中的仲裁条款有效吗？

案情简介：

2008 年 8 月，A 建设国际工程分公司因安哥拉社会住房项目建设工程需要，以 B 国际工程承包公司的名义向其订购"芯模振动混凝土制管设备"。2009 年 7 月，A 建设国际工程分公司为提高混凝土管产量和质量，又要求 HZ 机械公司为其制作自动布料机、底托盘等设备和备件，货物总价值 806 310 元。业务由 A 建设国际工程分公司与 HZ 机械公司直接洽谈并拟定了《安哥拉社会住房项目采购合同》。该合同为三方合同，HZ 机械公司盖章后交给 A 建设国际工程分公司，但直至设备制作完成准备发货，B 国际工程承包公司、A 建设国际工程分公司仍未将盖章的合同发回。HZ 机械公司轻信 A 建设国际工程分公司承诺将货物发出，经多次催要，A 建设国际工程分公司却拒绝支付货款。

该合同中约定："凡因执行本合同或有关本合同所发生的一切争执，双方应协商解决，如果协商不能得到解决，应提交北京仲裁委员会，根据该仲裁委员会的仲裁规则进行仲裁，仲裁裁决是终局的，对双方都具有约束力。"

HZ 机械公司向安徽省宿州市中级人民法院（简称"宿州中院"或"一审法院"）提起诉讼，请求判决 A 建设国际工程分公司支付货款，但其拒绝支付。

裁判结果：

A 建设国际工程分公司提供的上述合同编号为 CICI/ASHP-I/07/2009，HZ 机械公司提供的单据上载明的合同编号与上述编号一致。因此，虽然上述合同并无 B 国际工程承包公司印章，但 HZ 机械公司与 A 建设国际工程分公司已实际按照上述合同约定履行。因此，对上述合同的真实性、合法性及与本案的关联性予以认定。

案涉合同约定："凡因执行本合同或有关本合同所发生的一切争执，双方应协商解决，如果协商不能得到解决，应提交北京仲裁委员会，根据该仲裁委员会的仲裁规则进行仲裁，仲裁裁决是终局的，对双方都具有约束力。"依照《中华人民共和国仲裁法》第 5 条"当事人达成仲裁协议，一方向人民法院起诉的，人民法院不予受理，但仲裁协议无效的除外"的规定，法院对本案无管辖权。依照《中华人民共和国仲裁法》第 5 条、《中华人民共和国民事诉讼法》第 124 条第 2 项、《最高人民法院关于适用〈中华人民共和国民事诉讼法〉的解释》第 208 条第 3 款之规定，裁定驳回 HZ 机械公司的起诉。

HZ 机械公司对此裁决不服，提起上诉，二审法院维持原判。

本案要旨：

1. 本案中，虽然合同相对方并未签章，但根据相关证据可以认定各方已经实际履行合同，合同的真实性被各方认可。

2. 在各方认可合同真实性的前提下，合同中约定以仲裁方式解决争议，则应向合同中约定的仲裁机构申请仲裁以解决合同争议。

◇ 延伸阅读：示范仲裁条款[1]

示范仲裁条款（一）

凡因本合同引起的或与本合同有关的任何争议，均应提交中国国际经济贸易仲裁委员会，按照申请仲裁时该会现行有效的仲裁规则进行仲裁。仲裁裁决是终局的，对双方均有约束力。

Any dispute arising from or inconnection with this Contract shall be submitted to China International Economic and Trade Arbitration Commission（CIETAC）for arbitration which shall be conducted in accordance with the CIETAC's arbitration rules in effect at the time of applying for arbitration. The arbitral award is final and binding upon both parties.

示范仲裁条款（二）

凡因本合同引起的或与本合同有关的任何争议，均应提交中国国际经济贸易

---

〔1〕 中国国际经济贸易仲裁委员会提供。

仲裁委员会_____分会（仲裁中心），按照仲裁申请时中国国际经济贸易仲裁委员会现行有效的仲裁规则进行仲裁。仲裁裁决是终局的，对双方均有约束力。

Any dispute arising from or in connection with this Contract shall be submitted to China International Economic and Trade Arbitration Commission (CIETAC) _____ Sub-Commission (Arbitration Center) for arbitration which shall be conducted in accordance with the CIETAC's arbitration rules in effect at the time of applying for arbitration. The arbitral award is final and binding upon both parties.

第三节　仲裁协议效力的审查尺度

一、仲裁协议的效力

仲裁协议的法律效力，即仲裁协议所具有的法律约束力。一项有效的仲裁协议的法律效力包括对双方当事人的约束力、对法院的约束力和对仲裁机构的约束力。但法院并不会对当事人之间未达成仲裁协议进行审查和确认。[1]

（一）约束双方当事人对纠纷解决方式的选择权[2]

仲裁协议一经有效成立，即对双方当事人产生法律效力，双方当事人都受到所签订的仲裁协议约束。发生纠纷后，当事人只能通过向仲裁协议中所确定的仲裁机构申请仲裁的方式解决该纠纷，而丧失了就该纠纷向法院提起诉讼的权利。如果一方当事人违背仲裁协议，就仲裁协议规定范围内的争议事项向法院起诉，另一方当事人有权在首次开庭前依据仲裁协议，要求法院停止诉讼程序，法院也应当驳回当事人的起诉。

（二）仲裁协议排除法院的司法管辖权

有效的仲裁协议可以排除法院对订立于仲裁协议中的争议事项的司法管辖权，这是仲裁协议法律效力的重要体现，也是各国仲裁普遍适用的准则。我国《仲裁法》明确规定，"当事人达成仲裁协议，一方向人民法院起诉的，

---

〔1〕　见案例2-11当事人向法院提出申请，申请事项是确认其与被申请人之间就申请仲裁的事项并未达成仲裁协议，法院如何裁定？

〔2〕　见案例2-13 "ARBITRATION, IF ANY, IN HONGKONG, ENGLISH LAW TO APPLIED"，翻译方式如何影响仲裁协议效力？

人民法院不予受理，但仲裁协议无效的除外"，"当事人达成仲裁协议，一方向人民法院起诉未声明有仲裁协议的，人民法院受理后，另一方在首次开庭前提交仲裁协议的，人民法院应当驳回起诉，但仲裁协议无效的除外"。当然如果另一方在首次开庭前未对人民法院受理该案提出异议，即视为放弃仲裁协议，人民法院应当继续审理。当事人在首次开庭前未对人民法院受理该案提出异议的，推定当事人默示认可司法管辖。

（三）授予仲裁机构仲裁管辖权并限定仲裁范围

仲裁协议是仲裁委员会受理仲裁案件的基础，是仲裁庭审理和裁决仲裁案件的依据。没有仲裁协议就没有仲裁机构对仲裁案件的仲裁管辖权。我国《仲裁法》第 4 条明确规定："没有仲裁协议，一方申请仲裁的，仲裁委员会不予受理。"同时，仲裁机构的管辖权又受到仲裁协议的严格限制，即仲裁庭只能对当事人在仲裁协议中约定的争议事项进行仲裁，而对仲裁协议约定范围以外的其他争议无权仲裁。

二、仲裁协议的成立

仲裁协议有效成立，应包括形式要件和实质要件。其形式要件是指仲裁协议必须采用书面形式；其实质要件是指仲裁协议有效成立的实质性条件，我们可以将仲裁协议效力的实质性条件概括为如下四项：当事人具有缔结仲裁协议的民事行为能力；当事人之间提交仲裁的意思表示真实、一致；仲裁协议的标的可仲裁性；仲裁协议的内容合法。

（一）当事人具有缔结仲裁协议的民事行为能力[1]

当事人具有民事行为能力，是保证其签订的仲裁协议合法有效的前提。这里的"当事人"可分为自然人和法人，其民事行为能力也各有规定。根据我国法律，自然人的民事行为能力是指，自然人能够独立实施民事行为，享有民事权利并承担民事义务的地位或资格，这里的"自然人"也就是指完全民事行为能力人。法人的民事行为能力是指，依法登记设立的组织，以自己的意志独立进行民事活动，实施民事法律行为，取得民事权利和承担民事义务的资格。

---

[1] 见案例 2-14 精神有障碍的人，在患病期间签订的仲裁协议有效吗？

（二）当事人之间提交仲裁的意思表示真实、一致

当事人之间将其有关争议提交仲裁解决，须有明确请求仲裁解决的意思表示，这是仲裁协议的基本要素。请求仲裁的意思表示须明确肯定，并符合当代仲裁制度一裁终审（局），排除司法管辖权的特性。双方当事人必须都同意将其争议提交仲裁解决，而不是仅凭一方当事人的意思。这是仲裁协议作为"协议"的基本要求。

在实践中，仲裁协议通常是体现于格式合同或商业单据中的仲裁条款。这些格式合同与商业单据通常是由一方当事人制定的，体现的是一方当事人的意志。对这类仲裁条款，要视情形确定是否符合合意与真实。就格式合同而论，它通常是一方当事人提交给对方当事人作为双方谈判商事合同的基础与草案文本，接受格式合同的一方可以对格式合同的有关条款作进一步的删除、修改、补充，双方当事人最终达成的正式合同是在变更格式合同的基础上订立的，体现了接受格式合同一方的意志，因而是双方当事人的真实意思表示。对于商业单据，如提单、保险单、信用证等，其签发与接受在国际、国内的商事交易中已成为商事惯例，凡参与这类商事交易的当事人，特别是接受单据的当事人都接受对方的意思表示，况且此类单据的签发与接受通常以相关合同存在为前提，往往构成相关合同的组成部分。因此，只要此类单据的签发者没有采取法律禁止的胁迫手段，迫使对方接受，接受方如果接受了这些单据，应当认定双方当事人对单据中的仲裁条款达成一致，合意真实。

（三）仲裁协议的标的具有可仲裁性

这里"标的"是指争议事项，"可仲裁性"是指当事人提交具有一裁终审效力的仲裁机构解决的争议事项是法律允许采取仲裁方式处理的事项。《中华人民共和国仲裁法》对可仲裁和不可仲裁的争议事项都作了规定。"平等主体的公民法人和其他组织之间发生的合同纠纷和其他财产权益纠纷，可以仲裁，但下列纠纷不能仲裁：①婚姻、收养、监护、抚养、继承纠纷；②依法应由行政机关处理的行政纠纷。"此外，劳动争议、农村土地承包争议等，虽然涉及合同纠纷和财产权益纠纷，但不具有《中华人民共和国仲裁法》意义上的可仲裁性，而只具有行政法、劳动法等法律领域的可仲裁性。[1]

---

[1]　见案例 2-15 BOT 投资模式下的政府特许经营纠纷，是否可以仲裁？

（四）仲裁协议的内容合法

仲裁协议的内容合法，同样是有效仲裁协议所必须具备的基本要素。其内容合法，是指仲裁协议的各项约定符合法律要求，不得违反强制性规定。例如：1996 年中国《澳门仲裁法》规定，仲裁协议没有规定争议的标的、指定仲裁或指定仲裁员的方式、争议所涉及的法律关系的，仲裁协议无效；仲裁协议中约定一方当事人在指定仲裁员方面有任何特权时，视为无此约定。

综上，只有具备了形式要件和实质要件的仲裁协议，才是切实完整的、可行的仲裁协议。

三、仲裁协议无效的法定情形

仲裁协议是双方当事人意思表示一致的合意行为，法律在赋予其一定的约束力的同时，也明确规定达到具有这一约束力的强制性条件和规范。当仲裁协议违反该条件和规范时，该仲裁协议无效。根据我国《仲裁法》的规定，仲裁协议在下列情形下无效：

（一）以口头方式订立的仲裁协议

我国《仲裁法》第 16 条规定了仲裁协议的形式要件，即仲裁协议必须以书面方式订立。因此，以口头方式订立的仲裁协议不受法律的保护。

（二）约定的仲裁事项不具有可仲裁性

我国《仲裁法》第 2 条和第 3 条规定，平等主体之间的合同纠纷和其他财产权益纠纷可以仲裁，而婚姻、收养、监护、扶养、继承纠纷以及依法应当由行政机关处理的行政争议不能仲裁。[1]

（三）无民事行为能力人或者限制民事行为能力人订立的仲裁协议

为了维护民商事关系的稳定性及保护未成年人和其他无行为能力人、限制行为能力人的合法权益，法律要求签订仲裁协议的当事人必须具备完全的民事行为能力，否则，仲裁协议无效。

（四）一方采取胁迫手段，迫使对方订立仲裁协议[2]

自愿原则是仲裁制度的根本原则，它贯穿于仲裁程序的始终。仲裁协议

---

〔1〕 见案例 2-16 国有建设用地使用权出让合同纠纷属于仲裁范围吗？以合同中约定违约金过高为由申请撤裁，能被撤裁吗？案例 2-17 涉及行政行为的争议是否都不属于可仲裁事项？案例 2-18 当事人约定仲裁后，一方当事人又以约定仲裁所涉争议系侵权纠纷向法院起诉，法院有管辖权吗？

〔2〕 见案例 2-19 如何认定当事人签订仲裁协议是受胁迫的？

的订立，也必须是双方当事人在平等协商基础上的真实意思表示。而以胁迫的手段与对方当事人订立仲裁协议，违反了自愿原则，所订立的仲裁协议不是双方当事人的真实意愿，不符合仲裁协议成立的有效要件。

（五）仲裁协议对仲裁事项没有约定或约定不明确，或者仲裁协议对仲裁委员会没有约定或者约定不明确，当事人对此又达不成补充协议

仲裁协议中要明确规定仲裁事项和选定的仲裁委员会，这是仲裁法对仲裁协议的基本要求。如果仲裁协议中没有对此进行约定或者约定不明确，该仲裁协议存在瑕疵。对于有瑕疵的仲裁协议，法律规定可以补救，即双方当事人可以达成补充协议。如果未能达成补充协议，仲裁协议即为无效。[1]

四、仲裁协议的失效

仲裁协议的失效是指一项有效的仲裁协议因特定事由的发生而丧失其原有的法律效力。仲裁协议的失效不同于仲裁协议的无效，它们的根本区别在于，仲裁协议的失效是原本有效的仲裁协议在特定条件下失去了其效力，而仲裁协议的无效是该仲裁协议自始就没有法律效力。

仲裁协议在下列情形下失效：

（一）基于仲裁协议，仲裁庭作出的仲裁裁决被当事人自觉履行或者被法院强制执行，即仲裁协议约定提交仲裁的争议事项得到最终解决

我国《仲裁法》第9条规定："裁决作出后，当事人就同一纠纷再申请仲裁或者向人民法院起诉的，仲裁委员会或者人民法院不予受理。"

（二）当事人协议放弃已签订的仲裁协议

协议放弃已订立的仲裁协议与协议订立仲裁协议一样，都是当事人的权利，仲裁协议一经双方当事人协议放弃，则失去效力。当事人协议放弃仲裁协议的具体表现为：

（1）双方当事人通过达成书面协议，明示放弃原有的仲裁协议。

（2）双方当事人通过达成书面协议，变更了纠纷解决方式。如当事人一致选择通过诉讼方式解决纠纷。

---

[1] 见案例2-20约定在一方当事人办公地所在地仲裁机构进行仲裁，仲裁协议有效吗？案例2-21当事人约定不存在的仲裁机构解决争议，仲裁协议有效吗？

（3）当事人通过默示行为变更了纠纷解决方式，使仲裁协议失效。如双方当事人达成了仲裁协议，一方当事人向人民法院起诉而未声明有仲裁协议，人民法院受理后，对方当事人未提出异议并应诉答辩的，视为放弃仲裁协议。

（三）附期限的仲裁协议期限届满

如当事人在仲裁协议中约定，该仲裁协议在签订后的 6 个月内有效，如果超过了 6 个月的约定期限，已签订的仲裁协议失效。

（四）基于仲裁协议，仲裁庭作出的仲裁裁决被法院裁定撤销或不予执行

我国《仲裁法》第 9 条规定："裁决被人民法院依法裁定撤销或者不予执行的，当事人就该纠纷可以根据双方重新达成的仲裁协议申请仲裁，也可以向人民法院起诉。"

五、仲裁协议无效、失效的法律后果

仲裁协议的无效或者失效使得仲裁协议不再具有法律约束力，其表现在：对当事人来说，当事人之间的纠纷既可以通过向法院提起诉讼的方式解决，也可以重新达成仲裁协议通过仲裁方式解决；对法院来说，由于排斥司法管辖权的原因已经消失，法院对于当事人之间的纠纷具有管辖权；于仲裁机构来说，因其没有行使仲裁权的依据而不能对当事人之间的纠纷进行审理并作出裁决。

六、最高人民法院就仲裁协议审查的态度

2006 年 9 月 8 日起实施的《仲裁法解释》，以尊重当事人意思自治和仲裁协议独立性为原则，用 10 余个条文对仲裁协议的"书面形式"、仲裁事项所包含的内容、瑕疵仲裁协议效力的认定、仲裁当事人变更或者债权债务转让时仲裁协议对权利义务继受者的效力问题、仲裁协议的独立性等诸多问题作出了明确解释。

（一）仲裁协议的"书面形式"

《仲裁法解释》对于仲裁协议形式的解释，上文已经详述，该解释是在秉承我国《仲裁法》关于仲裁协议必须要以书面形式达成的前提下，吸收我国《合同法》从科学技术角度对合同"书面"形式的规定，对仲裁协议的书面形式进行了尽可能宽泛的解释。这一变化符合电讯科学技术的发展，与《示

范法》以及联合国贸法会所推动的方向一致，与国际通行做法和立法趋势相适应。

（二）仲裁事项

"仲裁事项"是仲裁协议的生效要件之一[1]。我国《仲裁法》第 18 条规定，仲裁协议对仲裁事项没有约定或者约定不明确的，仲裁协议无效。也就是说，我国《仲裁法》将对仲裁事项的约定以及约定的明确性作为仲裁协议有效的一项强制性认定条件。但实践中，在仲裁协议中，当事人一般仅将仲裁事项约定为"合同争议"，而没有特别约定某项具体内容。

此时，是否可视为其约定的事项包括了所涉合同引发的全部纠纷，尽管在理论上，对仲裁事项的这种约定通常会被认为是"因本合同引起的或者与本合同有关的任何争议"，但在纠纷解决实践中，往往因双方当事人的理解和出发点不同，对此产生诸多争论，从而影响当事人仲裁合法权益的实现。北京市高级人民法院对此问题作出了突破性的规定："当事人在合同中签订仲裁条款的，应当认定当事人约定的仲裁事项是明确的。"[2]这一大力支持仲裁的规定无疑是值得肯定的，但却明显与我国《仲裁法》将仲裁事项约定的明确性作为仲裁协议有效的强制性规定相悖。而《仲裁法解释》对此问题作出了更具权威性的解释："当事人概括约定仲裁事项为合同争议的，基于合同成立、效力、变更、转让、履行、违约责任、解释、解除等产生的纠纷都可以认定为仲裁事项。"[3]换言之，《仲裁法解释》从宽解释了仲裁协议中的"合同争议"，涉及合同争议的方方面面，几乎可以达到"因本合同引起的或者与本合同有关的任何争议"之类表述的效果。这样的规定，不仅包括了产生于特定交易的请求事项，而且还包括了影响当事人民事权利的所有问题，体现了司法"支持仲裁"的原则。

（三）选定的仲裁委员会

前文所述，"选定的仲裁委员会"也是仲裁协议的生效要件之一，我国

---

[1]　参见我国《仲裁法》第 16 条。

[2]　《北京市高级人民法院关于审理请求裁定仲裁协议效力、申请撤销仲裁裁决案件的若干问题的意见》第 6 条，载中国商事仲裁网。

[3]　参见《最高人民法院关于适用〈中华人民共和国仲裁法〉若干问题的解释》（法释〔2006〕7 号）第 2 条。

《仲裁法》第18条规定，对仲裁委员会没有约定或者约定不明确的仲裁协议无效。显然，这是将仲裁机构的约定以及约定的明确性作为仲裁协议有效的强制性认定条件。但由于当事人受其自身法律知识和对仲裁制度、仲裁机构了解程度的局限，往往在订立合同时不能具体而明确地表述仲裁机构名称，且发生纠纷后双方当事人对立情绪较大，很难就此达成补充协议，因而往往导致仲裁协议无效，使双方当事人通过仲裁解决纠纷的愿望落空。为此，最高人民法院陆续颁布了一系列司法解释，对"选定的仲裁委员会"进行从宽解释[1]，而不是简单地以仲裁机构约定不明确来否定仲裁协议的效力。采取"尊重当事人意思自治"的标准，《仲裁法解释》在此问题上作出了积极而正面的回应："仲裁协议约定的仲裁机构名称不准确，但能够确定具体的仲裁机构的，应当认定选定了仲裁机构。"并就实践中常见的几种对仲裁机构约定不明确的仲裁协议效力的认定问题作出了明确规定。

（四）仲裁协议第三人

所谓仲裁协议的第三人，是指非仲裁协议签订者，因合同转让等缘故成为仲裁当事人，直接提起或者被提起仲裁。从《仲裁法解释》的规定来看，仲裁协议第三人问题主要包括当事人变更时仲裁协议对继受者的效力，以及合同权利义务转让时仲裁协议对受让人的效力两个方面的问题。

1. 当事人变更时仲裁协议对继受者的效力

仲裁当事人变更是指在仲裁程序的进行中，由于特殊事由，仲裁当事人由程序以外的人取代，参加程序的情形。作为自然人一方的当事人死亡，作为法人的一方当事人的合并、分立都会导致仲裁当事人的变更，此时，仲裁协议对继受者的效力如何？

《仲裁法解释》第8条规定，当事人订立仲裁协议后合并、分立的，仲裁协议对其权利义务的继受者有效。当事人订立仲裁协议后死亡的，仲裁协议对其权利义务的继承者有效。当事人订立仲裁协议时另有约定的除外。但《仲裁法解释》未对法人被撤销、解散或者宣告破产时，仲裁协议对继受者的效力问题作出规定。事实上，法人被撤销、解散和宣告破产而终止，亦属于

---

〔1〕 参见《最高人民法院关于同时选择两个仲裁机构的仲裁条款效力问题的函》（法函〔1996〕176号）、《最高人民法院对仲裁条款中所选仲裁机构的名称漏字，但不影响仲裁条款效力的一个案例的批复意见》（法经〔1998〕159号）。

仲裁当事人变更的一种情形。故法人被撤销、解散或者宣告破产后，其权利义务应由作出撤销或者解散的主管机关或者清算组织继受，则原来的仲裁协议对承受被撤销或者被解散法人的主管机关或者破产清算组织亦应有效。

2. 合同转让时仲裁协议对受让人的效力

由于我国《仲裁法》对此问题未作明确规定，一些地方法院多以此种情形下不存在仲裁协议为由否定此类仲裁协议的效力。事实上，合同转让后，新的合同主体将取代原来的合同主体或者新的合同主体与原合同主体成为合同共同体，但无论合同主体如何变更，合同的内容并未因此发生变化，新的合同主体应受原合同中仲裁条款的约束，这一约束应当也及于仲裁条款。最高人民法院在 1998 年 5 月 12 日的《最高人民法院关于 V97329 号武汉金龙高科技有限公司合资争议仲裁案件仲裁条款效力事的复函》（法经〔1998〕212号）中对此予以确认：合同的转让方与合同的另一方当事人所签订的仲裁条款对受让人和合同的另一方当事人具有约束力。最高人民法院在《仲裁法解释》中对此问题则采取了相似的立场，即当事人对此问题未作其他约定，则债权债务全部或者部分转让的，仲裁协议对受让人有效。但在受让债权债务时，受让人明确反对或者不知道有单独仲裁协议的，则仲裁协议对债权债务的受让人不产生拘束力。

案例 2-11　当事人向法院提出申请，申请事项是确认其与被申请人之间就申请仲裁的事项并未达成仲裁协议，法院如何裁定？

案情简介：

《长沙某影视文化传媒有限公司增资协议》中记载，A 公司（"标的公司"）于 2009 年 11 月 25 日注册成立，郑某和 B 企业为该公司股东，其中郑某为控股股东及实际控制人，截至协议签署日，郑某出资 641 万元，持有公司 91.57% 的股权；现成某拟进行一次增资，郑某、B 企业以及 A 公司一致同意由成某向标的公司新增资本人民币 450 万元，郑某和 B 企业同意放弃本次增资在同等条件下的优先认购权。该协议在第 12.2 条约定"因本协议引起的或与本协议有关的任何争议，双方均应友好协商解决；如果不能解决的，任何一方均有权向广州仲裁委员会申请仲裁"。

成某出资后，因目标公司未达成增资协议中约定的条件，触发回购条款，郑某向成某出具承诺函，承诺支付回购价款并支付利息，后双方就此事项进行仲裁。

裁决作出后，郑某向法院提出申请，申请事项是确认其与成某之间就申请仲裁的事项并未达成仲裁协议。

裁判结果：

《中华人民共和国仲裁法》第20条规定，当事人对仲裁协议的效力有异议的，可以请求仲裁委员会作出决定或者请求人民法院作出裁定。本案中，郑某虽然向本院提出仲裁协议效力异议申请，但其申请事项是确认其与被申请人成某之间就成某申请仲裁的事项并未达成仲裁协议，该申请不属于法院对仲裁协议效力异议案件的审查范围，故对其申请应予驳回。

本案要旨：

申请人对据以仲裁的仲裁协议有异议的，应直接请求法院对仲裁协议效力进行审查。但本案中，申请人的请求不在法院审查范围之内，被法院驳回申请。由此案例可以看出，当事人或代理人应严格按照相关法律条文的范围提出诉求。

案例 2-12 仲裁条款中约定"如一方对仲裁结果持有异议，可依法向具有管辖权的人民法院起诉"，该仲裁条款有效吗？

案情简介：

刘某与邵某签订《黎华综合商场租赁合同》，其中第9条争议的解决方式第2项约定：双方因履行本合同发生争议时协商解决，协商不成的，提交至哈尔滨仲裁委员会仲裁，如一方对仲裁结果持有异议，可依法向具有管辖权的人民法院起诉。

刘某提出，《最高人民法院关于适用〈中华人民共和国仲裁法〉若干问题的解释》第 7 条规定："当事人约定争议可以向仲裁机构申请仲裁也可以向人民法院起诉的，仲裁协议无效。"因此，上述约定无效。

裁判结果：

刘某与邵某在《黎华综合商场租赁合同》约定因履行本合同发生争议且协商不成，提交哈尔滨仲裁委员会仲裁，如一方对仲裁结果持有异议，可依法向具有管辖权人民法院起诉。从双方约定内容的形式上看各项是串联关系，不是并列或递进关系，也不存在或裁或审的双向选择，双方请求仲裁的意思表示明确，仲裁条款不违反《中华人民共和国仲裁法》第 16 条的规定。因此，该仲裁协议合法有效。

本案要旨：

最高人民法院司法解释规定的仲裁条款无效的情形，是当事人之间约定的争议解决方式存在并列，即或裁或审的情形，但本案中，当事人约定争议提请仲裁裁决，若对仲裁裁决不服，再行诉讼，即仲裁与诉讼有先后顺序，所以该仲裁协议有效。

案例 2-13　"ARBITRATION, IF ANY, IN HONGKONG, ENGLISH LAW TO APPLIED"，翻译方式如何影响仲裁协议效力？

案情简介：

上海 ZT 与上海 ZJ 于 2007 年 9 月 27 日签订租船合同，合同中的仲裁条款约定：ARBITRATION, IF ANY, IN HONGKONG, ENGLISH LAW TO APPLIED。后双方因履行租船合同发生争议，上海 ZT 以上海 ZJ 为被告，向上海海事法院提起诉讼，上海 ZJ 以双方存在仲裁协议为由，向上海海事法院提出管辖权异议。

裁决结果：

第一，关于"IF ANY"词义的解释，上海 ZT 提供的北京某翻译有限公司上海分公司的翻译文本将该词翻译成：若需仲裁……，即该条款应是选择性条款。且租船合同最后一条约定，其他事项按金康租约（GENCONC/P94）执行。金康租约（GENCONC/P94）本身订有仲裁条款，如双方当事人在订立合同时，合意是在香港仲裁，可以直接约定"ARBITRATION IN HONGKONG"而不必加"IF ANY"。ZJ 公司提供的中文译本认为该词的释义为"任何"，但"任何"的英语译文应为"ANY"或"WHICHEVER"。故法院认为对于该条款的解释，上海 ZT 提供的翻译更为符合双方在订立合同当时的真实意思。

第二，关于仲裁条款效力。本案所涉的合同为双方从中国上海港运往智利的瓦尔帕莱索港的两套起重机的运输而订立的航次租船合同，为涉外民事关系。根据《最高人民法院关于适用〈中华人民共和国仲裁法〉若干问题的解释》第 16 条的规定，对涉外仲裁协议的效力审查，适用当事人约定的法律。本案当事人已经约定适用英国法。ZJ 公司提供了英国仲裁法以及一些判例，但随附的中文译本不能证明涉案合同的仲裁条款依据英国法或当事人约定的仲裁地法律香港法应被认定为有效。因此，依据当事人约定法律规定，应认定为仲裁条款无效。

本案要旨：

1. 法院认可的"IF ANY"译文为"若需仲裁"，即该条款是选择性条款，将该条款的意思补全，意为"若需仲裁则——；若需诉讼则——"，而有效的仲裁条款应对争议解决方式有唯一性（排除诉讼管辖），即争议仅由仲裁解决，而非选择仲裁或其他方式。

2. 当事人已经约定适用英国法，但当事人未证明该仲裁条款的表述方式依据英国法或香港法能够使该仲裁条款有效，所以该条款被认定无效。

3. 但"ARBITRATION, IF ANY, IN HONGKONG, ENGLISH LAW TO AP-PLIED"的翻译并不唯一，这就要求在起草或审查英文合同中的仲裁条款时，尽可能保证英文表述与中文表述的同一性，并且尽可能使用简单有效的表达方法。

案例 2-14　精神有障碍的人，在患病期间签订的仲裁协议有效吗？

案情简介：

2014 年 4 月 13 日郭某与曾某签订《借款合同》，合同中约定仲裁条款。后进行仲裁。在撤裁程序中，法院对郭某进行了医学鉴定，鉴定意见为：1. 被鉴定人郭某目前的精神状态诊断为脑部疾病所致"器质性智能损害（中度偏轻器质性痴呆）"，于 2014 年 4 月 13 日签订借款合同期间处于该病的发病期。2. 不能排除鉴定人郭某 2014 年 4 月 13 日签订借款合同期间的民事行为能力受损（即限制民事行为能力）的可能。郭某提出，其签订合同的行为不是自己真实的意思表示，且当时并无监护人或其他亲友在场。

深圳市罗湖区人民法院于 2015 年 8 月 10 日作出（2015）深罗法民一特字第 1 号民事判决，宣告郭某为限制民事行为能力人。

裁判结果：

本案争议的焦点问题为郭某所签订的仲裁条款是否有效。根据《中华人民共和国仲裁法》第 17 条的规定，无民事行为能力人或者限制民事行为能力人订立的仲裁协议无效。鉴定结论认为不能排除郭某在签订案涉合同期间为限制民事行为能力人的可能，虽未就其民事行为能力作出一个确定的判断，但鉴定结论可以确定的是当时郭某已处于"器质性智能损害（中度偏轻器质性痴呆）"的发病期，鉴定机构也认为"其在签订该借款合同前已存在一定的智力损害，自然会影响其对自身行为的性质、意义和后果的辨认能力，即影响其民事行为能力"。

综上，法院认为郭某在签订案涉仲裁条款期间处于"器质性智能损害（中度偏轻器质性痴呆）"的发病期，智力已经受损，其智力状况不足以对于签订仲裁条款这样具备较为复杂法律意义的行为作出正确判断，无法确定选择仲裁是否为其真实意思表示。因此，案涉仲裁条款应认定为无效。

本案要旨：

本案中，撤裁程序所在法院需要对当事人进行医学鉴定，主要原因系当事人签订借款协议在先，而罗湖区法院宣告其为限制行为能力人在后，如果法院宣告其为限制行为能力人发生在与当事人签订借款协议之前，则可直接认定仲裁协议无效而无需再进行医学鉴定，因其签订借款合同时已经被宣告为限制行为能力人。因此，精神有障碍的人，在患病期间签订的仲裁协议无效。

案例 2-15 BOT 投资模式下的政府特许经营纠纷，是否可以仲裁？

案情简介：

2013 年 11 月 6 日，某市政府与 BW 高速路公司签订涉案《特许权协议》。该协议第 13 条"争议的解决"约定：当发生因履行、违反、终止本协议或因本协议的无效而产生任何争议、纠纷或索赔要求时，双方应首先通过友好协商或由有关部门调解解决。如果争议在首次要求协商之日起 60 日内未能通过友好协商或调解予以解决，则任何一方可以向中国国际经济贸易仲裁委员会申请仲裁；仲裁裁决是终局性的并对协议双方具有约束力。全部仲裁费用应由败诉方承担，或按仲裁委员会裁决的比例分担。

后因争议，双方进行仲裁。裁决作出后，某市政府申请撤销裁决，理由是因争议系行政行为，仲裁条款无效。

裁判结果：

1. 关于涉案特许权协议的性质。所谓"BOT"（Build-Operate-Transfer）模式，即"建设—经营—移交"模式。其基本含义是指，国家或地方政府及其相关职能部门，通过与投资方或者投资方设立的项目公司签订特许经营协议，授权项目公司承担公共性基础设施项目的投资、建设、经营、管理及维护等。项目公司在授权范围和期限内，享有对投资建设设施的经营管理及对设施使用者合理收费的权利，以回收建设项目的投资、运营及维护的成本，政府及投资方从中获得相应收益。在特许经营期限届满后，项目公司将投资建设的基础设施无偿移交给政府或政府指定的部门。

　　某市政府为改善辖区公路网络，加强川东北经济区大运量通道建设，促进革命老区和贫困地区优势资源开发和经济社会快速发展，决定开发建设巴中至万源高速公路。从某市政府与项目公司即 BW 高速路公司签订的《特许权协议》约定的主要内容看，某市政府授权 BW 高速路公司具体实施该项目的投资、建设、经营、维护及移交等事宜，其中包含运营期间的收费事项。由此可见，双方签订的《特许权协议》系典型的 BOT 协议，其一方面具有政府向社会公众提供公共设施的目的，同时又具有签约双方获取一定经济利益的目的，该项目并不是某市政府完全无偿、单一地向社会公众提供的公共服务。尽管协议的一方当事人是某市政府，为行政机关，但 BW 高速路公司作为协议的相对方，对在项目建设过程中订立合同及决定合同内容等方面，仍享有充分意思自治的权利，并不受某市政府单方行政行为的强制，同时协议还约定某市政府保证按照协议约定向 BW 高速路公司实施项目建设提供必需的政策支持和必要的协助，且协议还包括了双方具体的权利义务及违约责任等内容，均体现了签约双方当事人平等、等价协商一致的合意。涉案《特许权协议》并未仅就行政审批或行政许可事项本身进行约定，其涉及的相关行政审批和行政许可等其他内容，均为协议履行行为的一部分，属于该协议的组成部分，并不能仅以此决定涉案协议的实质性质。因此，从涉案特许权协议的目的、主体、职责、双方权利义务等内容考量，该协议不属于《中华人民共和国行政诉讼法》第 12 条第 11 项及《最高人民法院关于适用〈中华人民共和国行政诉讼法〉若干问题的解释》第 11 条第 2 款规定的情形，其具有明显的民商事法律关系特征，应当认定其具有民商事合同性质。

　　2. 关于涉案《特许权协议》中仲裁协议条款的效力。某市政府与 BW 高速路公司在涉案《特许权协议》第 13 条 "争议的解决" 中约定，双方发生任何争议，任何一方可以向中国国际经济贸易仲裁委员会申请仲裁，仲裁裁决是终局性的并对协议双方具有约束力。首先，上述约定条款中，具有请求仲裁的意思表示、仲裁事项、选定的仲裁委员会，符合《中华人民共和国仲裁法》第 16 条关于仲裁协议形式的规定及《最高人民法院关于适用〈中华人民共和国仲裁法〉若干问题的解释》第 2 条关于 "当事人概括约定仲裁事项为合同争议的，基于合同成立、效力、变更、转让、履行、违约责任、解释、解除等产生的纠纷都可以认定为仲裁事项"的规定。其次，如前阐述，涉案《特许权协议》不属于《中华人民共和国行政诉讼法》第 12 条第 11 项及《最高人民法院关于适用〈中华人民共和国行政诉讼法〉若干问题的解释》第 11 条第 2 款规定的情形，属于民商事协议，且双方约定的上述仲裁条款不具有《中华人民共和国仲裁法》第 17 条第 1 项规定的"约定的仲裁事项超出法律规定的仲裁范围"仲裁协议无效的情形，故上述约定条款为有效的仲裁协议条款。最后，至于上述条款中约定的其他内容，并不影响该仲裁条款的效力。

本案要旨：

合同一方为行政机关的，合同性质并不一定为行政协议，而需要根据合同的目的、主体、职责、双方权利义务等综合判断。本案中合同一方系政府，但根据合同性质、投资模式等事项综合分析，可以认定 BOT 合同所涉及内容系民商事纠纷，不是行政行为，可以申请仲裁。

案例 2-16 国有建设用地使用权出让合同纠纷属于仲裁范围吗？以合同中约定违约金过高为由申请撤裁，能被撤裁吗？

案情简介：

陕西某文化股份有限公司、某市国土资源局曾签订《国有建设用地使用权出让合同》，合同争议解决条款约定"因履行本合同发生争议，由争议双方协商解决，解决不成的，提交铜川仲裁委员会仲裁"，后因该合同项下内容产生纠纷，双方进行仲裁，仲裁裁决作出后，陕西某文化股份有限公司认为该合同具有行政性质，不应由仲裁管辖，且《国有建设用地使用权出让合同》中约定的违约金过高，遂申请撤裁。

裁判结果：

本案某市国土资源局与某文化公司签订的《国有建设用地使用权出让合

同》是某市国土资源局行使其行政管理职责的体现，合同的目的亦是为合理配置土地资源，促进土地开发，实现其行政管理目标，故上述合同属于行政协议。因本案行政协议中当事人一方系行政机关，双方当事人之间并非平等主体，该合同中约定的仲裁条款不符合《中华人民共和国仲裁法》第 2 条"平等主体的公民、法人或其他组织之间发生的合同纠纷和其他财产权益纠纷，可以仲裁"的规定，申请人认为铜川仲裁委员会无权仲裁的申请撤销理由成立，法院予以支持。申请人提出该合同中约定的违约责任过高的申请撤销理由，因该理由不属于《中华人民共和国仲裁法》第 58 条所规定的法定撤销事由，法院不予支持。

本案要旨：

因本案中仲裁事项为《国有建设用地使用权出让合同》所引发的纠纷，该合同的签订双方，系非平等主体，故仲裁事项不符合《仲裁法》规定的平等主体之间纠纷的规定，不属于可仲裁范围。

仲裁裁决违约金过高这一理由，不属于《仲裁法》规定的应当撤销仲裁的事由，所以法院未支持因该理由申请撤销裁决。

案例 2-17　涉及行政行为的争议是否都不属于可仲裁事项?

案情简介：

2013 年 10 月 24 日，住房管理局、建设投资中心共同作为征收人，HX 滨海公司作为被征收人，FH 工程处作为征收实施单位共同签订《房屋征收补偿安置协议书》，对征收房屋的占地面积、补偿金额、支付方式等作了约定。2014 年 3 月 18 日，各方又签订《补充协议（一）》，就补偿款的支付时间作了变更，并约定凡因安置协议或与之有关的一切争议各方同意均应交由厦门仲裁委员会按照该会现行有效之规则进行裁决。

裁决作出后，一方当事人认为征收补偿属于行政行为，仲裁协议无效，申请撤裁，另一方当事人则认为《房屋征收补偿安置协议书》及《补充协议（一）》所涉及的内容主要是补偿款的支付时间及金额，并未涉及"房屋征收决定"等行政行为。

裁判结果：

住房管理局、建设投资中心、HX滨海公司、FH工程处签订《房屋征收补偿安置协议书》后，又在《补充协议（一）》中明确约定因安置协议或与之有关的一切争议各方同意均应交由厦门仲裁委员会按照该会现行有效之规则进行裁决，该条款有明确的请求仲裁的意思表示、仲裁事项及选定的仲裁委员会。仲裁条款涉及的仲裁事项为与《房屋征收补偿安置协议书》及《补充协议（一）》有关的争议，虽然合同一方主体住房管理局、建设投资中心属于行政机关，但并非行政机关作出的行为都属于行政行为，从涉案合同《房屋征收补偿安置协议书》及《补充协议（一）》的内容来看，属于财产权益纠纷，合同内容也是各方友好协商的结果；从《房屋征收补偿安置协议书》及《补充协议（一）》的性质来看，根据《最高人民法院关于当事人之间达成了拆迁补偿安置协议，仅就协议内容发生争议的，人民法院应予受理问题的复函》（〔2007〕民立他字第54号）的精神，在当事人已经达成拆迁补偿安置协议的前提下就补偿协议的履行提起的诉讼属于民事诉讼范围，即在性质上属于民事合同纠纷。因此，《补充协议（一）》中的仲裁条款所涉及的事项符合《仲裁法》第2条规定的可以仲裁的事项，而非应当由行政机关处理的行政争议。

本案要旨：

并非所有可能涉及行政行为的争议都不能进行仲裁。本案中，各方签订的是《房屋征收补偿安置协议书》及《补充协议》，该协议是针对补偿款的金额及支付方式作出的约定，并不属于行政行为。虽然征收及达成补偿安置协议系行政行为，但根据最高人民法院复函的精神，达成补偿安置协议后，就补偿方式、金额发生的争议属于民事纠纷范畴。因此，涉及行政行为的争议需要根据合同的目的、主体、职责、双方权利义务等综合判断争议性质，判断为非行政行为的争议属于可以仲裁的范畴。因此，涉及行政行为的争议需要根据合同的目的、主体、职责、双方权利义务等综合争议性质，判断为非行政行为的争议属于可以仲裁的范畴。

案例 2-18　当事人约定仲裁后，一方当事人又以约定仲裁所涉争议系侵权纠纷向法院起诉，法院有管辖权吗？

案情简介：

庄某与上海某投资管理有限公司在《信托合同》第 18 条约定："本协议未尽事项或与本协议有关的争议，应通过友好协商解决，协商不成的，任何一方均有权将争议提交北京仲裁委员会，按照北京仲裁委员会届时有效的仲裁规则进行仲裁。仲裁裁决是终局的，对双方均有约束力……"

后双方因合同履行过程中产生争议，庄某向法院起诉，庄某认为，所涉争议是侵权纠纷，侵权纠纷不属于仲裁管辖范围。

裁判结果：

该仲裁条款内容明确，符合《中华人民共和国仲裁法》第 16 条的规定，系有效仲裁条款。根据该仲裁条款，因《信托合同》发生的或与《信托合同》有关的争议均应通过仲裁方式解决，庄某就合同当事人在签订和履行《信托合同》过程中发生的纠纷以侵权为由向人民法院提起诉讼，人民法院不享有管辖权。再者，庄某诉请"确认某投资公司越权操作信托股票账户侵害庄某财产权益"，须审查某投资公司的操作行为是否构成越权操作或无权操作，即其行为是否超出了《信托合同》第 4 条、第 7 条、第 8 条、第 9 条等约定的某投资公司的权限范围。故庄某主张的某投资公司的侵权行为，系执行《信托合同》有关的争议，与《信托合同》具有密切关联性属于当事人在《信托合同》中约定的与协议有关的事项，应当通过仲裁方式解决。因此，法院对此没有管辖权。

本案要旨：

本案法院没有管辖权的原因有二：一是涉案仲裁协议合法有效；二是当事人庄某的诉求与《信托合同》有密切联系，系执行该合同过程中产生的争议，属于与该协议有关的事项，应由仲裁管辖，因此法院没有管辖权。

案例 2-19 如何认定当事人签订仲裁协议是受胁迫的？

案情简介：

江苏某重工有限公司（以下简称"重工公司"）与江苏某重钢有限公司（以下简称"重钢公司"）仲裁后，重工公司申请撤裁，理由是因双方合作中存在意见分歧，重钢公司法定代表人张某于2014年1月21日集结6名社会闲散人员将重工公司法定代表人王某劫持至扬州市偏僻地段，胁迫其在事先准备好的《厂房投资转让协议书》上签字并加盖重工公司公章。王某被释放后向公安机关报案，镇江市京口区公安分局决定立案侦查。后张某以此份《厂房投资转让协议书》向扬州仲裁委员会提请仲裁，妄图通过合法形式达到强行侵占重工公司财产的非法目的。

裁判结果：

关于双方签订的《厂房投资转让协议书》中包含的仲裁条款效力问题，就鼎盛重工公司法定代表人王某的签字和盖章是否受到胁迫，公安机关已经侦查并下发行政处罚决定书，确认了王某系受到逼迫签订《厂房投资转让协议书》及出具归还货款的承诺，该公文书证对于本案胁迫情节的确认具有较强的证明力。在《厂房投资转让协议书》系王某受胁迫签订的情况下，该协议书中的仲裁条款也自然系受胁迫签订，根据《仲裁法》第17条的规定，应当认定为无效。

本案要旨：

仲裁中，经常出现一方当事人主张仲裁协议的签订不是其真实意思表示的情况，在本案中，仲裁协议无效的原因是公安机关侦查记录及行政处罚决定书证实了一方曾被对方胁迫的事实，需要有证据证明受胁迫，否则该主张不能成立。

案例 2-20 约定在一方当事人办公地所在地仲裁机构进行仲裁，仲裁协议有效吗？

案情简介：

九零 HY 公司和华创 ST 公司签订的《电视剧合作拍摄合同》约定，九零 HY 公司法定地址：北京市平谷区某镇某街某号；通讯地址：北京市朝阳区建国路某大厦 A 座 9 层；本合同在履行过程中发生的争议，由双方协商解决，协商不成提交签约地仲裁委员会仲裁，仲裁是终局的，双方应依照执行。签约地点：北京九零 HY 公司会议室。签约地点北京九零 HY 公司会议室位于北京市朝阳区建国路某大厦 A 座 9 层。华创 ST 公司认为，合同中的签约地应理解为对方公司的注册地，即平谷区，而平谷区内不设有仲裁机构，仲裁约定不明，双方没有仲裁协议，遂申请撤销以该仲裁协议作出的仲裁裁决。

裁判结果：

关于九零 HY 公司所提双方不存在有效仲裁协议的问题，《电视剧合作拍摄合同》第 24 条约定，本合同在履行过程中发生的争议，由双方协商解决，协商不成提交签约地仲裁委员会仲裁。涉案合同均系签约双方当事人的真实意思表示，未违反法律和行政法规的强制性规定，故成立有效，对双方当事人均具有约束力。双方在签订合同时达成仲裁条款，即表明双方均有意向将可能发生的争议提交仲裁机构解决。《电视剧合作拍摄合同》亦明确写明签约地点为北京九零 HY 公司会议室。庭审中，九零 HY 公司亦明确公司注册地址显示的是一个虚拟公司地址，并未有人经营。其实际经营地址为北京市朝阳区建国门路某大厦 A 座 9 层，故签约地点应为北京市朝阳区。本案中北京市朝阳区只有北京仲裁委员会一家仲裁机构，按照双方的仲裁条款，北京仲裁委员会可视为约定的仲裁机构。故九零 HY 公司该项申请理由缺乏事实依据，法院不予支持。

本案要旨：

本案中，撤销仲裁的申请人提出申请撤销仲裁的理由，主要系双方仲裁约定不明，但在双方签订的合同中约定，仲裁由合同签订地仲裁委员会管辖，签订地点为九零 HY 公司会议室，虽然该公司位于北京市平谷区某地的注册地点是是虚拟的，但该公司实际办公地点在北京市朝阳区，北京市朝阳区的仲裁机构只有北京仲裁委员会一家，故法院认定仲裁协议有效。如果该公司实际办公地点位于北京市平谷区，因北京的两家仲裁机构北仲、贸仲分别位于北京市朝阳区和北京市西城区，平谷区内没有仲裁机构，若双方也未就北仲或贸仲的选择达成一致，则才属于申请主张的管辖约定不明、没有仲裁协议的情形。

案例 2-21 当事人约定不存在的仲裁机构解决争议，仲裁协议有效吗？

案情简介：

2003 年 6 月 2 日，六盘水某房地产开发有限公司与刘某签订的《商品房买卖合同》中第 19 条第 1 项约定：本合同在履行过程中发生的争议，由双方当事人协商解决，协商不成的，提交"市工商经济合同仲裁委员会"仲裁。这里的"市"应理解为"六盘水市"。即该《商品房买卖合同》中第 19 条第 1 项约定的仲裁条款应理解为：本合同在履行过程中发生的争议，由双方当事人协商解决，协商不成的，提交"六盘水市工商经济合同仲裁委员会"仲裁。

但是，该仲裁机构并不存在。

裁判结果：

2005 年 12 月 26 日《最高人民法院关于适用〈中华人民共和国仲裁法〉若干问题的解释》第 3 条规定：仲裁协议约定的仲裁机构名称不准确，但能够确定具体的仲裁机构的，应当认定选定了仲裁机构。本案的关键是《商品房买卖合同》中约定的仲裁机构名称是否准确，是否能确定具体的仲裁机构。从该《商品房买卖合同》中约定的仲裁机构来看，约定的仲裁机构名称是准确的，即"六盘水市工商经济合同仲裁委员会是一个曾经存在，但在签订《商品房买卖合同》时已经不存在的仲裁机构"。目前六盘水市的仲裁机构为六盘水仲裁委员会，虽然签订合同时"六盘水市工商经济合同仲裁委员会"

已经不存在，但是"六盘水市工商经济合同仲裁委员会"与六盘水仲裁委员会的名称明显不同，成立的法律依据和仲裁规则也不同，也不能认定合同当事人协商选择的仲裁机构是六盘水仲裁委员会。故根据《中华人民共和国仲裁法》第6条、第18条的规定，六盘水某房地产开发有限公司与刘某签订的《商品房买卖合同》中的仲裁协议无效。

本案要旨：

本案中，仲裁双方当事人在合同中约定仲裁机构为市工商经济合同仲裁委员会，该仲裁机构曾经存在，但在2003年双方当事人签订合同时该仲裁机构已经不存在，故认定仲裁协议无效。

第四节　仲裁协议对第三人是否有约束力

一、仲裁协议与基础合同的关系

实务中，经常出现主合同中的仲裁协议能否作用于从合同的问题[1]，要想解决这一问题，先要解读仲裁协议和基础合同的关系。在仲裁实践中，仲裁协议大多表现为合同中的仲裁条款或者作为合同组成部分的文件，这就使仲裁协议与包含仲裁协议的基础合同之间存在一种必然的依附关系。这种依附关系通常表现在两个方面：一是当事人订立仲裁协议的目的，在于解决因基础合同的履行而产生的具体争议；二是仲裁协议是从属于基础合同的一个组成部分。因此，仲裁协议法律效力的实现应以合同其他条款在履行过程中出现争议为前提条件。如果基础合同履行过程中未产生仲裁协议约定的争议，则该仲裁协议无法发挥其应有作用。

传统理论认为，仲裁协议是包含该仲裁协议的合同不可分割的组成部分，理应受合同一般规则约束。但是，随着仲裁实践的发展，各国越来越认识到这种传统观点存在严重缺陷，根据各国的立法和实践，在股权、债权转让，合同中的仲裁条款是否转让的问题上，主要有自动转让和非自动转让两种

---

〔1〕　见案例2-22主合同中的仲裁条款，是否对主合同项下的担保合同争议产生效力？

立场。

仲裁条款自动转让，是指合同转让时，只要受让人没有作出对仲裁条款拒绝的意思表示，仲裁条款随合同其他条款一并转让，受让人应受合同仲裁条款的约束。根据国内学者的代表性观点，合同转让之于仲裁条款的效力，主要是针对债权让与时仲裁条款是否随之转让的情况。[1]但债权让与时往往未经合同相对方（债务人）同意，仲裁条款对受让人和债务人的效力受到了质疑。所以，仲裁条款是否随合同转移的问题，核心在于债权让与时仲裁条款是否自动转移。

国内学者大多支持仲裁条款自动转让说。

然而，反对仲裁条款自动转让者则认为：合意是仲裁条款生效的根本，仅仅通知债务人而不是取得债务人同意，债务人与受让人之间并未形成合意；仲裁条款的确定以及仲裁机构的选定，出于当事人的特定立场、背景和身份性利益；仲裁条款具有独立性，合同转让仅是指实体权利义务的转移，并不必然涉及仲裁条款的转让；仲裁权利是程序上的权利，不受支配合同实体权利的规则的约束。总之，"不论是合同权利义务的全部转让还是部分转让，除非有关当事人明示接受原合同中仲裁条款的约束，否则，原合同仲裁条款不能约束转让后的当事人"。

二、我国立法和实践

2006 年 8 月《仲裁法解释》颁布之前，司法实务中就已经通过个案形式认可了仲裁条款对合同受让人的约束力。[2]2006 年《仲裁法解释》的实施，为合同受让人受仲裁协议条款约束确立了裁判依据。根据《仲裁法解释》第 9 条："债权债务全部或者部分转让的，仲裁协议对受让人有效，但当事人另有约定、在受让债权债务时受让人明确反对或者不知有单独仲裁协议的除外。"[3]

---

[1] 赵秀文：《敏感的转让——国际商事仲裁协议转让及其适用法律》，载《国际贸易》2000 年第 12 期，第 32~35 页。

[2] 例如，中国有色金属进出口河南公司与辽宁渤海有色金属进出口有限公司债权转让协议纠纷上诉案，(2000) 经终字第 48 号。

[3] 见案例 2-23 债权转让后，仲裁条款效力也一并转让吗？案例 2-24 债权人行使代位权时，如果债务人与次债务人在此之前就签订了有效的仲裁条款，则债权人作为代位权人是否应受该仲裁条款的约束？

上述规定吸收了仲裁条款自动转让理论，但也仅仅是在我国解决了仲裁条款转让的理论争议，这一理论是否适用于涉外仲裁条款的转让，尚不明确。与之相关的，2010 年《涉外民事关系法律适用法》第 18 条规定："当事人可以协议选择仲裁协议适用的法律。当事人没有选择的，适用仲裁机构所在地或者仲裁地法律。"应当说，《涉外民事关系法律适用法》第 18 条的规定，根据国际上普遍遵循的仲裁条款独立性原则，对于涉外仲裁条款专门规定了独立的法律适用规范。但是，仲裁条款的法律适用规范与仲裁条款转让的法律适用规范属不同性质的问题，另需相应的立法予以解决。

案例 2-22　主合同中的仲裁条款，是否对主合同项下的担保合同争议产生效力？

案情简介：

2012 年 10 月 23 日，GH 公司向 YG 公司出具了一份《委托书》，该《委托书》载明：GH 公司与 YG 公司签订的 "YG 香洲二期工程"，合同金额为 59 907 705.59 元。因 GH 公司与 YL 公司有业务往来，GH 公司委托本项目执行经理廖某履行相关义务，如未按期履行约定义务，则 GH 公司特委托 YG 公司将上述工程项下的履约保证金中的 300 万元直接支付给 YL 公司。本委托书有效期限至本项目主体工程完工后 30 日止。廖某在该《委托书》上予以签字同意。次日，廖某与 YL 公司签订《借款合同》，约定廖某向 YL 公司借款 300 万元，借款期限为 2012 年 10 月 24 日至 2013 年 3 月 24 日，并约定凡因借款合同引起的或与借款合同有关的任何争议，均应提交贸仲委西南分会仲裁。2014 年 7 月，廖某因故身亡。由于廖某生前一直未履行还款义务，YL 公司于 2015 年 1 月 20 日向贸仲委西南分会提起仲裁（当事人包括刘某、GH 公司、YG 公司），认为涉案借款合同虽然是以廖某的个人名义所签订的，但从合同磋商和借款用途来看，实质就是廖某代表 GH 公司向 YL 公司借款，GH 公司是实际借款人，故请求裁决 GH 公司向 YL 公司履行 1 901 845.89 元的支付义务及利息 34 483.32 元。仲裁过程中，GH 公司与 YG 公司向仲裁庭提出管辖异议。GH 公司认为，涉案借款应认定为廖某的个人借款，GH 公司向 YG 公司发出《委托书》的行为不成立债的加入，最多只能认定是为廖某的300万元借款在有效期内提供一般保证。由于GH公司既未在涉案借款合同上签章，也未与YL公司以其他书面方式单独达成仲裁协议，故贸仲委西南分会对GH公司不具有管辖权。YG公司则提出，其并非涉案债务人，与YL公司也不存在仲裁协议，贸仲委西南分会对YG公司不具有管辖权。

贸仲委西南分会认为，根据《中华人民共和国仲裁法》和《仲裁规则》的相关规定，仲裁管辖权和审理范围取决于YL公司与GH公司、YG公司之间仲裁协议的约定。依照YL公司与廖某签订的《借款合同》第7.2条的约定，凡因该《借款合同》引起或有关的任何争议，贸仲委西南分会具有管辖权。另外，从GH公司出具的《委托书》内容来看，GH公司实际承担了涉案借款合同的担保责任，是涉案债务的保证人，且该份委托书没有对争议解决方式作出任何约定。根据《最高人民法院关于适用〈中华人民共和国担保法〉若干问题的解释》第129条之规定，主合同和担保合同发生纠纷提起诉讼的，应当根据主合同确定案件管辖；主合同和担保合同选择管辖的法院不一致的，应当根据主合同确定案件管辖。即主合同纠纷的管辖制约从合同纠纷的管辖。故贸仲委西南分会对申请人与被申请人之间的合同纠纷具有管辖权。

仲裁作出后，GH公司与YG公司向法院申请撤裁。

裁判结果：

贸仲委西南分会在确定管辖权时所引用的法条为《最高人民法院关于适用〈中华人民共和国担保法〉若干问题的解释》第129条，但该法条的适用对象为诉讼案件，并未包括仲裁，其解决的是有关法院系统的管辖问题，而非不同机关之间的主管分工问题。根据《中华人民共和国仲裁法》第4条和第5条的规定，当事人双方是否达成仲裁协议是确定纠纷究竟是以诉讼方式还是仲裁方式解决的唯一依据，没有仲裁协议，则不能通过仲裁方式解决。即仲裁更多地体现当事人双方的意思自治，是否选择仲裁，必须通过双方当事人平等协商达成书面协议，任何一方都不能将自己的意志强加于另一方。自愿原则是仲裁制度的核心。因此，既然贸仲委西南分会认定国阆公司出具的《委托书》系担保性质，GH公司与YL公司之间属于履约担保纠纷，那么该纠纷与YL公司和廖某之间的借款合同纠纷则属于两个不同的民事关系，

GH 公司与 YL 公司之间形成的履约担保民事关系不受 YL 公司与廖某借款合同中约定的仲裁条款的约束。由于 GH 公司与 YL 公司在前述《委托书》中并未约定有仲裁条款，也未单独签订仲裁协议，说明双方没有请求仲裁解决纠纷的意思表示，贸仲委西南分会对此不具有管辖权，其认为主合同仲裁条款的效力及于从合同的观点，没有法律依据，实际上也是剥夺了当事人的选择权。

本案要旨：

《最高人民法院关于适用〈中华人民共和国担保法〉若干问题的解释》第 129 条之规定，主合同和担保合同发生纠纷提起诉讼的，应当根据主合同确定案件管辖；主合同和担保合同选择管辖的法院不一致的，应当根据主合同确定案件管辖。但其解决的是有关法院系统的管辖问题，而非不同机关之间的主管分工问题，法院具有管辖权不等于仲裁机构有管辖权，因此仲裁机构不能根据本条法律确定享有涉案争议的管辖权，主合同中的仲裁条款不能约束担保合同的相对人。

案例 2-23 债权转让后，仲裁条款效力也一并转让吗?

案情简介：

余某依据 2013 年 5 月××与 HL 公司签订的《建筑装饰工程施工合同》中的仲裁条款以及××2014 年 4 月 18 日出具的《确认书》向仲裁委申请仲裁。余某以其受让了××的合同权利为由，申请仲裁裁决 HL 公司向其支付装修工程款 566 865.7 元。HL 公司提出反请求为：①余某退还 HL 公司多支付的工程款 81 329.53 元；②余某支付 HL 公司另行聘请第三方整改的工程款218 600元。后 HL 公司撤回了该反请求。仲裁庭对当事人各方提供的证据质证认证后认为：余某主体是否适格属程序问题，且这是本案实体审理的前提，还认为本案纠纷是债权与债务并存的合同履行纠纷，本案适格的主体应为合同当事人。××若需变更余某为合同主体，应征得合同相对人的同意。余某并不具有合同当事人的身份，××将合同项下的权利与义务切割转让给余某，使余某并不具有合同当事人的身份，故其在本案中主体不适格。仲裁庭遂于 2014 年 9 月 1 日裁决：①驳回余某的所有仲裁请求。②本案仲裁费 18 735 元，由余某承担。余某不服该裁决，向法院申请撤销。

裁判结果：

仲裁庭以申请人余某主体不适格为由，对其申请予以驳回，并未就余某与 HL 公司之间的纠纷进行实体处理，此有违仲裁法定审理程序，符合《中华人民共和国仲裁法》第 58 条第 1 款第 3 项规定的可以撤销仲裁裁决的情形。据此，依照《中华人民共和国仲裁法》第 58 条第 1 款第 3 项、第 2 款之规定，裁定撤销该仲裁裁决。

本案要旨：

《最高人民法院关于适用〈中华人民共和国仲裁法〉若干问题的解释》第 9 条规定："债权债务全部或者部分转让的，仲裁协议对受让人有效，但当事人另有约定、在受让债权债务时受让人明确反对或者不知有单独仲裁协议的除外。"基于此，仲裁申请人受让债权债务后，申请仲裁，其主体适格，仲裁机构以申请人主体不适格为由驳回仲裁请求，系仲裁机构程序上违反法律规定。

案例 2-24 债权人行使代位权时，如果债务人与次债务人在此之前就签订了有效的仲裁条款，则债权人作为代位权人是否应受该仲裁条款的约束？

案情简介：

本案存在三方当事人，上诉人（原审被告）孙某；被上诉人（原审原告）A 控股有限公司；原审第三人 B 资本投资三公司（PRIMUS PACIFIC PARTNERS INVESTMENTS3，LTD.）。

孙某与 B 资本投资三公司签署的《股票购买协议》及《股东协议》中均明确约定双方纠纷应当提交香港仲裁并适用美国纽约州法律。

A 控股有限公司作为债权人，代位起诉次债务人，诉讼裁判作出后，孙晓刚不服，认为本案应受仲裁协议约束，提起上诉。

裁判结果：

我国《民事诉讼法》规定，涉外经济贸易、运输和海事中发生的纠纷，当事人在合同中订有仲裁条款或者事后达成仲裁协议，提交中华人民共和国涉外仲裁机构或者其他仲裁机构仲裁的，当事人不得向人民法院起诉。本案中，上诉人与原审第三人之间明确约定双方涉案纠纷应当提交香港国际仲裁中心，按照联合国国际贸易法委员会（UNCITRAL）仲裁规则进行，并适用美国纽约州实体法仲裁，因此，上诉人与原审第三人之间排除了法院的管辖。本案系涉外债权人代位权纠纷，我国合同法司法解释规定，次债务人对债务人的抗辩，可以向债权人主张。这种抗辩既包括实体上的抗辩，也包括程序上的抗辩。本案中被上诉人在本案中提起的债权人代位权诉讼，其实质是代债务人向次债务人主张到期债权，基于保护次债务人管辖利益立场，代位权人应当受该仲裁条款的约束。在案证据表明，被上诉人与原审第三人签署《商谈备忘录》时已明确知晓原审第三人与上诉人之间存有仲裁约定，故人民法院对本案没有管辖权。

本案要旨：

1. 次债务人对债务人的抗辩，可以向债权人主张，这种抗辩既包括实体上的抗辩，也包括程序上的抗辩，在明确约定仲裁管辖的前提下，应保护次债务人对管辖的程序权利。并且本案中被上诉人与原审第三人签署《商谈备忘录》时，已明确知晓原审第三人与上诉人之间存在仲裁约定。

2. 此外，按照最高人民法院判例确立的裁判规则［最高人民法院（2015）民提字第 165 号判决］，行使保险代位求偿权的保险人受被保险人与第三人之间的争议解决管辖条款约束。

第三章

仲裁程序的启动

第一节　仲裁代理人

一、仲裁代理人的概念及特征

（一）仲裁代理人的概念

仲裁代理人，是指根据法律规定或者当事人的委托，以仲裁当事人的名义，在代理权限范围内，代理一方当事人进行仲裁活动的人。代理当事人进行仲裁活动的权限，称为仲裁代理权。仲裁代理制度是在仲裁中维护被代理人的合法权益、保证仲裁顺利进行的一项仲裁制度。在仲裁活动中，代理人代理当事人进行仲裁活动，维护被代理人利益的权利均来源于法律规定或代理人的委托授权。代理人应具备完整的委托手续和适格的代理身份。[1]

（二）仲裁代理人具有以下特征[2]

仲裁代理人必须以被代理的仲裁当事人的名义，实施仲裁行为。被代理的仲裁当事人属于仲裁实体权拥有主体。仲裁代理人只是代理当事人进行仲裁活动，并不承担仲裁结果。因而，仲裁代理人实施的仲裁行为都必须以被代理人的名义进行，并接受被代理人的指示。

仲裁代理人代为实施仲裁行为旨在维护被代理当事人的合法权益。尽管仲裁代理人通常系向其所代理的仲裁当事人提供有偿的代理服务，但仲裁代理人参加仲裁活动的制度，功能在于维护被代理的仲裁当事人程序性和实体

---

〔1〕　见案例3-1 国资委能在一方当事人口头授权的情况下，成为该方仲裁当事人或代理人吗？
〔2〕　参见江伟、肖建国主编：《仲裁法》，中国人民大学出版社 2016 年版。

性权益。仲裁代理人与系争标的通常并不存在固有的利益关系，为激励其妥善行使仲裁实施权，被代理的仲裁当事人通常需要向其提供必要的报酬，并监督其妥善维护被代理的仲裁当事人的合法权益。

仲裁代理人在代理权限范围内实施的仲裁行为所产生的法律后果，由被代理的仲裁当事人承担。既然仲裁代理人参加仲裁程序的制度功能在于维护被代理人的合法权益，那么以被代理人名义实施的仲裁行为，只要在代理权限范围内，其所代为实施的仲裁行为，所产生的法律后果均应由被代理的仲裁当事人承担。

在同一案件的仲裁程序中，代理人只能代理一方当事人进行仲裁活动，而不能同时代理双方当事人参加仲裁活动。双方当事人在仲裁程序中处于对立状态，为了有效维护一方当事人的合法权益，仲裁代理人在仲裁程序中不得同时代理双方当事人进行仲裁活动。但是，在共同仲裁案件中，申请人或被申请人为多人时，在申请人与被申请人两个身份中，相同身份的复数当事人可以共同委托相同的代理人，也可以是部分相同身份的当事人共同委托相同的代理人。

与诉讼不同，为保证商事仲裁的私密性、保护商业秘密，当事人、代理人以外的人，不能对仲裁审理进行旁听。

二、仲裁代理人的种类及权限

我国《仲裁法》第 29 条将仲裁代理人分为法定代理人和委托代理人两种类型。法定代理人的代理权限来自法律的直接规定，而委托代理人的代理权限来自仲裁当事人或者其法定代理人的委托。

（一）法定仲裁代理人

法定仲裁代理人，是指根据法律规定行使代理权的人。在仲裁当事人因年龄或者精神原因而不具备妥善维护自身合法权益能力的情形下，鉴于不完全民事行为能力人不具有独立进行意思表示的能力，或者因其存在精神障碍而失去独立进行意思表示的能力，立法者授权对仲裁当事人负有保护职责的主体代理其参加仲裁程序。

在我国现行法律框架下，未成年人的法定代理人包括父母、祖父母、兄、姐，关系密切的其他亲属、朋友愿意承担监护职责，应经未成年父母所在单位或未成年人住所地的居民委员会、村民委员会同意。精神病人的法定代理人包括配偶，父母，成年子女，其他近亲属，关系密切的其他亲属、朋友愿意承担监护职责，应经精神病人所在单位或者住所地的居民委员会、村民委员会同意。

根据民事代理制度的一般原理，法定代理人对其所代理的当事人享有亲权或者监护权，故法定代理人的代理权限与被代理人的权利几乎等同。法定代理人不仅享有仲裁程序中的一般性权利，而且还可以根据其自身意愿处分被代理人的实体权利，如承认、变更、放弃仲裁请求，请求或接受和解、调解。

法定代理人与被代理的仲裁当事人之间存在的身份关系通常足以确保法定代理人在仲裁活动中妥善维护被代理人合法权益，但也存在法定代理人损害被代理人合法权益的可能，因此仲裁机构应当对法定代理人的代理行为进行必要的监督。

鉴于法定代理人制度旨在弥补仲裁当事人在仲裁行为能力方面的不足，在法定代理人自身丧失仲裁行为能力或者仲裁当事人取得、恢复仲裁行为能力而原法定代理人并未丧失仲裁行为能力的情形下，法定代理人即不再具备代为参加仲裁程序的法定代理权限。在仲裁当事人获得或者恢复仲裁行为能力而原法定代理人并未丧失仲裁行为能力的情形下，仲裁当事人仍可委托原仲裁代理人代为参加仲裁活动，使之从法定代理人转为委托代理人。

（二）委托仲裁代理人

委托仲裁代理人，是指基于委托代理关系，在仲裁当事人或其法定代理人的授权范围内行使代理权的人。委托仲裁代理人的范围较广，仲裁当事人及其法定代理人可以自由地聘请任何符合法律规定条件的自然人为仲裁代理人，授权其以仲裁当事人名义参加仲裁程序。[1]

我国《仲裁法》第29条规定："当事人、法定代理人可以委托律师和其他代理人进行仲裁活动。委托律师和其他代理人进行仲裁活动的，应当向仲裁委员会提交授权委托书。"参照民事诉讼中的委托代理制度，授权委托书应当载明委托事项和权限。由委托代理人代为承认、放弃、变更仲裁请求，进

---

[1] 见案例3-2代理人未在仲裁庭首次开庭前对仲裁管辖提出异议，是否是对管辖异议权的放弃？

行和解，提出反请求，应当有被代理人的特别授权，代理权若变更或解除，委托人应当书面告知仲裁委员会或者仲裁庭，仲裁委员会或者仲裁庭再通知对方当事人。当事人提交的书面授权委托书中仅授予仲裁代理人进行一般代理的权限或者没有明确约定委托代理权限范围的，仲裁代理权限则仅包括申请仲裁、进行答辩、申请回避、调查证据、参加仲裁开庭并进行陈述和辩论等，而不包括代为承认、放弃、变更仲裁请求、与对方当事人进行和解或者调解、提出反请求等需要被代理人特别授权的权限。[1]

与《民事诉讼法》第58条明确规定委托诉讼代理人的人数以及担任诉讼代理人的条件不同，[2]《仲裁法》并没有明确限制委托仲裁代理人的人数以及担任仲裁代理人的条件。国内各大仲裁机构的仲裁规则在代理人制度方面的规定也不尽相同。在仲裁代理人的人数限制方面，有的仲裁规则回避规定委托代理人的人数限制问题；[3]有的仲裁规则参照诉讼代理制度规定当事人或其法定代理人原则上只能委托1~2名仲裁代理人，但经仲裁庭同意可以适当增加代理人的人数；[4]有的仲裁规则规定仲裁代理人一般不超过3人，经仲裁庭同意可以增加代理人的人数；[5]有的仲裁规则规定仲裁代理人的人数为1~4人；[6]有的仲裁规则规定当事人或其法定代理人有权委托1~5名仲裁代理人，但需要委托6名以上代理人的，则需要经过秘书处或仲裁庭的同意。[7]与委托仲裁代理人的人数限制规则不同，在担任仲裁代理人的条件方面，国内

---

〔1〕　见案例3-3有委托手续，是否等于委托达成？案例3-4外国律师在中国能以外国公民身份作为仲裁代理人吗？案例3-5仲裁机构将仲裁有关材料送达给当事公司的法律顾问，送达有效吗？

〔2〕　《民事诉讼法》第58条规定：当事人、法定代理人可以委托一至二人作为诉讼代理人。下列人员可以被委托为诉讼代理人：①律师、基层法律服务工作者；②当事人的近亲属或者工作人员；③当事人所在社区、单位以及有关社会团体推荐的公民。

〔3〕　如《北京仲裁委员会仲裁规则》（2015年版）第17条、《中国国际经济贸易仲裁委员会仲裁规则》（2015年版）第22条、《海南仲裁委员会仲裁规则》（2014年版）第14条。

〔4〕　如《广州仲裁委员会仲裁规则》（2006年版）第20条、《珠海仲裁委员会仲裁规则》（2012年版）第19条、《珠海国际仲裁院仲裁规则》（2015年版）第20条、《汕头仲裁委员会仲裁规则》（2011年版）第21条、《苏州仲裁委员会仲裁规则》（2013年版）第19条、《天津仲裁委员会仲裁暂行规则》（2014年版）第23条、《重庆仲裁委员会仲裁规则》（2013年版）第26条、《舟山仲裁委员会仲裁暂行规则》（2014年版）第22条。

〔5〕　如《合肥仲裁委员会仲裁规则》（2008年版）第17条、《南京仲裁委员会仲裁规则》（2013年版）第15条、《石家庄仲裁委员会仲裁规则》（2013年版）第32条。

〔6〕　如《厦门仲裁委员会仲裁规则》（2007年版）第14条第1款。

〔7〕　如《中国（上海）自由贸易试验区仲裁规则》（2015年版）第17条、《上海国际经济贸易仲裁委员会（上海国际仲裁中心）仲裁规则》（2015年版）第17条。

各大仲裁规则具有共通性，均不额外设置担任仲裁代理人的资格条件，即不管是否具备律师资格，不管中国公民还是外国公民，只要不存在法定回避事由且具有完全民事行为能力，均可以接受委托，担任仲裁代理人。[1]

在仲裁程序中，被代理人有权变更或者解除代理权，代理人也有权辞去委托。无论是仲裁当事人的变更、解除代理人抑或仲裁代理人辞去委托，委托人都应当书面告知仲裁机构，以便其通知对方当事人。委托代理事项或权限变更、解除并不影响仲裁机构收到通知前已经进行的仲裁程序的效力。仲裁当事人变更、解除代理权给仲裁代理人造成损失或者仲裁代理人辞去委托给仲裁当事人造成损失的，可以通过违约之诉寻求对方赔偿损失。

案例 3-1 国资委能在一方当事人口头授权的情况下，成为该方仲裁当事人或代理人吗？

案情简介：

甲方：某市国有资产经营有限公司，乙方：孟某（某市第一纺织厂经营者群体和部分职工代表），丙方：县政府。上述三方签订合同，就争议解决约定仲裁，在仲裁期间某市人民政府仅口头提出授权国资委代表政府履行对某市国有资产经营有限公司的职能，但并未提供证据予以证明。

仲裁申请人某市国资委的仲裁请求是：由孟某等32名股东、县政府为某市第一纺织有限公司207名职工支付在职期间取暖费用。但仲裁庭就该请求的裁决为，县政府应依法将某市第一纺织有限公司的资产变现，用变现资产所得资金履行合同约定的职工权益保证义务。

仲裁申请人向法院申请撤裁。

裁判结果：

1. 国资委在申请仲裁裁决时提出的仲裁请求为：要求孟某等32名股东、

---

〔1〕 作为例外情形的是，《重庆仲裁委员会仲裁规则》（2013年版）第26条第2款参照《民事诉讼法》第58条第2款的规定将担任委托仲裁代理人的人员限制为以下三种：①律师、基层法律服务工作者；②当事人的近亲属或者工作人员；③当事人所在社区、单位以及有关社会团体推荐的公民。

县政府承担职工 2006 年至 2012 年的供暖责任，而本溪仲裁委员会作出的裁决结果为：县政府应依法将某市第一纺织有限公司的资产变现，用变现资产所得资金履行合同约定的职工权益保证义务。这一裁决结果超出了仲裁申请人的请求，属于超范围仲裁，违反法定程序。

2. 与孟某等 32 人、县政府签署《合同书》的当事人为某市国有资产经营有限公司，该公司为独立的法人，未依法注销，具备诉讼主体资格，现并无证据证明国资委与本案争议具有关联关系，故国资委作为仲裁申请人主体不适格。

本案要旨：

1. 仲裁中，主合同相对方为某市国有资产经营有限公司，在仲裁期间，该公司正常存续，系独立法人，故其权利义务均不应由某市国资委代替行使或承担，某市国资委不是主合同相对方，其申请仲裁主体不适格。国资委如以代理人身份参加仲裁相关手续不齐全，也不具备代理人资格。

2. 仲裁中，申请人某市国资委的仲裁请求为由孟某等 32 名股东、县政府承担 207 名在岗职工自 2006 年至 2012 年的供暖责任，但仲裁机构裁决县政府应依法将某市第一纺织有限公司的资产变现，用变现资产所得资金履行合同约定的职工权益保证义务。该裁决的内容不在主合同约定范围内，也不是仲裁申请人的仲裁请求，仲裁机构超出仲裁请求进行裁决，违反法定程序。

案例 3-2 代理人未在仲裁庭首次开庭前对仲裁管辖提出异议，是否是对管辖异议权的放弃？

案情简介：

ZH 药业公司与汕头 XY 公司因争议在贸仲进行仲裁，仲裁裁决作出后，ZH 药业公司申请撤裁，主要理由为该公司没有收到任何关于仲裁的通知，对仲裁并不知情，也认为贸仲对本案没有管辖权。

裁判结果：

本案的焦点在于 ZH 药业公司是否接受了仲裁庭的管辖。尽管 ZH 药业公司因某代理律师提交仲裁庭的第一、二份《授权委托书》未办理公证手续而否认其效力，但在仲裁庭开庭时，汕头 XY 公司对 ZH 药业公司的代理律师提交的《授权委托书》未办理公证手续提出异议，该律师当庭表示将于庭后补办手续，该律师也并未对仲裁庭的管辖提出异议。

嗣后，ZH 药业公司的代理律师按照自己的承诺补办了第三份《授权委托书》并进行了公证。该补办的委托书手续为仲裁庭所接受。对此，可以认为 ZH 药业公司对 ZH 药业公司代理律师参加仲裁的行为进行了追认。

《中华人民共和国仲裁法》第 20 条第 2 款规定："当事人对仲裁协议效力有异议的，应在仲裁庭首次开庭前提出。"ZH 药业公司的代理律师于仲裁庭开庭时，并未提出管辖权异议，而是进行了实体答辩。根据《中国国际经济贸易仲裁委员会仲裁规则（2005 年版）》第 8 条规定："一方当事人知道或者理应知道本规则或仲裁协议中规定的任何条款或情事未被遵守，但仍参加仲裁程序或继续进行仲裁程序而且不对此不遵守情况及时地、明示地提出书面异议的，视为放弃其提出异议的权利。"据此，可以认为 ZH 药业公司放弃了提出异议的权利，仲裁庭对本案享有管辖权。综上，ZH 药业公司以仲裁庭对案件不享有管辖权为由申请撤销，其理由不能成立。

本案要旨：

《中华人民共和国仲裁法》第 20 条第 2 款规定："当事人对仲裁协议效力有异议的，应在仲裁庭首次开庭前提出。"本案中，撤销仲裁申请人在仲裁程序中的代理人手续完整有效，且对本案进行了实体答辩，同时根据仲裁规则，撤销仲裁申请人认为仲裁程序存在问题时，应提出书面异议，撤销仲裁申请人不仅没有书面提出异议，还参加仲裁程序并使之进行，即等同于对仲裁管辖异议权利的放弃。

案例 3-3 有委托手续，是否等于委托达成？

案情简介：

2015 年 5 月 25 日，河南某交通建设工程有限责任公司作为甲方与乙方程某就甲方与某市人民政府（某市交通局）关于某市黄金大道 BT 项目工程的投资、施工、结决算和付款收益等相关事项达成《协议书》，《协议书》约定若双方协商不成由信阳仲裁委员会裁决。

2015 年 11 月 13 日，程某、刘某、常某、黄某、罗某五人作为申请人，河南某交通建设工程有限责任公司、王某作为被申请人向信阳仲裁委员会申请仲裁。仲裁裁决作出后，刘某申请撤裁，其称不知道已经仲裁。

另外，2011 年 8 月 30 日刘某、常某、黄某、罗某四人向程某出具《委托书》，四人对该委托书上的签名指印的真实性均认可，但刘某认为其是在被胁迫的情况下签的。该委托书内容为："关于黄金大道新建工程上级拨款结算事宜。经我们五位股东协商同意。特委托股东程某同志代表我们与河南某交通建设工程有限责任公司共同办理付款事宜。特委托。"经向双方当事人核实，（2015）信仲裁字第 048 号仲裁案件中河南某律师事务所提供的委托书中刘某的签字指印不是刘某本人签的。

裁判结果：

本案申请人程某与河南某交通建设工程有限责任公司在 2015 年 5 月 25 日签订《协议书》约定了仲裁为争议解决方式，申请人刘某在 2011 年 8 月 30 日向程某出具《委托书》中并未明确授权程某进行仲裁活动，故申请人刘某与河南某交通建设工程有限责任公司之间无仲裁协议，该情形符合《仲裁法》第 58 条第 1 款"没有仲裁协议的"的规定。

因仲裁程序中河南某律师事务所提供的委托书中刘某的签字指印不是刘某本人签的，申请人刘某事后亦未予以追认，申请人刘某既未申请也未实际参与仲裁活动，该情形符合《仲裁法》第 58 条"仲裁的程序违反法定程序"的规定，故申请人刘某的申请撤裁理由成立，依法应得到支持。

本案要旨：

1. 2011 年刘某出具的委托书中仅就付款事宜进行了委托，而未提及仲裁事项，所以在协议书中的仲裁条款对刘某没有效力。

2. 仲裁程序中刘某的委托书不是本人签订，不能体现其委托的真实意思表示，故委托手续无效。

案例 3-4 外国律师在中国能以外国公民身份作为仲裁代理人吗?

案情简介:

陕西 CS 公司与 MAFAGROBOTIC 在贸仲仲裁后进入撤裁程序。

陕西 CS 公司称,MAFAGROBOTIC 在仲裁过程中委托外国律师以律师身份参与仲裁,违反了程序性法律规定。

MAFAGROBOTIC 称,Bruno 和 Nicolas 作为外国公民,并非以律师身份作为 MAFAGROBOTIC 的仲裁代理人。在仲裁文件上载明的此二人相关信息(法国律师),系对其个人情况的说明和联络地址的载明,而不能作为其以何种身份参加仲裁的证据。

裁判结果:

在 MAFAGROBOTIC 否认 Bruno 和 Nicolas 系以律师身份作为其仲裁代理人的情况下,陕西 CS 公司应对其该主张承担举证责任。本院审理过程中,陕西 CS 公司为此所提供的唯一证据就是 MAFAGROBOTIC 提请仲裁时的仲裁申请书,其称该申请书落款处在 Bruno 和 Nicolas 二人名字前面写有"法国某律师事务所"的名称,由此认为此二人是以律师身份代理仲裁案件。而 MAFAGROBOTIC 对此认为,在此二人名字前面写有律师事务所名称,只是对其身份的介绍,表明其所在的工作单位,并不表示其以律师身份代理仲裁案件。对此,本院认为,在仲裁申请书中反映的代理人名字前面写有某律师事务所的名称,并不等同于该代理人就是以该律师事务所的律师身份代理仲裁案件,因此,陕西 CS 公司所提供的上述证据并不足以证明其主张,其主张缺乏事实依据。

本案要旨:

本案中,审判机关未认可撤裁申请人主张的原因在于,其只提供了仲裁申请书中二位外国律师的身份信息,但外国律师的社会身份,并不必然等于以律师身份代理案件,外国人若以非律师身份代理仲裁,则不需要提供律师证件、律师事务所函等一系列证明。

案例 3-5 仲裁机构将仲裁有关材料送达给当事公司的法律顾问，送达有效吗？

案情简介：

延安某房地产开发有限责任公司、冯某在延安仲裁委仲裁后，延安某房地产开发有限责任公司申请撤裁，理由是延安仲裁委员会将有关仲裁文书、通知、材料等送给了案外人王某，而王某既不是当事人，也不是代理人，撤裁申请人延安某房地产开发有限责任公司没有收到应诉通知等仲裁材料。冯某称，王某不是案外人，王某是该房地产开发有限责任公司的法律顾问，其会将材料交给该公司。

裁判结果：

延安仲裁委员会将仲裁应诉通知书、仲裁申请书副本、仲裁员规则、仲裁员名册、举证须知等材料送给了王某，而王某既非申请人的工作人员，也非申请人的委托代理人。延安仲裁委员会未依法将仲裁应诉通知书、仲裁申请书副本、仲裁员规则、仲裁员名册、举证须知等仲裁材料向申请人送达，违反法定程序。

本案要旨：

接收法律文件，应有相应的委托手续，授权应明确。"法律顾问"不等于有权处理该公司所有法律事务的人，仲裁机构没有核实相关手续即向案外人送达文书，送达不生效。

◇ 延伸阅读：委托书示例

授权委托书

（自然人使用）

兹委托下列人员在我方与_____因_____纠纷引起的争议仲裁

案中，作为我方仲裁活动代理人：

(1) 姓　名：　　　　　　工作单位：

　　　职　务：　　　　　　固定电话：　　　　　手　机：

　　　电子信箱：　　　　　传　真：

　　　联系地址：　　　　　邮　编：

　　　代理权限：

(2) 姓　名：　　　　　　工作单位：

　　　职　务：　　　　　　固定电话：　　　　　手　机：

　　　电子信箱：　　　　　传　真：

　　　联系地址：　　　　　邮　编：

　　　代理权限：

(3) 姓　名：　　　　　　工作单位：

　　　职　务：　　　　　　固定电话：　　　　　手　机：

　　　电子信箱：　　　　　传　真：

　　　联系地址：　　　　　邮　编：

　　　代理权限：

　　　委托人：　　　　　　　　　　　　（签名）

　　　　　　　　　　　　　　　　　年　　月　　日

注：须列明委托事项和具体代理权限。除特别声明外，本会视授权委托书中所列代理人有代为领取各种仲裁文书的权限。代理人或代理权限发生变更，委托人应当书面告知本会。代理权限一栏请用正楷字填写，也可从以下列表中选择，将相应序号填写入该栏。

代理权限列表：

1. 代为提出、承认、变更、撤回、放弃仲裁请求。

2. 代为进行答辩，提出、承认、变更、撤回、放弃仲裁反请求。

3. 代为约定仲裁庭组成方式、选定仲裁员。

4. 参加开庭审理、陈述事实及代理意见并参加调查、质证活动。

5. 接受调解、和解。

6. 其他（请注明）。

第二节　仲裁申请书的起草与递交

一、仲裁申请书的起草

仲裁机构作为中立的民间纠纷解决机构，同法院一样对于纠纷奉行"不告不理"的原则。因此，当事人想要启动仲裁程序，就要向仲裁机构进行申请，申请途径是向仲裁机构递交仲裁申请书。

（一）起草仲裁申请书前的准备

1. 审查仲裁依据

在起草仲裁申请书之前，申请人应当先行确定案件仲裁所依据的仲裁条款或者当事人事先签订好的仲裁协议，审查仲裁条款或仲裁协议是否符合法律要求，如仲裁条款或者仲裁协议是否包含了仲裁机构、仲裁事项、请求仲裁的意思表示、仲裁机构是否明确，对于仲裁机构约定不明确又无法达成补充协议的，应考虑对方当事人提出管辖权异议时，申请人应当如何对管辖权异议进行抗辩。

2. 明确被申请人信息及请求的法律依据

在商事仲裁中，为了便于仲裁庭查明争议涉及的基础法律关系，在仲裁申请书起草之前，申请人还应当查询和确认被申请人基本信息，被申请人是单位的，应确定被申请人的基本工商登记信息，以保证申请人和被申请人在仲裁申请书中的基本信息是真实有效的。就争议涉及的法律适用问题，应当查询相关法律法规、司法解释、案例等资料，将相关电子资料汇总为一个文件夹，妥善保存，对重要的资料，建议打印并放置于案件卷宗末尾作为参考资料。另外，若条件允许，还应当对仲裁请求的可执行性进行审查和论证，以确保所主张的仲裁请求具有可执行性。如果被申请人是境外自然人或法人，必要时可以咨询当地法域的专业人士。

3. 组织证据

上述问题明确后，申请人还应对能够提交的证据材料予以分析，并依据争议的具体情况选择、排列证据材料，作为仲裁申请书草拟的基本依据。代理人起草申请书的，还应注意，在仲裁申请书的内容确定后，应当充分与申请人进行沟通与再确认，并充分披露可能面临的风险，使申请人对仲裁结果有合理的预期。仲裁程序进行过程中，应当依据案件的具体变化与申请人共同对原定的策略进行调整。

（二）仲裁申请书的起草

按照《仲裁法》第23条的规定，仲裁申请书应当包含：当事人的姓名、性别、年龄、职业、工作单位和住所，法人或者其他组织的名称、住所和法定代表人或者主要负责人的姓名、职务；仲裁请求和所根据的事实、理由；证据和证据来源、证人姓名和住所。

◇ 延伸阅读：仲裁申请书模板

仲裁申请书

申请人：

住　所：　　　　　　　　　　　　邮政编码：

电　话：　　　　　　　　　　　　传　真：

法定代表人（负责人）：　　　　　　职　务：

住　所：　　　　　　　　　　　　邮政编码：

电　话：　　　　　　　　　　　　传　真：

委托代理人

地　址：　　　　　　　　　　　　邮政编码：

电　话：　　　　　　　　　　　　传　真：

被申请人：

住　所：　　　　　　　　　　　　邮政编码：

电　话：　　　　　　　　　　　　传　真：

法定代表人（负责人）：　　　　　　职　务：

住　所：　　　　　　　　　　　　邮政编码：

电　话：　　　　　　　　　　　　传　真：

仲裁依据：

仲裁请求：

事实与理由：

此致

××仲裁委员会

申请人： （印章）

年 月 日

（1）仲裁申请书的名称均为"仲裁申请书"。

（2）申请人应在仲裁申请书中准确填写被申请人有效的全称，裁决书中被申请人的名称和其他基本信息一般以此为准，如果填写不正确，则可能对该裁决在境内外的承认和执行造成不利影响。申请人为法人的，申请人的名称经过变更，即申请人在与被申请人签订合同时与提起仲裁时名称不一致，仲裁申请书中申请人的名称应当以现行有效且经过登记机关登记的名称为准，同时将申请人名称变更经过的证明文件随同仲裁申请书一并提交。境外法人，应写明外文原文，标点、空格及大小写，名称应与登记信息一致。

（3）申请人应在仲裁申请书中写明被申请人的住所地，如果在递交仲裁申请书时，被申请人实际住所地尚不明确，可向仲裁机构提供仲裁条款主合同中被申请人的地址，如果申请人知悉被申请人可能存在的其他地址，应一并向仲裁机构提供，以提高送达效率。当事人为法人的，应当注明联系人及联系电话，以保证仲裁机构能够及时联系到当事人。申请人有代理人的，代理人姓名及联系方式，应按委托书要求，在委托书中详细写明。

（4）仲裁依据，是申请人提请本次仲裁的依据，也是仲裁庭审查其管辖权的依据，即申请人与被申请人主合同仲裁条款或单独的仲裁协议，申请人填写仲裁申请书仲裁依据时，应写明含有仲裁条款的合同名称、仲裁条款所在的条目及仲裁条款内容，如：依据《××合同》第××条"双方发生争议，应友好协商，协商不成的，任何一方有权提请××仲裁委员会申请仲裁"，申请仲裁。

（5）仲裁请求，应表述准确、具体，有多项的，应当分项列明，在仲裁请求中，申请人可以要求被申请人承担申请人代理人的代理费。仲裁请求中，还应列明仲裁费的承担问题。[1]

（6）事实与理由，应当围绕仲裁请求成立所必备的要件组织事实，分组分块进行，这也有利于归纳双方无争议的事实。原则上事实应当与证据清单中每份证据确定的证明对象一一对应。在主文叙述过程中，最好用括号将证据进行标注，例如，"申请人与被申请人于××年×月×日签订××买卖合同（见证据一）"。理由部分，需要阐述仲裁请求成立的合同条款依据及其解释、所适用的主要法律法规、司法解释，并简要论述上述法律法规如何在本案适用。论点要全面完整，但内容要简约。

（7）结尾和签署，应当注明"此致"的具体仲裁机构的全称，比如"中国国际经济贸易仲裁委员会"或"北京仲裁委员会"。仲裁申请书应当写明申请人及签署日期，申请人应当使用全称，申请人为法人的，应加盖公司公章并由法定代表人签字。申请是自然人的，应签字。证据清单可以由仲裁代理人签署。

下面是一份商事仲裁申请书的范本，可以对照理解上文所阐述的仲裁申请书内容。

仲裁申请书

申请人：×××××股份有限公司

法定代表人：×× 职务：董事长

住所：北京市东城区××路×××号 邮政编码：××

委托代理人：北京市××律师事务所××律师

联系电话：010-8888××××

被申请人：中国××有限公司

法定代表人：××

住所：安徽省××市××路××号 邮政编码：×× 联系电话：××××××

仲裁请求：

1. 裁决被申请人向申请人支付合同货款人民币××××元。

2. 裁决被申请人向申请人支付逾期付款的违约金人民币×××元。

---

[1] 见案例3-6仲裁庭能对已经撤回的仲裁请求进行裁决吗？

3. 由被申请人承担本案的全部仲裁费用。

事实与理由：

被申请人自 2013 年开始至 2015 年止，先后向申请人采购了总金额为×××元的 adsl 终端设备。申请人已经履行了全部合同义务，被申请人于 2013 年 2月 20 日向申请人支付了×××元，此后再未付款，至今共欠申请人×××××元（大写×××元整），虽经申请人多次催告，被申请人仍然拖欠至今不予支付。

依据销售合同第 15.2 条之约定，上述未付款之逾期违约金，应按逾期付款金额的 3% 计算，共计×××元，应由被申请人向申请人支付。

基于上述事实，申请人依据《销售合同》第 17 条之约定，向贵委提起仲裁。恳请贵委查明事实，依法维护申请人合法权益。

此致

×××仲裁委员会

×××××股份有限公司

法定代表人：××

××××年××月××日

二、仲裁申请书的递交

仲裁申请书起草好之后，应由当事人或代理人将立案所需材料递交至仲裁机构。关于仲裁申请书的递交，《仲裁法》仅规定了大致的过程，具体的流程依然由各个仲裁机构自身制定仲裁规则来规范。《仲裁法》第 22 条规定，当事人申请仲裁，应当向仲裁委员会递交仲裁协议、仲裁申请书及副本。同时第 25 条又规定了仲裁机构应当在受理仲裁申请后在仲裁规则规定的期限内将仲裁规则和仲裁员名册送达申请人，并将仲裁申请书副本和仲裁规则、仲裁员名册送达被申请人。

实务中，也常有多个当事人申请仲裁，由当事人代表以自己的名义提交申请的情况发生。[1]

深圳仲裁委员会在《仲裁法》规定的基础上自行规定了仲裁申请需要提

---

〔1〕见案例 3-7 夫妻双方共同作为买方，与卖方签署房屋购买协议，夫妻中一方作为申请人以卖方为被申请人提起仲裁，仲裁机构作出仲裁裁决可能被撤销吗？

交的材料，除了仲裁申请书之外，还要求证据材料、证据目录，申请人、被申请人的主体资格证明材料、委托手续等相关资料。相对于深圳仲裁委员会的规定，北京仲裁委员会对于提交仲裁申请书的要求有所简化，北京仲裁委员会只要求仲裁申请书写明申请人、被申请人的姓名或者名称、住所、邮政编码、电话号码、传真、电子邮件以及其他可能的快捷联系方式；法人或者其他组织法定代表人或主要负责人的姓名、职务、住所、邮政编码、电话号码、传真、电子邮件以及其他可能的快捷联系方式等这些基本信息，同时要求仲裁申请书上列明仲裁请求和所依据的事实、理由，并不存在多余的其他需要一并提交的材料。因此，当事人在向仲裁机构申请仲裁时，应当先按照《仲裁法》的规定，将必要的信息内容填充好之后，再按照具体的仲裁机构的仲裁规则补充完善递交的材料。

因商事仲裁较之于民事诉讼，带有较强的专业性和策略性，故一般情况下，商事仲裁当事人都会委托律师作为其代理人。仲裁申请书作为仲裁庭最先对案情进行了解的书面材料，意义非凡，一般由律师起草。

案例 3-6 仲裁庭能对已经撤回的仲裁请求进行裁决吗？

案情简介：

攀枝花 A 房地产开发有限公司与四川省 B 建筑工程有限公司仲裁后，A 房地产开发有限公司申请撤裁，理由是 B 公司曾对施工过程中的涉案工程增加工程量部分所产生的价款提出过 3 519 310.57 元的申请请求，但在审理过程中已作出了撤回，且得到了仲裁庭的准许，另外 B 公司根本没有提出质保金退还的申请事项，仲裁庭却将 B 公司已经撤回的申请纳入了审理和裁决范畴，将 B 公司未申请的质保金也纳入了仲裁审理和裁决范畴，构成了对仲裁程序的违反情形，超越了 B 公司的仲裁申请范围，违背了仲裁法所确立的"不告不理"的基本原则。

裁判结果：

《仲裁法》第 24 条规定"仲裁委员会收到仲裁申请书之日起 5 日内，认为符合受理条件的，应当受理，并通知当事人；认为不符合受理条件的，应当书面通知当事人不予受理，并说明理由"，第 27 条规定"申请人可以放弃或者变更仲裁请求"，前述规定明确仲裁委员会是对申请人申请仲裁的具体仲裁请求进行受理、审理，即便属于仲裁协议范围内的事项，如果申请人未将其作为仲裁请求向仲裁委提出，仲裁委员会不应进行审理；申请人撤回部分仲裁请求，系申请人对其具体仲裁请求的变更，仲裁委员会同意其撤回后，不应对撤回的部分进行裁决。

另外，根据《中华人民共和国仲裁法》第 43 条"当事人应当对自己的主张提供证据"，第 47 条"当事人在仲裁过程中有权进行辩论"，申请人围绕仲裁请求提出自己的主张并提供证据证明，被申请人也有权提出答辩主张并提供证据证明，双方进而对争议的问题发表辩论意见，仲裁庭对申请人未提出的仲裁请求进行裁决，不能保障当事人的提出主张、举证和辩论的权利。本案仲裁裁决对 B 公司未提出的仲裁请求和已撤回的仲裁请求进行了审理、裁决，违反了前述《中华人民共和国仲裁法》规定的相关仲裁程序。

本案要旨：

仲裁中，对于当事人已经撤回的仲裁请求，仲裁庭不应进行裁决。仲裁基于当事人的意思自治，其申请裁决何等事项，也是意思自治的表现形式之一，仲裁庭不应干预。

案例 3-7　夫妻双方共同作为买方，与卖方签署房屋购买协议，夫妻中一方作为申请人以卖方为被申请人提起仲裁，仲裁机构作出仲裁裁决可能被撤销吗？

案情简介：

方某、徐某系夫妻，双方共同与景德镇市某房地产开发有限公司签订购房合同，后仲裁，在撤裁程序中，某房地产开发有限公司提出该裁决遗漏重要当事人，属于重大程序错误。《商品房买卖合同》中涉案房屋的购买人为徐某和方某两人，因此就该合同主张权利时，应由徐某和方某共同主张。然而，仲裁庭在明知的情况下，遗漏了方某这一重要当事人就擅自作出裁决，属于严重违反法定程序。

裁判结果：

在与申请人景德镇市某房地产开发有限公司签订的购房合同中，买受人为徐某、方某，所购房屋应该为其夫妻所共有。该合同的争议解决条款规定的解决争议方式为仲裁，故出现争议纠纷时，应当以徐某、方某两人的名义提起仲裁。仲裁亦属于对共同共有物的处分，必须得到共有人的一致同意。本案中，仲裁庭对双方纠纷进行审理时，仲裁申请人只有徐某一人，仲裁裁决书亦只载明申请人为徐某，方某与徐某虽为夫妻，在其未明确放弃仲裁资格的情况下，亦应当参与该仲裁。本案审理过程中，方某虽提出其在仲裁中出具了委托书，但并未提供相应证据证明，仲裁裁决书中亦未载明。故法院认为，仲裁裁决遗漏了仲裁协议约定的必要当事人，属于程序错误，应当予以撤销。

本案要旨：

1. 涉诉不动产系夫妻二人共同共有，因此在申请仲裁这一问题上，应由二人一致同意。

2. 方某在本案中没有明确放弃权利，也没有就仲裁事宜向其配偶出具委托手续，因此仲裁遗漏了重要当事人，应予撤销。

第三节　仲裁费、律师费的预交与承担

一、仲裁费用包括什么？

仲裁费用是法律规定由当事人负担的，向仲裁机构交纳的费用。一般包括案件受理费和案件处理费。前者是仲裁机构办理案件所支出的费用，由申请人预交；后者包括鉴定费，勘验费、测试费、旅差费和证人的误工补贴等，按实际开支收取。案件处理终结，受理费和处理费均由败诉方承担；当事人部分胜诉、部分败诉的，按比例分担；在仲裁庭达成调解协议的，双方协商

分担。

仲裁机构的费用按照内容的不同，可以分为四大类：

（一）申请仲裁费用

国内仲裁机构在仲裁规则中都有缴纳申请仲裁费的规定，申请仲裁费是当事人必须缴纳的费用，具有强制性。申请仲裁费的计算方式是按照争议标的额的不同适用不同比率，没有具体标的额的案件，例如确认之仲裁，会有替代计算方式。仲裁机构收取的申请仲裁费实际上包含了两部分的费用：仲裁机构的案件管理费用和仲裁员办理案件的报酬。

（二）仲裁员的实际费用

上述（一）项费用中已经包含了仲裁员的报酬，为何还需要支出仲裁员的实际费用？实际费用是指仲裁员因为办理案件而花费的交通费、差旅费等。只有当事人选定的仲裁员居住地不在仲裁机构所在地，仲裁员需要到仲裁机构审理案件或者当事人选定的仲裁员需要到其他地域进行案件审理或调查时，才会发生实际费用。仲裁员的实际费用，还包括外国仲裁员的实际费用支出。在涉外的仲裁案件中，不同国籍的当事人往往会选定本国的仲裁员在某一国或者第三国进行仲裁。如果一国当事人选定了他国仲裁员到本国来仲裁，或者去往第三国仲裁，外国仲裁员所产生的交通费、住宿费、翻译费等费用也应当属于仲裁费用。

（三）辅助费用

案件办理时，在某些情况下会发生特殊的需求，如需要翻译人员或组建临时仲裁庭。在涉外仲裁案件中，由于语言问题，当事人可能需要翻译人员进行文字翻译。在组建临时仲裁庭时，租赁开庭场所、通讯、记录等活动都需要经费支出，这些费用需要当事人承担。

（四）调查取证费

仲裁案件同民事诉讼一样，秉持"谁主张，谁举证"的原则，因此，当事人在取证不能时可以向仲裁庭申请或者仲裁庭认为有必要时，可以调查证据。《中国国际经济贸易仲裁委员会仲裁规则》（2015 年版）第 43 条规定："仲裁庭认为必要时，可以自行调查事实，收集证据。"调查取证过程包含了检验、鉴定、审计、专家认证等过程，这些检验费、鉴定费、审计费、专家费用等都应当计入调查取证费中。此时发生的调查费用，应当包含在仲裁费中，由当事人承担。

二、仲裁费用的收费标准

仲裁费用收费标准由仲裁机构在我国仲裁案件受理费规定的幅度内，经当地物价管理部门核定后确定。1995 年国务院下发《仲裁委员会仲裁收费办法》，文件具体规定了商事仲裁收费标准，但随着时间的推移，各大仲裁机构都在该收费办法上重新制定了收费标准。例如同在北京的北京仲裁委员会和中国国际经济贸易仲裁委员会的收费标准就存在差别。仲裁费一般包括案件管理费和仲裁员费用。仲裁员的费用标准和占仲裁费用中的比例问题，历来不统一，也不透明，这一问题也阻挠了仲裁的发展。北京仲裁委员会在这个问题上作了一个大胆的创新和改革，这些改革和创新体现在 2019 年 9 月 1 日开始实施的《仲裁规则》之中。其中仲裁案件收费标准修改后如下：

表 1　北京仲裁委员会案件收费标准[1]

争议金额（人民币）	仲裁员报酬（人民币）	机构费用（人民币）
25 万元以下（含 25 万元）	12 000 元	5000 元
25 万元至 50 万元（含 50 万元）	12 000 元加争议金额 25 万元以上部分的 2.00%	5000 元加争议金额 25 万元以上部分的 1.2%
50 万元至 100 万元（含 100 万元）	17 000 元加争议金额 50 万元以上部分的 1.20%	8000 元加争议金额 50 万元以上部分的 0.75%
100 万元至 300 万元（含 300 万元）	23 000 元加争议金额 100 万元以上部分的 0.41%	11 750 元加争议金额 100 万元以上部分的 0.30%
300 万元至 500 万元（含 500 万元）	31 200 元加争议金额 300 万元以上部分的 0.40%	17 750 元加争议金额 300 万元以上部分的 0.28%
500 万元至 1000 万元（含 1000 万元）	55 000 元加争议金额 500 万元以上部分的 0.50%	23 500 元加争议金额 500 万元以上部分的 0.45%

---

[1]　摘自北京仲裁委员会 2019 年 9 月 1 日生效的《仲裁规则》。

续表

争议金额（人民币）	仲裁员报酬（人民币）	机构费用（人民币）
1000 万元至 2000 万元（含 2000 万元）	80 000 元加争议金额 1000 万元以上部分的 0.40%	46 000 元加争议金额 1000 万元以上部分的 0.35%
2000 万元至 4000 万元（含 4000 万元）	12 0000 元加争议金额 2000 万元以上部分的 0.35%	81 000 元加争议金额 2000 万元以上部分的 0.30%
4000 万元至 1 亿元（含 1 亿元）	190 000 元加争议金额 4000 万元以上部分的 0.31%	141 000 元加争议金额 4000 万元以上部分的 0.25%
1 亿元至 2 亿元（含 2 亿元）	376 000 元加争议金额 1 亿元以上部分的 0.28%	291 000 元加争议金额 1 亿元以上部分的 0.20%
2 亿元至 5 亿元（含 5 亿元）	656 000 元加争议金额 2 亿元以上部分的 0.26%	491 000 元加争议金额 2 亿元以上部分的 0.19%
5 亿元至 10 亿元（含 10 亿元）	1 436 000 元加争议金额 5 亿元以上部分的 0.24%	1 061 000 元加争议金额 5 亿元以上部分的 0.18%
10 亿元以上	2 636 000 元加争议金额 10 亿元以上部分的 0.20%	1 961 000 元加争议金额 10 亿元以上部分的 0.17%

注：争议金额 50 亿元（含）以上时，机构费用封顶为 876.1 万元；争议金额 86.82 亿元（含）以上时，仲裁员报酬封顶为 1 800 万元。

第一，争议金额以申请人请求的金额为准，请求的金额与争议金额不一致的，以实际争议金额为准。反请求和追加当事人时提出的请求，适用相同原则确定争议金额。

第二，争议金额未确定的，由本会办公室确定争议金额或仲裁费用。

第三，争议金额不超过 500 万元（指人民币，下同），当事人约定适用普通程序的，按照适用普通程序的最低费用确定仲裁员报酬和机构费用。争议金额超过 500 万元，当事人约定适用简易程序的，按照适用普通程序应当收取的仲裁员报酬的 60% 收取仲裁员报酬，但最低不低于 39 200 元；机构费用按照普通程序的标准正常收取。

第四，本会可以根据案件具体情况在上述收费标准基础上加收一定比例的仲裁员报酬和机构费用，上述情况包括但不限于：案件有两个或两个以上的申请人或被申请人；仲裁依据为多份合同；当事人约定语言为双语或多种语言；其他特殊情况。

第五，本会除按照本收费标准收取仲裁员报酬和机构费用外，可以按照仲裁规则的有关规定收取其他额外的、合理的实际开支。

第六，在当事人约定的情况下，仲裁员报酬可以按照小时费率计算：

（1）当事人选定的仲裁员，其适用费率由仲裁员和选定该仲裁员的当事人协商确定。

（2）独任仲裁员或首席仲裁员适用费率由仲裁员和各方当事人协商确定。

（3）如当事人未能在约定或本会通知的期限内协商确定仲裁员适用费率，可由本会确定。

（4）无论通过何种方式确定，仲裁员小时费率原则上不得超过 5000 元。

（5）当事人约定按小时费率计算仲裁员报酬的情况下，本会可以根据案件程序进展情况要求当事人预交适当金额的仲裁员报酬。

（6）当事人就仲裁员报酬的支付承担连带责任，无论该仲裁员由哪方当事人选定。

在仲裁案件结束后，仲裁庭作出裁决时，需要确定仲裁费用的承担问题，一般来说，关于仲裁费用的承担有四项基本原则：一是由败诉方承担，即案件仲裁终结时，所有费用均由败诉的一方承担，该原则也是仲裁费用承担的普遍原则。二是按比例分担原则，即当事人有部分胜诉，也有部分败诉，则由仲裁庭确认双方依据何种比例承当相应的仲裁费用。三是当事人协商分担费用原则。这种原则适用于当事人自行和解或者由仲裁庭出面调解结案，由于双方没有经过庭审阶段，且调解、和解形式也淡化了双方责任分担，因此，可以由双方协商解决。四是特殊情况下的申请人负担原则，即申请人申请仲裁组成仲裁庭后，没有正当理由拒不到庭或者未经许可中途退庭，被视为撤回仲裁申请。此时案件的受理费是不退回的，由申请人负担。另外如果双方已经选定仲裁员组成仲裁庭，但是和解或者调解结案，仲裁庭会退回部分的案件受理费，没有退回的费用由申请人一方负担。

三、哪种情况可以退费？

当事人根据自身的情况可能会自行和解或撤案，此时再让当事人承担全部仲裁费用就显得不公平了，对此，国务院办公厅下发的《仲裁委员会仲裁收费办法》以及各大仲裁机构的仲裁规则都对仲裁费用的退费作出了规定，但并不丰富。《仲裁委员会仲裁收费办法》第 12 条规定："仲裁委员会受理仲裁申请后，仲裁庭组成前，申请人撤回仲裁申请，或者当事人自行达成和解协议并撤回申请的，案件受理费应当全部退回。仲裁庭组成后，申请人撤回仲裁申请或者当事人自行达成和解协议并撤回仲裁申请的，应当根据实际情况酌情退回部分案件受理费。"在仲裁庭受理案件后，由仲裁秘书对仲裁庭进行组织、联络仲裁员、安排开庭时间，上述工作需要一定时间完成。在仲裁庭受理案件之后，还没有组成仲裁庭时，当事人撤回案件的应当全部退回受理费，但是针对案件处理费该办法并没有作出规定，留给了仲裁机构自行制定规则的空间。第 2 款规定仲裁庭组成之后，当事人撤案的，只能退回部分案件受理费或者不退，但没有区分在组成仲裁庭后是否开庭的具体情况。

为了使仲裁费用退款具有可操作性，同时能够维护当事人的合法权益，不使当事人因为退费问题而影响到自行和解的积极性，仲裁机构在《仲裁委员会仲裁收费办法》的基础上都制定了自身的仲裁费用退费标准。仲裁机构不同，所规定的退费标准也不同，如深圳仲裁委员会的退费标准规定：其一，在仲裁庭组庭前撤案的，退回全部案件的受理费以及 50% 的案件处理费；其二，仲裁庭组成后，在开庭前撤案的，退回 40% 的案件受理费和案件处理费；其三，仲裁庭在开庭后撤案的，退回 10% 的案件受理费用和处理费。

由此可见，对于仲裁费用的退费，仲裁机构基本上都将三种情况列为退费事由，即受案后仲裁庭尚未组成之前撤案、仲裁庭组成后但尚未开庭撤案以及仲裁庭组成后已经开庭撤案，在上述情况下，当事人可以申请仲裁机构退回相应的费用。只不过各个仲裁机构对于退回仲裁费用的多少规定不同，当然，这和每个仲裁机构的具体组成、运营方式、人员管理等因素相关。

四、仲裁费第三方资助制度

国际商事仲裁中，仲裁庭普遍有权力决定由败诉一方当事人承担胜诉一方当事人为仲裁活动所支出的费用。但一般来说，国际商事仲裁标的额相对较高，如果申请人经济能力有限，在需要预交大额仲裁费用的情况下，该申请人难以通过仲裁寻求救济，这并不符合商事仲裁制度的目的。为了解决此类情况，实践中逐渐衍生出了仲裁费第三方资助制度，以解决上述问题。

仲裁中的第三方资助是指外部的资助人同意为仲裁中的一方当事人，通常是申请人提供资金进行仲裁，并从胜诉所得中分得一部分利益的活动。如果被资助人在仲裁中败诉，资助人则没有回报。实践中，第三方资助人主要包括专门从事此类活动的公司、保险公司、投资银行以及一些基金。第三方资助制度，成为当事人减轻负担，转移败诉风险以及保障流动资金运转的重要方式。

(一) 仲裁费第三方资助制度的合理性

仲裁庭决定第三方资助费用的承担并不违反现行的仲裁规则。尽管第三方资助费用并非由当事人支付，不符合仲裁规则中要求的"当事人支付"的特征，但该笔费用，用于仲裁程序的开展和进行，这一点不能因为资金来自于第三方而被否认。对于"当事人支付"也应当做扩张解释，不能仅凭字面意思进行解释。

败诉方承担第三方资助的仲裁费用，不应被禁止。当事人可以基于实体性的赔偿请求，要求败诉方承担相应的费用。第三方资助只涉及申请人和第三方，双方缔结资助资金的契约不涉及被申请人的权利，因此，在被申请人败诉的情况下，当然需要承担与之有关的仲裁费用，而不论仲裁费用的来源问题。

(二) 第三方资助费用及赔偿范围的探讨

对于第三方资助费用的争论，从现有的案例来看，主要集中于两种观点，一是只有有偿的第三方资助费用才能获得支持，根据这种观点，只有在受资助方根据合同有义务向资助方给予回报的前提下，第三方资助费用才能由败诉方承担。二是不管资助方是否有偿资助，均可要求对方承担费用。这一立场得到了一些仲裁机构的支持，

第三方资助的费用通常包含了多种内容的法律费用，但对于什么是合理的资助费用的问题，仍在争论之中。国际商事仲裁理事会 2018 年 4 月份在悉

尼发布报告中的观点值得参考:"合理资助的费用取决于案件的事实背景,包括申请人寻求资助时的经济状况以及当时的标准市场价格。"对此,反对者认为只有在仲裁过程中已经支付的第三方资助费用才能获得支持,胜诉的其他费用不能支持,原理是仲裁庭不能行使超出仲裁法规定的自由裁量权,将仲裁费用变为变相的赔偿金。当然此问题还处于实践探索中,仍应持相对审慎的态度。

(三)实践中的第三方资助制度

中国国际经济贸易仲裁委员会香港仲裁中心正在撰写第三方资助指导规则,目的是理解和合理引导第三方资助,助力其健康发展、为仲裁吸引更多的资源,进而能够使更多当事人不因资金问题而丧失寻求救济的机会。

就目前而言,除了国际上的少数仲裁规则,大部分仲裁规则都没有关于第三方资助费用承担的规定。但少数判例可以作为第三方资助制度的参考。

2016 年 Essar v. Norscot 案件,在该案中,仲裁员裁决被申请人向胜诉方支付第三方资助费用,数额为实际资助费用的 3 倍和胜诉金额 35%的更高者择一。被申请人向法院提出撤销仲裁裁决的诉讼,理由是仲裁庭超越其权限,裁决结果应当无效。但法院却参照了 ICC 规则,以及 ICC 在 2015 年发布的 "Decisions on Costs International Arbitration" 报告,确认仲裁庭有裁决第三方资助费用的权力,并综合该案情况,认定第三方资助属于其仲裁法规定的仲裁庭有权决定的其他费用,并拒绝撤销该案的仲裁裁决。

五、律师费谁来承担?

当事人选择通过仲裁的方式处理争议时,既可以聘请代理律师,也可以自行出庭应对庭审,但一旦聘请了律师,就免不了有律师费的支出。仲裁中律师费的裁定方式,和诉讼存在差异。一般来讲,通过仲裁解决争议,律师费一般由败诉方承担,但是,通过诉讼解决争议,如果诉争合同没有约定律师费的承担,即使诉讼败诉,败诉方也不承担胜诉方的律师费。

在仲裁活动中,争议双方有权要求仲裁庭依据双方责任确认承担相应的仲裁责任,仲裁责任包括仲裁费、律师费等费用。经仲裁庭查明双方责任,当事人要求对方当事人支付聘请律师所产生的实际费用,在合理的范围内,仲裁庭予以支持。[1]

仲裁律师费由败诉方承担的仲裁请求可以得到支持有仲裁规则作为依据。1994年、1995年、1998年、2000年版本的《中国国际经济贸易仲裁委员会仲裁规则》都有规定，仲裁庭有权在裁决书中裁定败诉方应当补偿胜诉方因办理案件所支出的部分合理费用。在实践中，这一费用往往包含律师费，中国国际经济贸易仲裁委员会2005年版及其之后的仲裁规则更是取消了10%赔偿限额的规定，给了仲裁机构更大的自由裁量权。同时，有关败诉方承担胜诉方为案件所付出的合理律师费用也具有法律依据。在涉及商事仲裁的案件所适用的《专利法》第60条、《著作权法》第48条等法条，均对费用问题作出了规定。

当事人缔结合同，在合同中明确约定了律师费由败诉方承担时，该约定基于合同自由、意思自治的原则，应认定为有效，虽然仲裁机构关于律师费的请求一般会予以支持。但是商事仲裁案件败诉方承担律师费还需要满足一定条件。这些条件可以从法条逻辑中推导出来：首先，仲裁规则或者相关法规，规定了此类案件可以裁决由败诉方承担相应的律师费用；其次，仲裁庭应当考虑当事人一方是否提出了由败诉方承担为案件支出律师费用的请求，如果胜诉方没有提出相应的请求，仲裁庭予以裁决，则属于超裁；最后，胜诉方应当有证据证明其为案件的仲裁付出了合理的律师费用，提供诸如委托协议、支付律师费的发票等证据。

由败诉方在合理范围内承担律师费用，不仅符合法理，也符合国际习惯。目前认定合理的幅度标准并不统一，但是有国际惯例和仲裁规则可以作为参考。例如根据《国际商会仲裁规则》，国内的仲裁机构如广州仲裁委、深圳仲裁委、武汉仲裁委等机构确定的仲裁规则中都规定了仲裁庭可以裁决败诉方承担不超过胜诉方标的额10%的费用。但是，商事仲裁案件争议标的额可能不高，若案情复杂、工作量大，律师收取与工作量相匹配的费用，仲裁庭裁决的律师费用过低，则不合理。

在国内仲裁中，正常情况下当事人委托律师代理仲裁活动需要和律师签订授权委托书和法律服务合同，合同中会明确记载律师费用的收取标准以及

---

[1] 见案例3-8涉外仲裁中，仲裁庭裁决律师费事项，是超裁吗？

收取的具体费用。代理律师还会开具收取律师费用的发票，发票属于法定的证据种类，在申请人与被申请人就律师费金额产生的争议中，此律师事务所开具的发票就能作为证明使用。[1]

《律师服务收费管理办法》第13条规定："实行风险代理收费，律师事务所应当与委托人签订风险代理收费合同，约定双方应承担的风险责任、收费方式、收费数额或比例。实行风险代理收费，最高收费金额不得高于收费合同约定标的额的30%。"虽然法律并不禁止商事仲裁的风险代理，但仲裁庭一般只支持受损一方的实际损失，即实际产生的费用，所以在风险代理中，即使代理人能够向仲裁庭提供完整的代理合同与委托书，但因风险代理费用尚未实际支付，不应纳入实际损失之列，所以风险代理的费用一般不会被国内的商事仲裁机构支持。

案例 3-8　涉外仲裁中，仲裁庭裁决律师费事项，是超裁吗？

案情简介：

某国际贸易有限公司、GE集团股份公司是两家住所地非我国大陆地区的企业，双方在贸仲仲裁后，某国际贸易有限公司申请撤裁，理由是该公司与GE集团签订的《购销合同》并无滞期费、律师费的约定，仲裁委员会对滞期费、律师费进行了裁决，明显超出了仲裁协议的范围，应当依法撤销。

裁判结果：

经审查，双方的《销售合同》中约定：与本合同有关的所有争议应通过协商进行处理，如果通过协商无法解决这些争议，则应提交至中国国际经济和贸易仲裁委员会，并按照委员会仲裁规则进行仲裁。由此可见，双方就将与合同有关的所有争议都交由仲裁委员会进行裁决已经达成了合意，同时就仲裁事项也进行了明确的约定。滞期费是双方在履行合同的过程中，由于迟延接收货物的违约行为而产生的，这与双方的合同履行相关，属于与合同有

---

〔1〕　案例3-9仲裁庭没有接受当事人有关律师费的证据，能支持当事人律师费的仲裁请求吗？

关的争议，故仲裁裁决中仲裁庭对于滞期费的裁决并未超出双方合同约定的仲裁范围。《中国国际经济贸易仲裁委员会仲裁规则》（2015 年版）第 52 条第 2 款规定：仲裁庭有权根据案件的具体情况在裁决书中裁定败诉方应补偿胜诉方因办理案件而支出的合理的费用。该条规定是仲裁委员会在考虑到案件的裁决结果、复杂程度、胜诉方当事人或代理人的实际工作量以及案件的争议金额等因素的情况下，用以弥补胜诉方的损失而作出的规定。本案中仲裁庭裁决某国际贸易有限公司补偿 GE 集团因办理案件而支出的律师费用90 000 美元，属于仲裁庭的职权范围，该项裁决结果符合《仲裁规则》的规定。综上，仲裁庭作出的关于滞期费、律师费的裁决结果，符合双方的合同约定和《仲裁规则》的规定，并未超出仲裁协议的范围，故申请人某国际贸易有限公司提出的此项理由，法律依据不足，法院不予采信。

本案要旨：

仲裁中，虽然律师费的承担不属于合同项下的争议，但仲裁规则通行的规定是仲裁庭有权就办理条件过程中产生的合理费用，如律师费的承担问题进行裁决。对此，当事人如无事先特别约定，应遵从仲裁规则的规定。

案例 3-9 　仲裁庭没有接受当事人有关律师费的证据，能支持当事人律师费的仲裁请求吗？

案情简介：

伊卡姆美国公司与柳州某化纤纺织有限公司就争议进行仲裁后，某化纤纺织有限公司对该裁决申请不予执行，主要理由是伊卡姆公司超过仲裁庭指定的举证期限才提交律师费收据，仲裁庭在（2007）中国贸仲京字第 001326 号函件中已经明确表示不接受上述证据，却裁定某化纺公司向伊卡姆公司赔偿律师费 10 000 美元，违背《仲裁规则》。

裁判结果：

仲裁庭固然有权利裁定败诉方补偿胜诉方因办理案件支出的合理费用，

但是这必须建立在胜诉方因办理案件已经支出了费用的基础之上。也就是说，胜诉方因办理案件已经支出的费用是待证事实。当事人只证明自己权利受损，未证实损害有多大，也是无法获得支持的。伊卡姆公司只证实自己委托了律师参与仲裁，未证实支出多少费用，不能视为已经完成了证明责任。仲裁庭既然已经明确表示不接受伊卡姆公司逾期提交的律师费收据，在作出裁决时就应当视为自始至终没有看到过上述证据，不予考虑。在仲裁庭不知道伊卡姆公司已经支出多少律师费的情况下，是无法确定由某化纺公司向伊卡姆公司补偿多少律师费为恰当、合理的。在此前提下，仲裁庭裁决某化纺公司向伊卡姆公司赔偿律师费 10 000 美元，等于是间接采用了伊卡姆公司逾期提交的证据。某化纺公司认为仲裁庭采用了自己已经明确表示不接受的证据的理由成立。

综合上述理由，法院认为仲裁庭未将自行收集的证据提交当事人质证，并且间接采用了当事人逾期提交的、仲裁庭已经明确表示不接受的证据，应当裁定不予执行。

本案要旨：

本案被裁定不予执行的关键在于，仲裁庭明确表示不接受当事人逾期提交的有关律师费的证据，则应视为当事人没有支付律师费的证据，因此不应在没有证据的情况下对律师费金额进行裁判；如果仲裁庭采信了当事人逾期提交的有关律师费的证据，则违反了仲裁规则，且该等证据也未经过质证。

第四节　如何选择合适的仲裁员

一、仲裁员的资格条件

仲裁员是在仲裁中有权对仲裁案件主持调解和进行裁决的人员。各仲裁机构受理仲裁案件后，对每一个具体仲裁案件的处理都是由仲裁员组成的仲裁庭或独任仲裁员进行的。

仲裁员任职资格是仲裁员制度中首要且必须要解决的问题。所谓仲裁员任职资格是指当事人或者适用仲裁法对担任商事仲裁员的自然人所施加的某种限制。[1]即何种人通过何种方式具备何种条件才能担任商事仲裁员。"仲裁员是仲裁程序的必备条件,没有合格的仲裁员,仲裁程序将无法进行。"[2]仲裁庭由仲裁员组成,在商事仲裁中仲裁员资格直接关系到仲裁庭对仲裁权的行使资格。由此可见,仲裁员的任职资格是保证商事仲裁员公正性、独立性的前提和基础。

(一) 我国仲裁员一般资格

我国《仲裁法》对仲裁员资格的要求从"允许"的角度加以规定,它不仅规定了仲裁员的"身份"资格,也规定了仲裁员所应具有的专业水平。《仲裁法》第13条规定:仲裁委员会应当从公道正派的人员中聘任仲裁员。仲裁员应当符合下列条件之一:①通过国家统一法律职业资格考试取得法律职业资格,从事仲裁工作满8年的;②从事律师工作满8年的;③曾任法官满8年的;④从事法律研究、教学工作并具有高级职称的;⑤具有法律知识、从事经济贸易等专业工作并具有高级职称或者具有同等专业水平的。仲裁委员会按照不同专业设仲裁员名册。在这一规定的基础上,《中国国际经济贸易仲裁委员会仲裁规则》(2000 年版)第 10 条进一步明确:"仲裁员由仲裁委员会从法律、经济贸易、科学技术等方面具有专门知识和实际经验的中外人士中聘任。"《中华人民共和国经济合同仲裁条例》(已失效)中曾明确要求仲裁员由具有工作经验和专业知识的人担任;还可以聘请社会知名人士、专业技术人员和法律工作者担任兼职仲裁员。[3]

(二) 国际上仲裁员的一般资格

各个国家的仲裁法规对仲裁员的资格都作了一定要求和规定。有些国家对仲裁员资格的要求比较宽松,甚至在法律上没有作任何要求,比如德国、奥地利等,有些国家只要具备法律所规定的行为能力,即可被当事人任命为仲裁员。也有些国家对仲裁员的资格只作了原则性的规定,例如《阿根廷国家民商事诉讼法典》第 743 条第 2 款规定:"只有已经达到成年且具备完全民事行为能力的人,才可以担任仲裁员。"但是,由于仲裁员资格对仲裁的质量

---

[1] Alan Redfern and Martin Hunter, *Law and Practice of International Commercial Arbitration*, Fourth Edition, 2004, Sweetaand Maxwell, p. 194.

[2] Von Mehren, Concluding Remarks, in ICC (ed), The Status of the Arbitrator 129.

[3] 《中华法学大辞典·诉讼法学卷》。

有直接影响，因此，很多国家在民事诉讼法或仲裁法及仲裁机构的仲裁规则中对仲裁员的资格提出了基本要求。比如，《意大利民事诉讼法典》第 812 条第 2 款规定："未成年人、无法律行为能力人和限制民事行为能力人、破产者以及被开除公职的人，不能担任仲裁员。"

有学者认为，对于仲裁员的资格不宜作过于严格的限定，而应减少对其资格的不必要要求。在仲裁机制中，仲裁自主性原则具有保证仲裁实质正当性和程序正当性的作用，但仲裁自主性作用的发挥，需要一定条件的保障。要发挥自主性的作用，必须确保不论是仲裁员、仲裁机构还是纠纷当事人都无法垄断整个仲裁行业，无法在仲裁领域发挥决定性的作用。立法上只应对仲裁员的独立性和公正性作强制性要求，这样才能保证仲裁员人数的充裕，有利于防止某些仲裁员对某些仲裁领域尤其是专业性仲裁的垄断。由于仲裁具有专家判断的优点，因此有人提出应对仲裁员的专业技能、专业水平作一定限制。其实，这是一个误区。仲裁具有专家裁判的优点，但它是当事人选择的结果，而绝不是立法强制性要求的结果。在个案中，具体需要哪个领域的专家，需要水平多高的专家，应交由当事人自己作出决定，只有当事人才能根据个案的具体需要作出最有效率的选择。

（三）几种仲裁员的特别资格

1. 外国人

在 20 世纪 70 年代前，还有不少国家的法律不允许任命外国人为仲裁员。在有些国家，虽然允许任命外国人为仲裁员，但有所限制。现在，这种情况已经大为改变，除了少数国家仍在一定范围内对仲裁员的国籍有限制性要求外，大多数国家的法律已不再把本国国民作为选择仲裁员的法定条件。

中国国际经济贸易仲裁委员会自 20 世纪 80 年代末起，开始聘请外国人作为仲裁员。此举有助于增强外国当事人对中国仲裁的信心，有利于发展和扩大我国的对外经济交往，同时还可促进我国仲裁机构办案质量和效率的提高。

允许非本国公民作为仲裁员是现代仲裁制度的发展趋势，特别是随着国际交往的频繁，它将成为仲裁制度的一项重要内容和仲裁制度是否完善的标志。同时，仲裁员的非本地化可以充分体现仲裁的公正以及仲裁员的独立性。

2. 国家公职人员

仲裁员与法官或其他公职人员是两种不同性质的职位，他们用以解决纠纷的权力不同，行使权力的方法也不同。因此，许多国家法律都禁止法官和某些国家公职人员作为仲裁员解决当事人之间的纠纷。[1]

与上述观点相反，有些国家则允许法官作为仲裁员，主要理由是：法官所受的教育、经验和心理最适于解决争议，他们通常能够把法律和公平最佳地结合在一起，而这正是当事人诉诸仲裁所寻求的目的。在法国和美国的法律中，允许法官在某些条件下成为仲裁员。

二、当事人选定仲裁员需要考虑的因素

当事人选择仲裁员时应考虑以下几个因素：专业水平、专业领域、敬业程度、良好声誉、学术观点，等等。

(一) 专业水平

仲裁员的专业性首先要求仲裁员是一个仲裁专家，是一个争议解决专家。虽然所有列入仲裁员名册的仲裁员都是合格的仲裁员，但是有些仲裁员处理案件较多，经验比较丰富，有些仲裁员参与仲裁案件比较少。那么，我们选择仲裁员时，应充分考虑其经验与专业水平。

专业领域要求，是指选定仲裁员时，要考虑争议所涉及的领域，诸如房地产领域、建设工程领域、国际贸易领域等，争议涉及的问题有行业性和专业性特点。若仲裁员具备该领域经验或者背景，可能在处理该领域争议问题上，更加得心应手。该仲裁员若对争议所涉及领域不熟悉，则很难起到仲裁员的作用。有些案件争议的是法律问题，如合同效力等，普通争议解决专家就可以胜任。有些案件争议的是专业问题，如建设工程质量，最好由有相关领域背景的仲裁员来处理。

(二) 敬业程度

选定的仲裁员在接受指定以后能够尽职负责，认真阅卷并查阅相关的案例和法律依据，抓住案件争议的焦点或当事人各方所共同关注的问题，协助仲裁庭，正确、及时地处理纠纷。

---

[1] 见案例 3-10 在职公务员以其他身份获得仲裁员资格，其裁决的案件能被撤销吗？

（三）良好声誉

有些仲裁员德高望重，有较高的专业性的声誉，在业内各方面都受到尊重。如果说能选择这样的仲裁员，那么对于当事方来讲或者对于仲裁机构而言，具有非常重要的意义。

（四）学术观点

学术观点通过其曾经发表过的论文，在公开场合的讲话，专著等进行考察。如果自己的主张与该仲裁员的观点相背离，仲裁员继续坚持其以往观点，可能会给与其主张相反的当事人造成不利后果。

（五）选定仲裁员应避免的常见错误

一是有些当事人不选定仲裁员。选择仲裁员是法律赋予当事人的权利，当事人更应当妥善行使，对自己负责，而不应草率放弃。二是有些当事人随意指定仲裁员。三是根据自己的熟悉程度选择仲裁员。四是选定仲裁员考虑不全面。如前所述，仲裁员有着不同的行业背景和专业背景，不对仲裁员进行了解而随意指定或指定自己熟悉的但却没有相关领域知识的仲裁员，抑或是只关注仲裁员的专业领域而不关注仲裁员的声望、口碑，当不利后果出现时，只能自行承担责任。

（六）选定国际仲裁员的特殊考虑

在境外进行国际仲裁，中国企业对于仲裁员名册中的仲裁员不熟悉，也没有途径对其进行了解，这是中国企业在国际仲裁中败诉的原因之一。如，在选定国际仲裁员时应考虑该仲裁员对中文、对中国的了解程度。部分企业选择仲裁员时仅考虑该仲裁员的国际名望及处理国际纠纷经验，但却忽略该仲裁员虽然擅长处理国际纠纷，却很少处理涉及中国企业的案件，对中国不熟悉。在国际仲裁中开庭以询问证人为主，中国企业国际商事仲裁中证人以中文为主要语言。若仲裁员不懂中文完全依靠翻译，则可能对人证、物证的理解产生偏差。对于中国企业而言，将处于非常不利的局面。企业还需要关注该仲裁员以前办理的案件类型，及该仲裁员裁决涉及中国当事人的商事仲裁裁决结果。若该仲裁员所办理过的涉及中国当事人的案件，均裁决中国当事人败诉，则对该仲裁员也应慎重考虑。

三、仲裁员的披露与回避

（一）仲裁员披露的概念与目的

仲裁员主动履行披露义务是一项被普遍接受的保证仲裁员公正性的基本准则，该准则要求仲裁员披露可能影响公正或者可能造成不公平、偏袒的任何利害关系以及可能影响公正的金钱、商业、职业关系等。一般而言，仲裁员的披露义务与仲裁员的回避制度是紧密联系的，实行仲裁员披露义务有利于增强仲裁员情况的透明度，同时也有助于仲裁员回避制度的有效实施。关于仲裁员的披露义务，许多具有影响力的仲裁规则均作了相应的规定，如1985年《国际商事仲裁示范法》规定，仲裁员应对可能引起的对其公正性和独立性产生正当怀疑的任何情况，予以事先说明。1976年联合国国际贸易法委员会制定并经联合国大会通过的《联合国国际贸易法委员会仲裁规则》也有类似的规定。

尽管各仲裁规则对仲裁员的披露义务中应当披露事项的规定有简有繁，但其实质内容并无太大区别。为保障仲裁员裁决的公正性，通常认为仲裁员应披露的事项包括：第一，与仲裁结果有任何直接或间接的利害关系；第二，可能在程序上造成双方当事人之间的不公平的情形；第三，所有现存的或者以往的金钱、商业、职业、家庭和社会交往方面的关系；第四，与案件有利害关系或者其他可能影响案件的公正审理的情形，甚至包括师生关系、同学关系、上下级关系、曾经同事关系、同乡关系、邻里关系等。

（二）我国仲裁员回避的有关规定

我国仲裁法规定了仲裁员的回避制度，在《中国国际经济贸易仲裁委员会仲裁规则》及其《仲裁员守则》中明确规定了仲裁员的披露义务，但未使用"披露"一词。根据该规定，仲裁员是本案当事人或者当事人、代理人的近亲属的；与本案有利害关系的；与本案当事人、代理人有其他关系，可能影响公正仲裁的，仲裁员应当及时向仲裁委员会披露，并自行回避。[1]

仲裁员的回避，是指承办案件的仲裁员在具有法定情形，可能影响对案件的公正审理与裁决时，退出该案仲裁活动的制度。回避制度是为了保证案

---

[1] 见案例3-11作出裁决的仲裁员不在仲裁员名册中，仲裁程序合法吗？

件公正审理而设立的一项制度，其有效实行，一方面有利于保证案件审理质量，另一方面有利于消除当事人的顾虑，以维护仲裁机构的威信。

对于我国仲裁员的回避情形，仲裁法作了明确的规定。根据我国《仲裁法》第34条的规定，仲裁员有下列情形之一的，必须回避，当事人也有权提出回避申请：①是本案当事人或者当事人、代理人的近亲属；②与本案有利害关系；③与本案当事人、代理人有其他关系，可能影响公正仲裁的；④私自会见当事人、代理人，或者接受当事人、代理人的请客送礼的。[1]

无论是仲裁员自行回避，还是当事人申请回避，都涉及对仲裁员回避的处理问题。仲裁员是否应当回避，应当由特定的机构或者人员进行审查，以便于作出该仲裁员是否回避的决定。我国《仲裁法》第36条规定，仲裁员是否回避，由仲裁委员会主任决定；仲裁委员会主任担任仲裁员时，由仲裁委员会集体决定。但是，我国仲裁法对回避决定应当在什么期限内作出以及当事人不服决定能否申请复议等问题并未作出相应的规定。

仲裁员的回避是在仲裁程序进行过程中出现的，虽然仲裁员的回避无法导致仲裁程序的结束，但是，仲裁员一旦被决定回避，则必然涉及对其回避前所为行为以及已进行的仲裁程序如何处理的问题。仲裁员因自行回避或者当事人申请回避而被决定回避后，并不影响当事人将争议提交仲裁解决的意思表示。根据《仲裁法》第37条的规定，仲裁员因回避或者其他原因不能履行职责的，应当依照本法规定重新选定或者指定仲裁员。因回避而重新选定或者指定仲裁员后，当事人可以请求已进行的仲裁程序重新进行，是否准许，由仲裁庭决定；仲裁庭也可以自行决定已进行的仲裁程序是否重新进行。

四、多个当事人如何选择仲裁员

我国《仲裁法》第30条、第31条规定，仲裁庭可以由3名仲裁员或者1名仲裁员组成，当事人约定由3名仲裁员组成仲裁庭的，应当各自选定或者各自委托仲裁委员会主任指定1名仲裁员，第3名仲裁员由当事人共同选定

---

〔1〕 见案例3-12仲裁员与一方当事人之间可能存在牵连关系，仲裁员未回避，该仲裁员所作出的仲裁裁决的效力如何？案例3-13首席仲裁员辞去职务后，新任首席仲裁员可以由仲裁机构直接指定吗？案例3-14案外人请仲裁员吃饭，仲裁员为何应当回避？

或者共同委托仲裁委员会主任指定。当事人约定由 1 名仲裁员成立仲裁庭的，应当由当事人共同选定或者共同委托仲裁委员会主任指定仲裁员。

根据许多国家仲裁法的规定，当事人可以委托与争议无利害关系的第三人对仲裁员作出指定，这里的第三人可以是仲裁机构、仲裁员以及法院。

案例 3-10 在职公务员以其他身份获得仲裁员资格，其裁决的案件能被撤销吗？

案情简介：

仲裁庭组成人员贺某，本名贺某某，系某县公安局公务员，曾任系县公安局办公室文书、法制股股长，现公职身份仍系某县公安局政工室干警，此人化名贺某在陕西某律师事务所担任律师，并担任本案仲裁员。

贺某作为仲裁员裁决案件后，该案当事人向法院申请撤销该裁决，理由为贺某不能担任仲裁员。

裁判结果：

《中华人民共和国仲裁法》第 13 条规定，仲裁员应当符合下列条件之一：①从事仲裁工作满 8 年的；②从事律师工作满 8 年的；③从事审判工作满 8 年的；④从事法律研究、教学工作并具有高级职称的；⑤具有法律知识、从事经济贸易等专业工作并具有高级职称或者具有同等专业水平的。

经审查，本案仲裁庭组成人员仲裁员贺某，其在榆林市仲裁委员会仲裁员名单中的身份为律师，但其本名贺某某，另一身份为某县公安局干警，系公务员。根据《中华人民共和国律师法》第 11 条规定：公务员不得兼任执业律师。贺某以律师的身份担任仲裁员不符合《中华人民共和国律师法》及《中华人民共和国公务员法》的相关禁止性和强制性规定，不符合《中华人民共和国仲裁法》第 13 条的规定，贺某担任仲裁员作出的仲裁裁决依法应予撤销。

本案要旨：

之所以规定仲裁员的遴选条件，是因为一般情况下，具备法定条件的人，对法律的理解和运用水平已经达到一定程度，可以对争议进行正确的分析和处理。本案中，贺某不具备法定的取得仲裁员资格的条件，其仲裁员身份不适格，故其不具备裁决争议的权力，其担任仲裁员作出的仲裁裁决应依法予以撤销。

案例 3-11 作出裁决的仲裁员不在仲裁员名册中，仲裁程序合法吗？

案情简介：

2016 年 12 月 14 日申请人至仲裁机构立案，仲裁委员会于 2017 年 6 月 20 日向申请人送达仲裁规则和仲裁员名册，该仲裁机构仲裁规则第 13 条规定"本委受理仲裁申请后，应当在 5 日内将本规则和仲裁员名册送达当事人"；2017 年 7 月 4 日组成仲裁庭，仲裁委员会在 2017 年 12 月 5 日作出裁决送达当事人，该仲裁机构仲裁规则第 47 条规定"仲裁庭应当在仲裁庭组成后 3 个月内作出仲裁裁决"；仲裁委员会指定的首席仲裁员未载入送达给当事人的仲裁员名册中。

仲裁申请人以仲裁程序违法为由，申请撤裁。

裁判结果：

法院认为，《中华人民共和国仲裁法》第 58 条第 1 款第 3 项规定：仲裁庭的组成或者仲裁的程序违反法定程序的，应当裁定撤销。《最高人民法院关于适用〈中华人民共和国仲裁法〉若干问题的解释》第 20 条规定：违反法定程序是指违反仲裁法规定的仲裁程序和当事人选择的仲裁规则可能影响案件正确裁决的情形。本案中，仲裁机构无正当理由或特殊情况，未在其仲裁规则规定的裁决期限内作出裁决，不符合仲裁规则的规定。仲裁机构指定的本案首席仲裁员并不在其送达给当事人的仲裁员名册中，剥夺了当事人对仲裁庭组成人员申请回避的权利，属于仲裁庭的组成违反法定程序。

本案要旨：

1. 我国商事仲裁中，仲裁程序是仲裁规则的重要组成部分，在本案中，但仲裁规则中明确规定了相关期限，但仲裁庭未遵守仲裁规则中的程序性规定，应当认定其违反法定程序。

2. 仲裁机构对仲裁员的遴选，应有一定标准，仲裁员名单应载于仲裁员名册中，本案仲裁机构指定的仲裁员未在仲裁员名册范围内，应属仲裁庭的组成违反法定程序。

案例 3-12 仲裁员与一方当事人之间可能存在牵连关系，仲裁员未回避，该仲裁员所作出的仲裁裁决的效力如何？

案情简介：

JN 石料厂与焦作 WN 公司于焦作仲裁委员会仲裁争议，仲裁员为师某。该仲裁员在仲裁本案期间，在 QY 公司任职，而 QY 公司与威纳公司的公司信息存在重合。

仲裁当事人在仲裁裁决作出后，向法院申请撤裁。

裁判结果：

WN 公司成立时，原始股东郭某、詹某亦是 QY 公司的股东，在股东变更为郭某、许某之后，WN 公司与 QY 公司之间虽在股东上无重合情况，但两个公司在网络上的宣传信息一致，且 QY 公司网络宣传所留电话与本案双方当事人签订的《工矿产品加工（销售）合同》中的 WN 公司所留电话一致，两公司之间应存在牵连关系。师某自 2014 年起至 2017 年一直在 QY 公司任职，其再担任仲裁员存在可能影响公正裁决的情形。因此该裁决应予撤销。

本案要旨：

本案中，仲裁员担任某公司股东，该公司与本案一方当事人（当事人为公司）所使用的电话号码相同，在上述情况下，虽然两公司股东没有重合，也未见其他投资关系，但两公司使用相同电话号码，可以认定两公司之间具有牵连关系，即该仲裁员与当事人公司之间存在可能影响公正裁决的社会关联，该仲裁员应当回避而未回避，其作出的仲裁裁决应予撤销。

案例 3-13 首席仲裁员辞去职务后，新任首席仲裁员可以由仲裁机构直接指定吗？

案情简介：

2015 年 7 月 15 日，TB 公司与汽开区管委会建设工程合同纠纷一案由长春仲裁委员会立案受理。因双方当事人未能就本案首席仲裁员人选达成一致，由长春仲裁委员会主任指定孙某为本案首席仲裁员，于 2015 年 8 月 26 日组成仲裁庭，并于 2015 年 9 月 22 日、2015 年 12 月 3 日两次开庭审理。

2016 年 9 月 12 日长春仲裁委员会作出长仲裁字〔2015〕第 269 号仲裁裁决，该仲裁裁决第 2 页记载：2016 年 3 月 24 日，本案首席仲裁员孙某书面请求回避，长春仲裁委员会主任依据《长春仲裁委员会仲裁规则》（以下简称《仲裁规则》）的规定，重新指定李某为首席仲裁员，于 2016 年 5 月 31 日重新组成仲裁庭。重新组成的仲裁庭依据《仲裁规则》第 29 条第（3）项之规定决定对已进行的仲裁程序重新进行。仲裁庭分别于 2016 年 6 月 23 日和 2016 年 7 月 4 日两次开庭对本案进行了审理。

法院调取了孙某辞去仲裁员的申请。该申请书内容为：本人因近期工作繁忙，申请辞去长仲裁字〔2015〕第 269 号案件首席仲裁员职务。落款时间为 2016 年 3 月 24 日。

仲裁当事人在仲裁裁决作出后，向法院申请撤裁，理由为仲裁违反法定程序。

裁判结果：

对孙某辞去仲裁员职务的原因，2016 年 7 月 4 日由李某为首席仲裁员的仲裁庭审中向双方当事人的释明，以及长仲裁字〔2015〕第 269 号仲裁裁决内容中均表明为孙某自行回避。《中华人民共和国仲裁法》第 34 条与《仲裁规则》第 28 条均规定仲裁员的回避包括以下四种情形：①是本案当事人或者当事人、代理人的近亲属的；②与本案有利害关系的；③与本案当事人、代理人有其他关系，可能影响公正仲裁的；④私自会见当事人、代理人或者接受当事人、代理人的请客送礼的。从孙某辞去仲裁员职务的申请来看，孙某辞去仲裁员职务的原因系工作繁忙，不属于法定仲裁员需要回避的情形，仲裁委以原首席仲裁员自行回避为由更换仲裁员违反了《中华人民共和国仲裁法》第 34 条与《仲裁规则》第 28 条关于仲裁员回避的规定。

对《仲裁规则》第 29 条第 2 款由主任指定的仲裁员不能依法或者按照本会规定履行职责的，主任有权更换的规定申请人与被申请人的理解并不一致。申请人汽开区管委会认为第二次组庭的首席仲裁员应由当事人重新选定，如果选定不成再由长春仲裁委员会主任指定，假使此种理解正确，那么长春仲裁委员会主任未经双方当事人选定就直接指定李某为第二次组成仲裁庭的首席仲裁员的做法违反法定程序；被申请人 TB 公司认为由于第一次组庭的首席仲裁员系指定产生，则第二次组庭的首席仲裁员的产生无需再经过双方当事人选定，由长春仲裁委员会主任直接指定即可。假使此种理解正确，那么李某作为再次组庭的首席仲裁员，在 2016 年 6 月 23 日仲裁庭审中询问本次组庭当事人是否有选定首席仲裁员的意愿，重新启动选定仲裁员的程序，与李某已经是仲裁委主任指定的首席仲裁员的仲裁庭组成程序相违背，亦违反法定程序。因此，该仲裁裁决应予撤销。

本案要旨：

1. 关于原首席仲裁员辞去职务一事，在本案中，原首席仲裁员辞去职务的理由是工作繁忙，工作繁忙不是回避的法定事由，仲裁机构不能以此事由更换首席仲裁员。

2. 关于应重新选定还是指定首席仲裁员，双方当事人有两种理解：一是应当重新进行选定程序，选定不成的，由仲裁机构指定；二是由于原程序中首席仲裁员即为指定，更换首席仲裁员指定即可，但首席仲裁员更换后，再次开庭时新任首席仲裁员询问双方是否有选定首席仲裁员的意愿，从新任首席仲裁员的询问判断，仲裁庭对更换首席仲裁员作第一种理解，但仲裁庭指定在前，询问是否选定在后，违反仲裁程序，应予撤销。

案例 3-14　案外人请仲裁员吃饭，仲裁员为何应当回避？

案情简介：

案外人陈某陈述：其与王某系亲戚关系且与祖某熟悉，其邀请仲裁员祖某、徐某吃饭并由王某公司工作人员马某陪同，吃饭时其向祖某提起王某仲裁一案并请求尽快办理，且由马某结账。后陈某就王某仲裁一案联系祖某，祖某也向其介绍了相关案情。

徐某陈述：陈某邀请其与祖某吃饭，陈某席间谈论了王某仲裁一案，陪同吃饭的还有王某公司工作人员马某。

马某陈述：陈某受王某之托请祖某、徐某吃饭并由其陪同，吃饭时也谈论了王某仲裁一案，饭后由其结账且费用系王某支付。

王某得知后，向仲裁机构提交了要求祖某回避的申请，仲裁机构未予准许。裁决作出后，王某申请撤裁，理由是仲裁员应当回避而未回避。

裁判结果：

根据《中华人民共和国仲裁法》第 34 条规定，仲裁员私自会见当事人、代理人，或者接受当事人、代理人的请客送礼的必须回避，当事人也有权提出回避申请。祖某作为王某仲裁一案仲裁员，其接受王某所委托的陈某吃请并谈论案情，就此祖某应自行回避，不得继续担任该仲裁一案仲裁员，况且王某已以此为由申请其回避，仲裁机构对王某的回避申请不予准许显然错误，仲裁程序违法。

本案要旨：

本案中，虽不是当事人自己请仲裁员吃饭，当事人也没有出席，但请仲裁员吃饭的人系当事人亲近的人，在席间与仲裁员谈及该案，有一定的请托成分，且吃饭由当事人支付费用。因此法院认定该仲裁员应当回避。

第五节　合并审理的程序

一、我国的仲裁合并审理

合并审理解决多方当事人或多份合同争议，即将两个或两个以上相互独立但彼此之间有联系的仲裁案件合并到一个仲裁程序中审理，由新的仲裁庭一并解决所有争端的仲裁实践方式，实现公平高效解决争议的价值目标。[1]

下文阐述我国有关仲裁合并审理的规定。

我国有关仲裁的立法限于《仲裁法》《民事诉讼法》以及《海事诉讼特别程序法》，但《仲裁法》并没有明确规定当事人或者仲裁庭是否有权利合并审理。因此在没有统一合并审理规则的情况下，各个仲裁机构所制定的仲裁规则就承担起了规定仲裁合并审理要件和程序的任务。下文将介绍我国主要仲裁机构制定的仲裁规则对于合并仲裁的规定。

（一）中国国际经济贸易仲裁委员会的规定

中国国际经济贸易仲裁委员会在经过多次的反复论证后，在2014年底发布《中国国际经济贸易委员会仲裁规则》（以下简称《贸仲规则》）。该版本的仲裁规则吸收了国内外仲裁发展的新成果，首次在规则中规定了合并仲裁。

第14条规则以当事人依据该条文提出申请为多份合同仲裁合并的启动条件，但同时要求此种情况下被合并的仲裁程序需同时符合三个条件，包括：①多份合同属于主从关系，或多份合同当事人相同且法律关系性质相同；②争议源于同一交易或同一系列交易；③多份仲裁协议的内容相同或相容。此条款的定位限定了"多份仲裁合同"，实际上是针对多份合同的合并审理。

《贸仲规则》第19条则是专门针对庭审中出现的合并审理事宜作出的详细规定。该条款共分四款，分别涉及合并仲裁的条件、决定合并仲裁应当考虑因素、被合并的仲裁所应并入的仲裁程序及合并仲裁后仲裁程序的决定主体。该条第1款规定了四种可以合并两个或两个以上仲裁的情形。这四种情

---

〔1〕　见案例3-15当事人基于不同合同项下争议提出的仲裁申请，仲裁庭能否合并仲裁？案例3-16一个案件中存在多份合同关系，该案是合并仲裁吗？

形可总结为：①基于同一仲裁协议提出的不同仲裁；②基于案件当事人相同且法律关系性质相同的多份相同或兼容的仲裁协议提出的不同仲裁；③基于所涉及的多份合同为主从合同的多份相同或兼容的仲裁协议提出的不同仲裁；④所有案件当事人同意合并仲裁。

（二）《上海自由贸易试验区仲裁规则》和《上海国际仲裁中心仲裁规则》

原中国国际经济贸易仲裁委员会上海分会在 2003 年更名为上海国际经济贸易仲裁委员会，并在上海成立了上海国际仲裁中心。2014 年上海国际仲裁中心在上海自由贸易试验区建立之后，成立了中国（上海）自由贸易试验区伴裁院。2015 年，上海国际仲裁中心修订颁布了 2015 年版的《上海国际仲裁中心仲裁规则》和《上海自由贸易试验区仲裁规则》。上述两个文件均包含了合并仲裁合并审理的条款，分别是《上海国际仲裁中心仲裁规则》第 36 条和《上海自由贸易区仲裁规则》第 36 条，但条款的内容是一样的：①仲裁标的为同一种类或者有关联的两个或者两个以上的案件，经一方当事人申请并征得其他当事人同意，仲裁庭可以决定合并审理。②除非当事人另有约定，合并的仲裁案件应当合并于最先开始仲裁程序的仲裁案件。除非当事人一致同意作出一份裁决书，仲裁庭应就合并的仲裁案件分别作出裁决书。③仲裁庭组成人员不同的两个或者两个以上的案件，不适用本条的规定。

上述两个仲裁规则都将征得其他当事人同意作为合并审理的初始条件，即向仲裁庭申请合并审理之前，各方当事人均对合并审理没有异议，否则仲裁庭在仲裁当事人没有达成一致的情况下不能决定合并审理。向仲裁庭申请合并仲裁之后，应当将后开始的仲裁合并到最先开始尚未结束的仲裁中。最后，仲裁规则明确了合并审理后作出裁决书的形式，当事人没有一致同意合并后作出一份裁决书的情况下，仲裁庭应当对各案分别作出裁决书。

（三）北京仲裁委员会仲裁规则

《北京仲裁委员会仲裁规则》在经过修订之后也对合并仲裁作出了规定。现行的《北京仲裁委员会仲裁规则》第 29 条和第 30 条增订了关于合并审理和合并仲裁的条款。

与前面几个仲裁机构的仲裁规则相比，《北京仲裁委员会仲裁规则》就显得宽泛许多。第 29 条规定：仲裁庭在满足以下各项条件时可以将两个或两个以上的仲裁案件合并审理：①仲裁标的为同一种类或者有关联；②经一方当事人申请并征得其他当事人同意；③仲裁庭组成均相同。仲裁庭可以根据情况决定合并审理的具体程序。北京仲裁委只要求当事人同意合并审理以及仲裁标的为同种或有关联就能够得到仲裁庭的许可，仲裁庭还可以根据庭审的具体情况采取具体的审理程序，具有很强的灵活性。

第30条有2款规定，分别是：①经各方当事人同意，或者一方当事人申请且本会认为必要，本会可以决定将根据本规则进行的两个或两个以上的仲裁案件合并为一个仲裁案件进行审理。除非当事人另有约定，合并的仲裁案件应合并于最先开始仲裁程序的仲裁案件中；②在决定是否进行上述合并时，本会将考虑相关仲裁案件所依据的仲裁协议的具体情况、案件之间的关联性、案件程序进行的阶段以及已经组成仲裁庭的案件仲裁员的指定或者选定等情况。这两款规定同上海国际仲裁中心的程序要求一致，都是将后发生的仲裁庭审合并到最先开始的仲裁中去，这也符合一般诉讼法的安排，因为最先受理的案件对于案情的争议焦点比较明晰，仲裁庭能够在最短的时间内分析案件的法律关系，解决纠纷。

（四）华南国际经济贸易仲裁委员会的有关规则

华南国际经济贸易仲裁委员会又被称为深圳国际仲裁院，现行的仲裁规则是修订后的2019年版仲裁规则。深圳国际仲裁院本次的规则修订完善了合并审理的内容。2012年版的仲裁规则第36条合并仲裁条款有3款，第1款规定了合并仲裁的条件。该规则下对合并仲裁的前提条件仅为"当事人同意"，而未规定任何其他的条件。该款中也写明了在该规则下由仲裁委员会享有对合并仲裁的决定权。第2款规定的是仲裁委员会在决定是否合并仲裁的问题上应考虑的因素。第3款规定了合并的仲裁案件应合并于最先开始仲裁程序的仲裁案件，但当事人之间的约定优先于该规定适用。2016年版的仲裁规则合并仲裁的内容变更为了4款：①经当事人书面同意，仲裁院可以决定将已经进入仲裁程序的两个或两个以上的关联案件合并为一个仲裁案件，由同一仲裁庭进行审理。②除非当事人另有约定，合并的仲裁案件应合并于最先开始仲裁程序的仲裁案件。③仲裁案件合并后，在仲裁庭组成前，由仲裁院对程序事项作出决定；在仲裁庭组成后，由仲裁庭对程序事项作出决定。④仲裁案件合并后，仲裁庭有权就当事人之间的争议分别或一并作出仲裁裁决。对比两个版本对于合并审理的规定，最大的变化是新规则将合并审理的程序划分为了仲裁庭成立前和仲裁庭成立后两个阶段。这种明确的时间区分使得合并审理更具可操作性。

从不同仲裁机构的仲裁规则对比来看，各个仲裁机构之间对于合并仲裁和合并开庭审理的规则制定存在较大差异。主要体现在三个层面：一是新兴仲裁机构的合并审理规则独具特色，上海国际仲裁中心与深圳国际仲裁院作为近些年来新设立的仲裁机构，在合并仲裁及合并审理方面的规定与传统的海事仲裁委员会和中国国际经济贸易仲裁委员会存在明显不同。新成立的仲裁机构对于合并审理的规定都比较简明，传统理论里以当事人合意为基础的合并审理和仲裁庭依照案件性质主动决定合并审理的情形并没有得到采用。上海国际仲裁中心和深圳国际仲裁院都以当事人合意作为合并审理的限制条件，如果当事人未达成一致，便不能向仲裁庭申请合并审理。二是涉外仲裁机构的仲裁规则与国际仲裁规则趋同。《贸仲规则》在内容上借鉴了国际上比较活跃的仲裁机构所制定的仲裁规则，中国国际经济贸易仲裁委员会和海事仲裁委员会的仲裁规则中有关合并审理的规定，已经与国际商会仲裁规则以及《伦敦海事仲裁规则》（LMAA 仲裁规则）相应的内容基本相同。三是地方性仲裁机构的仲裁规则对于合并审理的规定还不够详细。我国现在所成立的仲裁机构数量虽多，但是处于活跃状态的机构数量并不多，大多数是地方设立的市级仲裁委员会。这些仲裁委员会同中国国际经济贸易仲裁委员会、上海仲裁委员会这些在国内甚至国际上都有影响力的仲裁委相比，制定的规则也显得十分单薄。对于合并审理的具体程序，例如合并审理的启动、合并审理后仲裁案件应向哪一个仲裁案件合并以及仲裁庭在决定合并审理时应该考虑的因素等方面，都没有明确地用条文固定下来。

二、我国仲裁合并审理的问题与出路

虽然我国一些具有影响力的仲裁机构率先对自身的仲裁规则予以修订，加入了有关合并审理的规定，但就规定的详细程度以及执行性来说，我国的仲裁规则中合并审理的内容仍然不完整且原则性过强。

中国现有的仲裁规则是由各个仲裁机构独立制定，没有统一的仲裁规则适用。现有的仲裁规则缺乏对合并仲裁程序完整的规定，仲裁机构对于合并审理的规定着重于可以适用的案件类型上，忽视了对整个仲裁过程的程序设定。一个完整的合并审理仲裁程序，应当包括决定作出的程序、合并后仲裁庭的组成、卸任仲裁员和当事人的关系、当事人异议的处理等。由于我国对于合并审理的立法层面是空白的，而仲裁机构所制定的仲裁规则有关合并审理的程序仍然缺乏，这就会在仲裁合并审理的过程中造成争议，影响仲裁裁决的公正性和可执行性。仲裁合并审理本身就是将多重法律关系在同一庭审中理清，当事人之间由于缺少法律知识也不会提前约定有关合并审理的具体内容，这更加重了庭审的负担，因此有必要在现行的仲裁规则中对合并审理的细节加以补充。

现行的仲裁法律中对合并审理的决定机构规定不明确。大部分的仲裁规则都将决定合并审理的机构设定为仲裁委员会，但还有一部分仲裁规则把仲裁庭认定为合并审理的决定机构。由于合并仲裁程序将涉及多个仲裁庭，在没有指明的情况下，应当由哪一个仲裁庭作出决定是不明确的。另一方面，即使可理解为当事人提出申请的仲裁庭，该仲裁庭的命令又如何能够约束或如何通知到其他仲裁庭，尚存操作障碍。同时，若其中的仲裁庭被理解为是所有涉及的仲裁庭，则各仲裁庭之间具体应如何协调仍不明确。此外，仲裁规则中有关合并审理的条文还存在一些不明朗的概念，比如"相关性的""相容"等词汇，这些不明晰的词汇在实务操作中往往会有产生争议的风险，因此，有关合并审理的仲裁规则还需要补充完善。

案例 3-15 当事人基于不同合同项下争议提出的仲裁申请，仲裁庭能否合并仲裁？

案情简介：

某硅业科技发展有限公司与 LD 有限公司在贸仲进行仲裁，裁决作出后，某硅业科技发展有限公司在撤裁程序中提出，LD 公司新增仲裁请求，与原仲裁请求是针对不同合同项下的争议、根据各自仲裁条款提出，按仲裁规则，未经某硅业公司同意，贸仲不应将其归入在一个案件中合并仲裁，而应当分别对其立案，并由争议各方对两个案件自由选择仲裁员以分别组庭、各自审理。然而，贸仲在未征求 ZN 公司同意的情况下，未就此分别立案、分别组庭，是对诉的概念的理解错误，径行决定将两案合并仲裁，其立案程序和组庭程序违反了仲裁规则和仲裁程序自愿的基本原则和法律精神，并且影响了案件的公正裁决。

裁判结果：

此案中仲裁庭是否错误地将两案合并仲裁的问题，法院审查后认为，首先，《仲裁规则》第10条明确规定了当事人提出异议的程序及怠于提出异议的法律后果，ZN公司的合并仲裁异议没有在开庭前书面提出，应视为其放弃了提出异议的权利；其次，《加工合同》和《补充合同》在形式上虽然是两份合同，但二者之间存在内在的密切联系，特别是在履行过程中，双方签字确认的供气量并未区分来自哪个合同项下的设备，在支付加工费时也没有对两份合同进行区分；最后，两份合同具有内在的、不可分的联系，应属于同一案件纠纷，ZN公司关于仲裁庭合并仲裁违法的主张不能成立。

本案要旨：

1. 根据仲裁规则，当事人如果对合并仲裁有异议，应在首次开庭前提出，当事人没有在规定时间内提出异议，是对其权利的放弃。

2. 两合同虽然名称不同，但具有内在联系，不可分割，属于同一案件纠纷，因此仲裁庭合并审理并无错误。

案例 3-16　一个案件中存在多份合同关系，该案是合并仲裁吗？

案情简介：

李某甲、张某、李某乙称，张家港ZK公司、江阴ZK公司依据其与李某甲于2010年12月31日签订的《借款协议》以及张家港ZK公司、江阴ZK公司与李某甲、张某、李某乙共同签订的《房产借款抵押合同》中的仲裁条款，于2014年1月27日向中国国际经济贸易仲裁委员会（以下简称"贸仲委"）提请仲裁，李某甲、张某、李某乙认为，仲裁裁决存在重大程序错误及瑕疵，即不应将两份合同中的争议合并审理。

对方称,《借款合同》和《抵押合同》是主从法律关系,《借款合同》和《抵押合同》都约定了贸仲委管辖,张家港 ZK 公司、江阴 ZK 公司原本就是把两个合同作为一个案件向贸仲委提交申请。

裁判结果:

从本案仲裁案件的受理和审理经过看,贸仲委根据《借款协议》《房产借款抵押合同》及张家港 ZK 公司、江阴 ZK 公司所提交的以李某甲、张某、李某乙为被申请人的书面仲裁申请受理仲裁案件,并不存在贸仲委决定将正在进行的两个或两个以上的仲裁案件合并为一个仲裁案件进行审理的事实,因此李某甲、张某、李某乙提出的仲裁程序违反法定程序的撤销理由缺乏事实依据。且根据《最高人民法院关于适用〈中华人民共和国仲裁法〉若干问题的解释》第 20 条"仲裁法第 58 条规定的'违反法定程序',是指违反仲裁法规定的仲裁程序和当事人选择的仲裁规则可能影响案件正确裁决的情形"的规定,李某甲、张某、李某乙并未举证证明本案该仲裁程序有影响案件正确裁决的情形。因此,李某甲、张某、李某乙的撤裁理由不能成立。

本案要旨:

1. 虽然本案涉及两个合同,但两份合同之间是主合同与从合同的关系,仲裁庭并非对两份合同所涉及的争议合并审理,而是基于主从合同关系将其作为一个案件进行整体审理。

2. 撤裁申请人并无证据证明该程序对裁决公正造成影响,因此撤裁申请被予以驳回。

第四章

开庭前的程序

第一节　答辩与反请求程序

一、仲裁答辩

（一）仲裁答辩的概念

仲裁答辩，指在仲裁程序中，被申请人为维护自身合法利益，针对申请人在仲裁申请书中所提出的仲裁请求和该仲裁请求所依据的事实、理由进行答复与抗辩的行为。

在仲裁中，针对申请人提出的仲裁请求和事实、理由，给予被申请人合理的机会与方式充分进行答辩，是基于仲裁制度所应有的正当程序要求，而为被申请人设置的一项极其重要的程序性权利。仲裁答辩不仅是被申请人用以维护其合法权益的重要手段，而且在这一过程中被申请人客观充分地提出答辩理由也有助于仲裁庭及时查明争议案件事实，分清是非，公正、合理地解决争议案件。

（二）仲裁答辩的程序

《仲裁法》第25条第2款规定："被申请人收到仲裁申请书副本后，应当在仲裁规则规定的期限内向仲裁委员会提交答辩书。"答辩书的内容应对申请人在仲裁申请书中提出的请求、陈述的事实、依据的理由加以回答、抗辩或反驳。仲裁答辩书的格式要求一般与申请书的格式要求相同。

被申请人提交答辩书的期限，应符合各仲裁机构在仲裁规则中规定的时间要求。《中国国际经济贸易仲裁委员会仲裁规则》（2015年版）第15条规定："被申请人应自收到仲裁通知后 45 天内提交答辩书。"《国际商会仲裁规则》第 5 条第 1 款规定："被申请人应当在收到秘书处转来的申请书之后 30 天内提交答辩，其中应包括下列内容：①被申请人名称全称、基本情况和地址；②对于据以提出请求的有关争议的性质及情况的评论；③对于请求的意见；④对于申请人在仲裁员人数及其指定方面所提建议的任何评论，以及自己按照这些条款要求所指定的仲裁员人选；以及⑤关于仲裁地、法律适用规则和仲裁语言的意见。"被申请人答辩须采取书面形式。被申请人在进行答辩时，要针对申请人提出的仲裁请求及其依据进行，特别是认为仲裁请求全部或者部分无理时，应当据理反驳。被申请人通过答辩书，既可以表明自己对仲裁申请书中所提出仲裁请求以及所依据的事实、理由的态度，也可以在答辩书中进一步提出有利于自己的事实和理由。如果被申请人不按期交纳答辩书，则意味着被申请人自愿放弃针对仲裁申请书进行书面答辩的权利，放弃答辩不影响仲裁程序继续进行。在仲裁实践中，也有被申请人有理由、有事实反驳仲裁请求及其理由，但却故意不按期提交答辩书，而等到仲裁庭开庭审理争议案件时再进行答辩，目的是对申请人突然袭击。虽然就我国现行仲裁立法及相关司法解释来看，对此种行为并无明确的禁止性规定，但此种行为是不可取的，因为其结果不仅致使仲裁申请人处于不公平的处境，且必然导致仲裁程序的迟延，降低仲裁庭开庭审理争议案件的效率，不利于争议及时解决。

二、仲裁反请求

（一）仲裁反请求的提起

仲裁反请求，指在已经开始的仲裁程序中，被申请人以申请人为被申请人，向仲裁庭提出与原仲裁请求在事实和法律上有牵连的，目的在于抵销或者吞并申请人的仲裁请求的独立反请求。《仲裁法》第 27 条明确规定，被申请人可以承认或者反驳仲裁请求，有权提出反请求。

与仲裁答辩一样，仲裁反请求也是仲裁制度中，为被申请人设置的用以保障其合法权益的重要手段。申请人可以基于仲裁协议提出仲裁请求，被申请人则可以在仲裁程序中针对仲裁请求提出反请求。当然，被申请人提出反请求时，也必须符合仲裁范围和仲裁协议的要求。

（二）仲裁反请求的特征

1. 当事人地位的特定性与双重性

在仲裁程序中，被申请人以申请人为被申请人提出的，被申请人提出反请求后，双方当事人的法律地位即具有了双重性，即原仲裁请求的申请人同时也是反请求的被申请人，而原仲裁请求的被申请人同时也是反请求的申请人。[1]

2. 反请求的独立性

反请求虽然以仲裁请求的存在为前提，没有仲裁请求就没有反请求，但是反请求又是一个完全独立的仲裁请求，应当具有仲裁请求的全部要素。反请求的独立性主要体现在两个方面：一是被申请人既可以在基于申请人申请而开始的仲裁程序中以反请求的形式提出，也可以直接向仲裁协议约定的仲裁委员会提出独立的请求而开始新的仲裁程序；二是反请求一经受理，不受仲裁申请人行为的影响，即使仲裁申请人撤回仲裁申请，反请求依然独立存在。

3. 反请求目的的对抗性

在仲裁程序中，被申请人之所以针对申请人的仲裁请求提出反请求，其目的就在抵销或吞并申请人的全部或部分仲裁请求，以维护自己的合法利益。

4. 反请求事实理由的牵连性

反请求是被申请人针对申请人的仲裁请求提出的，虽然反请求与仲裁请求是对立的，但是，反请求应当与仲裁请求存在事实理由的牵连性。

（三）仲裁反请求的提出和审理

被申请人针对申请人的仲裁请求提出反请求，应当具备以下条件：①反请求应由被申请人以原仲裁申请人为被申请人提出，否则不能形成反请求；②被申请人提出反请求的仲裁事项，应当限于仲裁协议范围之内；③反请求只能由被申请人向受理原仲裁申请的仲裁机构提出，而不能向其他仲裁机构提出，只有这样才能通过仲裁请求与反请求的合并审理，达到抵销或者吞并仲裁请求的目的；④反请求应当在仲裁机构受理原仲裁申请后，作出仲裁裁决之前提出，否则就无法实现与仲裁请求合并审理的目的。

---

〔1〕　见案例4-1仲裁被申请人提出反请求，仲裁庭必须就该反请求给出申请人相应的答辩期吗？

实践中，为了提高仲裁程序的效率，机构规则会对于反请求的提出时机加以限制，如《上海仲裁委员会仲裁规则》第 15 条第 3 款规定："被申请人应当在仲裁通知书送达之日起 15 日内，向仲裁委员会提交反请求申请书。逾期提交反请求申请书的，除被反请求人同意外，不予受理。"

仲裁委员会收到被申请人提出的反请求后，应当对该反请求进行审查，对于符合条件的反请求，应当予以受理，并将反请求申请书副本送达申请人；对于不符合条件的反请求，仲裁委员会不予受理；对于已受理的反请求申请，仲裁庭应当与原仲裁请求合并审理。仲裁委员会受理被申请人提出的反请求申请之后，如果申请人撤回仲裁申请，仲裁庭应当对被申请人的反请求继续进行审理并作出仲裁裁决。

同时，由于仲裁双方当事人地位的平等性，一旦被申请人提出了反请求，申请人也有权利对反请求进行答辩。

在此应当明确两个问题：一是被申请人提出反请求的形式要求。根据仲裁的法理及实践，一般认为反请求的提起方式应与仲裁请求的形式要求相互一致，即采用所谓的"书面形式"，反请求申请书中应当写明反请求的具体请求和所根据的事实、理由，并附上有关的证据材料、证明文件。二是仲裁庭作出裁决的形式问题。一般认为，反请求制度所表现的仲裁的经济性特征，主要体现在对请求和反请求的合并审查上，在审理结束后，仲裁庭在查清事实、分清是非的基础上对申请人的仲裁请求和被申请人的反请求应当分别作出裁决。应当注意，仲裁机构受理被申请人提出的反请求后，如果被申请人撤回仲裁申请，仲裁庭应当对被申请人的反请求继续进行审理并作出仲裁裁决。

我国《仲裁法》及多数仲裁委员会的仲裁规则对反请求的特征及提起反请求所应具备的条件并未作出明确界定，在实务操作中，一般适用民事诉讼程序中有关反诉的制度设计。

案例 4-1 仲裁被申请人提出反请求，仲裁庭必须就该反请求给出申请人相应的答辩期吗？

案情简介：

2015 年 1 月 19 日，申请人才某向德州仲裁委员会提交书面仲裁申请，请求解除申请人与被申请人德州某投资有限公司签订的《商品房买卖合同》，并要求被申请人退还购房首付款及利息。同日，德州仲裁委员会予以受理。2015 年 1 月 25 日，德州仲裁委员会向被申请人送达了仲裁申请书。2015 年 1 月 29 日，被申请人向德州仲裁委员会提交反请求申请书，请求申请人支付违约金 30 万元，并继续履行合同约定付款义务的反请求。2015 年 2 月 2 日，德州仲裁委员会予以受理。

德州仲裁委员会的卷宗中表明，没有将被申请人提出的仲裁反请求书向申请人送达。申请人在仲裁裁决作出后，向法院申请撤裁。

裁判结果：

本案中，仲裁庭在接到被申请人反请求申请书后，没有将反请求申请书送达到申请人即开庭进行仲裁的行为，违反了《德州仲裁委员会仲裁规则》第 13 条第 2 款本委应当在收到被申请人提出反请求申请书之日起 5 日内，将反请求申请书副本送达申请人的规定，使申请人没有足够的时间对反请求事项进行答辩准备、搜集相关证据，剥夺了申请人在合法期限内进行答辩的权利，从而对案件的正确裁决产生一定影响。因此，撤销该仲裁裁决。

本案要旨：

仲裁中被申请人与申请人一样，都有提出请求的权利，申请人也同被申请人一样具备对请求答辩、抗辩的权利。无论从实体还是程序上，仲裁庭都应保证各方当事人的权利得以实现。因此，在本案的情况下，仲裁裁决应予撤销。

第二节 管辖权异议

一、管辖权异议提出的基础

当事人在将争议提交仲裁后，一方认为该案件不应由仲裁机构管辖的，可以提出管辖权异议来保证审理程序的合法性。

提出仲裁管辖权异议，是双方对仲裁条款或仲裁协议效力问题产生了争议。当事人提出仲裁管辖异议的基础有二：一是《仲裁法》第 19 条规定仲裁庭有权确认合同的效力；二是《仲裁法》第 20 条明确规定，当事人对仲裁协议的效力有异议，可以向仲裁庭申请确认仲裁协议效力，但应当在仲裁庭首次开庭前提出。如果当事人在仲裁庭首次开庭以后才对仲裁协议的效力问题提出异议，仲裁庭不再受理当事人申请。此时，当事人已经以事实上的行为，接受仲裁庭开庭，达成了默认合意由该仲裁庭管辖，应视为仲裁庭已经取得管辖权。[1]

二、管辖权异议提出的途径

法院的司法审查和仲裁庭的仲裁审查，是当事人提出管辖权异议的两种不同途径，但无论如何，纵观世界上绝大多数国家的立法，会发现各国都保留了法院对管辖权的最终监督权和对仲裁管辖权异议的处理权，仲裁作为民间纠纷解决途径需要法院以国家强制力予以合理的监督和规范，商事仲裁不能游离于国家强制力的最终确认之外。

目前我国《仲裁法》规定，当事人对仲裁协议效力有异议的，可以在仲裁庭首次开庭前请求人民法院裁定，一方请求人民法院裁定，另一方请求仲裁委员会裁定的，由人民法院裁定。依照《最高人民法院关于适用〈中华人民共和国仲裁法〉若干问题的解释》第 13 条规定，在仲裁机构对仲裁协议的效力作出决定后，当事人向人民法院申请确认仲裁协议效力或者申请撤销仲裁机构的决定的，人民法院不予受理。

---

〔1〕 见案例 4-2 有仲裁条款的合同产生争议，争议涉及的主要案外人是否受该仲裁条款约束?

关于法院对确认仲裁协议效力案件级别管辖和地域管辖问题，根据《最高人民法院关于审理仲裁司法审查案件若干问题的规定》第 2 条的规定，当事人向人民法院申请确认仲裁协议效力的案件，由仲裁协议约定的仲裁机构所在地、仲裁协议签订地、申请人住所地、被申请人住所地的中级人民法院或者专门人民法院管辖。申请涉及确认海事海商纠纷仲裁协议效力的案件，由仲裁协议约定的仲裁机构所在地、仲裁协议签订地、申请人住所地、被申请人住所地的海事法院管辖；上述地点没有海事法院的，由就近的海事法院管辖。

对于法院司法审查和仲裁机构的管辖权审查，即仲裁案件的申请人在申请仲裁之后可以向法院主动请求确认仲裁条款的效力。

我国《仲裁法》第 58、63、70、71 条规定，没有仲裁协议或者仲裁条款，或者裁决的事项不属于仲裁协议的范围或者仲裁委员会无权仲裁的，也就是说，没有仲裁管辖权的，仲裁裁决将被法院撤销或不予执行。这就意味着仲裁程序结束后，当事人还有机会对仲裁管辖权提出异议。这在事实上抵消了关于管辖权异议提出的时间限制，为当事人不当拖延实质争议解决提供了法律依据。《仲裁法》第 20 条规定，当事人对仲裁协议的效力有异议的，可以请求仲裁委员会作出决定。该做法也有其合理的一面，我国《仲裁法》第 24 条规定："仲裁委员会收到仲裁申请书之日起 5 日内，认为符合受理条件的，应当受理；认为不符合受理条件的，应当书面通知当事人不予受理，并说明理由。"这表明立法者希望尽快审查仲裁申请，尽快就管辖权异议作出决定，这正符合仲裁的效率目标。事实上，对仲裁协议的存在及效力的异议多发生在仲裁庭组成之前，此时只能由仲裁委员会就这一问题根据表面证据作出决定，以使仲裁程序能够继续进行。当然其他情况下的异议则应由仲裁庭决定，立法上对此应予以明确。

案例 4-2 有仲裁条款的合同产生争议，争议涉及的主要案外人是否受该仲裁条款约束？

案情简介：

2012 年 4 月 20 日，案外人某县国有资产运营中心与宜昌航道局签订《某县西海岸填海造地工程施工总承包合同协议书》，约定宜昌航道局为某县国有资产运营中心进行长岛县西海岸填海造地工程施工。2012 年 7 月 19 日，宜昌航道局与案外人珠海市 A 疏浚工程有限公司（以下简称"A 疏浚公司"）签订《某县西海岸填海造地工程专业分包合同》，约定 A 疏浚公司为宜昌航道局进行某县西海岸填海造地工程施工。2012 年 7 月 1 日，A 疏浚公司与 B 疏浚公司签订《某县西海岸填海造地疏浚工程施工合同书》，约定 B 疏浚公司为 A 疏浚公司进行吹填工程施工。合同第 14 条第 2 款关于争议与仲裁约定：当事人不愿意通过协商、调解解决或协商、调解解决不成时，可向中国海事仲裁委员会提出仲裁，仲裁结果为各方接受。因 B 疏浚公司未收到 A 疏浚公司工程结算款，争议成讼。2017 年 11 月 23 日，B 疏浚公司依与 A 疏浚公司签订的《某县西海岸填海造地疏浚工程施工合同书》中约定的仲裁条款，将宜昌航道局和 A 疏浚公司列为共同被申请人，向海事仲裁委提出仲裁。需要强调的是，宜昌航道局未与 B 疏浚公司达成任何仲裁协议，在仲裁过程中，宜昌航道局多次向仲裁机构发函说明双方没有仲裁协议，仲裁机构不应将其列为本案被申请人。裁决作出后，宜昌航道局向法院申请确认仲裁协议效力。

裁判结果：

申请人宜昌航道局确认仲裁协议效力向位于湖北省的海事法院提出申请请求确认仲裁协议效力。法院认为，本案为申请确认仲裁协议效力纠纷。申请人宜昌航道局住所地为湖北省，属于其申请的法院管辖区域，根据《最高人民法院关于适用〈中华人民共和国仲裁法〉若干问题的解释》第 12 条第 3 款的规定，申请确认仲裁协议效力的案件，由仲裁协议约定的仲裁机构所在地中级人民法院管辖，但涉及海事海商的，由仲裁协议约定的仲裁机构所在地、仲裁协议签订地、申请人或被申请人住所地海事法院管辖，所以该法院对该案具有管辖权。《中华人民共和国仲裁法》第 4 条规定，"当事人采用仲裁方式解决纠纷，应当双方自愿，达成仲裁协议"。本案中，B 疏浚公司与 A 疏浚公司签订的《某县西海岸填海造地疏浚工程施工合同书》虽然约定了仲裁条款，但宜昌航道局并非该合同的当事方。申请人宜昌航道局与被申请人 B 疏浚公司并没有通过签订合同的方式订立仲裁条款，亦未以其他书面方式达成仲裁协议，不应强制作为程序的当事方参与仲裁活动。被申请人 B 疏浚公司以"为了让仲裁庭查明事实"将申请人宜昌航道局列为仲裁程序的被申请人仲裁，缺乏法律依据，法院不予支持。B 疏浚公司在答辩中亦作了"如宜昌航道局不同意参加仲裁，答辩人尊重其意见、同意其退出仲裁"的陈述意见，显然其知晓将申请人宜昌航道局列为仲裁案件被申请人缺乏妥当。据此，申请人宜昌航道局不应成为 MA20170023 号施工合同争议仲裁案的被申请人。

本案要旨：

本案涉及争议的合同中，长江宜昌航道工程局不是合同相对人，合同中仲裁条款不约束长江宜昌航道工程局，故长江宜昌航道工程局与深圳市 B 疏浚工程有限公司未达成仲裁协议，不应将宜昌航道作为仲裁被申请人。

◇ 延伸阅读：分别向法院和仲裁委员会提交的管辖权异议申请书格式

管辖权异议申请书（一）

申请人：××，男，汉族，19××年××月××日生。住址：××。身份证号：××。联系电话：××。

申请事项：请求确定本案所涉争议由××仲裁委员会仲裁，驳回原告的起诉。

事实与理由：

一、本案双方当事人在《房屋买卖合同》第 6 条明确约定："本合同在履行过程中发生的争议，由双方当事人协商解决；协商不成的，均可向××仲裁委员会申请仲裁。"

本案中，双方当事人于 2010 年×月×日订立了《房屋买卖合同》，并对争议的处理方式作了约定，符合法律规定，属于《中华人民共和国仲裁法》第 2 条规定的平等主体的公民、法人和其他组织之间发生的合同纠纷和其他财产权益纠纷，属于仲裁的受案范围，认定双方当事人选定的合同争议解决方式为仲裁，仲裁委员会对案件有管辖权。

二、根据《中华人民共和国仲裁法》第 26 条规定：当事人达成仲裁协议，一方向人民法院起诉未声明有仲裁协议，人民法院受理后，另一方在首次开庭前提交仲裁协议的，人民法院应当驳回起诉。即排除法院的诉讼管辖。

本案中，双方当事人基于真实的意思表示订立《房屋买卖合同》，并在合同中约定了第8条仲裁条款作为解决双方争议的方式，该仲裁条款对仲裁事项及仲裁机构均作了明确具体的约定，已经具备仲裁条款的构成要件。根据2006年9月8日起施行的《仲裁法解释》第11条"合同约定解决争议适用其他合同、文件中的有效仲裁条款的，发生合同争议时，当事人应当按照该仲裁条款提请仲裁"，依法应当认定双方订立有仲裁协议。根据《中华人民共和国仲裁法》第26条之规定，双方订立有仲裁协议或仲裁条款的，应该由双方约定的仲裁机构处理，排除法院的诉讼管辖。如果人民法院受理后，另一方在首次开庭前提交仲裁协议的，人民法院应当驳回起诉，告知双方向仲裁机构申请仲裁。

综上所述，申请人认为：双方当事人订立了房屋买卖合同，并对争议的处理方式作了约定，符合法律规定；根据《中华人民共和国仲裁法》第26条之规定，双方订立有仲裁协议或仲裁条款的，应该由双方约定的仲裁机构处理。故请求贵院依法审查双方的仲裁条款，驳回原告的诉讼请求。

附：合同复印件一份（原件待查）。

此呈

××市人民法院

申请人：××

二○××年××月××日

管辖权异议申请书（二）

申请人：北京市某管理局

住　　所：北京市某某区　　　　　　邮政编码：100000

电　　话：010-6666××××　　　　　传　　真：010-6666××××

法定代表人（负责人）：　　　　　　职　　务：

被申请人：北京某某房地产开发有限公司

住　　所：北京市某某区　　　　　　邮政编码：100000

电　　话：010-6666××××　　　　　传　　真：010-6666××××

法定代表人（负责人）：　　　　　职　务：

申请事项：

贵委对本案争议没有管辖权，本案应由北京市某某区人民法院管辖，请求贵委裁决驳回北京某某房地产开发有限责任公司的仲裁申请。

事实与理由：

一、争议合同签订情况。

2009 年某月某日，北京某某有限责任公司通过土地招拍挂程序与北京市某管理局签订了《国有建设用地使用权出让合同》（以下简称《土地使用权出让合同》），约定北京市某管理局作为出让人将位于北京市某某区住宅项目出让给北京某某房地产有限公司。

二、被申请人为达到本次仲裁能被贵委受理的目的，隐匿了被申请人提交的《开发补偿协议》中关键页的内容。

被申请人提交了《开发补偿协议》。但申请人仔细核对后发现，被申请人提交的该版本《开发补偿协议》缺少"关于协议生效及其他约定"的关键性一页。在该缺失页中明确约定："……5. 完整性……（2）在协议履行过程中，必须将《土地使用权出让合同》和《开发补偿协议》作为一个有机整体理解和贯彻执行……"申请人认为，《土地使用权出让合同合同》应当为主合同，《开发补偿协议》是为履行主合同而签订的从合同，被申请人不能撇开《土地使用权出让合同》，单独依据《开发补偿协议》提出主张，被申请人为了达到仲裁受理的目的，有意隐匿了关键页的内容。

三、申请人与被申请人之间是行政法律关系，不是平等主体的法律关系，属于不可仲裁事项。

申请人和被申请人之间所签订的《土地使用权出让合同》是一种行政安排，出让土地是申请人的法定职责，因交付土地的争议是一种行政义务，由此产生的具体行政行为应属于行政法规制的范畴。根据我国仲裁法的规定，该事项不属于可以仲裁的事项。

况且，被申请人早在提出本案仲裁之前，已经以同一个事实和理由，向北京市某某区人民法院提起诉讼，说明被申请人同意将争议提交人民法院的管辖而不提交仲裁解决。被申请人又同时针对一个法律事实向贵委提起仲裁，于法无据。故本案应由北京市某某区人民法院管辖。

综上，因贵委对本案争议没有管辖权，本案应由北京市某某区人民法院管辖，请求贵委裁决驳回北京某某房地产开发有限公司的仲裁申请。

此致

××仲裁委员会

申请人：北京某管理局

日期：××年××月××日

第三节　如何应对程序令

一、什么是程序令

程序令是国际商事仲裁实践中一种极为常见的程序性文书。[1]这种文书由仲裁庭向当事人及其代理人发出，以指令的形式决定国际商事仲裁中的程序性问题，对仲裁程序的进程作出安排和指引，保证仲裁程序的顺利有效进行，是国际商事仲裁程序管理过程中必不可少的重要组成部分。

程序令这一术语并没有官方的、标准的定义，因为它更多体现的是一种国际仲裁中的实践。根据其性质和特点，程序令可被理解为是仲裁庭对国际商事仲裁过程中的程序性问题向当事人及其仲裁代理人发出的指令。这一定义至少有两层含义：其一，程序令解决的是程序问题，而非实体问题；其二，程序令是仲裁庭发出的指令，对当事人及其仲裁代理人具有约束力，但又不同于裁决。

（一）程序令的程序问题

国际商事仲裁中通常将视为程序性的问题归纳为以下几类：

第一，仲裁日程类。[2]此类问题主要涉及仲裁的进度和流程，即在何种时间范围内当事人各方应完成何种仲裁行为，仲裁庭又将会把程序进行到哪一步。这类问题以确定一个指引性的临时程序时间表为核心，主要确定双方需向仲裁庭提交几轮书面答辩、何时提交以及何时实体开庭、开庭需要预留多少天等问题。

---

〔1〕　参见马志华：《浅谈国际商事仲裁中的程序令及将其引入我国仲裁实践的必要性》，载《北京仲裁》2014年第2期。

〔2〕　见案例4-3 程序令是否一定具有强制性?

第二，证据规则类。此类问题围绕证据展开，包括仲裁中适用何种证据规则，是否需要进行及如何进行证据披露和证据开示，证人证言以何种形式提交，是否需要仲裁庭聘用专家证人等。

第三，开庭安排类。此类问题主要解决开庭的安排问题，包括开庭的具体时间、地点，庭审的流程，庭审语言，是否需要聘用同声传译，是否需要采用实时文字记录等。

第四，其他程序管理类。此类问题比较庞杂，多是纯操作性问题，例如仲裁庭成员和各方当事人及代理人的地址及联系方式确定，仲裁过程中各方之间采用何种方式进行沟通和文件提交，甚至向仲裁庭提交的文件应该采用什么格式、如何编号、使用何种尺寸的纸张，等等。

不难看出，在一个国际仲裁程序的实际操作中，仲裁庭和当事人所需要面对的程序问题实际上包括方方面面，大到需要提交几轮书面答辩，小至文书需要用何种格式排版。这些问题都可能需要由仲裁庭经与当事人协商后通过程序令的方式作出指导加以确定，以有效推动仲裁程序的进展。

（二）程序令与裁决的异同

程序令与裁决的相同点在于：程序令是仲裁庭向当事人发出的指令。当事人因此将受到这种指令的约束，需依指令行事，不得随意违反指令，更不能故意对抗指令，否则将承担不利后果。因此，在对当事人具有约束力的意义上，程序令和裁决是相同的。

程序令与裁决的不同点在于：

第一，内容和目的不同。这是程序令与裁决的最根本区别。如前文所言，程序令通常只解决仲裁过程中的程序性问题，以便管理、指引和推动仲裁程序的进行。而裁决是仲裁庭对双方争议中的实体问题作出的判定，关系到当事人各方的实体性权利和争议本身的是非曲直。

第二，程序令一般不能获得仲裁地法院的承认和执行，也不会面临当地法院的撤销。此时，有两点需要注意：其一，在国际商事仲裁中，某些仲裁员或仲裁庭会选择以程序令的形式作出临时性措施的决定，但关于临时性措施有与其相关的一套单独的规则，因此并不在本章节所讨论的程序范围之内；其二，仲裁庭向当事人发出的文件是否确系程序令，或已构成某种裁决，并不完全取决于该文件的名称。因此，尽管某一文件被仲裁庭冠以"程序令"

的称谓，如果其内容已经对双方的实体争议作出了终局性决定，则该文件仍可能被当地法院认定为一个裁决，并因此将面临法院的承认、执行或撤销。对此，已经有法国和美国的法院分别作出了判决先例。

第三，二者的产生和制作过程不同。仲裁裁决是仲裁庭基于双方的答辩和证据自己作出的对事实和法律问题的判定。在独任仲裁庭的情况下由独任仲裁员自行作出，在非独任仲裁庭的情况下由仲裁庭合议作出，不需要也不允许当事人及其代理人在制作过程中参与。而程序令的制作过程则不仅不排斥当事人及其代理人的参与，反而经常需要仲裁庭同当事人特别是其代理人（通常是经验丰富的律师）进行讨论和研究后一起作出。特别是在日程安排问题上，根据经验，在国际仲裁主流实践中，几乎没有仲裁庭未经和当事人商洽便自己直接作出日程安排的情形。

二、我国的程序令及相关规定

中国国际经济贸易仲裁委员会在其2005年修订的《仲裁规则》中引入了"程序令"的规定，其第29条第5项规定："除非当事人另有约定，仲裁庭认为有必要时可以发布程序指令、发出问题单、举行庭前会议、召开预备庭、制作审理范围书等。"此后，在贸仲仲裁案件中有些人开始使用"程序令"，但范围很小，是否使用主要取决于首席仲裁员及当事人代理律师的实践经验。

实际上，我国很多仲裁实践中困扰当事人的程序问题都可以通过在仲裁庭组庭后及时发出程序令得以有效解决。在此就仲裁日程类问题和证据规则类问题试加以说明。

（一）仲裁日程类问题

我国目前仲裁委员会繁多，在每一个仲裁委员会制定的机构仲裁规则中，几乎都存在一个既定的日程，参考《贸仲规则》，即被申请人需在收到仲裁通知后多少天之内提交答辩及反请求（如有），而申请人又需要在收到反请求之日起多少天之内提交对反请求的答辩。关于日程的规定，在相关仲裁规则中，就到此为止了。但仅仅依据如此粗略的日程安排便开始仲裁程序是远远不够的，更无法使当事人和仲裁庭有效地安排自己的工作、掌握自己的时间。比如，开庭之前只有一轮书面答辩的交换往往是不够的，因为在很多情况下，一轮答辩交换以后，双方的争议焦点才可以得到初步显现。在这种情况下，如果能有再多一轮的书面答辩机会，双方便能够就争议的焦点事实和法律问题展开比较充分全面地论述和说明，如果同时适用比较明确的证据规则，能够使双方的证据得到比较充分地披露和交换，则案件的争议焦点和是非曲直往往就比较清晰了。在这种情况下开庭，庭审的效果将明显好于庭前只有一轮交换的情况，能够极大地提高开庭审理的效率。那么何时由双方提交第二轮庭前书面答辩呢？规则里往往没有说明。实践中，是否有第二轮庭前书面答辩，如果有又需何时提交通常是随机的。仲裁庭会在收到第一轮书面答辩后通过仲裁机构向当事人发出通知，通知该文件已收到并已转递对方，如有补充意见和证据请于收到本通知之日起多少天之内提交秘书处。双方当事人于是开始忙不迭地准备第二轮答辩，而事前对此完全无法预期。

但上述问题在程序令中便完全可以得到解决。仲裁庭可以在组庭后立即召集各方当事人，就整个程序中安排几轮书面答辩进行协商。在听取双方意见后，仲裁庭可以作出程序令，要求双方在一定时间内完成第一轮书面答辩及所附证据的交换，在收到对方提交的答辩意见后一定时间内交换第二轮答辩意见并附上所依据的证据，说明其法律依据。

不仅如此，一个有效的、尽职的仲裁庭应该在程序令中为整个仲裁程序确定一个日程表，把庭前庭后几轮书面答辩交换、开几次庭、每次开庭的日期都确定下来。这听起来似乎很难，但其实是完全可以做到的。因为仲裁庭只需确定一个基准日（如申请人第二次书面答辩的日期），而后便可再给双方足够时间（需要听取双方意见）在准备书面答辩的日期后逐个推出下一个到期日。这样，在仲裁庭组庭伊始，仲裁程序尚处在早期时，当事人和仲裁庭都能够对整个仲裁程序的大体走向和所需时间有一个直观了解。当然，没有人能够排除日程因特殊原因需要进行调整的情况。但在仲裁开始初期就有一个日程表在手，相信无论是对于当事人还是仲裁庭，乃至仲裁机构，都是极有益处的。

特别需要强调的是开庭日期问题。以贸仲为例，2012 版《贸仲规则》第 35 条第 1 款规定："开庭审理的案件，仲裁庭确定第一次开庭日期后，应不晚于开庭前 20 天将开庭日期通知双方当事人。当事人有正当理由的，可以请求延期开庭，但应于收到开庭通知后 5 天内提出书面延期申请；是否延期，由仲裁庭决定。"该条第 3 款又规定："再次开庭审理的日期及延期后开庭审理日期的通知及其延期申请,不受上述第 1 款中期限的限制。"

根据上述规则,在贸仲仲裁庭极少与当事人举行程序会议商讨仲裁程序安排的情况下,贸仲仲裁开庭的日期基本都是仲裁庭自己决定后通过贸仲秘书局或秘书处直接通知对方的,只不过根据规则,当事人有一个不少于 20 天的准备期。但这种确定开庭日期的方式往往令当事人措手不及,因为确定开庭日期时完全无法和仲裁庭进行沟通。而更加糟糕的情况是,如果仲裁庭自行确定的开庭日当日,代理人、证人或希望参加开庭的当事人或其代表因为事先的安排无法出庭,则该方只得提出申请延期。而能否在开庭日期临近的情况下获得仲裁庭的延期许可根据规则,受限于仲裁庭的自由裁量权,因此对于当事人而言也具有极大的不确定因素。如果开庭日期临近,则当事人及其代理人面临的压力将会更大。

因此,在程序开始之初,及时与当事人及其代理人就仲裁程序的安排进行沟通,确定一个各方都可以接受的日程表,百利而无一弊。

(二) 证据规则问题

简言之,我国仲裁实践中尚无可以援引适用的证据规则。这是因为仲裁有别于诉讼,因此民事诉讼证据规则在仲裁中不可用。但我国仲裁机构规则中对于证据的规定少之又少,近乎无存,且我国尚未有可以供仲裁庭引用的仲裁证据规则。证据问题因此成为我国仲裁实践中最令人无奈也对仲裁程序最具破坏力的经典难题。

经典的例子是在开庭时或开庭前,一方当事人证据突袭。我国没有证据规则对此进行限制,仲裁庭对此也往往束手无策,在这样的情况下,通过程序令在仲裁早期确定双方必须遵守的程序规则便显得尤为重要。比如,仲裁庭可以明确要求双方必须在提交庭前书面答辩时附上所有其所依据的书面证据,且证据交换必须在开庭前若干日内进行完毕,确定证据关门的期限,并明确在该证据关门期限后提交证据可能面临的不利后果,如仲裁庭将不再接受新的证据,等等。当然,即便有这样的程序令发出,相信也还是会有很多国内法律从业者会根据各种原因或寻找借口恶意推迟关键证据的提交时间,试图通过这样的策略获得程序上的优势,或达到阻碍仲裁程序正常进行的目的。对这样的情况其实也不难处理,比如仲裁庭可以在程序令中确定规则,要求因迟交证据导致仲裁庭被迫再次开庭的一方承担对方及仲裁庭因第一次开庭所发生的全部费用。当仲裁当事人及其代理人清楚地知道他们的恶意仲裁行为将会毫无意外地导致对其不利的后果时，他们就会对其行为有所收敛。而当恶行或恶意的仲裁行为遭到惩罚的时候，善行或者良好的仲裁行为才能够得到发扬。

三、是否可以不同意程序令？同意遵守后又不遵守的后果是什么？

正如前文所述，程序令是由仲裁庭向当事人及其代理人发出的指令，要求参与仲裁的双方都能按照仲裁庭的指引，遵守相关程序、提供与案件事实有关的证据。我国在仲裁实践过程中虽然有对程序令的应用，但在法律层面上，《仲裁法》在修订之后依然没有将程序令这一仲裁文书形式直接纳入法律体系。

虽然我国法律上并没有程序令的相关规定，但究其实质，程序令与支付令相近。仲裁机构虽然没有国家强制力作为后盾，但是当事人基于意思自治约定争议由仲裁机构管辖，其应当受到该约定的拘束。当事人一经选定仲裁机构且提交仲裁申请后，应当认可仲裁机构为审理案件而签发程序令并按程序令执行。

当事人接受仲裁庭的程序令，是当事人参与仲裁的义务，但是对于程序令的内容，如果当事人有异议，可以向仲裁庭提出，并由仲裁庭就该程序令事项重新作出决定。

程序令作为仲裁庭发出的指令，具有法律上的效力，其效力来源于当事人之间的授权。程序令的内容应当得到当事人的尊重和执行。程序令虽然只涉及程序问题，但是当事人一旦接受，双方当事人应当接受程序令的限制，按照程序令的要求进行仲裁活动。就法理而言，如果当事人在程序令终局性产生效力之后再拒绝遵守程序令的内容，应当承担仲裁法上的不利后果。这种不利后果应当准用《仲裁法》的有关规定，或者由仲裁机构自行制定有关的仲裁规则予以确定。比如，申请人在收到要求提出补充证据的程序令后没有补充证据，而是在庭审过程中将证据抛出，则仲裁庭就应当根据案件情况拒绝将该证据作为审理依据；又如程序令要求申请人和被申请人在规定时间内出庭，申请人没有正当理由不出庭的，按照申请人撤销申请处理，被申请人没有正当理由不出庭的，仲裁庭可以缺席作出裁决。

案例 4-3 程序令是否一定具有强制性？

案情简介：

2012 年 5 月 16 日 JM 公司和 FLAME 公司签订了一份《煤炭供应与采购协议》，双方在协议中约定争议由香港国际仲裁中心仲裁，后进行仲裁。

在申请我国承认与执行仲裁裁决的过程中，JM 公司认为，香港国际仲裁中心在仲裁时违背了双方在仲裁过程中所达成的协议。《香港国际仲裁中心机构仲裁规则》规定，在当事人之间有约定的情况下，适用当事人之间的约定，只有当事人无法达成一致的情况下，才可适用《香港国防仲裁中心机构仲裁规则》的规定。2012 年 11 月 14 日，香港国际仲裁中心仲裁庭向申请人和被申请人准备了一份仲裁时间表，建议：①被申请人在 28 天（即 2012 年 11 月 26 日香港下班前）递交答辩意见；②申请人在被申请人提交答辩意见之后的 14 天内提交反驳意见；③可自由申请。2012 年 11 月 16 日，申请人 FLAME 公司接受仲裁庭提交的仲裁时间表。2012 年 11 月 19 日，被申请人 JM 公司接受仲裁庭提供的仲裁时间表。此时，双方已就答辩意见和反驳意见的提交时间达成一致。2012 年 11 月 26 日，被申请人 JM 公司向香港国际仲裁中心仲裁庭提交了答辩意见。2012 年 12 月 10 日 20 点 34 分，申请人 FLAME 公司要求延期至 2012 年 12 月 12 日提交反驳意见。被申请人 JM 公司予以拒绝。在双方已就仲裁时间表达成一致的情况下，仲裁庭同意申请人 FLAME 公司的延期是不当的。

FLAME 公司则认为香港国际仲裁中心有权按照仲裁规则相关规定对于当事人陈述提交时间予以延长，而不必征得对方当事人同意。

裁判结果：

《香港国际仲裁中心机构仲裁规则》第 14.3 条规定：在仲裁程序的开始阶段，经商议当事人，仲裁庭应为仲裁程序制备一份临时时间表，提供给当事人，并提供给仲裁中心秘书处供其了解。香港国际仲裁中心于 2012 年 11 月 14 日向双方发出指引明确了临时时间表：①答辩意见和反驳申请书应在仲裁申请书提交后 28 日天内提交，即 2012 年 11 月 26 日（星期一）香港下班前。②反驳意见和对反驳申请书的回应应在前项日期后 14 日内提交。③可自由申请。FLAME 公司和 JM 公司均对时间安排无异议。在 JM 公司对仲裁庭同意 FLAME 公司延期提交辩驳意见提出异议后,仲裁庭于 2012 年 12 月 18 日对临时时间表作出解释:"指示并不是最终的强制指令。指令中包含'自由申请'的指示,这给予了双方如果有需要即可有申请延期的机会。"在《最终裁决书》第 11 点亦对临时时间表中的"自由申请"作出同样解释。《香港国际仲裁中心机构仲裁规则》第 21.1 条规定:"除仲裁申请书和答辩书外,若还应要求或允许当事人提交进一步书面陈述,则应由仲裁庭作出决定,并设定这类陈述的期限。"第 22.1 条规定:"仲裁庭设定的交换书面陈述(包括仲裁申请书和答辩书)的期限不得超过 45 日。但仲裁庭认为恰当时,可予延长。"故仲裁庭有权决定是否同意 FLAME 公司提出的延期提交辩驳意见申请。本案仲裁庭在当事人一致同意的临时时间表允许自由申请的情况下,同意 FLAME 公司提出的延期提交辩驳意见申请,仲裁程序符合当事人之间的协议,不属于《最高人民法院关于内地与香港特别行政区相互执行仲裁裁决的安排》第 7 条第 4 项规定的"仲裁庭的组成或者仲裁程序与当事人之间的协议不符"的情况。

本案要旨:

本案中,仲裁庭释明仲裁时间表不是强制指令,仲裁时间表包含自由申请的意思,即可以理解为该时间表是仲裁庭的一种建议,接受当事人的修改申请。所以仲裁时间表,既不是最终的,也不具有强制性。

第四节 如何启动紧急保全措施

一、证据保全的启动:申请、担保、法院程序、解封程序

(一)仲裁证据保全的概念

仲裁证据保全,是指在仲裁程序进行过程中,仲裁庭收集证据之前,遇有证据可能灭失或者以后难以取得的情况时,由当事人提出申请,并由仲裁委员会将该申请提交法院作出裁定,对证据及时采取保护性措施,以保存证

据证明力的活动。

在仲裁程序中，证据既是当事人维护其自身合法权益的依据，也是仲裁庭行使仲裁权，对当事人争议的案件进行审理并作出仲裁裁决的依据。如果某种证据灭失或者以后难以取得，就可能导致争议案件事实无法认定，因此，通过证据保全措施，有利于保护证据的证明力。[1]

（二）仲裁证据保全的申请条件

我国《仲裁法》第 46 条规定，在证据可能灭失或者以后难以取得的情况下，当事人可以申请证据保全。根据这一规定，证据保全应具备以下条件：

1. 证据必须存在灭失或者以后难以取得的可能性

所谓证据灭失，是指在仲裁庭收集证据之前，如不对证据采取相应的保全措施，该证据将可能失去。所谓以后难以取得，即如不采取相应的保全措施，当仲裁庭需要收集该证据时，可能为收集该证据需要付出更多的时间和精力，也可能使证据收集工作面临难以预料的困难。

2. 被保全的证据对争议案件事实具有证明作用

证据保全的目的在于保存证据的证明力，如果不及时对相关证据采取保全措施，则可能因该证据的灭失或者以后难以取得而影响争议案件事实的认定。

（三）仲裁证据保全的程序

根据《仲裁法》第 46 条的规定，当事人申请证据保全的，仲裁委员会应当将当事人的申请提交证据所在地基层人民法院。当然，如果是涉外仲裁证据保全，仲裁委员会应当将当事人的证据保全申请提交给证据所在地的中级人民法院。因此，采取仲裁证据保全措施应当遵循以下程序：[2]

1. 当事人向仲裁委员会提出书面申请

在仲裁程序开始后，任何一方仲裁当事人如果认为有必要对某些证据采取保全措施，应当以书面形式向仲裁委员会提出申请。申请书应当写明下列事项：需要保全的证据的种类、需要保全的证据的所在地、需要保全的证据与案件事实之间的联系、申请对此项证据采取保全措施的理由等。鉴于《民事诉讼法》第 81 条第 2 款规定利害关系人只能在申请仲裁前向法院申请诉前

---

〔1〕 见案例 4-4 保全申请人申请保全的标的是被申请人的 140 万株农作物苗，该保全申请能被法院支持吗？

〔2〕 见案例 4-5 仲裁中证据保全，仲裁机构能委托公证处进行吗？

证据保全，在申请仲裁之后，仲裁庭正式组成之前，当事人只能根据《仲裁法》第 46 条、第 68 条的规定向仲裁机构申请证据保全。上海市高级人民法院《关于执行〈中华人民共和国仲裁法〉若干问题的处理意见》第 7 条更是明确规定，仲裁当事人逾越仲裁机构直接向法院申请证据保全的，法院不予受理。这种做法虽然加强了仲裁机构对案件审理进程的控制，但并不一定能真正保护当事人的合法权益。尤其是在紧急情况下，申请证据保全仍需先通过仲裁机构，然后再由仲裁机构转交法院，显然费时费力，法院审查结束之后，需要保全的证据可能早已灭失。事实上，一些国家的仲裁立法已经赋予当事人在紧急情况下直接向法院申请证据保全的权利。如《英国仲裁法》第 44 条第 3 款、第 4 款规定，如果情况紧急，经仲裁程序的当事人或拟提起仲裁的当事人申请，法院如认为确有必要，可以作出证据保全或财产保全的命令。如情况并不紧急，法院仅可在一方当事人（经通知另一方当事人）申请且得到仲裁庭的准许或其他当事人的书面同意后，方可作出上述裁定。《国际商会仲裁规则》第 23 条第 2 款亦规定，在案卷移送仲裁庭之前，以及即使在此之后，在适当的情形下，当事人可向有管辖权的司法机关申请采取临时措施或保全措施。当事人向司法机关申请采取该等措施，或者申请司法机关执行仲裁庭作出的前述命令，均不得视为仲裁协议的违反或放弃，并不得影响由仲裁庭保留的有关权利。该等申请以及司法机关采取的任何措施，都必须毫无迟延地通知秘书处，秘书处应将此情况通知仲裁庭。

2. 仲裁委员会将当事人的证据保全申请转交给法院

仲裁委员会在收到当事人的证据保全申请书后应当及时转交给有管辖权的人民法院。我国《仲裁法》第 46 条规定，在国内仲裁中，当事人申请证据保全的，仲裁委员会应当将当事人的申请提交至证据所在地的基层人民法院。第 68 条则规定，涉外仲裁的当事人申请证据保全的，涉外仲裁委员会应当将当事人的申请提交至证据所在地的中级人民法院。在海事仲裁案件中，当事人申请证据保全，仲裁委员会应当将当事人的申请提交至证据所在地的海事法院。上述规定说明，我国的立法没有赋予仲裁机构采取证据保全措施的权力，仲裁委员会的职权或者义务是提交当事人的证据保全申请。仲裁委员会对当事人提出的证据保全申请既没有阻止的权力，也没有审查的权力。

3. 法院审查并裁定是否同意采取证据保全措施

管辖法院收到当事人经仲裁机构转交的证据保全申请书后，应当及时进行审查。如果认为保全申请符合法律规定的，应当及时作出证据保全的裁定，并及时采取保全措施；如果认为申请不符合法律规定条件的，则应及时通知当事人和仲裁委员会不予接受。法院在收到仲裁委员会转交的证据保全申请后，当事人需要办理什么手续及提交哪些文件，法院应当按照《民事诉讼法》规定，通知当事人申请证据保全的，人民法院可以要求其提供相应的担保。人民法院进行证据保全，可以根据具体情况，采取查封、扣押、拍照、录音、录像、复制、鉴定、勘验、制作笔录等方法。人民法院进行证据保全的，可以要求当事人或其代理人到场。

（四）仲裁证据保全的担保

保全措施是一把双刃剑，我们应谨慎对待。

保全措施具有强制力，一经发布，当事人必须遵守；如不遵守，则会受到法律的制裁。保全措施的实施能够达到阻碍权利人的权能实现或行使的效果，因而可能造成一定的损失。鉴于此，我国在财产保全中设立申请人提供担保的制度，但在证据保全中并未作类似要求。

《仲裁法》和《民事诉讼法》同样都只规定了申请财产保全需要提供担保。申请证据保全是否需要提供担保？实际上，证据一定要以某种形式存在，可以表现出相应的财产性，尤其在知识产权领域表现得更为明显。当出现保全不当造成对方当事人损失时的赔偿问题也是申请人必须考虑的。目前对于诉讼证据因保全不当所造成的损失赔偿，《国家赔偿法》有相关规定。但对于仲裁证据保全不当所造成的损失由谁来负责赔偿，法律却未作规定。如果法院要求申请人或仲裁庭赔偿，于法无据。对于因仲裁证据保全不当造成的损失，滥用权利的申请人不承担任何赔偿责任，仲裁机构也不承担任何赔偿责任，最终法院只得按司法程序赔偿。不但造成法院有限的司法资源浪费，还增加了国家的负担。

在这个问题上我们可以借鉴财产保全担保的相关做法。无论是诉讼财产保全还是仲裁财产保全，申请人需要提供有效的财产作担保，否则该申请不被采纳。因财产保全措施不当给财产权利人造成损失的（法院采取措施明显存在过错的按司法程序赔偿除外），按担保处理；法院主动采取财产保全措施的，责令当事人提供担保，如不提供担保则不予保全。

（五）仲裁证据保全的解除

当事人如果申请解除证据保全，是否仍应由仲裁机构将当事人的申请书提交原受理人民法院审查处理，我国《仲裁法》对此并未予以明确规定，在实践中采取的具体做法也有较大差异。有观点认为从立法本意上看，应当理解为，允许当事人直接向管辖法院提出撤销证据保全措施的申请。有的认为当事人仍然应该通过仲裁机构提出申请，然后再由仲裁机构转交原受理法院解决。如上海市高级人民法院《关于执行〈中华人民共和国仲裁法〉若干问题的处理意见》第7部分规定："当事人申请解除财产保全或证据保全，也应由仲裁机构将当事人的申请书提交原受理法院予以审查。仲裁当事人直接向法院申请的，法院不予受理。"

二、财产保全的启动：申请、担保、法院程序、解封程序

（一）仲裁财产保全的概念

仲裁财产保全，是指在仲裁庭作出最终裁决之前，为了防止有关当事人的财产被隐匿、转移、变卖或者为了保存争议标的物之价值，保证将来发生法律效力的仲裁裁决得到切实执行，从而保证胜诉方当事人及时获得应有的损害赔偿，经当事人申请，由法院或仲裁庭对有关当事人的特定财产所采取的一种临时性的强制措施。[1]

（二）仲裁财产保全的法律规定

我国《仲裁法》第28条规定："一方当事人因另一方当事人的行为或者其他原因，可能使裁决不能执行或者难以执行的，可以申请财产保全。当事人申请财产保全的，仲裁委员会应当将当事人的申请依照民事诉讼法的有关规定提交人民法院。申请有错误的，申请人应当赔偿被申请人因财产保全所遭受的损失。"

《民事诉讼法》第272条规定："当事人申请采取保全的，中华人民共和国的涉外仲裁机构应当将当事人的申请，提交被申请人住所地或者财产所在地的中级人民法院裁定。"

---

[1]　谢石松：《国际民商事纠纷的法律解决程序》，广东人民出版社1996年版，第145页。

《中国国际经济贸易仲裁委员会仲裁规则（2015 年版）》第 23 条规定："①当事人依据中国法律申请保全的，仲裁委员会应当依法将当事人的保全申请转交当事人指明的有管辖权的法院。②根据所适用的法律或当事人的约定，当事人可以依据《中国国际经济贸易仲裁委员会紧急仲裁员程序》（本规则附件 3）向仲裁委员会仲裁院申请紧急性临时救济。紧急仲裁员可以决定采取必要或适当的紧急性临时救济措施。紧急仲裁员的决定对双方当事人具有约束力。③经一方当事人请求，仲裁庭依据所适用的法律或当事人的约定可以决定采取其认为必要或适当的临时措施，并有权决定由请求临时措施的一方当事人提供适当的担保。"

最高人民法院《关于人民法院执行工作若干问题的规定（试行）》（以下简称《执行规定》）第 12 条规定："涉外仲裁过程中，当事人申请财产保全，经仲裁机构提交人民法院的，由被申请人住所地或被申请保全的财产所在地的中级人民法院裁定并执行。"

可见，在我国，仲裁财产保全与证据保全一样，由法院进行审查和执行。

（三）申请仲裁财产保全的条件

实施财产保全措施，必须同时满足以下几项条件：

第一，由当事人向有权作出财产保全的机构提出财产保全的书面申请。一般来说，有权作出财产保全的机构有仲裁庭和法院。基于仲裁的契约性和民间性，仲裁庭的仲裁行为受当事人自主意愿的约束，只能就当事人申请的事项作出裁决，对于当事人未申请的事项无权处理，因此仲裁庭无权依职权主动决定财产保全。而法院基于对仲裁制度的支持，对当事人的救济也采取"不告不理"的原则，只有当事人请求救济，才依法对财产保全作出决定。

第二，当事人必须在法律规定的时间内提出财产保全申请。当事人在仲裁程序进行中可以向法院或仲裁庭提出财产保全申请。但是，对于在仲裁庭未受理案件之前，当事人一般能否申请财产保全仍待明确。

目前，大多数国家允许当事人在仲裁庭受理案件以前，向有权机构申请财产保全。[1] 根据《国际商事仲裁示范法》第 9 条的规定，无论是在仲裁程

---

[1] 苴恺：《论国际商事仲裁中的财产保全——兼论我国的立法和司法实践》，载《法学评论》1995 年第 4 期，第 54 页。

序前还是在仲裁程序进行过程中，任何一方当事人均可请求法院采取临时措施，如符合条件，法院应予准许。以《示范法》为蓝本进行仲裁立法的国家大都作出了同样的规定，如德国、加拿大、埃及等国。按照《1996 年英国仲裁法》第 99 条的规定，如果情况紧急，当事人可在仲裁前直接向法院申请实施保全措施。因案件未被受理前，仲裁庭还未组建，当事人只能向法院申请财产保全，因此我国当事人一般不能在仲裁程序开始前提出财产保全申请。

第三，申请财产保全要有正当理由。当事人申请财产保全时，一般要求对另一方当事人的财产、双方共有的财产或与争议有密切关系的财产采取扣压、查封或冻结处置等强制措施，限制或禁止当事人对财产的处分，而此时争议双方非并未有最终的决断，故属于临时性措施，不是终局裁决。实施了保全措施后，另一方当事人之民商事行为可能受到影响，甚至被迫中断，被申请人的利益可能受到损失。因此，保全措施事关重大，申请人必须具有正当的理由，才能合法地申请仲裁庭或法院作出决定。

第四，申请人应当提供担保。当事人申请另一方当事人采取保全措施，基本意图是保护自己的合法权益。然而，其"合法权益"是否成立，尚待仲裁庭作出裁决。如经仲裁庭的审理后认定，申请保全措施的当事人并无保全的必要，或者裁决其败诉，则因其已实施的保全措施给另一方当事人所造成的损失，必须承担相应的申请保全不当的赔偿责任。

（四）仲裁财产保全的担保及程序

根据《民事诉讼法》的规定，人民法院认为必要时，可以责令财产保全申请人提供担保。提供担保的数额应当相当于请求保全的数额。申请人不提供担保的，驳回申请。对于涉外仲裁案件的财产保全，人民法院经审查当事人的保全申请后，如裁定保全的，应当责令申请人提供担保，申请人不提供担保的，裁定驳回申请。（《民诉解释》第 542 条第 1 款）

（五）仲裁财产保全的程序

《仲裁法》第 28 条第 2 款规定：当事人申请财产保全的，仲裁委员会应当将当事人的申请依照民事诉讼法的有关规定提交人民法院。因此，采取仲裁财产保全应当遵循以下程序：

1. 当事人向仲裁委员会提出财产保全申请

仲裁委员会是民间性争议解决机构，虽然其无权采取具有国家强制性的财产保全措施，但是，在仲裁程序中，当事人申请财产保全时，只能向受理该争议案件的仲裁委员会提出，而不得直接向有关人民法院提出财产保全申请。

2. 仲裁委员会应当将当事人的申请提交人民法院

仲裁委员会接到当事人提出的财产保全申请后，应当依照民事诉讼的有关规定将当事人的申请提交人民法院。这里的人民法院指被申请人住所地或者财产所在地人民法院，在国内仲裁中，通常提交到有关的基层人民法院；在涉外仲裁中，应提交到有关的中级人民法院。

3. 人民法院裁定〔1〕

人民法院对仲裁委员会提交的当事人提出的财产保全申请，经过审查后，对于不符合采取财产保全措施条件的，应当裁定驳回申请；对于符合采取财产保全措施条件的，应当裁定采取财产保全措施。人民法院在采取财产保全措施时，可以根据案件的实际情况，决定是否需要由申请人提供担保。如果人民法院责令当事人提供担保的，当事人应当提供担保，否则，人民法院不予采取财产保全措施。

4. 执行与复议

人民法院作出财产保全裁定后，应当立即交付执行，以防止有关财产被转移。当然，有关当事人对财产保全裁定不服的，可以申请复议一次，复议期间不停止财产保全裁定的执行。

（六）仲裁财产保全的解除

第一，《仲裁法》第28条规定："一方当事人因另一方当事人的行为或者其他原因，可能使裁决不能执行或者难以执行的，可以申请财产保全。"根据该条的规定，当事人申请财产保全的目的应当是为了保证仲裁裁决的执行。《最高人民法院关于适用〈中华人民共和国民事诉讼法〉若干问题的意见》第109条规定："诉讼中的财产保全裁定的效力一般应维持到生效的法律文书执行时止。"对于仲裁程序中当事人申请人民法院作出的财产保全裁定的效力，可以参照该条规定确定，即仲裁程序中人民法院作出的财产保全裁定的效力应维持到生效的仲裁裁决执行时止。

---

〔1〕 见案例4-6 在我国境外仲裁机构申请仲裁，能否向我国法院申请保全？

因此，如仲裁裁决发生法律效力后，一方当事人申请撤销仲裁裁决，另一方当事人则申请解除在仲裁程序中采取的财产保全，在人民法院审查是否撤销仲裁裁决的阶段，不应解除财产保全。

第二，《仲裁法》第 64 条第 2 款规定："人民法院裁定撤销裁决的，应当裁定终结执行。"第 9 条第 2 款规定："裁决被人民法院依法裁定撤销或者不予执行的，当事人就该纠纷可以根据双方重新达成的仲裁协议申请仲裁，也可以向人民法院起诉。"因此，如果人民法院裁定撤销仲裁裁决，则该仲裁案件不再存在，且终结执行，仲裁程序中采取财产保全的目的亦不能实现，人民法院在作出撤销仲裁裁决裁定的同时，亦应解除财产保全。

第三，司法实践中仍存在仲裁机构作出裁决书后，被申请人已经自觉履行裁决书规定的义务，或者裁决书驳回申请人的全部仲裁请求的情况。当事人直接向执行财产保全措施法院提出解除财产保全的情况又如何处理？当事人应当向作出裁决的原仲裁机构提出，由原仲裁机构核查是否应当解除财产保全，并向执行法院发出解除财产保全通知书后，执行法院才能解除。执行法院不应直接受理解除财产保全的申请。

三、行为保全的启动：申请、担保、法院程序

（一）仲裁行为保全的分类

1. 确保型仲裁行为保全

确保型仲裁行为保全，是指在仲裁当事人一方请求对方实施一定行为或请求不得实施一定行为的仲裁案件中，为保全将来仲裁裁决的执行，而向法院或仲裁庭提出的行为保全申请。例如，甲向乙工厂主张支付其生产机械租赁费并退还生产机械，乙工厂正准备将机械卖掉，甲在仲裁中申请仲裁庭作出行为保全措施，禁止乙工厂出售涉案机械。与仲裁财产保全一样，确保型仲裁行为保全仅限于有给付请求的仲裁案件中，以保证本案将来仲裁裁决的执行。

2. 制止型仲裁行为保全

在制止型仲裁行为保全中，对于仲裁当事人双方争议的法律关系，不待仲裁机构受理案件或者仲裁庭作出生效判决，有暂时维持权利义务现状的必要性。制止型仲裁行为保全具有多重制度目的，除了暂时性保全申请人的权

利外，还有维持仲裁程序的秩序，进而保护全体仲裁当事人的法益及公益目的。当然，制止型仲裁行为保全，以防止给仲裁当事人造成其他损害为其基本功能。这里的"其他损害"，是指申请人在仲裁案件中提出的仲裁请求所保护的合法权益以外的其他合法权益避免遭受损害。可见，制止型行为保全在一定意义上独立于本案诉讼请求。制止型仲裁行为保全的适用范围并非仅限于完成行为的给付请求案件，只要对仲裁当事人或利害关系人的合法权益确有保护的必要，制止型仲裁行为保全均有适用空间。

（二）仲裁行为保全的申请适用条件

对于制止型仲裁行为保全而言，具有如下适用条件：

（1）有初步证据表明申请人的合法权益正在或者将要受到被申请人的侵害。

（2）如不采取仲裁行为保全措施，将会给申请人仲裁请求以外的其他合法权益造成损害或者使其损害扩大。

（3）如不采取仲裁行为保全措施，可能给申请人造成的损害大于如采取行为保全可能给被申请人造成的损害。

（4）采取仲裁行为保全措施不会损害社会公共利益。

（三）仲裁前行为保全的申请适用条件

以仲裁当事人、利害关系人申请行为保全的时间为标准，仲裁行为保全可以分为仲裁前行为保全与仲裁中行为保全。《民事诉讼法》第101条对于仲裁前行为保全的适用，规定了"难以弥补的损害"这一特别要件。同时，结合国际上关于诉前禁令和仲裁前临时禁令的立法和判例，一般认为我国仲裁前行为保全的适用应当具备申请人胜诉的可能性、难以弥补的损害、申请人与被申请人之间的利益平衡、不损害社会公共利益等四项条件。

（四）仲裁行为保全的担保

行为保全的申请人往往在客观上处于相对的弱势地位或者不利状态。行为保全的目的在于保证将来仲裁的执行以及防止申请人的合法权益遭受难以弥补的损害。因此，不应以申请人提供担保作为裁定采取行为保全措施的条件。但是，由于行为保全对被申请人的利益影响甚巨，难以避免对被申请人的合法权利造成损害，故在特定情况下应赋予法院要求申请人提供担保的裁量权，法院决定采取保全措施，可以根据具体案情考虑。

（五）仲裁行为保全申请的法院程序

除了紧急性仲裁行为保全外，对于仲裁行为保全申请的审理，原则上应当奉行两造对立言词辩论审理原则，法院或仲裁庭应根据双方当事人提出的事实和证据情况，要求双方当事人言词辩论后，再决定是否采取仲裁行为保全措施。仲裁行为保全的审理，还应当遵循正当程序原则，法院或仲裁庭要将开庭或听证通知提前送达给被申请人，使其有机会实质性地参与开庭或者听证程序，收集证据、做好言词辩论的准备工作，有权及时知悉法院或仲裁庭即将下令采取的仲裁临时措施，并有合理的时间提出异议、陈述意见。考虑到仲裁庭的权力来源于当事人的授权，不同于法院的审判权，各种仲裁立法和仲裁规则均要求，仲裁庭必须在听取另一当事人的陈述和辩解后，才能决定是否作出仲裁临时措施。

案例 4-4 保全申请人申请保全的标的是被申请人的 140 万株作物苗，该保全申请能被法院支持吗？

案情简介：

申请人 LYX 公司请求保全的理由为：申请人 LYX 公司、被申请人武汉某生物科技股份有限公司，双方签订的《蔬菜种苗加工合同》中约定，申请人的作物苗育种技术已申报专利，未经申请人的授权，被申请人无权用此方法为他人育苗，更不能私自将申请人的种苗再次繁殖流向市场。但被申请人违反约定私自将受托繁育的 100 万株作物尖苗全部剪掉心叶茎再次繁殖 140 万株，如被申请人将该 140 万株作物苗对外销售，将给申请人带来不能挽回的损失。

裁判结果：

申请人 LYX 公司请求裁定被申请人不得对外销售再次繁殖的 140 万株作物苗并保存 60 天的请求，应属于仲裁程序中的行为保全，而非仲裁程序中的证据保全。《中华人民共和国专利法》第 66 条第 1 款规定，专利权人或者利害关系人有证据证明他人正在实施或者即将实施侵犯专利权的行为，如不及时制止将会使其合法权益受到难以弥补的损害的，可以在起诉前向人民法院申请采取责令停止有关行为的措施。经审查，申请人与被申请人签订的《蔬菜种苗加工合同》所指育苗技术的名称为"××藤过冬育种苗方法"，专利申请号为20131××6.5，但该专利申请系案外人姚某所提出，目前仍处于国家知识产权局实质审查阶段，尚未获得专利授权。因此，在涉案育苗技术方法尚未获得专利授权的情况下，申请人绿野香公司无权依据专利法的规定请求人民法院采取禁令等保全措施。

《中华人民共和国民事诉讼法》第100条第1款规定，人民法院对于可能因当事人一方的行为或者其他原因，使判决难以执行或者造成当事人其他损害的案件，根据对方当事人的申请，可以裁定对其财产进行保全，责令其作出一定行为或者禁止其作出一定行为；当事人没有提出申请的，人民法院在必要时也可以裁定采取保全措施。对于民事诉讼或仲裁中的行为保全而言，一般应符合两个适用条件，一是适用于金钱请求以外的请求权，二是适用于可能因当事人一方的行为或者其他原因，使判决难以执行或者造成当事人其他损害的情形。由于行为保全对当事人的利益影响较大，人民法院在确定其适用条件时，除要保证该制度的及时性和快捷性外，还需要结合案件具体情况予以从严审查，以防止行为保全措施被滥用。

就本案而言，是否采取行为保全措施，除要考虑不采取行为保全措施给申请人的影响外，还要考虑到采取保全措施对被申请人造成的影响，以维护申请人与被申请人之间的利益平衡。申请人绿野香公司请求保全的被申请人处繁育的140万株作物苗属于正处于生长阶段的经济作物，如人民法院裁定查封该批作物苗并要求60天内不得处置或对外销售，将不可避免地造成该批作物苗价值的丧失，进而对被申请人的财产利益造成损害。相反，申请人绿野香公司已就被申请人违约私自繁殖140万株作物苗的事实向湖北省武汉市江天公证处申请了保全证据公证，公证处也已就上述取证过程出具了（2014）鄂江天内证字第3983号公证书。因此，即使被申请人违约对外销售其私自培育的作物苗，申请人绿野香公司也可以依据《蔬菜种苗加工合同》中有关被申请人不得私自将申请人交付的种苗再次繁殖并流向市场，否则将按每株2.8元的标准赔偿申请人的约定，向被申请人主张违约责任。同时，本案《蔬菜种苗加工合同》所指的有关作物苗育种技术的发明专利申请已经公布，不存在因不采取保全措施将使有关育种技术公开的问题。因此，本案中不存在不采取行为保全措施将使仲裁裁决难以执行或者造成其他损害的情形。

本案要旨：

在本案中，申请人已经就被申请人违约私自繁殖 140 万株作物苗的事实向湖北省武汉市江天公证处申请了保全证据公证，公证处也已就上述取证过程出具了（2014）鄂江天内证字第 3983 号公证书，合同中也有被申请人私自将申请人交付的种苗再次繁殖并流向市场，应向申请人赔偿的约定，上述内容已经保证了申请人的利益，如果法院查封该批作物苗，则可能影响作物苗的价值，损害被申请人利益。因此本案中，即使法院不支持采取保全措施，申请人的利益也足以得到保护。

案例 4-5 仲裁中证据保全，仲裁机构能委托公证处进行吗？

案情简介：

罗某、赵某仲裁后，罗某申请撤裁，理由是，根据相关法律规定，当事人申请证据保全，仲裁委员会应当将当事人的申请提交证据所在地的基层人民法院进行保全，本案中是由太原仲裁委委托公证机构进行证据保全，程序违法。

裁判结果：

赵某在仲裁案件审理期间向太原仲裁委员会申请证据保全，太原仲裁委员会委托太原市城北公证处进行证据保全，程序不符合《中华人民共和国仲裁法》第 46 条的规定。因此，该仲裁裁决被撤销。

本案要旨：

仲裁中的保全程序，应符合法律规定，仲裁机构应该严格按照法律规定执行。保全制度的目的是使公权力介入以保护当事人的合法权益，公证处保全证据，既不符合法定程序也无法实现该制度设立的目的。因此仲裁中的证据保全，仲裁机构不能委托公证处进行。

案例 4-6 在我国境外仲裁机构申请仲裁，能否向我国法院申请保全？

案情简介：

申请人株式会社 D&B 向上海市第一中级人民法院递交财产保全申请书，称申请人与被申请人上海某商业有限公司因货物买卖合同纠纷，申请人向大韩商事仲裁院提起仲裁申请，大韩商事仲裁院已正式受理。鉴于被申请人在申请人交货后，经多次敦促仍拒不支付货款，申请人有充分理由认为被申请人的偿债能力存在重大问题。为防止被申请人转移或隐匿财产，确保仲裁裁决的顺利执行，故申请对被申请人上海某商业有限公司的财产进行保全。

裁判结果：

《中华人民共和国民事诉讼法》第 272 条规定，当事人申请财产保全的，中华人民共和国的涉外仲裁机构应当将当事人的申请，提交被申请人住所地或者财产所在地的中级人民法院裁定。因株式会社 D&B 并非在我国的涉外仲裁机构申请仲裁，故株式会社 D&B 申请财产保全缺乏法律依据，法院不予受理。

本案要旨：

我国涉外仲裁机构与外国仲裁机构是不同的概念，我国涉外仲裁机构如贸仲、北仲，是设立在我国境内并且具备审理涉外案件能力的仲裁机构，外国仲裁机构是设立在我国境外的仲裁机构。我国涉外仲裁机构仲裁，保全程序按照民事诉讼法相关规定实施，而外国仲裁机构仲裁中的保全，我国法院不予受理。

第五章

仲裁证据准备 CHAPTER 5

第一节　证据举证期限

一、仲裁证据的概念

证据是指能证明情况属实的依据（某种事实或理论）。对于具体案件而言，证据是指证明案件真实情况的一切事实。[1]

仲裁证据是指能够证明仲裁案件真实情况的一切事实。事实，又称事实真相或案情真相，是事情的实际情况。"事实""真实情况"，均指案件的客观真实，而非其他形式真实。凡是能够直接或间接地证明当事人之间发生争议的合同关系或其他民事法律关系的待证事实存在或者不存在，该事实产生、变更、消灭、范围、程度的一切客观事实，均可作为仲裁证据。证据是当事人进行仲裁，证明自己主张的根据，是仲裁庭查明事实、分清是非、保护当事人合法权益、正确适用法律、作出公正裁决的基础，在整个仲裁活动中发挥着重要作用。

证据制度虽同属民事诉讼程序和仲裁程序的核心，但仲裁程序中的证据制度又与民事诉讼程序中的证据制度不尽相同。

二、仲裁中的举证期限

（一）概念

在民事诉讼中，为贯彻集中审理主义，立法上要求当事人在法律规定或

---

〔1〕　见案例5-1如果法院认定核心证据是伪造的，仲裁裁决会被撤销吗？

者法院指定期限内提交证据材料,当事人逾期举证的,应承担证据失效的法律后果。相应地,在仲裁程序中,举证期限是指由法律规定或仲裁庭指定负有举证责任的当事人应当提供证明其主张的相应证据的期限。

(二)特点

1. 必要性

当事人应当向仲裁庭提交证据的时间限度即举证期限。如果当事人没有在法律规定或者仲裁庭规定的时限内进行举证,则视为放弃举证权利,当事人也会因此丧失举证机会。

在商事仲裁中,确定举证期限规则是十分必要的,在仲裁中引入举证时限规则,有利于确保案件的及时审理,督促当事人及时履行举证之责;防止当事人滥用举证权利拖延仲裁程序,增加仲裁成本;维护仲裁裁决的权威性,体现仲裁程序的公正与效率原则。但不能忽视的问题是,过分强调举证期限,可能影响事实判断的准确性,因此,对举证期限的规定和控制应当具有一定的灵活性。

2. 灵活性

任何仲裁都为提供证据设立了期限。鉴于仲裁所独具的灵活性特点,该期限可能是由仲裁协议及仲裁规则规定的,但通常情况下,更多的是由仲裁庭决定,并且仲裁庭通常有自行延长该期限的权力。因此,各国仲裁中基本上没有统一的期限规则供遵循,普遍做法是在尊重当事人意思自治的前提下,将确定举证期限的问题交由仲裁庭根据公平原则自由裁量,因而各国际仲裁机构的仲裁规则也有不尽相同的规定和做法。归纳总结大致有下列四种做法:

确定了原则上的举证期限,如《俄罗斯国际商事仲裁院仲裁规则》第18条规定,在收到申请书后,仲裁院秘书处应通知被申请人在收到申请后50天内提出附有相关证据的书面答辩,被诉人请求,期限可以延长。此外,日本、韩国等国的仲裁规则也有类似规定,只是规定的期限略有不同。

举证期限的确定由仲裁庭自由裁量,如《美国仲裁协会国际争议解决程序仲裁规则》第19条规定,仲裁庭在仲裁程序过程中可以随时要求当事人提交仲裁庭认为必要的或适当的证据;《斯德哥尔摩商会仲裁院仲裁规则》第24条规定双方应在仲裁庭规定的期限内提交索赔书或者答辩所依据的证据。另外,《联合国国际贸易法委员会仲裁规则》(2010年修订)也有类似规定。

通过仲裁庭制作程序时间表或者程序命令的方式确定具体程序规则，其中应包含举证期限等，以供当事人遵守，如《国际商会仲裁规则》第18条。

当事人约定与仲裁庭指令相结合，比如，《伦敦国际仲裁院仲裁规则》第14.1条规定，各方当事人可以（并受到鼓励）达成协议，同意按照符合仲裁庭一贯的基本职责相符的方式，进行他们的仲裁程序。此外，该规则第22条规定仲裁庭有权"延长或缩短仲裁协议或本规则规定的有关仲裁进行的任何期限；延长或缩短仲裁庭本身的指令所限定的任何期限"。该规则赋予了仲裁庭享有高度的自由裁量权。

三、仲裁中举证期限之借鉴

我国《仲裁法》没有涉及举证时限问题，但在一些国际组织和常设仲裁机构所制定的仲裁规则中，都毫无例外地赋予了仲裁庭此项权力，并规定在当事人逾期举证的情况下可以依照现有证据作出裁决。例如，《联合国国际贸易法委员会仲裁规则》第28条第3款规定："当事人一方被正式邀请提供书面证据和如无充分理由而不在规定限期内照办时，仲裁庭得根据以前的证据作出裁决。"《美国仲裁协会国际仲裁规则》第23条第3项规定："一方当事人经适当要求提供证据或在程序中采取任何其他步骤，如经仲裁庭决定没有充分理由而未能在仲裁庭规定的时间内按要求行事，仲裁庭可以根据已有的证据作出裁决。"同样，《英国仲裁法》第34条第3款规定："仲裁庭可以规定期限，当事人应在该期限内遵守仲裁庭的指令，仲裁庭如认为适当亦可延长它规定的期限（无论该期限是否已经过期）。"《中国国际经济贸易委员会仲裁规则》（2015年版）第41条也规定："仲裁庭可以规定当事人提交证据的期限。"当然，对于举证时限，仲裁庭还有权结合案情决定是否予以延长。

《中国国际经济贸易仲裁委员会仲裁规则》（2015年版）第41条第2项规定："仲裁庭可以规定当事人提交证据的期限。当事人应在规定的期限内提交证据。逾期提交的，仲裁庭可以不予接受。当事人在举证期限内提交证据材料确有困难的，可以在期限届满前申请延长举证期限。是否延长，由仲裁庭决定。"该规则虽然赋予了仲裁庭确定举证期限以及延期举证是否准予的权力，但仍过于笼统，实践中也不好操作。具体言之，对于当事人"可以在举证期限届满前申请延长举证期限"的权利，其表述上比较模糊，实践中带来很多疑问："期限届满前多长时间是合理的？多长时间是不合理的？如何衡量合理性？""什么程度被认为是提交证据确有困难？是否需要举证证明这种困难的存在？""对方反对延长该如何处理？"等。正是这些规则表述上的不明确造成当事人申请举证期限延长的随意性，打期限届满前的时间差，证据不一次提交全而是多次提交，重复申请延长期限，恶意拖延仲裁程序，等等。

因此，通过比较研究各国际仲裁机构的仲裁规则，规定举证期限的上述第三种和第四种关于当事人协议和仲裁庭制作程序时间表的做法是值得我们提倡和借鉴的，仲裁庭可以结合案件的个体差异，"量身定做"便于操作、符合案件具体情况的、内容包括但不限于与举证期限有关的"程序时间表"，供双方当事人和仲裁庭在仲裁程序中共同遵守。在尊重当事人意思自治的同时，提高了仲裁程序的透明度以及规则的明确性，并且充分保障了仲裁庭自由裁量权的行使。另外，可以最大限度地减少"一视同仁"的举证期限为复杂案件与简单案件带来的程序障碍，提高仲裁效率，防止"突袭举证"。

四、仲裁中举证期限之我国法律规定

我国国内各大仲裁机构的仲裁规则均规定了举证期限制度，但在逾期举证后果方面，存在以下若干种处理模式：①含蓄授权仲裁机构裁量是否失权模式，例如，《中国国际经济贸易仲裁委员会仲裁规则》（2015年版）第41条第2款、《中国国际经济贸易仲裁委员会证据指引》（2015年版）第5条第1款分别通过"逾期提交的，仲裁庭可以不予接受""对逾期提交的证据，仲裁庭有权不予接受"的规定，间接默认仲裁庭可以裁量逾期提交的证据是否尚有证据效力。②明确授权仲裁机构裁量是否失权模式，如《广州仲裁委员会仲裁规则》（2015年版）第35条第2款规定"逾期提交的，是否接受，由仲裁庭决定"；第40条甚至授权仲裁庭在庭审中要求当事人在一定期限内补充证据。③原则上排除但例外接受模式，如《北京仲裁委员会仲裁规则》（2019年版）第32条第2款规定："仲裁庭有权要求当事人在一定期限内提交证据材料，当事人应当在要求的期限内提交；逾期提交的，仲裁庭有权拒绝接受。当事人另有约定或者仲裁庭认为有必要接受的除外。"

可见，相对于诉讼程序中举证期限的确定性，商事仲裁中举证期限并没

有明确而具体的规定，举证期限多为仲裁庭根据案件实际情况指定。逾期举证，该证据是否被仲裁庭采纳，也由仲裁庭酌定。另外，为保证商事仲裁的公平性，一方要求延期举证的，另一方在举证期限上，也会得到相应或更长时间的延期。

五、超过举证期限提交证据的问题

尽管仲裁庭都会对举证期限作出要求，但一般说来，在开庭期间提交书面证据的情况也常有发生，在部分特殊情况下，当事人甚至可能在开庭后才提交证据。如果证据是应仲裁庭要求而提交，或另一方当事人也同意该证据的提交，则可承认此类证据。此外，即使另一方反对延迟提交的证据，但因其有权对延迟证据进行评论并提交反驳证据，此类证据也通常是可被接受的。事实上，实践中的这些做法都取决于仲裁庭的自由裁量。原因在于，仲裁裁决并非主要依靠程序，仲裁庭首先考虑当事人的实体辩诉，仲裁庭通常最关注的是在作出裁决结论前拥有尽可能充分的有效证据，若因程序排除重要的、有证明力的证据意味着仲裁庭在裁决前不能分析所有的事实因素，故仲裁庭不会轻易排除审理前未向对方当事人披露的证据。因此，大多数案件中仲裁庭都接受延迟证据。

正如仲裁庭有权接受超时提交的证据一样，仲裁庭也有权排除这些证据。当事人超过规定期限提供证据，证据有被仲裁庭拒绝接受的风险，除非当事人对延迟提交有正当理由，在决定是否承认超出规定期限提供的证据时，仲裁庭会考虑以下因素：①应提供证据时，当事人是否可以提交；②根据仲裁程序以及审理的进展，证据是否被假定为具有不明显重要性；③证据的承认是否会不适当地延迟或中断仲裁程序或损害另一当事人利益；④为在仲裁中获得优势，欺诈性战术策略提供的证据将被排除。

为保证程序的公正，任何仲裁案件中，如果证据是在规定期限失效后被承认的，另一当事人必须有权对这些证据质证，并在反驳中有权提交进一步证据，除非该当事人明确表示放弃权利。

案例 5-1 如果法院认定核心证据是伪造的，仲裁裁决会被撤销吗？

案情简介：

重庆某复烤有限公司万州复烤厂（下称"万州复烤厂"）与重庆市开县某矿业集团有限公司仲裁后，万州复烤厂申请撤裁，主要理由是两份《煤炭购销合同》系伪造。

万州复烤厂提出：一是两份合同加盖的"重庆市开县某矿业有限公司"公章要么系丁某伪造（因正规公章上均有统一编号），要么早已失效；二是 2015 年 8 月 1 日《煤炭购销合同》中的乙方"万州区某建材厂"（系个体工商户，经营者为"文某"）已于 2015 年 7 月 7 日依法被注销，且合同上的签字代表"周某"亦并非该建材厂的经营者，其身份无法核实；三是两份合同内容明显前后矛盾，且被申请人重庆市开县某矿业集团有限公司也未提交两份合同已实际履行的相关证据佐证，如提货手续、285 元/吨的款项支付凭据等。

裁判结果：

经查明，2015 年 8 月 1 日《煤炭购销合同》中的乙方"万州区某建材厂"已于 2015 年 7 月 7 日依法被注销（工商登记信息显示该建材厂经营者为文某），该合同上的乙方签字代表为"周某"。

法院认为，鉴于前述合同签订时"万州区某建材厂"主体已不存在，且该合同上的签字代表"周某"亦并非该建材厂工商登记的经营者，故申请人万州复烤厂怀疑 2015 年 8 月 1 日《煤炭购销合同》系伪造具有一定合理性，且从涉案仲裁裁决载明内容来看，当时煤炭价格处于上升阶段，已远远高于申请人与被申请人协商价格 328 元/吨，而被申请人重庆市开县某矿业集团有限公司作为以营利为目的的生产销售企业却以 258 元/吨的低价卖与他人，明显与常理不符，亦与其生产经营目的完全相悖，由于被申请人在庭审中未举示证据证明该购销合同真实存在，也未对其低价转卖他人给出合理解释，故法院对申请人的该项主张予以支持，涉案仲裁裁决应予撤销。

本案要旨:

本案中，法院认定案件证据系伪造，因此支持撤编该仲裁裁决。

第二节　仲裁中证据的种类

一、仲裁证据的证据能力

证据能力，又被称为证据资格、证据的适格性、证据的可采纳性，是指作为认定案件事实依据的证据，为所适用的法律所容许，可以用于证明案件待证事实的属性。仲裁证据的收集和审查判断应当符合所适用法律的要求，若违反所适用法律的要求则收集的证据材料不应被作为证据采纳。

与法庭对诉讼证据的证据能力自由裁量空间较小不同，仲裁证据的证据能力主要通过仲裁庭自由裁量的方式予以确定。只要证据材料不显著违反所适用法律的强制性规定或者违反公序良俗原则，仲裁庭一般认定其具备证据能力，并结合客观性与关联性的裁量结果，决定其证明力大小。究其原因，主要包括以下两个方面：其一，仲裁主要作为商人之间解决交易过程中产生的权利义务争议的手段，理性的商人通过非法途径获得证据的情形并不常见，即使偶有发生，也主要表现为侵犯商业秘密等可以通过民事诉讼或刑事诉讼手段予以救济和防范的情形，没有必要在仲裁中强行排除该证据。其二，仲裁具有民间性，当事人的意思自治在仲裁中得到高度的重视和尊重，相应的法定证据规则则柔性化，赋予仲裁庭在事实认定方面更多的自由裁量权。[1]

二、仲裁证据的特征

(一) 关联性

关联性，又称相关性或证明性[2]，是指仲裁证据必须与案件事实有内在的必然联系。所谓内在的必然联系，是指该客观事实能够证明当事人之间合

---

〔1〕　宋朝武：《仲裁证据制度研究》，中国政法大学出版社 2013 年版，第 67 页。
〔2〕　陈一云主编：《证据学》，中国人民大学出版社 1991 年版，第 101 页。

同或者其他民事法律关系产生、变更和消灭的部分或全部事实。虽然，事物之间普遍相互联系，但证据材料与待证事实之间的这种联系，只有达到法律要求的程度，才具备关联性。

对证据关联性实质内涵的界定，涉及证据关联性与待证事实的关系问题，它是对证据关联性在证据效力上的定位与价值评估。相关性涉及证据的内容或实体问题，而并不是证据的形式或方式问题。如证人某甲向法庭所作的证言陈述是通过证人某乙获悉的，而某乙才是待证事实有关的事件发生当时的目击者，这时，虽然某甲向法庭提供证言的内容与待证事实具有关联性，但是因某甲向法庭作证形式本身违反了反传闻规则，因此不具有可采性。

基于仲裁证据规则的自治性，当事人可以通过合意降低或提高证据材料作为定案依据的关联性程度要求。在当事人没有特别约定的情形下，仲裁庭对证据关联性的程度要求较低，只要与争议有着重要且实质的联系的证据材料都可以作为具有关联性的证据材料。

证据与案件事实的联系多种多样，不仅有因与果、直接与间接之分，而且有内部与外部之别。不管它们之间存在何种联系，都是表明证据反映的一定案件情况。凡是无法证明案件真实情况的事实材料，即便是客观存在的事实，也必须从仲裁证据体系中加以排除。在仲裁程序中，当事人为了充分证明自己的主张，往往向仲裁庭提供较多的证据材料，当事人可提供的材料虽多，但不意味着一切客观存在的事实都可以作为证据。所以，仲裁庭必须通过开庭辩论、质证、鉴定和科学分析判断，进行审查核实并找出与仲裁案件有内在联系的证据，排除无关的证据材料。

仲裁证据的关联性仅指证据材料与证明对象之间的联系，即该证据是决定某项在仲裁中待确认的争议事实的存在，比没有该项证据时更有可能性或更无可能，并不涉及证据的真假及证明力大小的判断问题。因此，与待证事实之间具备关联性的证据材料，还需要满足客观性以及合法性要件，才可能作为认定案件事实的依据。

(二) 客观性

仲裁证据必须是客观存在的事实材料，是案件发生过程中当事人之间的民事法律关系产生、变更、消灭的事实在自然界和人的记忆中的客观反映，这些事实必须是实实在在、不以人的意志为转移的客观存在的事实。反之，任何想象、揣测或虚构，皆非客观事实，更是与证据的客观性、真实性格格不入。只有证据具有客观真实性，才能运用证据探求案件的真实情况。客观性是证据的基本特征，是仲裁证据最本质的属性。所以仲裁庭首先必须客观、全面地收集证据，并认真审查证据是否具有客观性。

（三）合法性

仲裁证据合法性是指证据必须合法取得，同时具备法定证据形式。它包括两层含义：一是指证据必须具有法定形式，即必须以法律规定的形式存在，或具有法律规定的许可性。如以物证、书证、视听资料、证人证言、当事人陈述、鉴定结论和勘验笔录这 7 种法定形式之一出现，有的证据还要符合某些实体法规定的诸如书面、登记等特殊形式要求。二是指证据必须依照法定程序取得。这里包括由当事人按照仲裁规则的规定提交给仲裁庭，或由仲裁庭依法定程序自行调查收集和审查核实。凡属证据必须经过当事人质证和仲裁庭认证，才能作为认定案件事实的根据。否则，仅是一种证据材料，而非证据，更不能据以定案。

上述证据的三个特征必须同时具备，缺一不可。其中客观性是证据的本质属性，关联性反映的是证据与案件事实之间的联系，合法性是客观性的保障。

三、仲裁证据的种类

各国仲裁法以及各国际商事仲裁机构的仲裁规则中，均未明确规定证据的种类。我国《仲裁法》也没有对仲裁证据的种类作出明文规定，部分仲裁委员会的仲裁规则参照《民事诉讼法》的规定将仲裁证据的种类确定为当事人的陈述、书证、物证、视听资料、电子数据、证人证言、鉴定意见、勘验笔录。[1] 基于仲裁的民间性以及仲裁规则的自主性，仲裁证据的种类并不遵循严格的种类法定主义，国内大部分仲裁机构的仲裁规则大多采取"证据或者其他证明文件"的表述，以表明仲裁证据不受形式的限制。

为便于仲裁当事人和仲裁人员在仲裁活动中调查、收集、审查核实证据，

---

〔1〕　如《广州仲裁委员会仲裁规则》（2020 年版）第 36 条、《合肥仲裁委员会仲裁规则》（2020 年版）第 28 条、《上海仲裁委员会仲裁规则》（2013 年版）第 38 条。

有必要对仲裁证据进行科学的分类。仲裁证据按照不同的标准可作不同分类。仲裁证据一般可分为两种，一种是我国法律上的分类，另一种是国际商事仲裁领域的分类。

（一）我国法律上的证据分类

证据法律上的种类，即证据的表现形式上的分类。《仲裁法》对证据的种类没有作出明确规定，现参照《民事诉讼法》第63条的规定，分为书证、物证、视听资料、证人证言、当事人陈述、鉴定意见、勘验笔录、电子数据8种。

1. 书证

书证指有关案件的书面证明材料，以一定的实体物为载体，以文字、符号、图案等记载或反映的思想内容证明案件真实情况的证据。书证的表现形式多样，有合同、单据、票据、信函、电文、图纸等，只要该书面物质载体是以所记载客观真实的文字、符号、图标来反映案件事实的，均为书证。在仲裁实践中，当事人提供书证应提交原件。只有当提交原件确有困难时，才可以提交复印件、照片、副本、节录本等。提交外文书证的，必须附中文译本。书证对处理仲裁案件有着十分重要的意义：一是书证在大多数情况下以文书的形式出现，而文书是沟通思想，传递信息的媒介。在现代社会中，考虑到交易安全，为避免明确权利义务时"空口无凭"，往往要立下字据，以见其诚，有的法律还对一些民事法律行为规定了特定的书面形式要求，从而产生了大量书面文件。这些文件如进入仲裁程序，都可作为书证证明争议事实。二是书证要以一定的物质材料作依托，书证的形成即将一定的意思表示内容固定下来。只要书证未被销毁，它所记载的内容可以保持长期不变。三是书证是以其内容证明案件事实，而书证的内容一般都具有意思清楚、明确、具体的特点，一看便知。四是书证对考量案内其他证据是否真实可靠，也有重要作用。在仲裁案件中书证适用得最多。仲裁庭对于当事人提交的书证，应当辨别真伪，依法审查判断其证明力。

书证在一般情况下应由当事人自行收集并将原件交仲裁庭核验。

2. 物证

物证是对查明案件真实情况有证明作用的物品或物质痕迹，它以物品的存在、外形、特征或性质来证明案件真实情况的证据。

（1）物证的种类。物证是一种客观存在的物品，具有不以人的主观意志为转移的客观实在性，证明力较强。在仲裁活动中常见的物证有：合同争议的标的物、其他财产权益争议的物品等。具体如，质量不合格的标的物、被撞坏的汽车等，均属于物证。物证与案件事实距离近，甚至本身就是案件事实的反映，是一种不可改变的客观存在，在仲裁证明活动中发挥着不可替代的作用。

（2）物证的收集。和书证一样，物证可以由当事人提供，必要时也可由仲裁庭依法定程序调查收取。当事人提交物证时，应提交原物。提交原物确有困难的，可以提交复制品、照片等。物证的收集方法主要有勘验、扣押和提取物证三种，由于这三种方式中有的是法院依职权采取的强制性措施，具有公权力色彩，仲裁庭并不能直接采取。我国《仲裁法》规定，仲裁庭在其必要时可以自行收集证据，但并没有出台相应的保障措施，使得该规定有名无实，同时又规定诸如证据保全等强制性措施必须提交相关的法院协助执行，因此，可以合理推论，仲裁庭在收集物证时可以自行采取的措施是勘验和某些特殊物证的提取，至于扣押物证和直接提取某些特殊物证，则需要法院的协助和配合。

（3）物证的重要性。众所周知，物证是指其外部特征、物质属性、所处位置以及状态证明待证事实的实物或痕迹。在国际商事仲裁中，基于节约仲裁成本和提高仲裁效率的考量，物证通常以现场检验或者专家意见形式发挥作用，如检查货物样本、查看建筑工地现场、检验设备运行情况等。对于复杂的或者专业性强的争议点，当事人和仲裁庭往往倾向于聘请专家给予专家意见。因而物证在国际商事仲裁中往往转化为勘验笔录或专家证言。但是，这并不意味着物证不能作为仲裁庭定案的依据，因为仲裁证据种类属于开放性列举，且小型物品在仲裁程序（尤其是我国商事仲裁案件）中直接提交仲裁庭的情形时有发生，只是此类实物证据最终也需要通过书面或口头形式予以描述和解释。

3. 视听资料

视听资料是用录音、录像、电子计算机储存的信息资料等技术手段所录制、保存下来的资料的总称。视听资料是将科技手段运用到仲裁活动中的一种证据形式。在仲裁实践中，常见的视听资料有：录音带、录像带、电影胶卷、电脑软件、光盘等。由于视听资料是通过录音、录像等科学技术手段再现案件真实情况，提示案件有关事实发生时的场景，因而，真实的视听资料对于查清案情作用优于其他种类证据。其特点有：信息容量大，内容丰富；利于保存，便于使用；准确、可靠程度大。但是，视听资料也极易被科技手段伪造篡改。因此，仲裁庭应对当事人提交的视听资料认真辨别真伪，并与案件其他证据相对比印证，审查认定其是否能作为认定案件真实情况的根据。由于信息技术的飞速发展，电子商务的日益普及，在国际经贸交往和国内经济活动中，视听资料所占比重将会日渐加大，因此，仲裁活动中应对视听资料给予充分重视，在实践中探索审查和认定视听资料证据效力切实可行的办法。

当事人向仲裁庭提交视听资料时，应将完整的视听内容提交仲裁庭，对于录音或影像资料，应将内容刻录于光盘之中提交仲裁庭。以录音作为证据的，当事人还应向仲裁庭提交该录音完整的文字整理稿。

4. 证人证言

证人证言是指当事人之外了解案件情况的人，就其所知道案件有关事实、情节所作的陈述。证人证言的具体内容，详见本章第三节。

5. 当事人陈述

当事人陈述是指当事人在仲裁中就案件事实向仲裁庭所作的陈述。当事人陈述可划分为两部分：一部分是当事人就有争议民事法律关系的发生、变更和消灭的事实所作的叙述；另一部分是当事人对另一方当事人陈述的承认，该承认有免除对方举证责任的效力，并且一经作出，除能证明承认是非自愿的，或经对方同意撤回，原则上不允许撤销。[1]当事人陈述在其真实可靠性方面存在两重性。一方面，由于当事人是争议事实的亲历者，如能据实陈述，则能成为仲裁庭认定事实的可靠证据；另一方面，由于当事人与案件事实和处理结果有直接利害关系，当事人出于取胜的愿望，往往夸大有利事实，淡化或掩盖不利事实，其陈述带有虚假性。因此，对于当事人的陈述，仲裁庭必须结合其他证据认真审查核实。

---

[1] 单国军、睢素利、吕东编著：《中国仲裁实务》，中国发展出版社1998年版，第131页。

6. 鉴定结论

鉴定结论是指依法接受聘请或指定的具有专门知识和技能的鉴定人，运用自己的专门知识和技能，对案件中的专门性问题进行分析研究、检验、判断后所作的结论性意见。

专家证据也是鉴定结论的一种，是指具有特定专业知识的人员或机构接受当事人委托或仲裁庭任命，围绕特定问题向仲裁庭提供的专家报告以及在证据听证会上的口头陈述、发表的咨询意见。专家证据是一种意见证据（opinion evidence），它既可以是口头证据，即由专家出庭作证，也可以是文件证据，即由专家提供书面报告。当事人委托的专家应当出席证据听证会作证（当事人另有约定且仲裁庭接受该约定除外），仲裁庭任命的专家则只有在当事人或仲裁庭要求的情形下才会出席证据听证会。这是因为，相对于当事人委托的专家而言，仲裁庭任命的专家更具中立性。实践中一般更多地要求专家证据以书面方式提交。

7. 勘验笔录

勘验笔录是指为查明一定的案件事实，仲裁庭或其指定的有关人员对有关物品或场所进行勘察与检验所作的客观记录。由于勘验笔录是对有关标的物和场所存在状态的现场勘查，对于了解案件事实、检验双方当事人的证据、判断双方当事人的主张事实、确定双方当事人之间权利义务均具有重要意义。在仲裁实践中，对于现场以及无法提交仲裁庭的标的物或者其他物证，仲裁庭应当指定勘验人对物证或者现场进行勘验，以取得反映案件真实情况的证据。勘验从本质上说是一种收集证据的活动，是对证据的固定和保全。因此，勘验人一般由仲裁员或者仲裁机构的其他人员担任，而且要严格依照法定程序进行。另外，勘验人在进行勘验时，必须出示有关证件，并通知当事人到场，当事人拒不到场的，不影响勘验的进行。

8. 电子数据

电子数据的概念有广狭义之分。狭义的电子数据仅指数字式证据，即通过信号离散状态的各种可能组合所赋予各种数值或其他信息的方法来承载信息内容的电子证据；广义的电子数据还包括模拟式电子证据，即通过信息中某些特征的具体数值或量（如电压信号的幅度、降位、频率、脉冲信号的幅度或持续时间等）来记载信息内容的电子证据。虽然模拟式电子证据与数字式电子证据之间存在着明显差异，但是随着信息技术的发展两者日益融合，广义上的电子数据概念备受推崇。而实际上，文件、证人证言、专家证据、现场查验笔录等都时常会以电子形式表现出来，因此，相应地还会形成电子文件、电子证人证言、电子鉴定结论、电子查验记录。在目前的仲裁实践中，被当事人使用较多的有商业往来电子邮件、电子聊天记录、网上银行往来款电子凭单、电子签名、域名、网页制作、手机短信、电子报关单、电子机票、幻灯技术、录音录像数码技术产品等。因此，电子证据涵盖借助现代信息技术而形成的一切证据。我国 1999 年施行的《合同法》第 11 条也将电子数据交换和电子邮件确定为"书面"的范畴。2004 年通过的《电子签名法》明确规定数据电文"不得被拒绝作为证据使用"。

随着商事活动的多样化，电子商务也迅速发展起来，因此，电子数据作为一种证据形式已普遍被国际证据立法所接受和承认。一些国家还通过专门立法将其证据形式固定下来，并将电子证据的证明标准提高到"原件"的程度。比如，最有代表性的是加拿大 1998 年颁布的《统一电子证据法》，它突破了英美法系下传统证据规则关于最佳证据规则的理论，认为电子证据不拘泥于最佳证据原则中的"原件"标准，而是创设了"电子记录系统完整性"标准。该法第 1 条明确规定从电脑中打印出来的原始输出稿（print-out）也属于电子记录，系该法可采信之证据。此外，美国《1999 年统一证据规则》第 10 条第 3 款更为直接地明确规定，当数据或图像储存于计算机或类似装置内时，如果关于该数据或图像的记录的打印输出或其他可感知的输出物，准确地反映了该数据或图像，则这种打印输出或其他输出物亦属于"原件"。同时，该法还将通过影印、拍照、机械或电子记录，或其他技术，记录在有形介质上，或者储存在电子或其他机器中，并且以可感知的形式，比如能为人们获知的字母、文字或数字，或者它们的相当物，都被归属于"文书"与"录音"的证据范畴。

可见，在电子证据的范围方面，两大法系的理念几乎没有太大的差异。受各国立法影响，以及信息时代的呼唤，基于效率、经济、公平以及意思自治的仲裁基本原则，在国际仲裁领域，有些国际组织及仲裁机构在修订其仲裁规则时也将电子证据的内容加入其中或者制定了专门的规则。比如，2010 年《国际律师协会国际仲裁取证规则》将"文件材料"定义为"以纸面、电子、音频、视频或任何其他方式记录或保存的书面材料、通讯、图片、图画、程序或数据"。

2009 年《中国国际经济贸易仲裁委员会网上仲裁规则》第 29 条规定当事人提交的证据可以是以电子、光学、磁或者类似手段生成、发送、接收或者储存的电子证据；电子证据采用了可靠的电子签名的，与经手写签名或者盖章的文件具有同等效力和证明力。可见，电子证据即将成为世界范围内普遍使用的一种证据形式。

2016 年，最高人民法院、最高人民检察院、中华人民共和国公安部共同颁布了《关于办理刑事案件收集提取和审查判断电子数据若干问题的规定》；2018 年，最高人民法院发布了《关于互联网法院审理案件若干问题的规定》。这都说明，我国现行法律认可电子数据这一证据形式，并伴随科技发展，不断完善电子证据的真实性、证明力认定标准。电子数据这一证据形式，正在被大力运用和推广。

第三节　证人证言

一、证人证言概述

证人证言具有不可替代性，凡是了解案件事实并且能够正确表达意志的人，都有义务出庭作证。在商事仲裁中，当事人如需证人出庭作证，应提前与仲裁秘书或仲裁庭沟通，证人按仲裁庭的通知，按时出庭作证。[1]

仲裁庭通知后，证人一般应当出庭进行陈述，确有困难不能出庭的，经仲裁庭许可，可以提交书面证言。但书面证言必须由证人签字或者盖章；证人拒绝签字或者盖章的，其证言不能作为证据使用。为保证证人证言的客观真实性，防止先入为主，证人不得再担任其作证案件的仲裁人员、仲裁代理人、鉴定人和翻译人。证人负有如实作证的义务，故意作伪证的，应承担相应的法律责任。同时证人享有人身安全保障、要求经济补偿等权利。

证人可以是公民个人，也可以是法人或者其他组织；不能正确表达意志

---

〔1〕 见案例 5-2 当事人申请证人出庭作证，仲裁庭未准许，是否违反法定程序？

的人，不能作证；未成年人所作的与其年龄和智力状况不相当的证言，以及与一方当事人有一定利害关系的证人出具的，对该当事人有利的证言，不能单独作为认定案件事实的根据。

在我国，即便是诉讼程序中，证人不出庭的现象也非常普遍，该问题一直没有得到有效解决，证人的书面证词往往代替了证人的口头证词，使质证程序无法有效进行，导致"法官不相信证人"。尽管我国商事仲裁主要仲裁规则都规定了质证程序，不过与英美等国立法不同，在我国现有仲裁制度下，缺乏有效的手段保障证人出庭。

我国现行法律沿袭了职权主义法律文化，在我国商事仲裁的质证中，通常采用"审问式"，尽管当事人及其代理人也可以询问证人，但仍以仲裁庭询问证人为主。另外，和其他大陆法国家相似，在我国的商事仲裁实践中，书证的重要性远远超过证人。仲裁更多地依赖书证来发现事实，开庭的目的只是澄清书面材料所提到的事实问题，并允许当事人就这些事实能否支持其主张进行辩论。开庭时间通常很短，常常仅持续几个小时。

二、相关法律规定

和其他国家的情况相似，基于对仲裁灵活性的尊重，我国《仲裁法》较少涉及证据问题包括证人证言，国内主要机构仲裁规则的相关规定也不多，因此，相关规则的确定往往依赖于仲裁庭自由裁量权的行使。

《仲裁法》第 23 条第 3 款规定，仲裁申请书包含证据、证据来源、证人及其住址等信息，这和上述国际商事仲裁的标准实践有些接近，不过，我国法律并未明确规定须载明证人作证内容所涉及的问题；我国《民事诉讼法》第 72 条只笼统规定"凡是知道案件情况的单位和个人，都有义务出庭作证。有关单位的负责人应当支持证人作证。"其中，与一些大陆法国家不同，在我国，《民事诉讼法》没有禁止当事人与证人在案件审理前接触，以及当事人的代理人帮助证人准备书面证言或进行出庭培训。实践中，上述情况普遍存在。

在国际商事仲裁中，与当事人有利害关系也不影响该主体作为证人。《中国海事仲裁委员会仲裁规则》（2004 年修订版）第 36 条第 3 款明确规定，包括与案件有利害关系的自然人、法人或其他组织的代表，可以经当事人申请及仲裁庭批准出庭作证。

《最高人民法院关于民事诉讼证据的若干规定》第 67 条规定了证人的资格，第 68 ~70 条、第 76 条规定了证人出庭作证和接受质询以及不出庭的例外情况，第 90 条第 2 项规定了不能单独作为定案证据的证人证言，第 96 条规定了法院对证人证言的审查判断，第 98 条规定了对证人依法保护。对于证人证言的收集、质证和采信，仲裁庭可以按照上述立法和司法解释的规定展开，但仍需指出的是，在审查证人证言的证明力时，原则上仍由仲裁庭自由斟酌，而不必强行规定其效力低于物证、档案、鉴定结论等证据。[1]

三、仲裁中证人证言制度的特殊性[2]

尽管国际上诉讼程序有趋同的趋势，有关仲裁方面的立法趋同也在加剧，但是就证人规则而言，尚没有为国际各个仲裁机构或者当事人所接受的规则。从整个程序上来看，国际商事仲裁的程序，包括各个国家的程序，越来越类似法院诉讼，呈现出"司法化"的趋势。但是由于仲裁具有不同于诉讼的特点。相对于诉讼而言，基于仲裁中当事人的意思自治的本质属性和特征，证人证言制度也呈现出与诉讼的不同特点。

首先，诉讼中，证人出庭有着严格的法定程序，证人出庭的时间、流程必须符合相关程序，一般没有与法庭协商的余地，且证人一般被视为法庭的证人，主要由法庭对证人进行调查，当事人在证人证据制度中的作用较小。而在仲裁中，基于仲裁的特殊性，当事人可以与仲裁庭协商，共同探讨证人出庭的相关程序、证人的保护措施等。

其次，在仲裁庭开庭前，双方可以充分地进行证据交换，使当事人了解对方的证人情况并合理安排自己的举证策略，同时也使仲裁庭明确双方当事人的争点，促进纠纷的迅速解决和公正的实现。

最后，通过双方当事人之间、当事人与仲裁庭、当事人与证人间的协商，证人出庭的顾虑得以削弱甚至消除，也为当事人的举证提供便利条件。

正是基于仲裁的协商性、契约性，证人制度出现与诉讼程序不同的"先天性"优势，使证人出庭等司法困境得以解决和完善。进一步说，仲裁中的

---

〔1〕 详见本节附文。

〔2〕 参见杨继文、郭成：《效率与公正：仲裁法视角下的证人制度基本问题研究》，载《吉林广播电视大学学报》2011 年第 1 期。

证人制度，对于诉讼司法制度的完善也具有借鉴意义。

四、仲裁中证人证言制度的完善

1994年制定我国《仲裁法》时，正处于由计划经济体制向市场经济体制转轨的过渡阶段，原来与计划经济体制相适应的思想观念或多或少地在仲裁立法中留下痕迹。显然，这些思想观念已经不能适应社会主义市场经济体制的要求。因此，要改革和完善我国现行仲裁中的证人制度，必须适应现实社会的发展要求，进行思想观念的变革和提升，并适当借鉴外国成功经验，注重相关学科的联系和贯通。

第一，重新定位仲裁本质特征和价值目标。仲裁的本质属性和特征是双方当事人的合意性。双方当事人之间的意思自治是仲裁赖以存在的基石，它贯穿于仲裁程序的全过程，当然也存在于当事人的证人举证过程中。效率与公正是法律手段解决争议所追求的理想价值目标，但事实上"鱼与熊掌"不能兼得。选择仲裁，看重的正是仲裁的便捷性和灵活性。因此，在证人举证过程中，强调双方当事人的意思自治，既有利于当事人的充分举证，又有利于仲裁庭的庭审和仲裁效率的实现。

第二，明确和完善仲裁举证责任。仲裁法可以借鉴民事诉讼法的规定，明确规定举证责任的原则，建立"谁主张、谁举证"的原则和特殊情况下的举证责任倒置原则。并对证人制度作出细致的、可执行的规定。

案例 5-2 当事人申请证人出庭作证，仲裁庭未准许，是否违反法定程序？

案情简介：

北京某房地产公司、某市麦洼村村民委员会仲裁后，某房地产开发有限公司申请撤裁，该公司称，2014年9月，某市安次区北史家务乡麦洼村村民委员会（以下简称"麦洼村委员会"）因与某房地产公司《麦洼村"城中村"改造协议书》纠纷向贸易仲裁委员会提起仲裁，该案质证过程中，麦洼村委员会对某房地产公司提交的证据11《关于撤销〈解除合同通知书〉的通知》的真实性提出疑问，并申请对该通知中加盖的"某市麦洼村村民委员会"印文进行鉴定。2015 年 9 月，法大法庭科学技术鉴定研究所作出〔2015〕物鉴字第 221 号司法鉴定意见书，鉴定意见认为《关于撤销〈解除合同通知书〉的通知》中"某市麦洼村村民委员会"印文与麦洼村委员会提供的样本印文并不是同一枚印章盖印。

为进一步查明案件真相，2015 年 10 月 23 日，某房地产公司向仲裁庭补交了一份证人证言，证明《关于撤销〈解除合同通知书〉的通知》是麦洼村委员会主任陈×当面交予某房地产公司员工马×，并申请某房地产公司的员工马×出庭作证。然而，仲裁庭于 2015 年 11 月 10 日发函不予同意证人出庭作证。

某房地产公司认为，某房地产公司提交的证人证言是与〔2015〕物鉴字第 221 号司法鉴定意见书内容相关的新证据，对理清案件事实具有重大意义，而证人证言作为法定的证据类型之一，根据相关法律及司法解释的规定，"证人应当出庭作证，接受当事人的质询"。因此，就该新证据申请证人出庭是某房地产公司基于法律及司法解释所享有的程序性权利，应当得到支持。

裁判结果：

证人出庭作证的问题是仲裁庭对案件实体审理的问题，是否准许证人出庭作证由仲裁庭决定。本案中，仲裁庭根据案件审理情况、当事人提交的证据情况等作出不同意证人出庭作证的决定，不违反法律和《仲裁规则》的规定，不构成《中华人民共和国仲裁法》第 58 条第 1 款第 3 项仲裁庭的组成或者仲裁程序违反法定程序的情形。

本案要旨：

与鉴定人出庭制度不同，证人经申请，是否准予出庭，是仲裁庭审理案件的实体范围，不在法院审查范围内，鉴定人与证人在出庭问题上存在区别，主要原因在于鉴定意见一般情况下都被作为对案件裁决结果有重要影响的证据，且具有一定专业性，鉴定人到庭接受询问，说明情况，有利于仲裁庭对案件的公正审查和当事人对鉴定意见的理解和认可。证人证言作为证据的一种，其证明作用有较大的可替代性，如果在证人不出庭的情况下，现有证据已经对待证事实证明充分，证人出庭反而影响仲裁的经济性和仲裁效率，则仲裁庭可以自由裁量不准予证人出庭，不违反法定程序。

附：《最高人民法院关于民事诉讼证据的若干规定》（2019 年修正）相关法条

第六十七条 不能正确表达意思的人，不能作为证人。

待证事实与其年龄、智力状况或者精神健康状况相适应的无民事行为能力人和限制民事行为能力人，可以作为证人。

第六十八条 人民法院应当要求证人出庭作证，接受审判人员和当事人的询问。证人在审理前的准备阶段或者人民法院调查、询问等双方当事人在场时陈述证言的，视为出庭作证。

双方当事人同意证人以其他方式作证并经人民法院准许的，证人可以不出庭作证。

无正当理由未出庭的证人以书面等方式提供的证言，不得作为认定案件事实的根据。

第六十九条 当事人申请证人出庭作证的，应当在举证期限届满前向人民法院提交申请书。

申请书应当载明证人的姓名、职业、住所、联系方式，作证的主要内容，作证内容与待证事实的关联性，以及证人出庭作证的必要性。

符合《最高人民法院关于适用〈中华人民共和国民事诉讼法〉的解释》第九十六条第一款规定情形的，人民法院应当依职权通知证人出庭作证。

第七十二条 证人应当客观陈述其亲身感知的事实，作证时不得使用猜测、推断或者评论性语言。

证人作证前不得旁听法庭审理，作证时不得以宣读事先准备的书面材料的方式陈述证言。

证人言辞表达有障碍的，可以通过其他表达方式作证。

第七十四条 审判人员可以对证人进行询问。当事人及其诉讼代理人经审判人员许可后可以询问证人。

询问证人时其他证人不得在场。

人民法院认为有必要的，可以要求证人之间进行对质。

第七十六条　证人确有困难不能出庭作证，申请以书面证言、视听传输技术或者视听资料等方式作证的，应当向人民法院提交申请书。申请书中应当载明不能出庭的具体原因。

符合民事诉讼法第七十三条规定情形的，人民法院应当准许。

第八十二条　经法庭许可，当事人可以询问鉴定人、勘验人。

询问鉴定人、勘验人不得使用威胁、侮辱等不适当的言语和方式。

第八十五条　人民法院应当以证据能够证明的案件事实为根据依法作出裁判。

审判人员应当依照法定程序，全面、客观地审核证据，依据法律的规定，遵循法官职业道德，运用逻辑推理和日常生活经验，对证据有无证明力和证明力大小独立进行判断，并公开判断的理由和结果。

第九十条　下列证据不能单独作为认定案件事实的根据：

（一）当事人的陈述；

（二）无民事行为能力人或者限制民事行为能力人所作的与其年龄、智力状况或者精神健康状况不相当的证言；

（三）与一方当事人或者其代理人有利害关系的证人陈述的证言；

（四）存有疑点的视听资料、电子数据；

（五）无法与原件、原物核对的复制件、复制品。

第九十八条　对证人、鉴定人、勘验人的合法权益依法予以保护。

当事人或者其他诉讼参与人伪造、毁灭证据，提供虚假证据，阻止证人作证，指使、贿买、胁迫他人作伪证，或者对证人、鉴定人、勘验人打击报复的，依照民事诉讼法第一百一十条、第一百一十一条的规定进行处罚。

第四节　专家证人

一、专家证人的内涵

提供专家证据的专业机构或人员，通常被称为专家证人。所谓的专家，既可以是个人，也可以是机构，而且在实践中后者居多。

我国《民事诉讼法》没有规定专家证据制度，但《最高人民法院关于民事诉讼的若干规定》第 61 条指出："当事人可以向人民法院申请由 1~2 名具有专门知识的人员出庭就案件的专门性问题进行说明。人民法院准许其申请的，有关费用由提出申请的当事人负担。审判人员和当事人可以对出庭的具有专门知识的人员进行询问。经人民法院准许，可以由当事人各自申请的具有专门知识的人员就有案件中的问题进行对质。具有专门知识的人员可以对鉴定人进行询问。"

虽然我国《仲裁法》第 44 条只规定了鉴定人制度，而没有涉及专家证据问题。但我国仲裁实践中，对专家证据的运用其实早已存在，有关仲裁机构的现行仲裁规则对此也都有具体规定，如《中国国际经济贸易仲裁委员会仲裁规则》（2000 年版）第 39 条规定："仲裁庭可以就案件中的专门问题向专家咨询或者指定鉴定人进行鉴定。专家或鉴定人可以是中国或外国的机构或公民。仲裁庭有权要求当事人，而且当事人也有义务向专家/鉴定人提供或出示任何有关资料、文件或财产、货物，以供专家/鉴定人审阅、检验及/或鉴定。"《厦门仲裁委员会仲裁规则》（2020 年版）第 42 条第 1 项规定，仲裁庭认为有必要或者当事人申请并经仲裁庭同意的，仲裁庭可以将案件涉及的专门性问题交由当事人约定或协商确定的专家或鉴定人进行专家咨询鉴定，当事人未作约定或协商不成的，由仲裁庭指定。

二、专家证人制度的必要性

在商事仲裁中构建专家证人制度的必要性主要存在于两个方面：一是保证立法的完整性，二是保障商事仲裁的优越性。[1]

（一）保证立法完整性

在我国商事仲裁中适用专家证人制度尚存在法律障碍。严格来说，专家证人制度是证据制度的一部分，而证据制度属于诉讼和仲裁制度范畴。虽然最高人民法院司法解释对专家证人制度进行了原则性规定，但在商事仲裁领域中，专家证人制度的立法仍是一片空白，运用专家证人实际是无法可依的。

---

[1] 范铭超：《论我国商事仲裁中构建专家证人制度》，载《法治论丛》2005 年第 1 期。

（二）保障商事仲裁的优越性：维护商事仲裁的专业性、促进商事仲裁的经济性

商事仲裁的出现正是为了依靠作为专业人士的仲裁员来弥补法官在专业知识上的不足，因此专业性对于商事仲裁的重要性不言而喻。

随着社会的进步，社会分工细化，越是专才，其专业领域往往越是狭窄。即便大概念下仲裁员可以称为专业人士，但是在面对专业领域，特别是技术领域的问题时，仲裁员仍然需要相关专业人士的意见作为参考和其裁决案件的理论支持。而专家证人制度就能起到该作用。在专家证人制度完备的情况下，仲裁庭完全可以根据专家证人的证词，结合自身的专业知识，并依据其他证据，对案件作出正确的裁决。相对诉讼而言，通过仲裁方式作出的仲裁裁决无疑更具有专业性。

进一步而言，由于我国《仲裁法》对仲裁员的资格进行了严格规定，实行仲裁员名册制度，部分其他领域专业人士，因不符合仲裁员任职资格而无法受聘；在实践中，目前我国仲裁员构成以退休法官、大学法学教授、律师为主。整体而言，仲裁员的非法律专业知识是相对匮乏的，商事仲裁的专业性因此受到了巨大威胁。可见，我国商事仲裁的仲裁员在面对专业技术类案件时，亟待专家证人帮助。在我国目前的法律体系下，鉴定人制度固然能够在一定程度上缓解上述矛盾，但由于我国鉴定人准入门槛高，鉴定内容通常局限于一些常见的科学技术问题，范围相对狭窄。相比之下，专家证人资格相对宽泛，其作证的内容也可以是任何与案件事实有关的问题，相对鉴定范围更广，因此，鉴定人无法解决的问题，往往可以通过专家证人解决。比如习俗、宗教仪式问题。[1]

此外，因鉴定人的资格要求比专家证人更严格，并且通常需要取得有关政府部门的认证和批准。换言之，鉴定人市场准入的门槛比专家证人更高。对于市场而言，专家证人比鉴定人更为经济。当事人选择商事仲裁，看中其一裁终局，成本较为低廉。如果当事人不得不为专家证人支出一大笔费用，商事仲裁的经济性也就无法体现。因此，从促进我国商事仲裁的经济性方面来看，构建专家证人制度具有重大意义。

---

〔1〕　杨良宜、杨大明：《国际商务游戏规则：英美证据法》，法律出版社 2002 年版，第 460~461 页。

三、专家证人的指定

专家证人以指定为主，指定方式主要有两种：一种是由仲裁庭自行指定专家；另一种是由当事人自己委托专家，出示专家证据。

仲裁庭自行指定专家的权力，不仅得到了一些国家仲裁立法的肯定，而且在许多仲裁机构的仲裁规则中也有体现，如《德国民事诉讼法》第1049条、《英国仲裁法》第37条。仲裁庭可以指定一名或数名专家，就有待仲裁庭决断的某些专门性问题作出报告。为了确保专家能够顺利履行其职责，仲裁庭有权要求当事人向专家提供相关资料或专家要求提供的任何相关文件、货物、样品、财产或场所，以供专家审阅、检验或鉴定。当事人与专家之间如果就要求提供的资料或货物的相关性问题发生争议，也应提交仲裁庭来作出裁定。对于一方当事人不遵守仲裁庭提出的适当请求或裁定，仲裁庭指定的专家应当在报告中记录并说明其对专门问题裁决的影响。[1]

仲裁庭指定专家所发生的费用，由仲裁庭决定其分担方式。

四、专家证人报告

专家证人报告是针对仲裁中某一问题作出的列论性文件。仲裁庭在收到专家提出的报告后，应将报告一式一份转送所有的当事人，并给予当事人对报告提出书面意见的机会。当事人可以对专家报告所依据的任何文件进行质证。应任何一方当事人的要求，仲裁庭应给予各方当事人在开庭时询问专家的机会。有些仲裁规则在赋予仲裁庭自行指定专家权力的同时，还施加了一定的限制，即要求当事人事先没有不同的约定，否则仲裁庭不能自行指定专家提供报告，从而充分体现了仲裁程序中当事人意思自治原则。《国际商事仲裁示范法》第26条也有类似的规定："其一，除非当事各方另有协议，仲裁庭：①可以指定1名或1名以上的专家就仲裁庭要明确的具体问题向仲裁庭报告；②可以要求当事人一方向专家提供任何有关的资料，或出示或让他解除任何有关的文件、货物或其他财产，供他检验。其二，除非当事各方另有协议，如当事一方有此要求或仲裁庭认为有必要，专家在提出他的书面或口

---

[1]《国际律师协会有关国际商事仲裁证据规则》第6条第3款。

头报告后，应参加开庭，使当事各方有机会向他提出问题并派出专家证人就争论之点作证。"

当事人在仲裁程序中同时还可以依赖其自身委托的专家就特定问题提供证据。当事人委任的专家，往往充当着当事人专业技术顾问的角色，依当事人的指示就专门问题提出意见并服务于委托人。专家证人在开庭过程中可以就争论的焦点问题作证。如《联合国国际贸易法委员会仲裁规则》（2010 年修订）第 29 条第 5 项规定："任何一方当事人均可在此次开庭时委派专家证人出庭，就争议点作证。"当事人委托的专家还可以对仲裁庭指定的专家证人或鉴定人进行询问，以便澄清特定的专业技术性问题。当事人委托的专家如果提供书面报告，也应由出面委托的一方当事人在仲裁庭规定的期限内向仲裁庭和另一方当事人出示。仲裁庭还可以依职权要求当事人各方指定的专家会面并就有关的专门性问题交换意见，以便消除分歧，达成一致。

第五节　鉴定结论

一、鉴定结论概述

鉴定，是为解决因仲裁庭知识结构与特殊专门经验的局限性，使仲裁庭能够正确认定案件事实，根据情况需要，由当事人向仲裁庭申请专业人士出庭作证，是履行其证明责任的必要方式，也是借助一切可能的社会资源服务于仲裁程序的必然结果。

《民事诉讼法》《最高人民法院关于民事诉讼证据的若干规定》，以及《司法鉴定机构登记管理办法》《人民法院司法鉴定工作暂行规定》和《人民法院对外委托司法鉴定管理规定》等对鉴定结论作有规定。《中国国际经济贸易仲裁委员会仲裁规则》第 44 条也有相关规定。仲裁中应当遵循上述规定和上述几个新出台的部门规章，但同时对于仲裁中的专家鉴定人员没必要硬性规定其须具备某种证书，只要当事人共同选择或当事人一方选择而对方没有异议的专家都可以进行鉴定，这是当事人高度自治的要求，也是仲裁本质的体现。[1]

对仲裁过程中遇到仲裁员难以解决并需要进行鉴定的专门性问题,《仲裁法》第 44 条规定:"仲裁庭对专门性问题认为需要鉴定的,可以交由当事人约定的鉴定部门鉴定,也可以由仲裁庭指定的鉴定部门鉴定。"鉴定人有权了解进行鉴定所需的案件材料,必要时可以询问当事人、证人。当事人对鉴定结论有异议的,经仲裁庭许可,可以向鉴定人发问。鉴定人应当依据鉴定材料,客观公正地进行鉴定,保证鉴定结论的科学性。鉴定人应在鉴定结论上签名盖章,并加盖鉴定人所在单位的印章,以证明鉴定人的身份。如果鉴定人故意作虚假鉴定的,应承担法律责任。[2]

仲裁实践中常见的鉴定有产品质量鉴定、文书鉴定、会计鉴定、技术鉴定、工程造价鉴定等。产品质量鉴定是仲裁庭委托具有鉴定资质的鉴定机构,组织具有鉴定资格的专家对质量争议的产品进行调查、分析、判定,出具质量鉴定报告的过程;文书鉴定是指仲裁庭委托具有鉴定资质的鉴定机构,组织具有鉴定资格的专家运用文件检验学的原理和技术,对文书的笔迹、印章、印文、文书的制作及工具、文书形成时间等问题进行鉴定。文书,是指公文和书信,但在实际办案中作为证据的文书往往超出了公文和书信的范围,如车票、船票、飞机票、发票、收据、人民币等,其内容的真伪及制作方法都需要进行鉴别。文书鉴定是对案件中涉及的文字书写、文字制作、文书物证反映的具体内容、文书的制作方法、文书的真假等有关问题的分析、鉴别、认定等活动;会计鉴定指仲裁庭委托具有鉴定资质的鉴定机构,组织具有鉴定资格的专家对有关账簿、表册等进行核查鉴定,以确定是否与真实情况和有关制度相符;技术鉴定是仲裁庭委托具有鉴定资质的鉴定机构,组织具有鉴定资格的专家对某项技术成果的技术性能所作的评议和审定,应具有全套技术文件和样机试验报告,还应有可供表演的样机。在设计定型技术鉴定中,还必须提供工艺文件、成本分析文件和经济可行性文件以便全面评价产品的

---

[1] 如《伦敦国际仲裁院仲裁规则》第 22 条规定:"除非当事各方随时另有书面约定,仲裁庭有权命令任何一方当事人将其与仲裁标的有关的财产、现场或者物品置于仲裁庭的控制之下,以便仲裁庭、任何其他当事人或者其专家、仲裁庭指定的专家勘验。"

[2] 见案例 5-3 当事人申请鉴定人出庭,仲裁庭没有通知鉴定人员出庭,人民法院能否因此撤销仲裁裁决?

设计和工艺。一般分为初样成果技术鉴定和试验样机的设计定型技术鉴定两种；工程造价司法鉴定是指仲裁庭委托具有鉴定资质的鉴定机构，组织具有鉴定资格的专家，依据国家的法律、法规以及中央和省、自治区及直辖市等地方政府颁布的工程造价定额标准，针对某一特定建设项目的施工图纸及竣工资料来计算和确定某一工程价值并提供鉴定结论的活动。

受我国现行《民事诉讼法》所设定的单一的鉴定人制度的影响，我国《仲裁法》也只规定了鉴定人制度。《北京仲裁委员会仲裁规则》第35条第1款规定："当事人申请鉴定且仲裁庭同意，或者当事人虽未申请鉴定但仲裁庭认为需要鉴定的，可以通知当事人在仲裁庭规定的期限内共同选定鉴定人或由仲裁庭指定鉴定人。"根据这一规定，鉴定人不限于以单位名义，还可以个人名义进行。可以说，这一规定是借鉴了国际上仲裁活动所通行的做法，是对我国现行仲裁制度涉及有关证明方式的一种必要的改进与发展。

二、关于专业鉴定程序的启动与指定

在仲裁实务中，是否有必要进行有关专业鉴定，主要应取决于仲裁庭的据情裁量。通常而言，专业鉴定的启动，既可基于有关当事人的申请，也可基于仲裁庭依职权作出。这与专家证人在仲裁中程序类似，鉴定与专家证人证据制度在程序上及所需考量的问题上，也有诸多相似之处，此处不再赘述。在仲裁实践中，鉴定较少出现在我国商事仲裁中。

在仲裁实务中，有时会出现一方当事人根据有关鉴定机构作出的鉴定结论，作为证明另一方当事人负有损害赔偿责任的证据，以便提起仲裁的情形，如产品或工程质量不合格的鉴定意见。对这种事先由一方当事人所提供的鉴定结论，是否可直接作为仲裁审理的证据，不能一概要求在仲裁程序开始后重新进行专业鉴定，因为从事专业鉴定必定要耗费相应的时间与费用，会增加一定的仲裁成本。如果由一方当事人在仲裁活动启动之前委托有关鉴定部门作出鉴定结论，该鉴定从形式和内容上，均无瑕疵，可认定该鉴定有效。法律依据参照《最高人民法院关于民事诉讼证据的若干规定》第41条的有关规定，即一方当事人自行委托有关部门事先作出的鉴定结论，另一方当事人有证据足以反驳并申请重新鉴定的，应当予以准许。这种"足以反驳"是指，原已作出的鉴定结论存在以下瑕疵：其一，鉴定机构或者鉴定人员不具备相

关的鉴定资格；其二，鉴定程序严重违法；其三，鉴定结论明显依据不足；其四，经过质证认定不能作为证据使用的其他情形。

三、国际视野中的商事仲裁鉴定证据

在国际上，关于鉴定人或鉴定专家的选定或指定，主要有两种模式。

一是主要由仲裁庭来指定鉴定专家。例如，《国际商事仲裁示范法》第26条第1项规定："除非当事人另有协议，仲裁庭可以指定一名或一名以上的专家就仲裁庭要确定的具体问题向仲裁庭提出报告。"再如，《斯德哥尔摩商会仲裁院规则》第22条规定："除非当事人另有约定，仲裁庭可以指定一名专家就某个特定的问题发表其意见。"

二是鉴定专家由仲裁庭来指定，但是允许双方当事人各自聘请自己的专家证人来参与证明活动。例如，《联合国国际贸易法委员会仲裁规则》（2010年修订）第29条第5项规定："专家报告提交后，经任何一方当事人请求，专家可在开庭时听询，各方当事人应有机会出庭并质询专家。任何一方当事人的均可在此次开庭时委派专家证人出庭，就争议点作证。"再如，《美国仲裁协会国际仲裁规则》第22条第4项规定："应任何一方当事人的要求，仲裁庭应给予各方当事人在开庭时询问专家的机会。在该次开庭中，各方当事人均可邀请专家证人对争论要点作证。"

四、关于鉴定人或者鉴定专家出庭作证问题

鉴定结论或专家意见属于言词证据范畴，如果鉴定人不出庭，则无法使其所作的鉴定结论在程序上产生应有的法律效力。因此，鉴定人应当出庭接受当事人的质询。这种质询实际上是对鉴定结论进行质证的一种正当程序和必要方式。一旦缺失这种要式行为，鉴定结论只能被作为一种传闻证据来看待，无法有效地作为裁决的基础。在国际仲裁立法及实务当中，由当事人就鉴定人或鉴定专家所作出的结论或意见提出质询，是当事人的一项重要的权利，除非有关当事人自愿放弃，否则这种权利不应以任何理由予以剥夺。例如，《美国仲裁协会国际仲裁规则》第22条第4项规定："在任何一方当事人的要求下，仲裁庭应给予各方当事人在庭审时询问专家的机会。"《荷兰仲裁法》第1042条第5项规定："仲裁庭应给予当事人询问专家和提出自己方面

专家的机会。"

鉴定人是由当事人委托或者仲裁庭指定的，具有可更换性或替代性。因此，在一般条件下，很难从客观上找到鉴定人可以拒不出庭的正当理由。从理论上讲，如果鉴定人在客观上确实难以出庭作证（如重病在身或者到国外长期探亲访友、从事科研活动等），那么就应当及时更换鉴定人，并重新作出鉴定结论。

案例 5–3 当事人申请鉴定人出庭，仲裁庭没有通知鉴定人员出庭，人民法院能否因此撤销仲裁裁决？

案情简介：

新疆某农业开发有限公司、某建设集团有限公司就争议进行仲裁，裁决作出后，新疆某农业开发有限公司申请撤裁，理由是仲裁委未对本案关键证据"某工程造价咨询有限公司（2016）第 0414 号《工程造价意见书》"开庭质证，某农业开发有限公司申请鉴定人出庭后，仲裁庭未通知鉴定人员参加庭审，接受提问，违反法定程序。而仲裁庭将该意见书直接作为认定案件事实及作出裁决的依据，其程序违法。

裁判结果：

根据《中华人民共和国仲裁法》第44条规定，仲裁庭对专门性问题认为需要鉴定的，可以交由当事人约定的鉴定部门鉴定，也可以由仲裁庭指定的鉴定部门鉴定。根据当事人的请求或者仲裁庭的要求，鉴定部门应当派鉴定人参加庭审。当事人经仲裁庭许可，可以向鉴定人提问。依据该法律规定，申请人新疆某农业开发有限公司对于最终定稿的《工程造价意见书》持有异议，并要求相关鉴定人员出庭接受质询的，仲裁庭应当准予。《工程造价意见书》作为认定案件事实的重要证据，其中涉及结算工程款所依据的建筑材料调差及核算的工程量，直接影响当事人权益的维护。出具《工程造价意见书》的鉴定人应当出庭接受当事人质询，并陈述鉴定报告所采纳的客观依据是否充足。这与民事诉讼程序中涉及鉴定意见是否被采纳的程序相符，故，申请人新疆某农业开发有限公司以该行为违反法定程序为由要求撤销该仲裁裁决书，理由成立。

本案要旨：

《工程造价意见书》作为认定案件事实的重要证据，直接影响当事人权益，该鉴定意见有其不可替代的重要性。

当事人申请鉴定人出庭接受询问，仲裁庭应当准许却未通知鉴定人到庭，系剥夺了当事人质证的权利。因此在这种情形下会被撤裁。

第六节　证据的调查和调取

一、获取证据的方式

（一）当事人提供证据

仲裁中，当事人对自己的主张、请求、答辩所依据的事实，需要提供证据来证明，未提交或提交的证据无法证明待证事实时，则要承担不利的法律后果，即"谁主张、谁举证"的证明责任。我国《仲裁法》第43条规定，当事人对于自己的主张应当提供证据予以证明，对于当事人来说提供证据是一种义务，若不提供则须承担举证不能的责任。此外，当事人作为案件事实发生、发展、演变情况的亲历者，相对于其他案外人来说，对于仲裁证据的收集有更近的距离，是获取相关证据时最合适、最有利的主体。

仲裁当事人在提供证据时，要遵循相关的证据规则，按照自己承担的证明责任范围收集、提供证据。就各国的仲裁立法及仲裁规则来看，当事人需要遵循的证据规则包括证据的种类要符合法律规定，收集证据的方式不得侵害他人合法权益或违反法律的禁止性规定，当事人要在举证期限内提交证据等内容。

为了使仲裁裁决更加公正，无论对当事人有利与否，均应以穷尽一切证据为原则，虽然现实中当事人会本能地隐瞒对自己不利的证据。"证据披露规则""不利推定规则"的设置都是为了更好地保障当事人的证据收集权，使仲裁裁决的作出建立在对证据充分收集和认证的基础上。

（二）仲裁庭自行调取

1. 仲裁庭依职权调查取证

理论上，为了保障裁判者的中立地位，仲裁庭一般不会主动调取证据，当事人收集证据仍然是获取证据最主要的途径。

实践中，国际商事仲裁、各国的仲裁立法以及各地的仲裁规则将仲裁庭的主要职责限定为审查核实证据并据此作出裁决，仲裁庭不应主动去收集证据，这样不仅提高了办案的效率，也能防止仲裁机构在收集证据中滥用职权。事实上，当事人提供证据与仲裁庭依职权调查取证之间存在权衡关系合理配置，才能保证最终裁决的公正性。仲裁庭依职权调查证据具有酌定性，实施该项权力时，仲裁庭一般非常慎重，只有在全面考虑案件的情况后认为确有必要时，才可实施，否则会影响当事人收集证据的积极性，也可能因仲裁庭过早接触相关证据而削弱仲裁庭的中立性、公正性。

2. 仲裁庭依申请调查取证

在商事仲裁证据收集中，若当事人因客观原因不能收集证据，可以申请仲裁机构调查取证。我国《仲裁法》中规定了仲裁庭依据当事人的申请对可能灭失或今后难以取得的证据予以调查收集和保全。我国各地的仲裁规则对于仲裁庭依申请调查取证的范围有一定的突破性，不再局限于只能申请仲裁前证据保全的规定，如郑州仲裁委员会、呼和浩特仲裁委员会的仲裁规则中都有此类规定。[1]

仲裁庭在依申请调查取证时有自由裁量权，但是作为一个民间机构，其权力受到很大限制，当事人以外的其他组织和个人并没有协助仲裁庭调查取证的义务。因此，仲裁庭在调查取证过程中的职权和方式受到了限制，在必要的时候需要申请法院的协助来获取证据。

3. 仲裁庭调取证据过程中存在的问题

我国《仲裁法》第 43 条第 2 款规定："仲裁庭认为有必要收集的证据，可以自行收集。"《民事诉讼法》第 64 条第 2 款规定："当事人及其诉讼代理人因客观原因不能自行收集的证据，或者人民法院认为审理案件需要的证据，人民法院应当调查收集。"第 67 条第 1 款规定："人民法院有权向有关单位和

---

〔1〕　见案例 5-4 仲裁庭应对关键证据进行调取而未调取，仲裁裁决能否被撤销？

个人调查取证，有关单位和个人不得拒绝。"从上述条文的对比中可看出：仲裁庭要求当事人或案外个人和单位提供证据，而有关单位和个人拒不提供，仲裁庭是无能为力的。在实践中，仲裁庭"自行收集"证据往往陷入十分尴尬的境地。这就凸显出《仲裁法》在授予仲裁庭"自行收集证据"权力上的立法缺陷。由于仲裁庭的仲裁权基于当事人自愿达成的仲裁协议，不具有国家强制力，因此，如果没有司法上的支持和协助，这种"自行收集证据"的权力难以实现。

综观我国各仲裁机构的仲裁规则，由于受《仲裁法》第43条第2款规定的影响，关于仲裁庭"自行收集证据"方面作了与该法条表述基本一致的规定，2004年3月1日起实行的《北京仲裁委员会仲裁规则》单列了一条即第30条"仲裁庭自行收集证据"，内容为："①当事人申请且仲裁庭认为必要时，可以自行调查事实、收集证据。仲裁庭调查事实、收集证据时，认为有必要通知双方当事人到场的，应当及时通知。经通知，一方或双方当事人未到场，不影响仲裁庭调查事实和收集证据。②当事人可以对仲裁庭收集的证据提出质证意见。"从该第30条来看，对于仲裁庭"自行收集证据"在操作细节上作了更详细的规定，有利于提高效率，但遗憾的是，基本原则没有也不可能由仲裁机构本身通过《仲裁规则》来予以突破。

在国际仲裁制度中，为了保证仲裁庭作出公正的裁决，许多国家都明确规定仲裁庭在取证方面可以得到法院的司法支持。

《国际商事仲裁示范法》第27条"在获取证据方面的法院协助"规定："仲裁庭或当事人一方在仲裁庭同意之下，可以请求本国主管法院协助获取证据，法院可以在其权限范围内并按照其获取证据的规则的规定执行上述请求。"

《加拿大商事仲裁法案》第25条"法院在取证上的协助"规定："仲裁庭或者仲裁庭许可的一方当事人可以请求加拿大的主管法院协助取证，法院可以根据它的职权并按照其取证规则满足此请求。"

《斯德哥尔摩商会仲裁院规则》对证据未作规定，但明确说明"瑞典有关仲裁的法律应同本规则一并适用"[1]。《瑞典仲裁法》规定双方当事人和仲

---

〔1〕《斯德哥尔摩商会仲裁院规则》第5条。

裁员有强制提供证据的权力，且当事人可以约定限制仲裁员收集证据的权力。另外，经仲裁员批准，当事人可以主动向法院提出协助取得证据的申请。

根据《美国联邦仲裁法》第 7 条，仲裁员有权传唤任何人出席作证并且"可以命令提出被认为是案件实质证据的簿册、记录、证件或文件"[1]。

（三）法院协助获取

商事仲裁证据制度与民事诉讼证据制度相比而言，商事仲裁证据的审查主体，在证据收集过程中无权采取强制措施对证据予以收集，只能是仰赖国家公权力机构，即法院。法院在仲裁程序中并没有收集证据的义务，证据收集的主体是当事人和仲裁庭，法院只能协助获取证据。

法院在仲裁证据收集程序中提供司法协助的情形，主要有两种：一是根据仲裁庭或当事人的申请，强制证人出庭作证或询问证人或调取其他证据；[2]二是根据当事人的申请，法院在仲裁前或仲裁中协助采取保全证据的措施。

一般而言，法院对商事仲裁没有取证的义务，但是限于仲裁的民间性，仲裁庭并不具有强制执行的权力，因此，对那些难以取得或者容易灭失，并且与发现案件事实关系重大的证据的取得，往往还须寻求法院公权力的协助。在仲裁立法中将法院协助的问题加以规范具有重要意义。我国仲裁立法中未涉及法院应就仲裁庭或当事人请求协助取证的问题。

（四）国际视野中的法院协助调取证据

一些国家的仲裁立法对此也作了各具特色的尝试，大致可以分为四种类型：

第一，法院强制性处罚保障型。以美国为例，《美国仲裁法案》第 7 条规定："不论是否依照本法案所指定的仲裁员全体或者过半数，都可以用书面传唤任何人出席作证，并且可以命令提出被认为是案件实质证据的簿册、记录、证件或者文件。……传票应当用仲裁员全体或者过半数的名义签发，并且应当送达被传唤人，传票的送达方法同法院传票一样。如果被传唤作证的人拒绝或者拖延出席，仲裁员全体或者过半数所在地区的美国法院，根据请求，可以强迫他出席，或者按照美国法院关于保证证人出席或者处罚拖延、拒绝

---

〔1〕　吴定喜：《国际商务仲裁中当事人应如何选择证据收集规则》，载《天中学刊》2001 年第 6 期。

〔2〕　《国际商事仲裁示范法》第 27 条：仲裁庭或当事人一方在仲裁庭同意之下，可以请求本国主管法院协助获取证据。法院可以在其权限范围内按获取证据的规则执行上述请求。

出席的规定，给予处罚。"

第二，法院对仲裁庭参与听证准许型。以德国为例，《德国民事诉讼法》第1015条规定："法院如果认为该项申请可予许可，应依照法院调查证据或实施其他法官行为的规定按申请执行。仲裁庭有权参加法庭的调查证据并提出问题。"

第三，仲裁庭许可协助型。以瑞典为例，《瑞典仲裁法》第26条规定："一方当事人认为某证人或专家应发誓后作证或某当事人在确真宣誓后予以讯问，经仲裁庭准许，可以就此向地方法院提出申请……如果仲裁庭在考虑到在案证据后认为该措施是正当的，亦应如此申请。"

第四，域外协助型。《荷兰1986年仲裁法》第1044条"要求提供外国法资料"规定：①仲裁庭可以通过海牙地方法院院长的参与，要求1968年6月7日关于伦敦的《关于外国法资料的欧洲公约》第3条所提及的资料。除非认为此要求不合理，院长应毫不迟延地将此要求通知该公约第2条所提及的代理人并通知仲裁庭。②仲裁庭可将仲裁程序中止至收到对其提供资料要求的答复之日。这似乎是世界上唯一一部规定仲裁庭有权要求法院提供外国资料的仲裁法，尽管实践中极少有适用此条的案例。

二、对调取证据的质证

我国《仲裁法》第45条规定，证据应当在开庭时出示，当事人可以质证。在通常情况下，未经质证的证据材料，不能作为认定案件事实的依据。因此，当事人提供、仲裁庭自行收集、法院协助获取的各类证据材料，原则上均需要经过当事人质证，才能被作为认定案件事实的依据。作为例外情形，当事人在证据交换过程中已经认可并记录在卷的证据，经仲裁庭在庭审中说明后，可以不经出示，直接作为认定案件事实的依据，但当事人反悔并有相反证据足以推翻该证据的除外。

案例 5-4 仲裁庭应对关键证据进行调取而未调取，仲裁裁决能否被撤销？

案情简介：

JR 公司于 2013 年 1 月 21 日与某银行股份有限公司陕西省分行（以下简称"某银行陕西省分行"）签订某科技大厦 1~4 层商铺购置意向书；JR 公司于 2013 年 10 月 11 日与某银行陕西省分行签订了某科技大厦 1~4 层商铺的商品房买卖合同；2013 年 10 月某银行股份有限公司陕西省分行向申请人 JR 公司支付购房款 34 559 999.2 元。某银行陕西省分行尚未取得科技大厦 1~4 层商铺的所有权。JR 公司与某银行陕西省分行的商品房买卖合同没有办理备案登记手续，某科技大厦 1~4 层商铺现由某银行渭南分行占有使用（2014 年 4 月 18 日装修完毕营业）。上述交易，有购置意向书复印件。

JR 公司与李某因借贷，签订房屋买卖合同作为担保，房屋坐落在某科技大厦 3 层商铺，有房屋买卖合同原件。后 JR 公司按照李某要求，将利息汇入张某账户，因 JR 公司无力偿还借款，李某申请仲裁要求 JR 公司交付房屋，仲裁裁决支持这一请求。

在撤裁程序中，JR 公司提出，其向仲裁庭提出调查取证申请，请求仲裁庭前往中国建设银行及公安机关调查张某与张某某的身份，以确定属同一人，进而证明 JR 公司向张某支付过多笔利息。但是仲裁庭接到申请后，并未依法前往调查，而是直接作出不予准许调查取证的决定。另外，JR 公司还向仲裁庭提交申请，希望仲裁庭要求被申请人出庭陈述，以查明案件事实，但是仲裁庭仍以不符合相关规定为由作出了不予调查取证的决定。并且，在调查涉诉房屋是否已经卖给某银行这一事实时，JR 公司承认商铺租赁合同是伪造的，在李某知道 JR 公司伪造租赁合同后，JR 公司将真实的商铺购置意向书原件交给了与其同行的张某，庭审中无法再提供原件，而如果要查明该部分事实，需要仲裁庭前往某银行进行调查工作。但是，JR 公司告知仲裁庭该部分证据可在某银行取得，仲裁庭并未按照职责进行调查，导致案件事实认定错误。

裁判结果：

《中华人民共和国仲裁法》第43条规定：仲裁庭认为有必要收集的证据，可以自行收集。被申请人李某提交的某科技大厦商铺租赁合同来源于申请人JR公司，而申请人JR公司的法定代表人牛某仲裁时已经承认某科技大厦商铺租赁合同系本人伪造，仲裁中申请人JR公司亦提交了2013年1月21日与某银行陕西省分行就涉诉房屋签订了购置意向书复印件，认为其与某银行陕西省分行就涉诉房屋是买卖关系。本案中，查明某银行渭南分行实际占有使用涉诉房屋的基础性法律关系对于被申请人李某请求交付涉诉房屋等仲裁请求具有决定性作用，因此，调取查明申请人JR公司与某银行陕西省分行之间关于涉诉房屋的相关证据，既有必要，也属应当。仲裁庭在案件事实不清的情况下未依职权收集证据，违反了程序规定，确有不当。

本案要旨：

本案中涉及争议法律关系的关键证据主要系《购置意向书》原件，该证据可以向某银行有关部门调取。

本案中因JR公司无法提供原件，向仲裁庭申请调取而仲裁庭拒绝且没有说明正当理由，仲裁庭在其认定的法律关系错误的情况下作出裁决，因此，裁决可以撤销。

第七节　举证质证的权利与放弃

一、仲裁证据的质证

（一）仲裁质证的含义

仲裁程序中的质证，是指在仲裁程序进行过程中，在仲裁庭或者仲裁秘书的主持下，当事人围绕所提出证据的真实性、关联性、合法性，针对证据能力之有无和证明力之大小问题，相互进行质疑、辩驳或作出相应的说明、解释，并直接影响或作用于仲裁庭认证的活动。质证是当事人在仲裁中得以充分攻击防御的重要保障机制，基于实现自身实体权益的目的，各方当事人往往会从不同，甚至相反的角度对证据材料展开分析。通过质证程序审查证据，仲裁庭可以获取更为全面的信息，知悉相同证据材料的更多种解读路径，最终在兼听则明的基础上形成内心确信。因此，质证在向当事人供给程序正义的同时，也有助于仲裁庭更为准确地认定案件事实。[1]

根据发生时间的不同，质证可以区分为庭前证据交换中的质证、开庭审理中的质证、开庭审理后的补充质证。其中，以直接询问和交叉询问的方式当庭进行质证是常态，但基于节约仲裁成本和缩短仲裁周期的目的，当事人可以选择采取书面质证等其他方式，仲裁庭也可以要求当事人事后补充提交书面质证意见。无论口头质证，还是书面质证，当事人都应当围绕着证据能力之有无与证明力之大小进行质疑、说明和辩驳，仲裁庭应当注意平等对待各方当事人，确保各方当事人都得以充分地进行攻击防御。

（二）质证的现行规定

1. 法律、司法解释的规定

关于仲裁中的质证，《仲裁法》第 45 条规定："证据应当在开庭时出示，当事人可以质证。"这一规定应当说基本上是对《民事诉讼法》第 68 条的复述，即"证据应当在法庭上出示，并由当事人互相质证"。但《仲裁法》这一规定对于质证的含义、内容和程序等事项均无涉及。

与法律规定相比较，最高人民法院的司法解释对于质证的规定更为详尽。《最高人民法院关于民事诉讼证据的若干规定》（法释〔2019〕19 号，以下简称《证据规定》）第 60 条第 1 款规定："当事人在审理前的准备阶段或者人民法院调查、询问过程中发表过质证意见的证据，视为质证过的证据。"《最高人民法院关于适用〈中华人民共和国民事诉讼法〉的解释》（法释〔2015〕5 号，以下简称《民诉法解释》）第 103 条第 1 款规定："证据应当在法庭上出示，由当事人互相质证。未经当事人质证的证据，不得作为认定案件事实的根据。"《民诉法解释》第 104 条第 1 款规定："人民法院应当组织当事人围绕证据的真实性、合法性以及与待证事实的关联性进行质证，并针对证据有无证明力和证明力大小进行说明和辩论。"虽然上述规定中亦未对何为质证下确定性的结论，但却明确了质证的基本内容，即质证内容包含证据的真实性、

---

[1]　见案例 5-5 未经质证的和解协议，能够当作证据使用吗？

关联性和合法性三个方面，[1]以及证明力的有无和大小。

2. 仲裁规则中的质证规定

国内各仲裁机构的仲裁规则均对质证作了相应规定，如《北京仲裁委员会/北京国际仲裁中心仲裁规则（2019）》第 37 条[2]，《中国国际经济贸易仲裁委员会仲裁规则（2015）》第 42 条[3]和《上海国际经济贸易仲裁委员会（上海国际仲裁中心）仲裁规则（2015）》第 40 条[4]等。上述仲裁规则均遵循《仲裁法》所规定的开庭质证原则，亦明确了书面质证这一质证方式，差别仅在于提交书面质证意见的条件有所不同。同时，上述仲裁机构的仲裁规则均未涉及质证内容的规定。

（三）放弃质证的后果

质证权是当事人可以放弃行使的权利，仲裁庭仅需要提供当事人针对证据材料发表意见的机会，当事人放弃质证的，不影响仲裁庭裁量该证据是否可作为认定案件事实的依据。如果当事人未能获得质证的机会，仲裁庭据此作出的仲裁裁决则可能被裁定撤销、不予执行或者不予承认和执行。

二、质证的具体环节与方式

以北京仲裁委员会为例，根据《北京仲裁委员会仲裁规则》（2019 年版）的相关规定，质证活动主要在以下三个环节或采用以下三种方式进行：

（一）庭前证据交换中的质证

根据《北京仲裁委员会仲裁规则》（2008 年版）第 33 条的规定："仲裁庭

---

〔1〕 刘晓兵：《民事庭审质证的基本要素研究》，载《证据科学》2015 年第 3 期，第 296 页。

〔2〕《北京仲裁委员会规则》第 37 条规定："①仲裁庭可以根据案件审理需要，安排当事人自行就证据材料原件与复印件是否一致进行核对。仲裁庭可以委托秘书组织当事人进行上述核对工作。②开庭审理的案件，在开庭前已经交换的证据应当在开庭时出示，当事人质证。当事人已经认可的证据，经仲裁庭在庭审中说明后，可以不经出示，直接作为认定案件事实的依据。③对于当事人当庭或者开庭后提交的证据材料，仲裁庭决定接受但不再开庭审理的，可以要求当事人在一定期限内提交书面质证意见。"

〔3〕《贸仲规则》第 42 条规定："①开庭审理的案件，证据应在开庭时出示，当事人可以质证。②对于书面审理的案件的证据材料，或对于开庭后提交的证据材料且当事人同意书面质证的，可以进行书面质证。书面质证时，当事人应在仲裁庭规定的期限内提交书面质证意见。"

〔4〕《上仲规则》第 40 条规定："①除非当事人另有约定，一方当事人提交的证据材料应经秘书处转交其他当事人及仲裁庭。②除非当事人另有约定，开庭审理的案件，证据应在开庭时出示，当事人可以进行质证。③当事人开庭后提交的证据材料，仲裁庭决定接受但不再开庭审理的，可以要求当事人在一定期限内提交书面质证意见。"

认为有必要的，可以在开庭审理前委托首席仲裁员召集双方当事人交换证据材料，共同确定双方争执点和审理范围。"在仲裁活动中，在庭前就有关证据进行交换的质证属于初步的质证，交换证据使当事人就有关证据发表意见，并且就有关证据与案件待证事实的关联性进行论证，从而形成案件的争议焦点，以便仲裁庭及时确定审理的范围。因为，在此阶段，由于案件的争议焦点与审理范围并未最终确定，因此，双方当事人就何种待证事实与证明对象应负证明责任，尚处于不确定状态。但是，这并不妨碍双方当事人就有关案件事实问题进行陈述，对此，由秘书记录在案作为一种笔录，这种笔录虽然是以书面作为表现形式，但主要记载的是当事人对案件事实的陈述，其重要的证明价值在于，形成对案件事实的自认证据，主要产生两方面的证明功能：一是先前已被有关当事人所陈述的事实，无论在当时看来对该方当事人是否有利，但是在事后的正式庭审活动当中或程序进行的其他阶段，有关当事人不得任意对其加以反言；二是对秘书所作的笔录经双方当事人签字认可的，凡是经一方当事人自认的事实，对方当事人明确表示承认或不予否认，可作为并不存在争议的事实来看待，只要这部分事实在事后被确认为与本案待证事实具有关联性，可直接作为裁决的基础，而不必再交由当事人进行辩论或质证。

（二）审理中的质证

《北京仲裁委员会仲裁规则》第33条第2款规定，对于当事人逾期提交证据材料的，仲裁庭有权拒绝接受。《北京仲裁委员会仲裁规则》第37条第2款规定："开庭审理的案件，在开庭前已经交换的证据应当在开庭时出示，由当事人质证。当事人在证据交换过程中已经认可并记录在卷的证据，经仲裁庭在庭审中说明后，可以不经出示，直接作为认定案件事实的依据。"《北京仲裁委员会仲裁规则》第37条第3款规定："对于当事人当庭或者开庭后提交的证据材料，仲裁庭决定接受但不再开庭审理的，可以要求当事人在一定期限内提交书面质证意见。"

根据上述规定，对于在庭前已经交换，但当事人未发表质证意见或者未充分发表质证意见的证据，在正式庭审中可以进行质证。但是，凡在庭前证据交换活动中已对有关证据发表认可意见并记录在案的，不得擅自变更、撤销或者发表与先前相互抵触的质证意见，除非对方当事人同意或者提出相关证据证明，或者对此作出合理的解释并且经仲裁庭的许可。

"当庭"提交证据材料，是指虽然仲裁庭在开庭审理前未向当事人明确举证期限，但是根据仲裁规则，申请人在申请仲裁并提出仲裁请求时，应当提供其所依据的证据材料，并且仲裁庭有权要求当事人在开庭审理前的一定期限内提交证据材料。当事人当庭提交证据材料并由仲裁庭决定接受的情形，主要发生在开庭审理前，虽然双方当事人经过交换证据，并且共同确定了案件争议焦点与审理范围，但从案件的具体情形看，有关当事人确有必要补充提交证据。

"逾期"提交证据材料，是指当事人在已超过仲裁庭所明确的举证期限之后提交证据材料。对于"逾期"提交证据材料的，如果当事人不能及时提供证据材料存在合理原因或客观障碍，经当事人提供证据对此加以证明或者作出令人满意的解释，且仲裁庭认为，接受这些证据不致影响仲裁活动的正常进行时，可以决定接受这些逾期提交的证据材料。

当事人在开庭后提交并由仲裁庭决定接受证据材料的情形，主要发生在正式开庭审理前，并未举行当事人之间的证据交换；或者在一些特殊情形下，虽然在庭前当事人之间已经进行过证据交换，但因案情复杂、曲折，导致仲裁庭认为有必要对于先前已经确定的审理范围进行必要的调整；或者在仲裁庭看来有必要继续提供相应证据或者补充提供证据的其他情形。

（三）对提交有关证据的书面质证

《北京仲裁委员会仲裁规则》第37条第3款包含有仲裁庭可以要求当事人在一定期限内提交书面质证意见的规定。从证据法意义上，对证据的审查判断，应当建立在证据辩论主义的基础之上，因此，当庭由当事人就证据的效力以及证明力的大小进行质证，既是当事人的权利，也是事实审理者的职责。但是，为了体现仲裁程序的简便、迅捷、低成本的特点，并且根据当事人之间的意思自治原则，在双方当事人一致同意的情况下，仲裁庭才可决定采用书面质证的方式，对当事人所提交的有关证据进行质证。在实践中，基本是采取由仲裁庭向双方当事人征求意见或者由仲裁庭主动提出采用书面质证方式的建议，但只要有一方当事人对采用这种书面质证方式提出异议，就不得采用这种质证方式。

案例 5-5 未经质证的和解协议，能够当作证据使用吗？

案情简介：

2012 年 10 月 11 日，谭某与 DL 公司签订了《商品房买卖合同》，合同中约定了交房时间及违约金的计算方式等相关事宜。后因 DL 公司未在合同约定的交房时间内交付，并迟延办理房屋产权初始登记权属证明，双方发生纠纷。谭某依据合同中约定的仲裁条款于 2014 年 10 月 15 日向遂宁仲裁委员会申请仲裁。仲裁委根据双方达成的和解协议作出裁决。

撤裁程序中，申请人谭某申请称，仲裁裁决所依据的证据是伪造的，申请人和被申请人在举证中均未出示《和解协议》作为证据，亦未经过质证，仲裁委依据《和解协议》以 50 元/平方米计算违约金未经过举证、质证，该证据是仲裁委凭空搬进仲裁裁决的。

裁判结果：

本案在仲裁中主要争议的问题是 DL 公司逾期交房应向谭某支付的违约金问题，而仲裁庭在计算违约金标准时，主要参照的证据则是《和解协议》。从仲裁裁决书可以看出，谭某和 DL 公司在仲裁举证中所出示的证据均未见《和解协议》，对方当事人亦未进行质证，仲裁庭却直接对《和解协议》进行了认证，并依据《和解协议》确定了违约金的计算标准。根据《中华人民共和国仲裁法》第 45 条"证据应当在开庭时出示，当事人可以质证"和《遂宁仲裁委员会仲裁暂行规则》第 48 条第 1 款"证据应当在开庭时出示，由当事人质证。未经质证的证据，不能作为认定案件事实的依据"的规定，在双方当事人均未在仲裁开庭时出示《和解协议》作为证据，对方当事人亦未质证的情况下，仲裁庭径自将该《和解协议》作为认定案件事实的依据，并参照《和解协议》作出裁决，明显违反了仲裁的法定程序，可能影响案件的公正裁决，符合《中华人民共和国仲裁法》第 58 条第 1 款第 3 项规定撤销仲裁裁决的法定情形。

本案要旨：

用以定案的证据，必须经过双方质证。本案中《和解协议》没有经过质证，而仲裁庭径自据此裁决，属于程序违法，应当撤销仲裁裁决。

第六章

庭 审

第一节 庭审前的准备

一、紧扣交易模式，研读交易基础合同并归纳整理合同之间的关系

一般来说，出现合同纠纷是因为当事人在交易中出现了合同履行不能或其他的合同违约情形，以致缔结合同的目的、合同所约定的结果不能实现。在双方不能达成新的一致合意时，依据事先订立好的仲裁条款或仲裁协议，将争议提交仲裁委员会处理。除前文所述，在申请仲裁前，应核查仲裁事项是否超出仲裁范围、所申请的仲裁机构是否对案件有管辖权等内容外，应着重归纳基础合同的法律关系。法律关系主要体现在以下几点：

第一，确定适格的申请人或被申请人。合同具有相对性，根据合同相对性，同一仲裁案件的申请人和被申请人应是同一合同中的相对人。若该案的申请人或被申请人并非合同相对人，则申请人或被申请人的身份不适格。

第二，根据主合同法律关系，归纳请求权基础、确定仲裁请求。虽然商事仲裁和诉讼有一定区别，但二者在法律关系、请求的审查认定方法上，几乎是一致的。例如债权人与债务人签订贷款合同，债务人以不动产作为抵押，当债权人就该合同争议申请仲裁时，申请人与被申请人之间的基础法律关系是债权债务关系，此时，债权人基于其对债务人享有的债权申请仲裁，其仲裁请求也应是请求裁决债务人清偿债务。即使债务人已无现金支付能力，必须拍卖抵押的房屋才能向债权人清偿债务，债权人若请求裁决直接获得该抵押房屋的所有权，一般情况下也不会得到仲裁庭的支持，因为双方合同关系

所体现的债权人请求权基础系债权而非物权，债权人若直接主张物权，其主张的请求权基础不存在，则其请求也不会被支持。

二、核实己方与对方证据，详细了解事实

核实己方能提供的证据、详细了解事实，核实对方当事人手中的证据，包括交易、交涉的证据等，当事人对其提出的仲裁请求所依据的事实或反驳对方仲裁请求所依据的事实，有责任提供证据加以证明。没有证据或证据不足以证明当事人的事实主张的，负有举证责任的当事人将承担败诉的法律后果。因此，当事人在申请仲裁前，应对己方所有证据进行核实、核对，并对证据进行梳理。核对、梳理证据的作用在于，确认所提供的证据是否符合法律要求、证据是否能够完整、准确、全面地反映己方所列明的事实，以及是否有证据能够证明对于己方有利的观点、事实，但该观点被遗漏等。在双方交换证据后，应着重核实对方证据的真实性及与其所主张的事实、理由的关联性。还应注意，对方提供的证据中，是否有对己方有利但因客观原因己方无法自行获取的证据。如果存在上述情况，应在质证时向仲裁庭提出。另外，在各方主张的事实中，如有双方交易、催告等事实发生，主张该事实的一方应当提供相应的证明材料，一方主张双方曾经就部分内容达成一致的，也应有相应的证据加以证明。[1]

三、归纳争议焦点

民商事案件的争议焦点是审理案件的主线和核心问题。在仲裁过程中，仲裁庭审查案件主要围绕争议焦点进行，争议焦点问题解决后，整个案情也就水落石出了。

首先，仲裁庭归纳申请人和被申请人无争议的部分，排除不构成或推定不构成争议焦点的事实，对于双方有争议的部分划定主次问题。其次，在上文请求权基础已经明确的前提下，就该请求权基础项下的要件事实进行罗列和整理，例如前述的债权债务纠纷案件中，债权人请求裁决债务人清偿债务，

---

〔1〕 见案例 6-1 仲裁庭作出驳回管辖权异议决定距离仲裁庭通知的开庭时间仅间隔 3 天，仲裁庭是否违反法定程序？

则该请求权基础及仲裁请求项下的要件事实为：①债权人、债务人双方是否有明确的协议约定债权债务；②债权人是否实际出借了债务；③出借金额、还款方式、还款期限等；④具体案件下的其他要件。上述要件中，双方有争议的要件事实即为争议焦点。

当然，随着仲裁庭审理过程的推进，对方当事人也会提出新的证据，案件审理方向可能发生转变，这时还需根据新情况新证据调整争议焦点。

四、准备向对方发问的提纲

在庭审过程中，为了证明己方的证据具有充分的证明力，或者为了就对方所提出的证据的真实性、关联性、合法性进行反驳，往往会向对方进行发问。在庭审前，应当提前做好发问提纲的拟定工作，保证在仲裁庭审过程中顺利进行。

在准备向对方发问的具体问题时，应有明确的目的。一般而言，应当准备以下几种情况的问题：一是在举证质证中提出的问题、打破对方提供的证据与其主张的联系；二是直接就不清楚的事实进行发问，通过发问将情况扭转；三是对自己一方有利的事实和情节加以强调。

在仲裁中，向对方发问的问题应紧密围绕争议焦点进行，不要就和争议焦点关联性不强的问题发问。问题需要明确具体，例如"你方是××年××月××日得到到货通知的，是吗？""你方从码头仓库提货的时候，是否进行过验货？""你方第一次发现货损是在哪里、什么时候？"，这些问题能够辅助查清案件的基本事实，也能使当事人之间的法律关系更为明晰。

五、准备质证意见

质证要求当事人双方运用相关的法律规范、逻辑推理和证据材料等依据，来对抗对方所展示的证据，进而达到否定对方证据的目的。随着我国仲裁制度的不断进步，庭审不但要求当事人及代理人注重辩论，更要求当事人及代理人重视庭审质证。如果代理人在质证时对对方出示的证据没有异议或闭口缄言，那么在辩论时即使口若悬河、滔滔不绝，也无法从证据的角度推翻对方的请求。

准备质证意见时应重点关注证据的"三性"问题，所谓"三性"即真实性、关联性、合法性。"三性"的具体含义此处不再赘述。

在对证据真实性、合法性和关联性质证完毕之后，当事人或代理人还应就证据之间是否存在矛盾进行审查，并在质证意见中说明。用作定案依据的证据所证明的内容应当是协调一致的，若证据之间存在逻辑或事实上的矛盾，且该矛盾无法以合理方式消除，则该类证据不应被用以定案。

六、准备辩论提纲

辩论提纲是针对辩论环节所准备的文字材料，目的是根据争议焦点提前整理辩论思路，以便在辩论时有逻辑、有重点地进行，从而避免己方思路被对方带离正确轨迹。准备辩论提纲的工作需要以上述准备工作作为基础。辩论的目的是反驳对方观点、强调己方观点，在辩论环节，应做到有理有据。所以，辩论不仅要围绕争议焦点，还应围绕证据开展，辩论提纲应体现有关证据的内容，并以证据支持论点。

在准备辩论提纲时还应讲究策略，在关键时刻应选择最容易使人接受的理由和辩论方式。

有时法庭辩论虽然激烈而精彩，但双方各执一词，往往使庭审陷入僵局。商事仲裁与诉讼不同，选择仲裁的目的是快捷、温和地解决商事争议，争议解决后，双方还能保留相关的合作机会。所以在商事仲裁的辩论中，应特别注意方式方法，避免在商事争议的解决过程中给双方造成不必要的损害。

在辩论过程中，不可避免地会出现突发情况，面对突发情况，一方面考验当事人、代理人的应变能力，另一方面则考验辩论提纲的全面性。针对突发情况的妥善处理，当事人或代理人应对提纲进行全面准备，对可能出现的情况作出预案，以备不时之需。

案例 6-1 仲裁庭作出驳回管辖权异议决定距离仲裁庭通知的开庭时间仅间隔3天，仲裁庭是否违反法定程序？

案情简介：

广东某某实业有限公司、戴某、广州某创业投资合伙企业三方在贸仲仲裁后，广东某羽绒实业有限公司、戴某申请撤销仲裁裁决，理由是仲裁庭在其提出管辖权异议后作出的管辖权决定距该案仲裁开庭时间仅为 3 天，没有给予其充分的时间应诉。

裁判结果：

经查明，2015 年 11 月 10 日，羽绒公司、戴某提交《管辖权异议书》后，贸仲于 2015 年 11 月 17 日作出《管辖权决定》，并于 2015 年 11 月 18 日寄送给双方当事人，并未违反仲裁规则。仲裁庭于 2015 年 5 月已经向羽绒公司及戴某送达了仲裁有关材料，仲裁庭于 2015 年 11 月 20 日组织开庭，不存在给予当事人准备时间过短，违反法定程序的情形。

本案要旨：

当事人应诉的准备工作，自收到相应的材料即可开始。本案中，仲裁庭在 2015 年 5 月即送达了相关仲裁材料，至 11 月，间隔半年，当事人在管辖权决定作出后，即 11 月 17 日才开始准备本案，准备时间不足，是其自身原因造成的，仲裁庭没有违反法定程序。

第二节　仲裁与调解

一、争议解决的多种类型

仲裁和调解同为可替代性争端解决方案的一种措施，都在一定程度上被大众接受，原因在于该等争端解决方案解决争议更为快捷。

仲裁和调解作为两种可替代性争端解决模式并不是相互排斥的，尤其是在我国的争议制度设计模式中，仲裁的程序包含了调解的过程，但调解并不是仲裁的前置程序。换句话说，经双方当事人同意，在申请仲裁之后正式审理案件之前，仲裁庭可以先对双方当事人进行调解，如果双方当事人直接在这个过程解决，就不必再经过仲裁程序。此时调解便是一个独立的纠纷解决程序。相反地，当事人并不能在调解中达成一致合意，那么仲裁庭就要启动仲裁程序。在案件审理过程中，如双方当事人同意，仲裁庭会在查明事实、分清是非的基础上，根据公平合理的原则促使当事人互谅互让，达成调解协议，也可以根据双方当事人的要求，根据调解协议出具裁决书或调解书。

但是，两种制度还是存在一定的差异，主要体现在纠纷解决的结果是否具有强制执行力。仲裁与调解的区别主要在于法律效力不同。仲裁裁决是终局的，对双方当事人均有约束力。如果一方当事人不履行裁决，另一方当事人可以依照《仲裁法》和《民事诉讼法》的有关规定向人民法院申请执行，受理申请的人民法院应当执行。而调解不是终局的。仲裁中调解书生效以送达为准，一方当事人拒收调解书，该调解书就不发生法律效力。

调解在快速解决纠纷、降低当事人成本等方面具有独特的优势，具体表现为：

（1）当事人签订调解协议，由申请仲裁的一方撤回仲裁申请，仲裁委员会将根据案件的实际情况退回部分仲裁费给当事人。

（2）调解达成协议，负有履行义务一方自动履行义务的比例更高，节省执行或撤销裁决成本。

（3）调解解决纠纷能使双方当事人继续保持友好关系，有利于双方今后的商业往来及合作。

鉴于调解具有诸多好处，当事人应认真对待仲裁庭主持下的调解，充分准备，积极参与。想达到有效调解，当事人应充分了解自己的需求和客观情况，提出合理的调解方案。另外，当事人要把握好接受调解方案的时机和方式。既要考虑实现本方利益，也要考虑对方的可接受度，在一个相对合理的平台上尽快达成调解。

二、仲裁中的调解程序

（一）国外庭审与调解程序并立

仲裁在国外有着深厚的土壤，仲裁的开放与包容，在仲裁和调解关系处理上更为明显。正如上文所述，外国将仲裁和调解作为多种纠纷解决方式的不同程序对待，即仲裁和调解是两种并行不悖的替代诉讼的争端解决方式。一般而言，除了设置仲裁委员会以外，同时设立调解机构，只不过各个国家对于调解机构的称呼不同，但实质上各国该机构的运行方式和工作内容是大致相同的。

联合国国际贸易法委员会甚至早在 1980 年就制定了《国际商业仲裁贸易法委员会调解规则修正草案》（以下简称《规则》）供调解国际商事适用。该《规则》提供了一整套程序规则，当事人可以以此为依据就其实施的商业关系中发生的调解程序达成协议。《规则》涵盖调解程序的各个方面，其中提供了一项示范调解条款，确定了调解何时开始和何时终止，并论及与调解员的任命和作用有关的程序问题以及程序的一般实施。该《规则》还涉及保密性、证据在其他程序中的可采性以及对当事人在调解程序期间提起的司法或仲裁程序的限制等方面的问题。

2002 年，联合国国际贸易法委员会又制定了《联合国国际贸易法委员会国际商事调解示范法》（以下简称《调解示范法》），该《调解示范法》提供了调解程序方面的统一规则，鼓励使用调解程序并确保这种使用更具有可预见性和确定性。为了避免因缺少法定规定而产生的不确定性，该《调解示范法》论及调解的程序方面，包括调解员的任命、调解的开始和终止、调解的实施、调解员与其他当事人之间的通信、证据在其他程序中的保密性和可采性，另外还论及调解后的一些问题，如调解员担任仲裁员以及和解协议的可执行性。这种立法模式直接佐证了国外是将调解和仲裁作为两种不同的途径来解决贸易争端。在上述调解规则的情况下，当事人之间即使订立了仲裁条款或者仲裁协议，也可以在发生争议时直接向调解机构申请调解，调解成功后，调解机构直接出具调解书，至此结案，同时该调解书具有法律上的效力，可供执行。当然，当事人也可以基于仲裁条款或者仲裁协议提起仲裁。

（二）我国仲裁庭审过程中的调解

中国国际经济贸易仲裁委员会在 20 世纪 50 年代的仲裁实践中首先运用了仲裁中调解的模式审理案件，这一富于中国特色的纠纷解决方式的创造和运用，在国内外引起广泛关注，被西方赞为"东方经验"。之后，在仲裁庭庭审过程中调解成为一种审判惯例，在仲裁实务中被广泛运用，至 1994 年《仲裁法》制定，这一制度被正式确立下来，《仲裁法》第 51 条规定：仲裁庭在作出裁决前，可以先行调解。当事人自愿调解的，仲裁庭应当调解。调解不成的，应当及时作出裁决。调解达成协议的，仲裁庭应当制作调解书或者根据协议的结果制作裁决书。调解书与裁决书具有同等法律效力。相对于《民事诉讼法》将调解作为审判的前置程序来说，仲裁开庭审理前的调解并不具有强制性。我国仲裁中调解是指当事人为解决争议，先启动仲裁程序，在仲裁程序进行的过程中，由仲裁员对案件进行调解，调解不成后再恢复进行仲裁程序。[1]"仲裁中调解"由同一人担任仲裁员和调解员，如果是机构仲裁，则管理仲裁程序的机构和管理调解程序的机构是同一个机构。仲裁中调解本质上仍属于调解，是调解在仲裁程序中的有效运用，也是"仲裁与调解相结合"的狭义表现形式。

中国在国际经济贸易仲裁以及海事仲裁实践中，自始就确定了一项原则："海事仲裁委员会对于所受理的案件，可以进行调解"，"如果双方当事人有调解愿望，或一方当事人有调解愿望并经仲裁庭征得另一方当事人同意的，仲裁庭可以在仲裁程序进行过程中对其审理的案件进行调解"。由中国国际经济贸易仲裁委员会和中国海事仲裁委员会进行仲裁的案件，仲裁庭逐渐衍生出庭审的调解模式，一种为面对面的调解方式，即双方当事人在调解时均在场，仲裁庭就可能的争议解决方案进行调解。此种方式可行性不大，成功率也不是很高。另一种为背对背的调解方式，即双方当事人各自提出争议解决方案，仲裁庭分别听取当事人的意见，然后将反馈意见传达给另一方，几次来回，最后在争议各方的底线上达到平衡，确定最后的解决方案。其中，仲裁员一直处于信息源的上端，因此可以对案件的是非曲直发表个人看法，并不断提醒双方当事人对其所处的地位和优劣势应有清醒的认识，从而使解决方案达到最优。另外还有一种情况，即双方当事人自行磋商，在达成一致意见后将其告知仲裁庭。此种情况下，虽然可以视为在仲裁庭的主持下达成了调解协议，但从性质上更类似于"仲裁中和解"，而且在实践中也较少。仲裁调解过程既可以是口头的，也可以是书面的意见交换，但在我国，以口头形式调解最为常见。

虽然当前在仲裁中调解，仲裁机构积累了较多实务经验，但该制度在法律层面上尚欠缺规范。该制度的缺陷集中体现在下面几个方面：①缺乏调解制度方面相应立法。以前，在我国法律体系中，调解制度及其规范大多存在于诉讼制度中，但随着我国经济发展和商事纠纷解决机制的完善，商事争议更倾向于以非诉讼的方式解决问题，而我国非诉讼中的调解规则在立法层面

---

〔1〕 见案例6-2仲裁过程中仲裁庭组织调解时限过长，是否属于仲裁庭违反法定程序？

尚不完善。②现行《仲裁法》关于调解制度的规定具有一定缺陷，不符合国际仲裁立法的实践习惯，如临时仲裁制度的缺失、对国内仲裁和涉外仲裁实行双轨制等，这对于仲裁过程中的调解就产生了诸多不便因素，如涉外仲裁的调解书如何被外国的法院认定有强制执行力等问题尚无执行规则。③现行《仲裁法》中关于仲裁中调解的条文，过于简单抽象，不具有可预见性和可操作性等。

（三）新加坡仲裁规则有关调解的规定对我国的影响

新加坡得益于其重要的商业和地理位置，商事仲裁一直很先进。新加坡对于仲裁调解十分重视，专门成立了国际调解中心，并制定了调解规则来辅助解决商事争端。新加坡国际仲裁中心和新加坡国际调解中心之间的"仲裁—调解—仲裁"的模式，给我国仲裁的调仲关系一定借鉴。

新加坡国际调解中心对调解协议、调解程序的展开、调解员的委派、调解方式等方面作了详尽的规定。例如，在涉及调解员的选择时，各方当事人可从新加坡国际调解中心在网上发布的调解员名册中共同提名一名调解员，经新加坡国际调解中心确认后，调解正式开始。如果各方当事人在调解展开后的10天内无法就提名调解员一事达成协议，调解员将由新加坡国际调解中心委派。在确认或委派调解员时，新加坡国际调解中心须考虑调解员的特质，包括但不限于国籍、语言、技术、资格、专业领域、经验及其时间安排。若任何一方当事人对委派该调解员一事提出有效的反对，且该当事人应尽快以书面方式通知新加坡国际调解中心和所有其他当事人，新加坡国际调解中心可在接获该反对通知后的10天内委派另一名调解员。在调解进行期间若有冲突发生，或在调解员或任何一方当事人提出的特殊情况下，新加坡国际调解中心可替换调解员。这些关于调解员的规定使得在调解出现程序性问题时，调解中心能够及时解决人员构成问题。

在调解过程上，新加坡国际调解中心也给出了具体的措施：各方当事人可通过协议方式决定调解使用的语言，并在新加坡国际调解中心所指定的时间内告知新加坡国际调解中心有关协议。如果各方之间没有任何该种协议，新加坡国际调解中心将在与调解员协商后决定调解使用的语言。各方当事人须在新加坡国际调解中心所指定的时间内告知新加坡国际调解中心即将出席调解会议的各方代表和顾问姓名。各方当事人须在预定调解日的至少10天或调解员可能指明的其他时间前，将他们案件的陈述书和任何有关文件提交新加坡国际调解中心并互相交换该等文件。在预定调解日之前及调解进行期间，以及在预定调解时未能完全解决争议而在预定调解日过了一段时间后，调解员可通过口头或书面、面议或电子，或任何其他方式共同或分别与各方联络，以促进达致完全的解决方案。在决定调解的进行方式和程序时，调解员应充分尊重各方当事人的意愿，并保持公平与公正。由此可见，调解规则不仅包括规则性的规定，还有原则性的规定，用来表明调解中心最基本的价值取向，调解的规则不能突破调解原则的底线。

新加坡的调解规则在现阶段是比较符合商事活动的需求，其规定也充满了当事人意思自治的色彩，调解员需要当事人双方选定，这与仲裁的当事人意思自治能够衔接起来，有利于从调解程序向仲裁程序的转换。多数国家受到新加坡调解规则的影响，将新加坡的调解规则引进消化吸收。我国也不例外，在借鉴了新加坡的调解规则之后，结合我国传统上的司法调解，我国也将调解纳入到了争议解决方式之中，作为仲裁的补充。不过，我国的调解还有待改进的空间，就如新加坡一样，使调解独立成为一种法定的争议解决方式，这还有待我国开展《调解法》的立法工作来予以实现。

三、调解程序与仲裁程序的衔接

仲裁和调解程序发展至今都为世界上大多数国家所普遍接受，但是有关如何将调解程序和仲裁程序衔接的问题，各个国家却表现出了不同的态度，也有着不一样的处理模式。大体上来说，调解程序和仲裁程序的调和有以下几种模式：

第一种模式是先调解后仲裁。它是指先由调解机构进行调解，调解不成再由仲裁机构仲裁来解决纠纷。先调解后仲裁的显著特征，通俗意义上的解释是调解员和仲裁员不是同一人，调解机构与仲裁机构也可能不是同一家，这与我国《仲裁法》上规定的由仲裁庭主持调解是有区别的。

第二种模式是先调解后继仲裁。这种模式多被美国的仲裁机构采用，当事人为解决争议先进行调解，如果调解成功，则终结程序，案结事了；如果调解失败，则需要双方当事人各自提供一个最后仲裁方案，由仲裁庭在两个方案中做选择，而且仲裁庭只能在两者之间择一做最终决定，并使被选方案生效。美国之所以适用这种模式与其自由主义的传统有很大关系，且受到了当事人主义庭审模式的影响，由当事人及其代理律师主导审理过程，因此，这种调解程序和仲裁程序的衔接需要当事人自身在调解不成时提供仲裁方案。

第三种模式是调解仲裁共存模式，这是一种程序变体式的纠纷解决机制，不仅结合了单纯仲裁和单纯调解本身，还加入了影子调解、小法庭等诸多因素。影子调解是指当事人为解决争议，先启动仲裁程序。在仲裁阶段的恰当时候，启动平行的调解程序，由调解员对当事人的争议进行调解。如果调解成功，则了结当事人之间的争议；如果调解不成，平行进行的仲裁程序可以确保争议的最终解决。这种模式下，调节人员和仲裁人员完全分离，身份不能互换。仲裁员和调解员都会参加小法庭听证，但是仲裁员不会参加调解员的私下调解，调解员会将私访或调解时获悉的秘密披露给仲裁员。

第四种模式是现在使用频率最高的模式，也是我国所使用的调解和仲裁相衔接的模式，即仲裁中调解。当事人双方为了解决纠纷，先合意选择仲裁机构进行仲裁，仲裁庭在进行仲裁时，可以由仲裁员对案件进行调解。如果调解成功，仲裁庭应当制作调解书或者根据协议的结果制作裁决书；调解不成，仲裁员再由调解员的角色恢复，即仲裁员—调解员—仲裁员。因此，仲裁中调解的仲裁员与调解员是同一个人，如果是机构仲裁，则操作仲裁程序与调解程序的也是同一机构。

就我国而言，我国《仲裁法》的不健全以及《调解法》的缺失导致仲裁程序过渡到调解程序或调解程序过渡回仲裁程序时，仲裁员一般都是以实践经验为模板。在实践中，当事人虽然也有可能提出进入调解程序，但这种情况少之又少。调解程序启动以及后续工作如何进行实际上都由仲裁员主导。这种由调解员转变为仲裁员的仲裁中调解，可能会导致仲裁员与调解员的身份混同，例如，在各自独立面对调解员时，双方本应客观陈述事实并提出调解方案，但该阶段可能会被当事人认为仍处在审理程序中，因而在事实的陈述上过于保守或夸大；纠纷双方可能会在各自与调解员沟通时不愿透露信息，因其担心透露出的信息可能会在仲裁程序中对其造成不利影响；由于调解员与仲裁员由一人担任，调解员提出的解决意见可能被当事人看作是仲裁员意见的表现，所以纠纷当事人在协商时就会有较大压力，如此一来调解的本质可能被改变。再如在调解员单独会见当事人的过程中，当事人一方提供的信息可能会对仲裁结果产生不利影响，因为双方当事人并不知道对方给调解员或仲裁员提供了哪些信息，所以在仲裁过程中就很难应对仲裁员对相关信息的盘问；在单独调解过程中，当事人透露的一些信息本不应该给仲裁员的裁决造成影响，但实际上却让其产生了偏见。

另外值得指出的是，对仲裁调解达成的调解协议仲裁庭并不做实质性审查，仲裁庭会充分尊重当事人的意思自治，只要调解协议是在双方自愿且没有违法的情况下作出的，仲裁庭都予以认可。但是对于调解协议的生效却没有强制性的保障。按照我国《仲裁法》第52条的规定，调解书经双方当事人签收后，即发生法律效力。在调解书签收前当事人反悔的，仲裁庭应当及时作出裁决。即使仲裁庭花费大量精力作出了调解并得到了实质性的调解协议，但只要双方中的一方未签收，则调解协议就变为无效协议了。这往往会打消当事人选择调解结案的积极性。[1]

为了实现世界贸易发展现代化的目标，国际范围内都在积极制定各类法律以排除各国法律障碍，包括调仲结合规则的构建。仲裁与调解作为一种高效便捷的争议解决方式，必须要积极发展，发挥出其最大潜能。大量吸收借鉴其他优秀仲裁规则或调解规则，以更好地服务于商事主体与商事经济。我国调仲结合的模式主要为仲裁中调解，而我国上海自贸区调仲结合规则的制度创新点之一也正是运用了仲裁前调解的模式。正是有世界各国对其他模式的成功实践经验才使得我国一些仲裁机构开始探索并运用除传统仲裁中调解以外的新模式。由于商事实务具有便捷性、安全性的要求，仲裁也会受到这些因素的影响，商事的快速发展也会需要新的调解和仲裁相结合的模式。

案例 6-2 仲裁过程中仲裁庭组织调解时限过长，是否属于仲裁庭违反法定程序？

案情简介：

许某、陈某在扬州仲裁委就争议进行仲裁，仲裁作出后，许某申请撤裁，

---

[1] 见案例6-3 仲裁调解书生效后，法院能撤销仲裁调解书吗？

主要理由系仲裁庭审理本案时限过长。

申请人许某称，扬州仲裁委于 2009 年 11 月 2 日组成了由邢某（首裁）、杨某、高某组成的仲裁庭，但直至 2016 年 7 月 5 日，仲裁庭才作出裁决，同月 27 日才送达申请人，期间间隔近达 7 年之久。涉案仲裁过程中，申请人多次催促仲裁庭裁决，但仲裁员为规避仲裁期限的限制，以调解为由一再拖延。在当事人明确表示拒绝调解的情况下，仲裁庭又主动强制调解 2 次，在 2012 年后的 4 年内仍未作出裁决，且仲裁裁决书中只载有 4 次调解。

裁判结果：

《扬州仲裁委员会仲裁规则》（以下简称《扬州仲裁规则》）第 46 条规定："仲裁庭应当在仲裁庭组成后 4 个月内作出仲裁裁决。有特殊情况需要延长的，由首席仲裁员或者独任仲裁员报经本仲裁委员会主任批准，可以适当延长。"依此规定，4 个月是仲裁庭应当遵守的期限，即使需要延长，也是予以适当延长，并应当在办理申请和审批手续时明确延长的期限。涉案仲裁裁决自 2009 年 11 月 2 日仲裁庭组成，至 2016 年 7 月 27 日向双方当事人送达仲裁裁决书，历时 6 年零 8 个月，远远超出《扬州仲裁规则》规定的 4 个月期间。虽然仲裁庭以案情疑难复杂为由申请延长审理期限，但在申请及审批时均未确定具体期限，致使涉案仲裁期限延长了 6 年多之久，严重背离了《扬州仲裁规则》关于裁决期限的规定。仲裁案卷宗材料亦反映，仲裁庭审理活动主要集中在 2010 年年底以前，在 2011 年至 2012 年期间审理活动基本停滞，在 2013 年至 2015 年长达 3 年多的时间里没有开展审理活动。申请人许某曾多次致函仲裁庭请求尽快裁决，但直至 2016 年 7 月仲裁庭才作出最终裁决。因此，仲裁庭延长的期限足以让当事人对该仲裁程序的公正性产生合理怀疑，显然不适当。

《中华人民共和国仲裁法》第 51 条第 1 款规定："仲裁庭在作出裁决前，可以先行调解。当事人自愿调解的，仲裁庭应当调解。调解不成的，应当及时作出裁决。"《扬州仲裁规则》第 42 条第 1 款规定："仲裁庭作出裁决前，可以根据当事人的请求或者在征得当事人同意的情况下进行调解。调解不成的，仲裁庭应当及时作出裁决。"依上述规定，仲裁庭组织调解应遵循当事人自愿和调解不成及时裁决的原则。仲裁裁决书中记载仲裁庭于 2010 年 8 月 23

日、2011 年 3 月、2011 年 12 月 12 日、2012 年 4 月组织了调解，此后，又委托秘书处约谈双方当事人以及利害关系人，做了大量调解工作，但仲裁卷宗材料中仅有 2011 年 12 月 12 日通知申请人调解的函，其他调解情况并无相关记录。仲裁庭在组织调解过程中，没有将有关调解过程记入笔录，在程序上未能体现调解程序的启动系根据当事人的请求或者在征得当事人同意的情况下进行。在申请人多次向仲裁庭书面表达"不再调解""请求尽快裁决"意愿的情况下，仲裁庭仍然没有终结调解程序并及时作出裁决，严重违反了《中华人民共和国仲裁法》和《扬州仲裁规则》有关自愿调解和调解不成及时裁决的规定。

审理法院特别强调的是，"保证公正、及时仲裁经济纠纷，保护当事人的合法权益"是我国仲裁法的基本立法目的。众所周知，仲裁制度的程序设计就是要实现公正、及时解决纠纷的价值目标。这是当事人选择仲裁作为解决纠纷方式的重要原因，也是仲裁制度得以存续发展的重要基础。而本案的仲裁庭在无正当合法事由及正当理由的情况下，长期不审不裁，仲裁期间长达 6 年零 8 个月，导致当事人之间的法律关系长期处于不稳定状态，且无法获得及时有效的救济，严重损害了当事人的合法权益，因此，涉案仲裁裁决存在严重违反《中华人民共和国仲裁法》第 51 条第 1 款和《扬州仲裁规则》第 42 条第 1 款、第 46 条规定的情形，可能影响案件正确裁决，应当依法予以撤销。

本案要旨：

1. 关于审限，仲裁案件审理期间如遇案情疑难复杂或有其他合理事由，可以延期，但延期应明确且在必要限度内，延期的目的是更好地查明事实，保证裁决公正，本案中，仲裁机构没有明确的延期期限，在 2013—2015 年仲裁机构也未对案件进行审理，背离了延期的目的。

2. 关于调解，调解应在双方均有意愿的前提下进行，本案中，仲裁庭组织调解后，一方当事人多次书面要求终止调解，则调解程序应当终止。

3. 关于仲裁的效率问题，商事仲裁制度的设立，目的在于使当事人能够在公正快速的前提下解决争议，商事仲裁机构在保证公正的前提下，应重视效率问题，以实现商事仲裁的设立目的。

本案仲裁过程中仲裁庭组织调解时限过长，已经属于仲裁庭违反程序的情形，应予撤销仲裁决。

案例 6-3 仲裁调解书生效后，法院能撤销仲裁调解书吗？

案情简介：

苏某、毛某、崔某在仲裁机构达成调解协议。

后，苏某、毛某要求撤销该调解协议，并称：2016 年 3 月 2 日 18 时 40 分许，崔某驾驶鲁 S×××××号轿车沿龙潭西大街由东向西行驶，行至机关轿车修理厂门口路段，将步行由南向北横过马路的毛某撞倒，毛某经莱芜市人民医院抢救无效于当日死亡。经交警部门认定，崔某承担事故的全部责任。事后，肇事者崔某一直称病住院治疗，强迫被害人家属与其协商，达成没有按照法律规定赔偿的协议。并且，申请人毛某在不知道是适用仲裁程序的情况下，机械地签字摁了手印，并不知道所产生的法律后果。

裁判结果：

虽然《中华人民共和国仲裁法》第 51 条第 2 款规定了仲裁调解书与裁决书具有同等的法律效力，但根据该法第 58 条第 1 款规定，法院裁定撤销的只能是仲裁裁决书，无权裁定撤销或不予执行仲裁调解书。同时，从减少对当事人意思自治的职权干预，坚持仲裁司法监督有限的原则出发，法院亦不应受理当事人提起的申请撤销仲裁调解书之诉。另外，《最高人民法院关于适用〈中华人民共和国仲裁法〉若干问题的解释》第 17 条规定："当事人以不属于《仲裁法》第 58 条或者《民事诉讼法》第 260 条[1]规定的事由申请撤销仲裁裁决的，人民法院不予支持。"第 28 条规定："当事人请求不予执行仲裁调解书或者根据当事人之间的和解协议作出的仲裁裁决书的，人民法院不予支持。"故对当事人申请撤销仲裁调解书的情形，应采取严格限制，即在无明确法律依据情况下，法院不应受理此类案件。

---

[1] 本法条号为《民事诉讼法》修订前的法条号。

本案要旨：

调解、和解是基于双方的协商达成的一致，仲裁调解书生效后，法院不能撤销该仲裁调解书。

第三节　庭审程序

一、庭审一般程序

仲裁与诉讼是两种不同的解决民商事纠纷的方式，两种纠纷解决方式一般而言都应经开庭审理，只有通过开庭，双方当事人充分举证质证及辩论，才能使事实变得清楚，裁判才有公正可言。[1]

开庭是指依法有审判权和仲裁权的机构在当事人和所有参与人的参加下，全面审查认定案件事实，并依法作出裁判或调解的活动。仲裁开庭与诉讼开庭一样，是案件审理的一种方式，具有阶段性、程序性、参加人的综合性的特征。在我国，由于仲裁制度的设立较之诉讼制度要晚，因此，仲裁开庭在大的程序框架上沿循着诉讼开庭的基本模式。有的法学家将仲裁行为称作"准司法"行为，但这仅仅是从形式上考量，因为不管是从实务上还是从立法层面上而言，仲裁的程序很大程度上是参照民事诉讼的程序构建。

从民事诉讼的角度上来说，开庭审理的程序主要可以归纳为五大阶段：

第一，庭前查明，宣布纪律。开庭审理前，书记员查明当事人和其他仲裁、诉讼参与人是否到庭，宣布仲裁庭、法庭纪律。

第二，庭审核对，告知权利、义务。由审判长或首席仲裁员核对当事人，宣布案由，宣布审判员或仲裁员、书记员名单，告知当事人有关的权利义务，询问当事人是否提出回避的申请。

第三，法庭调查，举证质证。由当事人陈述，证人作证，出示书证、物证和视听资料，宣读鉴定结论和勘验笔录，提出新证。

第四，法庭辩论，征询意见。由当事人及代理人发言，答辩，互相辩论。

───────────

〔1〕　见案例6-4仲裁也涉及"先刑后民"吗？

辩论终结后，征询各方最后意见。

第五，可先调解，评议裁判。在裁判之前，可以先行调解，调解不成及时裁判。上述五大阶段是从《民事诉讼法》中抽象出来，基本上适用于所有的民商事案件裁判。由于《仲裁法》中并没有明确地规定仲裁庭审程序，各个仲裁机构的仲裁规则也没有对庭审环节作出明确的规范条文，因此为了作出公正的裁决，仲裁一般也是按照上述步骤进行。

在民事诉讼的影响下，仲裁程序基本上已经固定下来，包括了调查阶段和辩论阶段等诉讼中均有的程序。但民事诉讼和仲裁毕竟不是同一种制度建构，诉讼是国家强行法予以保证实施的，以法院等公权力机关作为依托，具有国家强制力的后盾支持的纠纷解决程序。仲裁只是民间的纠纷解决机构进行的纠纷解决程序，目的在于化解纠纷，具有浓厚的意思自治色彩，且具有一定灵活性。因此，当事人以解决争议为最终目标，可以自行约定是否仲裁和如何进行仲裁，当事人对于仲裁程序具有选择权。当事人可以合意选择普通程序或者简易程序。对某些事实清楚或者争议数额较小的案件，完全没有必要适用常规、复杂的普通程序来审理。即使案件相对复杂或者争议数额较大，如果当事人宁愿放弃接受程序保障程度较高的普通程序审理的权利，选择相对简易的审理方式，亦应当尊重当事人所达成的合意，因为这表明当事人在程序利益与实体利益的平衡中选择了简易程序，并且当事人的选择权尚在当事人可自由处分的范围之内。当事人可以合意选择开庭审理或者书面审理。我国《仲裁法》第39条规定："仲裁应当开庭进行。当事人协议不开庭的，仲裁庭可以根据仲裁申请书、答辩书以及其他材料作出裁决"。当事人已经达成不开庭协议的，仲裁庭作为被授权的居中裁判者"应当"根据当事人达成的协议进行书面审理，而不是"可以"进行书面审理。此外，当事人还可以选择是否延期开庭，是否采取保全措施。

仲裁程序的调整除了依据当事人的意思自治以外，还存在仲裁庭依据法律规定进行调整的情况。当事人未必都对法律有所了解，因此当事人所达成的合意可能会因违反法律强制性规定而无效，在此情况下，有必要授予仲裁庭一定的权限，使其也能按实际状况在当事人不能达成合意时调整仲裁的庭审程序。《仲裁法》第41条对延期开庭问题作了规定："仲裁委员会应当在仲裁规则规定的期限内将开庭日期通知双方当事人。当事人有正当理由的，可以在仲裁规则规定的期限内请求延期开庭。是否延期，由仲裁庭决定。"由此规定可知，是否延期的最终决定权在仲裁庭。而仲裁庭也往往会通过仲裁令的方式，在当事人没有协商或不能达成一致时，向当事人传达仲裁庭变更庭审程序的决定。

二、仲裁语言的适用

大多数当事人或法律工作者在撰写、签订仲裁条款或仲裁协议时，容易忽视对仲裁语言的选择。究其原因，主要有二：一是当事人及协议起草者认为仲裁程序和裁决必然适用与合同文本相同的语言，或适用所选择的仲裁机构所在地的语言，因而忽略了仲裁赋予当事人充分意思自治的权利；二是当事人及协议起草者在使用合同模板时，没有根据交易的实际情况对仲裁语言的选择进行修改，导致了例如"中文或英文"等可能产生争议的约定被写入合同中。

关于仲裁语言的选择适用，基本分为两种情况，即当事人明确约定了语言以及当事人没有约定语言。

仲裁当事人对仲裁语言没有约定时，各仲裁机构的处理方式不尽相同，因此增加了仲裁程序上不确定性。所以当事人应在仲裁条款中明确约定仲裁语言，以免因没有约定而在仲裁开始后造成不便。有些仲裁机构在当事人没有选择仲裁语言时，规定默认的仲裁语言通常为仲裁地的官方语言。如，中国国际经济贸易仲裁委员会的现行仲裁规则第 37 条规定："当事人约定了仲裁语言的，从其约定。当事人没有约定的，仲裁程序以中文为正式语言。"更多的仲裁机构把约定仲裁语言的权利交给仲裁庭，在当事人没有约定时，由仲裁庭决定仲裁语言。有些仲裁机构对仲裁庭如何决定仲裁语言不做任何原则规定，完全由仲裁庭斟酌决定。如 UNCITRAL 仲裁规则，以及受该规则影响的仲裁机构，如香港国际仲裁中心和新加坡国际仲裁中心仲裁规则皆如此。《斯德哥尔摩商会仲裁院仲裁规则》第 21 条规定仲裁员在决定仲裁语言问题时，"应当充分考虑到所有相关情形，并给予当事人提交意见的机会。"《国际商会仲裁规则》第 16 条规定则把决定仲裁语言的重点放在当事人之间合同使用的语言上："当事人无约定时，仲裁庭应在适当考虑包括合同文字在内的所有有关情况确定一种或几种仲裁语言。"随着商事交易的发展，仲裁为了满足商事交易活动的需要，逐渐衍生出了一种趋势，仲裁庭有时不止选择一种仲裁语言，在规定范围内，其中任何一种语言都可以使用，如此一来增加了仲裁的便利性，降低了当事人关于仲裁语言订立仲裁条款或者仲裁协议的难度。

在当事人有约定的情况下，省却了事后纷争不止的烦恼，在仲裁庭开庭审理时直接使用当事人约定的语言即可。但现实中进入仲裁程序的当事人，双方关系由争议前的合作转变成对抗，合同约定中的任何细微疏忽，都会成为双方争议的内容。如果当事人约定了两种或两种以上语言作为仲裁中适用的语言，如，"中文和英文""中文或英文"，在实际运用中，会产生许多问题。如果当事人约定的是"中文或英文"，那么究竟由谁来决定到底使用英文还是中文？首先，当事人应当有机会进行进一步的协商，以确定具体使用何种语言。如果双方能协商一致，则仲裁语言问题得到解决。若双方不能达成一致，仲裁庭应当有权介入，作出决定。仲裁庭可以根据案件的情况，选择当事人同意的"中文或英文"中的任何一种，作为仲裁语言，这样仲裁语言就只有一种。但更为尊重当事人意思自治的办法，是给每方当事人及仲裁庭各自选择"中文或英文"中各自方便的一种语言，此时，虽然当事人与仲裁庭选择的语言可能不同，但都在中文或英文的范畴内，且每方都在自主选择的前提下获得相对的最大便利。而在"中文和英文"的情形下，虽然可以理解为两种语言在仲裁同时使用。但实践中实行起来难度过高。通常，虽然仲裁当事人、代理人及仲裁员对两种语言都能熟练运用，但因为仲裁条款约定了仲裁语言为"中文和英文"，所有仲裁文书都必须按中文和英文双语制作，而庭审中，同一意思以中文及英文双语表达，不仅增加了当事人的经济成本，更增加了时间成本。如果将"中文和英文"的约定，换一个方式理解，认为其实际意图在于授权两种仲裁语言的使用，任何一方当事人只要选择其中之一，即符合约定，此时"中文和英文"的约定等同于"中文或英文"，在当事人不能达成一致时，由各方自行选择或由仲裁庭决定语言的使用。

三、简易程序和普通程序区别

简易程序是指在仲裁过程中，仲裁庭审理简单仲裁案件时所适用的一种简便易行的审理程序。仲裁中的简易程序是普通仲裁庭审程序的一种简化。我国《仲裁法》中并没有明确规定仲裁审理的简易程序，但仲裁所具有的快捷性、灵活性和经济性特点，仲裁所体现出的充分尊重当事人意愿的仲裁原则，以及《仲裁法》对独任仲裁员仲裁和书面审理的肯定，实质上都包含了简化仲裁程序的精神。因此，各仲裁委员会在制定仲裁规则时往往都规定了简易程序。仲裁中的简易程序与普通的仲裁程序相比有如下特点：①仲裁庭的组成方式简便。在适用简易程序时，由独任仲裁员组成仲裁庭进行仲裁，即由双方当事人共同选定或者共同委托仲裁委员会主任指定一名仲裁员组成仲裁庭对当事人之间的纠纷案件进行审理。②审理方式灵活。适用简易程序审理仲裁案件，仲裁庭可以根据案件的实际情况，按照其认为适当的方式进行仲裁，既可以决定只依据当事人提交的书面材料和证据进行书面审理，也可以决定开庭审理。③审理期限相对较短。适用简易程序时，程序中各种期限的规定相对较短。不论是提交答辩书和其他材料的期限，还是提出反诉的期限；不论是指定仲裁员的期限，还是将开庭日期通知当事人的期限，抑或作出仲裁裁决的期限，较之普通仲裁程序中的期限来说都有所缩短。[1]

由于简易程序是在特定情形下适用的一种程序，因此，适用简易程序必须符合以下条件，具备其中之一即可：①案件争议标的金额不大，例如北京仲裁委员会仲裁规则规定，争议标的金额在100万元人民币以下的，适用简易程序。②案情简单，当事人权利义务关系明确。案情简单意味着对该纠纷仲裁庭易于查清事实，即易于进行审理。因此，部分案件虽然超过了仲裁规则所规定的适用简易程序的争议标的，但由于案情简单，权利义务关系明确，只要当事人同意，也同样可以适用简易程序进行审理。③经双方当事人默示或书面同意。所谓默示，指双方当事人没有明确约定排除对简易程序的适用。而书面同意是指在争议金额超过仲裁规则所规定的适用简易程序的范围时，经一方当事人申请，在征得另一方当事人的书面同意的情况下，也仍然可以适用简易程序。

在简易程序开始后，作出裁决以前，如当事人以书面形式通知仲裁庭，希望证据的采用规则符合有关的法律规定或要求，仲裁庭对该意思表示应予尊重。或当事人在此过程中，如认为案件确有必要适用普通程序，可向仲裁

---

[1] 见案例6-5仲裁普通程序转简易程序，需要重新选定或指定仲裁员吗？案例6-6仲裁庭将依仲裁规则应采用普通程序审理的案件，仲裁机构却按照简易程序审理，是否属于违反法定程序的情形？

庭提出书面申请。仲裁庭应当作出决定，将案件审理由简易程序转换成普通程序。

四、国内程序和涉外程序区别

在程序上，国内仲裁程序与涉外仲裁程序存在一定差异，但整体差异不大。

国内仲裁程序与涉外仲裁程序的差异，主要见于各仲裁机构的《仲裁规则》。贸仲作为我国涉外仲裁业务较完善的商事仲裁机构，其《仲裁规则》具有一定代表性，现以贸仲为例。

贸仲《仲裁规则》第5章"国内仲裁特别规定"部分，明确了贸仲对国内仲裁和涉外仲裁程序的不同规定，差异主要有以下几项：

（1）案件的受理。在国内仲裁中，《仲裁规则》第66条规定：收到仲裁申请书后，仲裁委员会仲裁院认为仲裁申请符合本规则第12条规定的受理条件的，应当在5天内通知当事人。

在涉外仲裁中，《仲裁规则》第13条规定：仲裁委员会根据当事人在争议发生之前或在争议发生之后达成的将争议提交仲裁委员会仲裁的仲裁协议和一方当事人的书面申请，受理案件。

可见，国内仲裁程序受理通知存在5日的期限，而涉外仲裁中，对受理期限并未作详细规定。

（2）答辩和反请求。在国内仲裁中，《仲裁规则》第68条规定：①被申请人应在收到仲裁通知后20天内提交答辩书及所依据的证据材料以及其他证明文件；如有反请求，也应在此期限内提交反请求书及所依据的证据材料以及其他证明文件。②申请人应在收到反请求书及其附件后20天内针对被申请人的反请求提交答辩。

在涉外仲裁中，《仲裁规则》规定：当事人应对其申请、答辩和反请求所依据的事实提供证据加以证明，对其主张、辩论及抗辩要点提供依据。

可见，在涉外仲裁中，答辩和反请求的期限，仲裁机构亦未明确规定。

（3）开庭通知。在国内仲裁中，《仲裁规则》第69条规定：对于开庭审理的案件，仲裁庭确定第一次开庭日期后，应不晚于开庭前15天将开庭日期通知双方当事人。当事人有正当理由的，可以请求延期开庭，但应于收到开庭通知后3天内提出书面延期申请；是否延期，由仲裁庭决定。

在涉外仲裁中，《仲裁规则》规定：开庭审理的案件，仲裁庭确定第一次开庭日期后，应不晚于开庭前20天将开庭日期通知双方当事人。当事人有正当理由的，可以请求延期开庭，但应于收到开庭通知后5天内提出书面延期申请；是否延期，由仲裁庭决定。

可见，开庭通知的期限，涉外仲裁长于国内仲裁。

（4）庭审笔录。在国内仲裁中，《仲裁规则》第70条规定：①仲裁庭应将开庭情况记入笔录。当事人和其他仲裁参与人认为对自己陈述的记录有遗漏或有差错的，可以申请补正；仲裁庭不同意其补正的，应将该申请记录在案。②庭审笔录由仲裁员、记录人员、当事人和其他仲裁参与人签名或盖章。

在涉外仲裁中，《仲裁规则》第40条规定：①开庭审理时，仲裁庭可以制作庭审笔录及/或影音记录。仲裁庭认为必要时，可以制作庭审要点，并要求当事人及/或其代理人、证人及/或其他有关人员在庭审笔录或庭审要点上签字或盖章。②庭审笔录、庭审要点和影音记录供仲裁庭查用。③应一方当事人申请，仲裁委员会仲裁院视案件具体情况可以决定聘请速录人员速录庭审笔录，当事人应当预交由此产生的费用。

可见，在涉外仲裁中，可以以影像方式对庭审进行记录，而在国内仲裁中，只能以笔录形式对庭审进行记录。

（5）作出裁决的期限。在国内仲裁中，《仲裁规则》第71条规定：仲裁庭应在组庭后4个月内作出裁决书。在涉外仲裁中，《仲裁规则》第48条规定：仲裁庭应在组庭后6个月内作出裁决书。涉外仲裁在作出裁决的期限上亦长于国内仲裁。

仲裁机构规定，涉外仲裁期限长于国内仲裁，主要原因是涉外仲裁各方当事人距离较远，甚至普遍存在时差问题，对期限加以宽限，以保证商事仲裁的效果能得到最大程度的实现。在涉外仲裁中，可以对庭审进行影像记录，主要是从两方面考虑：一是涉外仲裁当事人熟悉的语种不一，以影像方式记录庭审，能够更直观地全面记录庭审情况，避免在笔录中出现记录和翻译错误；二是为当事人选择异地开庭或以网络视频等形式进行庭审提供便利。

五、庭审地点的选择

法律意义上的仲裁地点，通常意味着当事人在仲裁协议中对仲裁地点作出的专门约定，或者当事人约定适用的仲裁规则对仲裁地点作出的专门规定。

在国际商事仲裁实践上，法律上的仲裁地点主要取决于仲裁所适用的仲裁规则和相关法律的规定。而无论是仲裁规则，还是仲裁法对如何确定仲裁地点，都规定了如下的方法：由当事人在仲裁协议中共同约定，例如，为世界上几十个国家的立法机构所采纳的联合国国际贸易法委员会在 1985 年制定的《国际商事仲裁示范法》第 20 条，就对仲裁地点作了如下专门规定："①当事各方可以自由地就仲裁地点达成协议。如未达成这种协议，仲裁地点应由仲裁庭确定。仲裁庭在确定此项地点时，应当考虑到案件的具体情况，包括对双方当事人的便利；②虽有本条第 1 款的规定，除非当事各方另有协议，仲裁庭可以在其认为适当的任何地点会晤，以便在其成员间进行磋商，听取证人、专家或当事各方的意见或者检验货物。"此外，联合国贸法会制定的适用于临时仲裁的仲裁规则，不仅被广泛地应用于临时仲裁，许多常设仲裁机构，也都允许当事人选择适用该仲裁规则，其中的一个主要原因，就在于该规则具有巨大的灵活性。根据该规则第 1 条第 1 款的规定，双方当事人书面约定选择适用该规则时，争议适用该规则解决。但双方当事人书面约定对此有所修订的，则从其约定。此项规定充分体现了在适用仲裁规则时当事人的意思自治原则。鉴于仲裁本身就是双方自愿解决当事人之间争议的方法，适用什么样的规则进行仲裁，归根结底取决于双方当事人之间的约定。由此可见，当事人在仲裁协议中对仲裁地点作出的约定，通常情况下均能得到仲裁机构和法院的尊重。因此，根据国际商事仲裁立法与实践，当事人在仲裁协议中约定的地点，应当作为仲裁地点。

如果当事人未能在其仲裁协议中对仲裁地点作出约定，或者在仲裁协议中只约定了将他们之间的争议提交某一特定机构仲裁解决或适用某一特定机构的仲裁规则进行仲裁，仲裁地点如何确定则取决于仲裁所适用的仲裁规则中的规定。在国际商事仲裁实践上，当事人约定将争议提交某一特定机构解决，就意味着适用该机构的仲裁规则，除非当事人之间另有约定。例如，当事人在仲裁协议中约定将争议提交中国国际经济贸易仲裁委员会仲裁，就意味着适用该机构的仲裁规则。而仲裁地点的确定，也取决于该适用的仲裁规则的规定。纵观不同国家的仲裁规则对仲裁地点的规定，可以分为以下几种情况：

（一）仲裁地点为仲裁机构所在地

许多仲裁机构的仲裁规则对此作出了专门规定。例如前述伦敦国际仲裁院 1998 年《仲裁规则》第 16 条对仲裁地点的规定，当事人如果对此没有约定，则仲裁院所在地伦敦为仲裁地，即便仲裁庭依其职权决定在伦敦以外的任何适当的地点开庭、会面与合议，此项仲裁仍然应当视为在仲裁地进行，为此，仲裁裁决也视为在仲裁地作出。1992 年日内瓦商工会《仲裁规则》第 3 条规定：除非当事人之间另有约定，仲裁地点在日内瓦。新加坡国际仲裁中心 1991 年《仲裁规则》第 18 条对仲裁地点的规定是：①当事各方可就仲裁地点做出选择。如未能选择，仲裁地点为新加坡，除非仲裁庭考虑到案件的全部情况，决定在另一个更为适当的地点仲裁。②仲裁庭可以开庭审理案件，并在任何方便的地点召开会议，但须遵守本规则第 21 条第 1 款的各项规定。

（二）仲裁地与仲裁机构位于不同国家

在国际商事仲裁实践中，仲裁地与仲裁机构位于不同的国家，也是很常见的。如果仲裁机构与仲裁地点分属不同的国家，在这种情况下作出的仲裁裁决，究竟为仲裁地所在国的裁决，还是具有仲裁机构所在国的国籍，则完全取决于仲裁规则中的相关规定与仲裁所在国的法律如何对此作出认定。

在国际商事仲裁实践上，当仲裁地被确定后，仲裁庭可以选择在仲裁地点所在国之外国家和地区的任何适当地点开庭审理该仲裁案件，或进行合议。例如我国香港地区当事人与我国澳门地区当事人在仲裁协议中约定适用国际商会国际仲裁院的仲裁规则在新加坡仲裁。在该仲裁协议中，该仲裁案件的管辖机构是国际商会国际仲裁院，而仲裁地点则在新加坡。假定仲裁员分别来自东京、曼谷和北京。仲裁庭成立后，为了方便当事人和仲裁员对案件的审理，决定在我国香港或者澳门地区开庭，在东京合议。本案中仲裁地在新加坡，开庭地点则在我国香港或者澳门地区，仲裁庭合议的地点在东京。所以，从法律意义上说，尽管上述各地都与该案仲裁程序的进行有关，但作为法律意义上的仲裁地只有一个，即当事人在仲裁协议中约定的仲裁地新加坡，而开庭地点和合议地点除说明了开庭与合议地点的事实外，几乎没有任何法律上的意义。

按照我国现行仲裁立法与实践，当事人约定将它们之间的争议提交某一特定的仲裁委员会仲裁，就意味着由该仲裁委员会在其所在地仲裁，因此，仲裁地点就是仲裁机构所在的地点。当裁决作出后，如果当事人申请法院撤销该裁决，申请人应当自收到裁决书之日起 6 个月内，向仲裁委员会所在地的中级人民法院提出。

六、实体法律的选择和适用

解决国际民商事争议的途径不外乎诉讼与仲裁两种方法。鉴于各国实体法非出一源，以何国特定的实体法即准据法作为处理争议的依据直接决定了当事人法律上的命运，因此，无论是国际民事诉讼还是国际商事仲裁，均将实体法的适用作为核心问题。[1] 有关国际民事诉讼中实体法的适用是国际私法的基本制度，国际私法经过 700 多年的嬗变，这一制度已基本定型。然而，有关国际商事仲裁中实体法的适用，各国立法与实践迥然不同。一些国家在本国国际私法中专门规定仲裁的准据法，也有些国家在仲裁法中规定仲裁的准据法，而更多的国家则未在立法中专门规定仲裁的准据法。国际商事仲裁法律适用另一复杂问题是，各国有关国际商事仲裁法律适用的立法规定极为分散，归纳起来，大致有以下几种模式：

第一，在仲裁法中明确规定法律适用规则。尽管国际商事仲裁制度在世界范围内得到广泛地运用，但并非所有国家都制定专门的仲裁法对具有高度自治色彩的国际商事仲裁制度作出立法规定，即使是专门制定仲裁法的国家，在仲裁法中规定法律适用规则的国家也为数不多。我国 1995 年 9 月 1 日施行的《仲裁法》亦未对仲裁的法律适用作出规定。当然，也有部分国家在仲裁法中对有关法律适用问题作出相应的规定，其中有的国家的仲裁法仅规定仲裁程序法的适用规则，有的国家的仲裁法除仲裁程序法以外，还规定了仲裁协议的准据法、仲裁实体法的适用规则。

第二，在国际私法中专门规定仲裁的法律适用规则。有些国家在本国的国际私法中专门规定国际商事仲裁的法律适用规则。如 1989 年 1 月 1 日生效的《瑞士联邦国际私法》不但在第 9 编债权部分详尽规定了合同、侵权行为

---

[1] 见案例 6-7 中国法院是否不承认外国临时仲裁有效？

等债权债务关系的法律适用规则,而且另辟专编,在第 12 编"国际仲裁"中系统规定了国际商事仲裁事项,其中第 182 条规定了仲裁程序的法律适用规则,第 187 条则规定了仲裁裁决适用实体法的规则。这种法律适用的双轨制规定显示了国际商事仲裁的法律适用有别于国际民事诉讼。

第三,在民事诉讼法中规定仲裁的法律适用规则。一部分国家未制定单行的仲裁法,而是在民事诉讼法中对仲裁制度作出规定。如经修订于 1998 年 1 月 1 日生效的德国《民事诉讼法》第 10 编关于仲裁程序的规则具有独立的体系,共分 10 章,其中第 1042 条第 3 款规定了仲裁程序法的适用规则,第 1051 条规定了仲裁实体法的适用规则。

除了国内立法以外,一些重要的有关国际商事仲裁的国际公约、各主要国际商事仲裁机构的仲裁规则大都就国际商事仲裁的法律适用问题作出详尽的规定。

我国的仲裁实践,在当事人没有明确选择实体法时,与"主观主义方法"竭力探求当事人的默示法律选择不同,仲裁员则直接根据冲突规则选择实体法。在处理涉外争议时,仲裁庭与法院的做法不尽相同:法官只需适用法院地的冲突规则,以解决实体法之间的冲突,即所谓的"一级冲突";而由国际商事案件的自治性所决定,仲裁庭则面临着众多供选择的冲突规则,需要解决"二级冲突",即冲突规则的选择和适用。正如前文所说,中国由于在《仲裁法》中没有明确规定涉外仲裁的规则适用问题,但因为中国的仲裁很大程度上是参照民事诉讼程序来设计的,因此,涉外仲裁吸纳了部分民商事诉讼的原则。当事人在没有对于实体法作出约定的时候,参照涉外民商事诉讼,适用最密切联系地的法律。这是为了尽快使双方当事人的法律关系稳定下来,便于仲裁庭查明事实作出裁决,尽快化解矛盾。

七、庭审中的权利和放弃

当事人在仲裁庭审中的权利来源于《仲裁法》及各仲裁机构仲裁规则的规定。[1]

---

〔1〕 见案例 6-8 仲裁委员会在未穷尽其他送达方式的情形下,能公告送达吗? 案例 6-9 案外人旁听仲裁庭审,法律后果如何?

在一般情况下，仲裁当事人放弃权利以默示为主，如在首次开庭时未对仲裁协议的有效性提出异议，则为默示地放弃了提出仲裁管辖异议权，未在仲裁庭规定期限内质证，即为默示放弃质证权等。此时，当事人享有的权利丧失。

但在特殊情况下，当事人虽然以默示的方式放弃权利，但这种放弃并不是最终的结果，权利也并未丧失。如在仲裁员具有应当回避的情形但未自行回避，在首次开庭时，当事人尚不知该等回避事由存在，即使当事人在此时以默示方式放弃了提出回避权，当事人仍可以在知悉该等回避事由后，提出回避请求。裁决生效后当事人知悉的，当事人可以申请撤销裁决。

案例 6-4 仲裁也涉及"先刑后民"吗？

案情简介：

义乌市稠城某印刷厂与胡某因争议进行仲裁，仲裁过程中，胡某因涉嫌骗取贷款罪被刑事侦查，后被审查起诉，且其争议事项与涉嫌犯罪的内容有一定关系，仲裁机构在知悉此情况下的前提下，没有中止程序，作出了仲裁裁决。

裁判结果：

本案审理过程中，法院依法就申请人义乌市稠城某印刷厂主张的报案事实向义乌市人民检察院进行了核实，并调取了义乌市公安局义公诉字（2013）00060 号起诉意见书，根据该起诉意见书，胡某等人因涉嫌骗取贷款罪于2012 年 10 月 29 日由义乌市公安局立案侦查；2013 年 5 月 6 日，胡某等人因涉嫌骗取贷款罪和诈骗罪被移送义乌市人民检察院审查起诉，本案所涉款项被列入胡某涉嫌诈骗罪的审查起诉内容。

根据义乌市公安局义公诉字（2013）00060 号起诉意见书，本案所涉借款涉嫌诈骗犯罪，故依法应移送检察机关处理。据此，依照《中华人民共和国民事诉讼法》第 154 条第 1 款第 9 项[1]、《最高人民法院关于在审理经济

---

[1] 该法条号为修订前《民事诉讼法》法条号。

纠纷案件中涉及经济犯罪嫌疑若干问题的规定》第11条以及《诉讼费用交纳办法》第25条之规定，裁定如下：撤销金华仲裁委员会（2012）金仲义字第18号裁决书。

本案要旨：

仲裁与诉讼相同，在仲裁审理过程中，当事人因与本案有关的事项涉嫌刑事犯罪的，仲裁机构应中止程序，待刑事程序结束后，再对案件进行审理和认定，即仲裁也须遵守"先刑后民"。上述规定，既是为了保证嫌疑人的合法权益不受侵害、保证其不受刑事民事重复处罚，也是考虑到公安机关对案件的查明更有优势。

案例6-5　仲裁普通程序转简易程序，需要重新选定或指定仲裁员吗？

案情简介：

涉案仲裁由深圳仲裁委员会受理后，2012年12月19日深圳仲裁委员会作出仲裁庭组成通知，仲裁庭组成人员为郭某、辛某、郑某，郭某为首席仲裁员。后该案转入简易程序，2012年12月20日深圳仲裁委员会作出关于仲裁庭组成及文书更正的通知，由仲裁员郭某成立仲裁庭审理。2012年12月19日的深圳仲裁委员会开庭通知中"抄送首席仲裁员、仲裁员"更正为"抄送仲裁员"。该独任仲裁员系仲裁委直接指定。

裁决作出后，当事人申请撤裁，理由是仲裁庭在变更程序后，擅自指定仲裁员裁决案件。

裁判结果：

关于独立仲裁员的选任程序是否违反法律规定的问题。《仲裁规则》第79条规定：适用简易程序的案件，由1名仲裁员成立仲裁庭审理。当事人应当在被申请人收到仲裁申请书副本之日起10日内按本规则首席仲裁员的产生方式共同选定仲裁员。双方当事人逾期未共同选定或者共同委托仲裁委员会主任指定仲裁员的，由仲裁委员会主任指定。涉案仲裁由普通程序转为简易程序审理后，仲裁委员会并未给予当事人重新选任仲裁员的机会，而是直接将原首席仲裁员指定为简易程序中的独任仲裁员，剥夺了当事人重新选任仲裁员的权利，违反了法定程序。

本案要旨：

简易程序中，由独任仲裁员裁决案件，但在本案中，仲裁先以普通程序进行，选定仲裁员后，普通程序变更为简易程序，仲裁员未经过当事人重新选定，仲裁机构直接将原普通程序中的首席仲裁员指定为简易程序的独任仲裁员，实质上剥夺了当事人选择仲裁员的权利，该裁决违反法定程序而被撤销。因此，仲裁由普通程序转为简易程序的，需要重新选定或指定仲裁员。

案例 6-6 仲裁庭将依仲裁规则应采用普通程序审理的案件，仲裁机构却按照简易程序审理，是否属于违反法定程序的情形？

案情简介：

泸县某农贸市场、泸州市龙马潭区某物业管理有限公司在泸州仲裁委员会仲裁后，泸县某农贸市场申请撤裁，理由是根据《泸州仲裁委员会仲裁规则》第 71 条的规定，争议金额在 30 万元以上，适用简易程序必须双方当事人书面同意。而该案申请人仲裁请求是请求被申请人继续履行合同，并支付 20 万元违约金。继续履行合同的标的，被申请人需支付的 3 年承包费就是 34 万元，加上被申请人需承担的维修改造费用的 50% 即 19 万元，该案争议金额为 73 万元，远远在 30 万元以上，泸州仲裁委员会适用简易程序，但没有申请人的书面同意，属于仲裁庭的组成违反法定程序。

裁判结果：

根据《最高人民法院关于执行级别管辖规定几个问题的批复》（法复〔1996〕5 号）第 1 条 "在当事人双方或一方全部没有履行合同义务的情况下，发生纠纷起诉至法院的，如当事人在诉讼请求中明确要求全部履行合同的，应以合同总金额加上其他请求额作为诉讼标的额，并据以确定级别管辖；

如当事人在诉讼请求中要求解除合同的，应以其具体的诉讼请求数额来确定诉讼标的额，并据以确定级别管辖"规定，在当事人双方或者一方部分未履行合同义务这种情况下，当事人诉请要求继续履行合同的，应以要求继续履行部分的合同标的作为诉请标的金额。

本案中，申请人泸县某农贸市场在仲裁时的仲裁请求为继续履行合同并要求被申请人泸州市龙马潭区某物业管理有限公司支付20万元违约金，故仲裁请求的标的额超过30万元，根据《泸州仲裁委员会仲裁规则》第71条第1款"除当事人另有约定外，金额不超过人民币30万元的，适用本简易程序；争议金额超过30万元的，经双方当事人书面同意，可以适用简易程序"的规定，法院认为，因本案仲裁的争议金额已超过30万元，且未经过双方当事人书面同意适用简易程序，故本案仲裁不适用简易程序仲裁，而应当适用普通程序。综上，申请人泸县某农贸市场主张仲裁程序适用简易程序违法的理由成立，法院予以支持。

本案要旨：

1. 关于诉争金额，按照最高人民法院的司法解释，要求继续履行合同的，诉争标的额应按合同金额加上其他请求额作为诉讼标的额计算，诉争合同标的额超过30万元，故本案争议金额超过30万元。

2. 关于程序，根据仲裁规则，诉争标的超过30万元的，经双方书面同意才能适用简易程序，本案中，仲裁庭在未经双方书面同意的情况下适用简易程序审理本案，违反法定程序，应予撤销该仲裁裁决。

案例6-7 中国法院是否不承认外国临时仲裁有效？

案情简介：

某酒业与GLORIA VINO于2011年6月16日签订《销售合同》，该《销售合同》第13条约定："仲裁：①有关本合同或本合同的签署所发生的所有争议均通过友好协商解决。如未能达成一致意见，将把所发生争议提请仲裁。②仲裁在瑞士进行。③仲裁裁决为最终裁决，对双方均具有约束力。④仲裁费用由败诉方承担。"

协议中并未约定仲裁机构,后双方在瑞士进行了临时仲裁,某酒业要求
中国法院确认仲裁协议无效。

裁判结果:

经庭审查明,某酒业与 GLORIA VINO 于 2011 年 6 月 16 日签订的《销售
合同》明确约定争议解决方式为仲裁,仲裁在瑞士进行,但未约定法律适用
及仲裁机构。因 GLORIA VINO 系在香港特别行政区注册成立的某有限公司的
下属分公司,注册和办公地点均位于香港特别行政区,涉案《销售合同》签
订于 2011 年 6 月 16 日,《中华人民共和国涉外民事关系法律适用法》已经生
效,故应当适用该法第 18 条确定应适用的法律。《中华人民共和国涉外民事
关系法律适用法》第 18 条规定,当事人可以协议选择仲裁协议适用的法律。
当事人没有选择的,适用仲裁机构所在地法律或者仲裁地法律。涉案《销售
合同》虽然未约定法律适用,但约定在瑞士进行仲裁,故本案应适用瑞士法
律确认有关仲裁条款的效力。

《瑞士联邦国际私法法典》第 12 章规定的"国际仲裁"应符合两个条件,
一是仲裁地在瑞士,二是仲裁协议签订时至少有一方当事人的住所、惯常居
所地或者营业机构所在地不在瑞士境内。涉案《销售合同》明确约定仲裁在
瑞士进行,同时某酒业与 GLORIA VINO 的住所、惯常居所地或者营业机构所
在地均不在瑞士境内,涉案《销售合同》约定的仲裁符合上述规定。

本案系因涉案《销售合同》产生的争议,属于当事人之间的财产争议,
具有可仲裁性。涉案仲裁条款虽然未约定仲裁机构,但《瑞士联邦国际私法
法典》第 12 章规定当事人对仲裁庭如何组成未作约定时,可以按照第 179 条
的规定,请求仲裁地法院任命仲裁员,即瑞士认可临时仲裁。因此,涉案仲
裁条款不违反《瑞士联邦国际私法法典》的强制性规定,应认定有效。某酒
业要求确认其与 GLORIA VINO 所签《销售合同》中的仲裁条款无效,法院不
予支持。依照《中华人民共和国仲裁法》第 20 条之规定,裁定驳回某酒业有
限公司的申请。

本案要旨：

本案一方当事人注册地及经营地均在香港，适用《中华人民共和国涉外民事关系法律适用法》，根据该法规定，双方当事人约定仲裁管辖在瑞士，但在未选择准据法的情形下，适用仲裁机构地法律，即瑞士法。

瑞士法律规定，在瑞士仲裁需要满足两个条件：一是仲裁地在瑞士，二是仲裁协议签订时至少有一方当事人的住所、惯常居所地或者营业机构所在地不在瑞士境内。本案当事人符合在瑞士仲裁的相关法律规定，应属有效。因此，并非中国法院都不承认外国临时仲裁的效力。

案例 6-8 仲裁委员会在未穷尽其他送达方式的情形下，能公告送达吗？

案情简介：

2016 年 2 月 22 日，冰灯博览中心向哈尔滨仲裁委提出仲裁申请。《仲裁申请书》载明"被申请人：黑龙江某广告有限公司（电话）139×××××××，住所地哈尔滨市南岗区某街 80 号 3 层 1 号。法定代表人：唐某，职务：经理"。2016 年 2 月 25 日，哈尔滨仲裁委按某广告公司的住所地向其邮寄送达仲裁通知书、申请书、仲裁规则及仲裁员名录、仲裁庭及仲裁员选定书、证据材料、其他等文书。《特快专递邮件详情单》上收件人为负责人，但未填写移动电话、住宅电话、办公电话内容。2016 年 2 月 28 日，该邮件被退回，《改退批条》记载"原址查无此人、原书写地址不详、查无此单位、无联系电话"。2016 年 3 月 8 日，冰灯博览中心的委托代理人张春雨向哈尔滨仲裁委提交《公告方式送达申请书》，该申请书记载："因某广告公司未在工商机关（或其他有关机关）登记的地址进行经营，冰灯博览中心又查不到某广告公司的实际经营地址，故冰灯博览中心请求采用公告的方式向某广告公司送达有关法律文书及案件材料。"

哈尔滨仲裁委的《工作记录》记载："2016 年 3 月 29 日 14 时，哈尔滨仲裁委行政部工作人员、案件部工作人员到某广告公司机构代码证提供的所在地哈尔滨市南岗区某街 80 号 3 层 1 号，送达仲裁通知书及相关立案材料。发现此地址是宾馆并无此公司，所以仲裁通知书及相关立案材料无法向某广告公司送达。"2016 年 4 月 1 日，哈尔滨仲裁委在《工人日报》公告专栏刊登公告，向某广告公司公告送达仲裁申请书、仲裁通知书、仲裁规则、仲裁员名册等立案材料，及定于 2016 年 6 月 29 日开庭的时间。

裁决作出后，某广告公司申请撤裁。

裁判结果：

冰灯博览中心承认其在《仲裁申请书》上填写的是某广告公司工作人员电话号码，亦知道某广告公司的法定代表人是唐某，且在《仲裁申请书》上某广告公司后面已标注电话号码及该公司法定代表人姓名。哈尔滨仲裁委虽以特快专递方式向某广告公司送达相关仲裁文书，但《特快专递邮件详情单》上既未依《仲裁申请书》所列填写某广告公司法定代表人姓名，也没标注电话号码，且在邮件被邮局以填写不明确等理由退回后，哈尔滨仲裁委再未对《仲裁申请书》所载电话号码进一步核实，或到工商登记部门调查核实某广告公司登记注册地址是否存在变更情况，其在未穷尽送达手段的情况下，即向某广告公司公告送达仲裁文书，违反法定程序。

某广告公司与冰灯博览中心履行合同过程中始终以《仲裁申请书》上所标注电话号码保持联系与沟通。诉讼中，冰灯博览中心表示哈尔滨仲裁委工作人员到某广告公司注册地点进行查看的《工作记录》不能证明《仲裁申请书》所载该电话号码处于不畅通状态，且《工作记录》中亦没有关于该电话号码长期关机，或者无人接听等事实的记载。因此，仲裁机构在仲裁过程中存在违反法定程序的情形，该仲裁裁决应予撤销。

本案要旨：

1. 本案结果的关键，在于仲裁机构在掌握被申请人法定代表人、公司电话信息的情况下，但在没有按此填写，送达物流单使 EMS 获得的收件人信息不完整导致无法送达，仲裁机构有一定责任。

2. 仲裁机构在 EMS 送达不成功后，没有与被申请人电话沟通，也未对被申请人注册地址是否变更进行核实，没有穷尽正常送达程序应尽职责即办理公告，阻碍了被申请人行使程序权利。据此，违反了仲裁的法定程序，作出的仲裁裁决应予撤销。

案例 6-9 案外人旁听仲裁庭审，法律后果如何？

案情简介：

申请人北京某天下科技有限公司（以下简称"网信天下公司"）申请撤销与被申请人北京某博才教育科技有限公司（以下简称"某博才公司"）之间的仲裁裁决，理由是 2015 年 12 月 9 日开庭时，仲裁庭允许案外第三人旁听该案庭审，违反了《仲裁法》第 40 条的规定，侵犯了仲裁当事人的合法权益和商业隐私。

裁判结果：

虽然《仲裁法》第 40 条规定："仲裁不公开进行。当事人协议公开的，可以公开进行，但涉及国家秘密的除外。"在 2015 年 12 月 9 日仲裁庭第一次开庭出庭人员登记表中，确有旁听人员签字，仲裁庭此种做法确实存在瑕疵，但是《北京仲裁委员会仲裁规则》第 3 条"放弃异议权"规定："当事人知道或者理应知道本规则或仲裁协议中规定的任何条款或条件未被遵守，但仍参加或者继续参加仲裁程序且未对上述不遵守情况及时向本会或仲裁庭提出书面异议的，视为其放弃提出异议的权利。"第 26 条"保密义务"规定："①仲裁不公开审理。当事人协议公开的，可以公开，但涉及国家秘密、第三人商业秘密或者仲裁庭认为不适宜公开的除外。②不公开审理的案件，当事人及其代理人、证人、仲裁员、仲裁庭咨询的专家和指定的鉴定人、本会的有关人员，均不得对外界透露案件实体和程序进行的情况。"经本院询问，天下公司和博才公司当时均未对旁听人员提出异议，且双方也未提交证据证明案件仲裁过程中涉及国家秘密或者商业秘密。因此，在天下公司未及时向北京仲裁委员会或仲裁庭书面提出异议的情形下，视为其放弃了相关权利，仲裁庭虽然工作存在瑕疵，但是并不属于程序违法。天下公司的该项撤销仲裁裁决的意见，法院不予采纳。

本案要旨：

本案中，虽有案外人旁听，但该撤销裁决的理由未被支持，法院阐释的原因有二：一是双方当事人均未在开庭时，就案外人旁听提出异议，因此视为双方已经放弃该权利，即双方同意公开审理；二是没有证据证明庭审内容涉及国家机密或商业机密，即该案不是法定的不公开审理情形。因此，案外人旁听仲裁庭审不一定会导致仲裁裁决因程序违法而被撤销。

◇ 延伸阅读：仲裁异地开庭，也凉凉了吗？

两份截然不同的裁判文书

福田区人民法院："一首凉凉送给你"

2019 年 5 月 13 日，中国裁判文书网上公布了深圳市福田区人民法院关于一起民间借贷纠纷案件的执行裁定书。该执行裁定认定因湛江仲裁委的仲裁庭在异地进行庭审程序而否定了仲裁裁决的法律效力，随即引发仲裁界轩然大波。

在裁定书中，福田区人民法院认为"湛江仲裁委员会（2018）湛仲字第0E012299 号仲裁裁决书载明，该委于 2018 年 9 月 13 日受理双方当事人民间借贷纠纷案，并组成仲裁庭于 2018 年 10 月 12 日在深圳不公开开庭审理了该案。本院经查询广东省司法厅、深圳市司法局登记备案信息，未查询到湛江仲裁委员会经批准在深圳设立分支机构、派出机构或业务站点的相关资料。本院认为，湛江仲裁委员会未经批准在深圳进行仲裁，违反了《中华人民共和国仲裁法》关于仲裁委员会应当依法设立并严格按照法律、法规开展业务之规定，其所作出的仲裁裁决不具有法律效力，申请执行人据此申请强制执行，本院予以驳回。"

福田区人民法院作出上述裁定所依据的法律规定为《中华人民共和国民事诉讼法》第 154 条第 1 款第 11 项"裁定适用于下列范围：其他需要裁定解决的事项"；《中华人民共和国仲裁法》第 10 条第 3 款"设立仲裁委员会，应当经省、自治区、直辖市的司法行政部门登记"；《最高人民法院关于人民法院执行工作若干问题的规定（试行）》第 18 条"人民法院受理执行案件应当符合下列条件：

①申请或移送执行的法律文书已经生效；②申请执行人是生效法律文书确定的权利人或其继承人、权利承受人；③申请执行人在法定期限内提出申请；④申请执行的法律文书有给付内容，且执行标的和被执行人明确；⑤义务人在生效法律文书确定的期限内未履行义务；⑥属于受申请执行的人民法院管辖。人民法院对符合上述条件的申请，应当在 7 日内予以立案；不符合上述条件之一的，应当在 7 日内裁定不予受理。"

新疆维吾尔自治区高级人民法院："不，我不同意"

无独有偶，2016 年，新疆维吾尔自治区高级人民法院也曾对一起仲裁委异地开庭案件作出了裁判。该案案情与湛江仲裁委仲裁的案情相似。

某公司与两自然人签订《租赁合同》，并在合同中约定如因本合同争议，双方提请钦州市仲裁委进行仲裁，开庭地点为乌鲁木齐。仲裁裁决作出后，当事人向新疆维吾尔自治区乌鲁木齐市中级人民法院申请执行，乌鲁木齐市中级人民法院认为，《中华人民共和国民事诉讼法》第 237 条第 2 款第 3 项，"仲裁庭的组成或者仲裁的程序违反法定程序的"的裁定不予执行。本案中，双方租赁合同纠纷仲裁一案，在乌鲁木齐市天山区民主路 75 号新疆工商联法律部仲裁中心开庭仲裁。该通讯地址、通讯电话与钦州仲裁委西北办事处均一致。故由此推定实际仲裁的机构是钦州仲裁委西北办事处。因钦州仲裁委西北办事处在新疆维吾尔自治区司法厅广西壮族自治区司法厅均没有备案，故其在新疆维吾尔自治区没有仲裁资格，其作出的仲裁裁决不具有执行效力。因此，乌鲁木齐市中级人民法院裁定不予执行该仲裁裁决书。

当事人不服乌鲁木齐市中级人民法院的裁定，向新疆维吾尔自治区高级人民法院申诉。新疆维吾尔自治区高级人民法院认为，本案执行依据即钦州仲裁委所作出的仲裁裁决书，加盖有钦州仲裁委的公章，是由钦州仲裁委作出，而非由钦州仲裁委西北办事处作出，乌鲁木齐市中级人民法院仅依据该仲裁开庭地点在乌鲁木齐市就推定该裁定不是钦州仲裁委作出的，与事实不符。新疆维吾尔自治区高级人民法院还认为，该仲裁裁决不存在《中华人民共和国民事诉讼法》第 237 条第 2 款第 3 项规定的裁定不予执行的法定情形，乌鲁木齐市中级人民法院裁定不予执行该仲裁裁决不符合法律规定。

仲裁异地开庭，到底该不该凉？

上述两份裁判文书，所涉及的基本案情几乎一致，即争议双方当事人在约定的仲裁机构解决争议，仲裁裁决也是由约定的仲裁机构加盖公章、裁决由约定的仲裁机构作出。但开庭地点与该仲裁机构备案的地点不在一个城市，且开庭的城市，仲裁机构未进行备案。

深圳市福田区人民法院认为，仲裁审理的开庭地点，未经开庭地点所在城市省、自治区、直辖市的司法行政部门登记，该仲裁裁决无效，因此该仲裁裁决不具有执行效力，异地开庭，凉了。新疆维吾尔自治区高级人民法院则认为，仲裁裁决经仲裁机构加盖公章，即为仲裁机构作出，虽然开庭地点未经登记，但开庭地点与仲裁机构登记地不一致，不影响仲裁裁决的效力，仲裁异地开庭，不凉。

仲裁庭异地开庭，不该凉

首先，福田区人民法院作出的裁判，适用法律存在错误。人民法院作出裁判的依据应当是事实和法律。福田区人民法院裁判不予执行涉案仲裁裁决的法律依据是《中华人民共和国仲裁法》第 10 条第 3 款"设立仲裁委员会，应当经省、自治区、直辖市的司法行政部门登记"。上述法律条文是对设立仲裁委员会的限制，法律规定的仅是设立仲裁委员会应当进行登记，而非仲裁委员会开庭的地点均应进行登记。在我国现行法律未对仲裁开庭地点作出限制性规定的情况下，福田区人民法院不应对仲裁开庭的地点作出限制。福田区人民法院作出裁判，适用法律存在错误。

其次，从仲裁特点的角度考虑，仲裁更体现当事人的意思自治和效率原则。在法律和仲裁规则均未对开庭地点作出限制时，无论是仲裁庭提出异地开庭当事人无异议，还是当事人为了节约成本提高效率一致选择异地开庭，异地开庭出于当事人的意思自治，都应当被尊重。在实务中，北京上海深圳等城市相对发达，贸仲、广仲等仲裁机构公信力较高，当事人往往愿意选择贸仲、广仲等仲裁机构解决争议。如果双方当事人经常所在地都在新疆，争议发生时，当事人至北京或广州开庭，当事人成本会增加是不争的事实。如果双方当事人自愿约定在乌鲁木齐开庭审理争议，对双方当事人而言，均能节省经济和时间成本，这样既方便当事人又充分体现仲裁的效率优势，两全其美。

最后，仲裁地和开庭地是不同的概念。在仲裁实务中，当事人可以约定仲裁地，仲裁地的选择会关系到仲裁的程序规则适用，这一点在涉外仲裁中体现得尤为明显。如当事人选择仲裁机构为伦敦国际仲裁院，约定仲裁地为北京，则仲裁程序规则适用中国法。如果当事人没有约定仲裁地，仅在仲裁协议中选定仲裁机构，那么仲裁机构备案所在地即为仲裁地。可见仲裁开庭地与仲裁机构备案地不一致，并不影响仲裁裁决效力。

背景：　新时代下的仲裁机构管理与发展

在 2016 年新疆维吾尔自治区高级人民法院已经就相同案情作出裁判形成判例之后，为何福田区人民法院又作出了相反判决？这可能和某些法院对上层政策和新出台的法律法规理解过度有关。

2016 年，国务院法制办与全国人大常委会共同确认，市人民政府依法组建的仲裁机构应暂停设立分支机构。国家出台此政策的原因是近些年，随着社会经济的发展，各地市政府组建的仲裁机构不计其数，质量不齐，乱象丛生。仲裁机构的业务水平和公信力也不能得到保障。叫停市政府组建的仲裁机构设立分支机构，既是为了仲裁机构能更好地服务于本市争议解决，也是为了仲裁机构能够对自身加强管理。

2018 年 12 月，中共中央办公厅、国务院办公厅印发了《关于完善仲裁制度提高仲裁公信力的若干意见》，该《意见》指出，要充分发挥仲裁在尊重当事人意思自治和便捷、高效解决纠纷等方面的作用，对完善多元化解纠纷机制，公正及时解决矛盾，妥善化解纠纷，维护社会稳定，促进改革开放，保障经济社会持续健康发展具有重要意义。可见，从国家政策层面上看，尊重当事人意思自治和发挥仲裁便捷高效优势是大势所趋。

不管是仲裁机构还是人民法院，裁判案件的依据一定是事实、证据和法律。政策起到指引性作用，国家制定政策的目的是完善和提升现有的管理水平，让好的制度发挥更大作用。裁判机构切不可过度解读政策，而出现法律适用错误。

第四节　交叉盘问

一、英美法仲裁的交叉盘问与中国商事仲裁的辩论

国际仲裁的庭审方式，存在英美法系的对抗制和大陆法系的纠问制两种模式，这通常取决于案件适用法律、审理地程序法、仲裁庭成员的教育和执业经历等因素。

在采取英美法系的开庭模式时，庭审最主要内容是听取证人证词并进行

盘问。交叉盘问，又叫交叉询问，是指仲裁一方当事人或代理人，对另一方当事人提供证人的发问。在开始交叉盘问之前，通常对方代理人会对证人进行简要的直接询问，如证人的身份，证词是否由证人阐述，对证人回答问题方法的一些预先提示。证人是否要在作证前宣誓，取决于证人的宗教信仰，但通常仲裁庭都会提醒证人如实作证。

对于实施盘问的代理人而言，交叉盘问的主要目的表现在：首先，通过盘问让仲裁庭对证词中不利我方的具体内容有所了解并不予采信；其次，也可以通过发问，让仲裁庭从整体上质疑证人的可信度；最后，将交叉盘问作为叙述案情的一种模式，通过层层封闭式问题的设计，便于仲裁庭归纳争议焦点。

前文已经介绍过中国商事仲裁的一般程序。庭上辩论的主要对象是对方当事人和对方代理人，并不包括对方提供的证人。中国仲裁受到庭审模式的影响，在一定程度上职权主义的特征比较明显，奉行纠问式的庭审调查模式。即在仲裁的过程中，双方当事人及其代理人都不处于主导地位，是由仲裁庭居于主导地位，仲裁庭始终参与对案件事实的发现和认定，并要实际指挥和控制整个仲裁过程。仲裁庭在组织、控制仲裁及调查取证等方面享有较大的职权，而当事人的处分权受到了一定的限制。

在中国仲裁庭审模式中，涉及证据交互的大致可以分为两部分：一是双方举证质证，二是仲裁庭的调查。在质证过程中，质证一方一般仅就证据的真实性、合法性、关联性发表质证意见，正常情况下，质证人无权对对方证据有关的问题进行询问。在仲裁庭调查阶段，仲裁庭就双方仲裁请求、答辩意见以及举证质证中显示的仲裁庭尚不明确的问题，对双方分别进行询问，该询问也系"仲裁庭问—当事人或代理人答"的模式，并不存在各方当事人相互询问的情况。

二、如何准备交叉盘问

在交叉盘问准备过程中，当事人或其代理人必须吃透整个案情，通过全案现有证据，梳理出案件事实，归纳双方无争议的事实和有争议的事实，特别是需要研究对方以及己方安排证人证明的事项和目的。在此基础上，反复研读证人的证词，找出对对方不利的事实，然后用其他证据加以印证，找出证人陈述不实之处。在设计问题时，可以根据案件的事实和焦点分阶段制定一个个小目标，采取问题组合的方式，达到揭示证人特定证言不可信或不予采信之目的。交叉盘问，很重要的一点是，盘问者对证人的掌控力，要让证人的思维跟随盘问者的节奏进行。而封闭性问题，则有利于控制证人，避免证人存在过多的发挥空间或者自圆其说的机会，无论如何，在收尾时，最好不要给出开放性问题。交叉盘问时，不要问自己不知道的问题，这也是盘问时要遵守的一条铁律。因此，在准备盘问问题时，应当准备自己对于案情能够大致确定的问题。然而，凡事也不绝对，如果因案件需要，的确要发问自己不清楚答案的问题时，要适当预测一下，证人对该问题的可能回答，要确保自己有后续的问题，可以将证人的思维收敛回来。问一些不能预测答案的问题是有风险的。

在交叉询问准备过程中，代理团队内部成员，可以进行模拟和推演，轮流扮演证人和发问方，不断总结，特别是问题的先后顺序及衔接问题。在庭审结束后，代理团队内部可以对实际交叉盘问，进行复盘总结，这也有利于巩固经验，下次交叉盘问可以做得更好。

交叉盘问，服务于案件的总体战略。盘问人盘问的目的首先是为了还原案件事实真相，尽可能使仲裁庭在最短时间内充分了解案情并作出公正裁决。交叉盘问中的盘问人不应过于重视炫技或攻击被盘问人而忽视交叉盘问本身的作用。

在国际仲裁中，双方的总体发言时间有整体安排，通常在庭前程序令或案件管理会议上由仲裁庭和各方共同确认。因此，作为仲裁代理人，必须根据己方的总体用时安排时间。如果时间较为充裕，可以采取较为迂回或"温水煮青蛙"的方式缓慢进行，让证人慢慢进入状态。如果用时较为紧张，则不宜过多地问证人可信度方面的问题，而是要围绕案件核心问题进行盘问。

第五节　缺席裁决

一、缺席审理的条件

缺席裁决是相对于对席裁决而言的，是指只有一方当事人到庭参与仲裁审理时，仲裁庭仅就到庭的一方当事人进行调查、审查核实证据，听取意见，并对未到庭一方当事人提供的书面资料进行审查后，即作出仲裁裁决的仲裁活动。

仲裁庭审理并裁决争议案件的活动，一般应当在双方当事人都到庭参加陈述、辩论的情况下进行并作出仲裁裁决，但是，在仲裁庭审理争议案件的过程中，有时可能会发生被申请人无正当理由不到庭或者未经仲裁庭许可而中途退庭的情况，为了保证仲裁审理的顺利进行，仲裁庭可以缺席审理并作出缺席裁决。同时，规定缺席审理与缺席裁决制度，也充分体现了法律对双方当事人利益的平等维护。

我国《仲裁法》第42条第2款规定："被申请人经书面通知，无正当理由不到庭或者未经仲裁庭许可中途退庭的，可以缺席裁决。"仲裁庭适用缺席裁决的情况有两种，即被申请人经书面通知，无正当理由拒不到庭和被申请人未经仲裁庭的许可中途退庭。在这两种情况出现时，虽然一方当事人不在庭审现场，但仲裁庭仍然能够根据已有的事实和证据继续进行庭审并作出裁决。此外，结合《仲裁法》的其他有关规定以及仲裁实践的具体情况，在以下情况下，仲裁庭也可以作出缺席裁决：①申请人经书面通知，无正当理由不到庭或者未经仲裁庭许可中途退庭，而被申请人已经提出反请求的。根据《仲裁法》第42条前半句的规定，申请人无正当理由不到庭或者未经仲裁庭许可中途退庭的情况下，仲裁庭本可以依照《仲裁法》的规定视为撤回申请，但是，一旦被申请人提出反请求，此时的申请人实际成为反请求的被申请人，因此，在这种情况下，申请人的身份就转换成了《仲裁法》第42条后半句的适用对象，仲裁庭缺席裁决的部分实际上是被申请人提出的反请求部分。②被申请人的代理人经书面通知，无正当理由不到庭或者未经仲裁庭许可中途退庭的。这种情况是因为当事人可能委托了代理人到庭参与庭审，而自己没有出席庭审，一旦被申请人的代理人经书面通知拒不到庭或者没有仲裁庭的允许中途退庭，也会造成缺席的事实状态，这种情况没有超出《仲裁法》预设第42条的法理，完全可以适用缺席裁决的规定。

二、缺席裁决的效力

在缺席仲裁的情况下，由于没有被申请人出庭质证，仲裁庭对申请人的请求和提供的证据进行表面查证核实，对形式上无瑕疵的予以表面上的认可。该缺席裁决发生具有完全的法律效力。尽管这种认可可能在实质上是有误差的，但是这是被申请人对于自身的权利的放弃所应当承担的法律后果。

仲裁庭在实际审理案件的过程中，一般倾向于鼓励缺席的一方出庭，为此给予该方尽量"适当的通知"，包括尽可能地让缺席一方清楚地知晓案件的进程，以及不参加开庭的后果。

如果缺席裁决是依法作出的，则缺席裁决的效力等同于对席裁决的效力。因此，缺席裁决的案件，仲裁机关也应依法向缺席一方当事人宣告裁决，并向其送达裁决书，告知其请求仲裁庭补正裁决书错误的权利，请求补正的时间；申请撤销裁决的期限和提出申请的法院。缺席裁决的一方当事人可以在规定的期限内提出补正裁决书错误的申请，或申请撤销裁决。仲裁机关作出的缺席裁决，是发生法律效力的裁决，对双方当事人具有拘束力。当然，如果仲裁机关作出缺席裁决时未经书面通知被申请人，或者被申请人未到庭有正当理由的，则缺席裁决就不能发生与对席裁决相同的效力。

现实中，也有一种情况是仲裁员缺席，比如申请人或者被申请人选定的仲裁员在审理过程中缺席，仲裁裁决效力如何呢？[1]

三、缺席裁决中的送达

和一般仲裁裁决相同，仲裁裁决一经作出，就有了终局性的法律关系，当事人必须按仲裁文书的规定行使权利履行义务，否则要承担法律责任。被送达人不能再以自己未参加庭审作为抗辩事由要求重新仲裁或者向法院提起诉讼。

缺席裁决送达方式与一般仲裁裁决送达方式相同，法律后果相同。

案例 6-10 仲裁员缺席庭审，裁决能否被撤销？

案情简介：

仲裁程序中，仲裁员刘某 3 次缺席庭审，仲裁庭未按仲裁规则选定或指

---

[1] 见案例 6-10 仲裁员缺席庭审，裁决能否被撤销？

定替代仲裁员。该仲裁案仲裁秘书明知仲裁员刘某于 2016 年 9 月 8 日及 2016 年 9 月 20 日的 2 次庭审中缺席，却在笔录中记录刘某参加庭审。

另外，撤裁申请人吴某提出，该仲裁案仲裁员刘某在高明区法院担任审判员多年。而仲裁员张某在高明区设置了办事处，深耕法律工作多年并与刘某有很好的交情。因吴某庭前没有收到上述两人的相关资料，致使吴某错失对上述两仲裁员提出回避请求。

裁判结果：

申请人吴某提出仲裁员刘某缺席仲裁庭审，故原仲裁程序违反法定程序。《中华人民共和国仲裁法》第 30 条及《佛山仲裁委员会仲裁规则》第 32 条均规定："仲裁庭可以由 3 名仲裁员或者 1 名仲裁员组成。由 3 名仲裁员组成的，设首席仲裁员。"据此，由 3 名仲裁员组成的仲裁庭，每一位仲裁员都必须自始至终地参与对仲裁案件的审理，包括庭审、评议和裁决。（2015）佛仲字第 156 号仲裁案仲裁庭由 3 名仲裁员组成。作为仲裁庭组成人员，该 3 名仲裁员应共同参与为审理该仲裁案而进行的所有庭审。据查明的事实，仲裁员刘某缺席该仲裁案的 3 次庭审。该仲裁案件违反了法定程序。

本案要旨：

1. 本案中，虽然撤销仲裁申请人提出仲裁员应予回避的理由，但该理由不是回避的法定事由，属于其主观猜想，存在社会关联并不会必然导致裁决缺乏公正性。

2. 有关程序问题，普通程序应由 3 名仲裁员组成仲裁庭并合议案件，仲裁员在庭审中了解和明确与争议有关的事实和证据，才能保证裁决的客观与公正。本案中 1 名仲裁员 3 次缺席庭审，不仅违反法律规定，也违背了法律规定的初衷，因此作出的仲裁裁决应予撤销。

第六节　庭审的记录与笔录

一、国际仲裁与国内仲裁笔录的差别

在我国，仲裁庭审笔录一般由办案秘书制作，同步反映仲裁庭审活动的真实情况，包括双方当事人及仲裁庭和其他仲裁参与人在庭审时陈述的内容及庭审情况。一份高质量庭审笔录对切实保障当事人的合法权益以及裁决的公正性具有重大意义。同时，庭审笔录还体现了仲裁庭驾驭庭审活动能力的高低，反映了办案秘书的业务水平。

仲裁庭审笔录具有相当重要的作用，由于庭审笔录是以书面的形式固定当事人及仲裁庭言行主要内容的法律文书，因此，它是分析案件事实、作出正确裁决必不可缺的书面材料。它的主要作用就是通过记录庭审中当事人举证、质证、辩论等环节查明案件的事实，便于仲裁庭作出正确的裁决。由于庭审笔录反映了仲裁庭审活动全过程最真实的情况，成为仲裁活动的见证，是仲裁庭作出裁决的依据。

仲裁庭审活动中，制作庭审笔录的另一目的是作为事后检查案件审理情况的重要依据。因为裁决作出后，可能被申请撤销或裁定不予执行，但庭审笔录却不能主观地重复作出或随意更改。仲裁庭独立行使仲裁权裁决案件的过程，必须受到法律规定的制约和监督，当事人可申请由人民法院依照撤销或不予执行的法定程序来进行个案监督。而落实到具体个案的监督中，目前只能依靠查阅案卷来判断仲裁庭是否依法裁决。一般情况下，当事人申请撤销仲裁裁决和不予执行时，人民法院检查仲裁庭审笔录是一个重要方法，因为仲裁庭审笔录不仅可以反映出案件审理程序的合法性，还可以反映当事人证据的提交、质证情况，反映当事人对案件争议事项的主张及承担的责任、适用法律所发表的意见等内容。在案件审查时，人民法院还可以把裁决文书与庭审笔录相互比照，由此来检验裁决书内容与庭审结果是否相符合。因此，庭审笔录是检查案件审理质量的重要依据，更是人民法院对仲裁裁决进行监督的重要途径。而仲裁庭审笔录内容的固定也正是为了保证今后有据可查，作为案件卷宗最重要的书面材料，庭审笔录是法律监督实施的一种重要保证。

一般而言，一份理想的庭审记录至少应当满足以下三项要求：一是忠实仲裁庭审原貌，全面记录庭审的全过程；二是准确、详细地记录各方当事人的陈述、意见；三是格式规范，内容清晰流畅，无错漏。只有满足上述三项要求，仲裁庭审笔录才能在最大限度上发挥其作用。

外国无论是法庭还是仲裁的庭审笔录都与中国有明显不同。在我国，记录庭审笔录的工作书要由法院的书记员或仲裁中的仲裁秘书承担，在英美法系国家，书记员作为一种职业，不是法院的永久工作人员，而是被法官雇佣的个人助手，其工作内容与法庭记录员、法官秘书不同，美国书记员并不负责记录和行政事务，开庭时，审判庭上也没有书记员的位置，其日常工作是协助法官，主要包括研究卷宗材料的法律要点、研究法律与判例、准备法官开庭备忘录、草拟演讲稿、草拟法律意见、编辑校对法官的判决和裁定、查证判决所引的注解等。香港的书记员主要职责也是从事协助法官审理案件的事务性工作，并扮演连通法官与当事人的重要角色，在庭审中负责传递证据、诉讼文书等。因此，书记员所记载的庭审文书只是供法官判决案件所用，不能作为代理律师或者其他国家机关办理案件的材料，因此称之为庭审笔录并不恰当。同样，在外国仲裁庭审理案件时，所做的庭审记录也是辅助仲裁庭裁决案件所用，并不提供给争议双方当事人或者法院作为办案参考，因此也不能将之成为庭审笔录，其记录的文书和我国的诉讼仲裁文书不是同一性质的法律文书。

二、如何签署庭审笔录

我国现行的法律和司法解释对庭审笔录仅仅作了粗略的规定，散见于《中华人民共和国民事诉讼法》第147条以及最高人民法院《关于人民法庭若干问题的规定》第15条。这些条款，是法庭笔录制作的法律依据。法条所说的庭审笔录又称为法庭笔录、审判笔录或开庭笔录，它是人民法院依法行使审判职权，开庭审理民事案件、刑事案件、行政案件过程中，由法院书记员同步、如实记载开庭审理的完整过程及其活动的记录。这些记录活动同样适用于仲裁庭的仲裁过程。

庭审笔录的内容包含法庭审判的全部阶段，即开庭、法庭调查、法庭辩论、法庭调解、当事人的最后陈述。笔录上所记载的内容必须全部包括上述阶段中的所有活动。庭审笔录是对庭审现场客观、真实的反映。它必须遵循庭审事实的原貌，书记员在记载过程中不得依据自己主观判断删减内容，或是"偷工减料"省略当事人的部分内容，但是依据法律规定所为的行为不涵盖在此之内。同时书记员也不可按照自己的意思，将没有的内容添加上去。书记员记录庭审笔录的原则就是尊重当事人陈述，适当的时候可以将当事人的语言和动作也予以描述，便于事后查看时能清晰地再现当时的审判情形。书记员制作庭审笔录，应当忠实于开庭审理的客观真相，不得篡改或虚构庭审的实际情况。现存的法律法规并没有对庭审笔录的格式或者模板有严格的规定，但是庭审笔录在司法实践中运用已久，并形成了固定的模式。书记员在记录笔录的时候，需要明确分清各主体的陈述内容，并给予明确的区分，若因故未记录下部分内容，书记员应在空隙的时间里给予及时地补上，以确保笔录的完整性。

对于笔录的另一个要求是由仲裁员、记录人员、当事人和其他仲裁参与人签名或者盖章。这是由《仲裁法》第48条明确规定的。让当事人与其他仲裁参与人进行签名或者盖章的目的是保障笔录的内容真实性，仲裁记录人员没有对庭上发表的事实或者提出的证据进行歪曲记载。如果没有当事人或者其他仲裁参与人的签字或者盖章，这份庭审记录的真实性和可信性就大打折扣，以后能否作为其他案件的证据就有待考证。

因此，在签署庭审笔录时，当事人及代理人不仅应在签章形式上符合相应的规范，更应在签字前仔细核对庭审笔录中的内容，如发现错漏，应向仲裁秘书明示，由仲裁秘书按照规范作出相应的更改，确认无误后，再进行签章。

三、庭审笔录能否调取

由于仲裁庭的庭审笔录具有类似公文书的性质，实务操作上一般不允许当事人或者代理人直接调取。法院在司法审查仲裁庭作出的裁决时，可以依职权向仲裁庭调取庭审笔录来核实仲裁的程序是否存在瑕疵、证据是否充分、适用的实体法是否存在不合理之处等有可能导致案件结果的不公正的情况。

虽然现在对于当事人调取庭审笔录有一定的争议，但是法律的发展趋势是允许当事人调取，以保障当事人的权利。有关调取庭审材料，最高人民法院相关司法解释曾明确：为保障代理民事诉讼的律师和其他诉讼代理人依法行使查阅所代理案件有关材料的权利，保证诉讼活动的顺利进行，根据《中华人民共和国民事诉讼法》第61条的规定，现对诉讼代理人查阅代理案件有关材料的范围和办法作如下规定：代理民事诉讼的律师和其他诉讼代理人有权查阅所代理案件的有关材料。但是，诉讼代理人查阅案件材料不得影响案件的审理。诉讼代理人为了申请再审的需要，可以查阅已经审理终结的所代理案件有关材料。诉讼代理人在诉讼过程中需要查阅案件有关材料的，应当提前与该案件的书记员或者审判人员联系；查阅已经审理终结的案件有关材料的，应当与人民法院有关部门工作人员联系。诉讼代理人在诉讼中查阅案件材料限于案件审判卷和执行卷的正卷，包括起诉书、答辩书、庭审笔录及各种证据材料等。案件审理终结后，可以查阅案件审判卷的正卷。虽然仲裁规则中一般没有明确可以调取笔录的规定，但是该司法解释也同样对仲裁具有参照作用。[1]

案例6-11 法院调取仲裁机构审理案件的案卷，仲裁机构不配合，法院将如何处理？

案情简介：

当事人在裁决作出后，认为审理过程存在问题，向法院申请撤销裁决。法院向仲裁机构发函调取案卷，传唤相关人员调查情况，仲裁机构均未配合。

裁决结果：

申请人称仲裁委为其指定仲裁员违反法律规定及被申请人仲裁时隐瞒了相关证据，法院依法传唤被申请人到庭参加本案的审查，其无正当理由未到庭，为查明案情，法院于2016年12月向洛阳仲裁委调取（2015）洛仲法字第006号裁决卷宗，洛阳仲裁委收到调卷函后，至本裁定作出之日仍未向法院提供该卷宗，妨碍法院依法行使审查权，致使申请人所称的仲裁程序违法问题无法查清，故，申请人的申请法院予以支持。

---

[1] 见案例6-11法院调取仲裁机构审理案件的案卷，仲裁机构不配合，法院将如何处理？

本案要旨：

法律赋予法院对仲裁的审查权，仲裁机构向法院提供案卷等同于民商事纠纷中当事人向审判机构提交证据以证明所陈述事件的真实性，仲裁机构应当举证而不举证，自然应承担仲裁裁决被撤销的后果。

第七章

仲裁裁决

第一节　裁决如何作出

一、仲裁庭合议案件，以谁为主作出裁决？

（一）《仲裁法》的规定

当事人就纠纷争议申请仲裁，仲裁机构受理案件之后，会组建仲裁庭来就案件进行审理。在独任仲裁庭仲裁案件的情况下，自然没有案件合议的适用之地，案件的进展由独任仲裁员掌控，裁决也由独任仲裁员一人作出，合议仲裁庭才会对案件进行合议。[1]

在合议制仲裁庭制度下，对当事人提请仲裁的争议案件进行集体审理和评议裁决一般需经过以下阶段：

第一，选定仲裁员：由当事人各自选定或者各自委托仲裁委员会主任指定1个仲裁员，此时就产生了2个仲裁员；由双方当事人共同选定或者共同委托仲裁委员会主任指定第3名仲裁员，即首席仲裁员；如果双方当事人在仲裁规则规定的期限内未选定仲裁员或者未委托仲裁委员会主任指定仲裁员，则仲裁委员会主任可以行使职权指定仲裁员，此被指定的仲裁员为首席仲裁员。

合议制仲裁庭往往是3人组成，且分成首席仲裁员和边裁，之所以这样设置是存在制度上的考量。奇数人数的仲裁员有利于达成多数意见，《仲裁

---

〔1〕　见案例7-1仲裁机构曾以会议形式要求仲裁员对某类案件统一案件审理思想，仲裁员以此作出的裁决有效吗？

法》中明确规定，裁决应当按照多数仲裁员的意见作出，少数仲裁员的不同意见可以记入笔录。仲裁庭不能形成多数意见时，裁决应当按照首席仲裁员的意见作出。由此可见，在 3 名仲裁员中有 1 人的意见与其他 2 人不同时，不妨碍仲裁裁决的作出，但是当 3 个仲裁员意见皆不相同时，就应当按照首席仲裁员的意见作出裁决，因为首席仲裁员是按照双方的意见共同选出，或者由仲裁委员会主任指定，不是经双方自己选定，更能体现裁决的中立性。

第二，庭审和评议，仲裁庭在庭审中了解各方当事人主张、听取各方意见并对尚不明确的事实进行调查。经过开庭审理，在查清基本事实，充分听取双方意见的基础上，仲裁庭进入合议和裁决的阶段。仲裁庭将依据法律规定和仲裁规则作出裁决，形成裁决书，交送双方当事人。

（二）仲裁规则的规定

受《仲裁法》的强制性规定约束，各个仲裁机构的仲裁规则也都继受了《仲裁法》第 53 条的规定，要求任何决定都应当按照多数意见作出，未能形成多数意见的情况下按照首席仲裁员的意见作出。北京仲裁委员会、中国国际经济贸易仲裁委员会、深圳仲裁委员会等国内仲裁委员会的仲裁规则"裁决"一章均能寻找到上述规定的影子。

二、仲裁裁决如何审核？[1]

仲裁庭作出裁决之前，会进入到最后的审核程序，如果审核通过，确认仲裁庭没有漏裁也没有超裁，适用的法律正确，当事人之间的仲裁协议或者仲裁条款是完全合法有效的，仲裁庭会制作裁决书送达当事人双方。当事人在收到裁决书后便可以向人民法院申请执行。

一般而言，仲裁委员会不直接审核裁决，因为具体的仲裁裁决是由仲裁庭审理作出的，仲裁庭对案件相关事实、证据、当事人之间的法律关系较为明确。因此审核裁决的任务一般由仲裁庭完成，这也是提升仲裁效率的重要手段。在审核程序中，如发现裁决存在问题，仲裁庭可以提交仲裁委员会讨论，仲裁委员会可以将结果告知仲裁庭，但最终的决定权依然在仲裁庭。仲

---

〔1〕 见案例 7-2 在裁决作出后仲裁机构才签署裁决书制发批准单，裁决有效吗？

裁庭可以听取仲裁委员会集体讨论的意见，在仲裁庭坚持认为自己作出的裁决是符合法律规定的，仲裁庭也可以将自己的意见写入裁决书，作为最终的裁决结果。这种对于裁决的审核模式和法院对判决的复审是完全不一样的，法院审判委员会集体讨论作出的决定是最终的决定，但仲裁庭在法律层面上不受到此种限制，可以突破仲裁委员会的意见出具最终的裁决书。[1]

案例 7-1　仲裁机构曾以会议形式要求仲裁员对某类案件统一案件审理思想，仲裁员以此作出的裁决有效吗？

案情简介：

庆阳市某房地产开发有限公司、贺某就争议进行仲裁。庆阳仲裁委员会对同类型的十余起案件以会议的形式统一思想及审理观点，庆阳市某房地产开发有限公司据此申请撤裁。

裁判结果：

仲裁员应独立、公正地审理、裁决案件，庆阳仲裁委员会工作人员曾以会议的形式要求系列案件的仲裁员统一思想及审理观点，与《中华人民共和国仲裁法》第 8 条、第 53 条、第 54 条的规定不符。

本案要旨：

仲裁员应独立公正地审理裁决案件，本案中，仲裁机构组织仲裁员以会议形式明确同类案件的审理思想及观点，是仲裁机构对仲裁员审理案件独立性的干预，违反相关法律规定，作出的仲裁裁决应予撤销。

---

〔1〕　见案例 7-1 仲裁机构曾以会议形式要求仲裁员对某类案件统一案件审理思想，仲裁员以此作出的裁决有效吗？

案例 7-2 在裁决作出后仲裁机构才签署裁决书制发批准单，裁决有效吗？

案情简介：

阜新某煤矸石热电有限公司与阜新某经贸有限公司、沈阳某煤炭集团有限公司经仲裁，后发现仲裁中存在如下问题：

根据仲裁规则及仲裁操作程序，仲裁庭在作出裁决之前，应当先签署裁决书制发批准单，而仲裁裁决书记载裁决日期为 2017 年 7 月 12 日，卷宗中裁决书调解书制发批准单记载，3 名仲裁员及秘书长均是在 2017 年 8 月 10 日签署的裁决书制发批准单。裁决书制发批准时间在裁决作出之后。

另外，仲裁申请人提供的供煤对账表与被申请人提供的结算对账表，关于供应燃煤的记载相差 3 万多吨，在仲裁庭审过程中，被申请人拒绝提供其向申请人供应 3 万多吨燃煤的证据。

裁决作出后，一方仲裁当事人申请法院撤裁。

撤裁程序中的被申请人提出，申请人某热电公司于 2017 年 8 月 16 日收到仲裁庭裁决书，中级人民法院于 2018 年 2 月 24 日立案，按照仲裁法的规定，提出撤裁申请应在 6 个月内向法院起诉，而申请人某热电公司起诉已经超过了 6 个月。

裁判结果：

1. 关于申请人某热电公司提出的仲裁程序违反法律规定，仲裁卷宗中裁决书、调解书制发批准单记载三名仲裁员是在 2017 年 8 月 10 日签署的，而仲裁裁决书记载的裁决日期是 2018 年 7 月 12 日，裁决书制发批准时间在裁决书作出之后违反法定程序的意见，经查，本案在庭审过程中被申请人某经贸公司提供了一份仲裁委会于 2018 年 3 月 21 日就此问题出具的回函，该回函已说明 2016 年阜仲字 40 号裁决书落款时间为 2017 年 7 月 12 日，此系仲裁庭或具体承办案件的仲裁员形成裁决的准确时间。庭后被申请人某经贸公司又向本院提供了阜新仲裁委员会对该案进行合议的合议笔录，明确记载合议时间为 2017 年 3 月 10 日 9 时 30 分、2017 年 5 月 24 日，某热电公司对某经贸公司提供的该 2 份合议笔录以超过举证期限为由不同意质证，经法院释明，对案件事实有影响的证据即使超过举证期限依民诉法规定也应予以采信的情况下仍不同意进行质证。经本院审查 2 次合议时间均在仲裁裁决下发之前，且根据该组证据可以证明仲裁裁决书系经合议后形成并下发，合议时间在先，裁决作出在后，故对申请人某热电公司以仲裁庭先作出裁决书，而后进行合议为由要求撤销仲裁裁决的意见不予采信。

2. 关于申请人某热电公司提出其提供的供应煤炭记账表与被申请人某经贸公司提供的结算对账表相差 3 万多吨煤，某经贸公司隐瞒了足以影响公正裁决的证据一节，经查，仲裁庭第 2 次开庭时，某热电公司提供了其公司燃料处的供煤对账表，根据某热电公司与某经贸公司双方于 2008 年 6 月 23 日的供煤对账表记载，某经贸公司截至 2008 年 6 月 21 日共给金山公司供煤 1 025 594.08 吨，而根据 2008 年 7 月 1 日某经贸公司与沈阳煤炭结算对账表记载，蒙古贞公司供煤吨数为 1 056 088.66 吨，之间相差 30 494.58 吨，仲裁庭应引导双方当事人就此期间供煤吨数继续举证，且在仲裁庭 2017 年 5 月 24日开庭后某热电公司于 2017 年 5 月 25 日向仲裁庭提出要求重新开庭，但仲裁庭表示最后一次开庭已经结束，不再重新开庭。阜新仲裁委员会在没有引导双方当事人继续举证以补强证据，且在申请人某热电公司明确提出要求重新开庭而仲裁庭未予准许的情况下，推定该 3 万多吨煤依庭审事实应是 2008 年6 月 22 日至 6 月 30 日之间继续供煤应履行吨数违反法定程序，该认定将可能影响仲裁裁决的公正性，故申请人某热电公司申请撤销仲裁的意见合理，应予支持。

3. 关于沈阳煤炭提出申请人某热电公司于 2017 年 8 月 16 日收到仲裁庭裁决书，而中级人民法院立案审批记载其于 2018 年 2 月 24 日向法院提出撤裁申请，申请人某热电公司提出撤销仲裁裁决的申请已超过 6 个月的法定期限。经查，根据立案庭手写记录的收案册上明确记载中级人民法院收到申请人某热电公司撤销仲裁申请书日期为 2018 年 2 月 9 日，立案庭立案审查后正式立案日期为 2018 年春节后的第 2 天，依照法律规定应以申请人某热电公司向法院提交撤销仲裁申请书即 2018 年 2 月 9 日为撤销仲裁申请日，而不应以法院经审查后决定立案日期为准。申请人某热电公司的撤销仲裁申请并未超过法定 6 个月的期限，其提起的撤销仲裁裁决申请符合法律规定，对沈阳煤炭提出的该项抗辩理由不予支持。

本案要旨：

1. 关于撤销裁决期限的问题，撤销裁决申请应自收到仲裁裁决 6 个月内提出，6 个月期限的截止日期，应按照法院收到申请材料日计算，而不应以实际立案日为准，原因在于，撤销仲裁一般是特殊程序，法院在收到申请材料时不一定能够即时立案，而递交申请材料与法院立案之间的时间差也不是申请人能够控制的，若以法院立案时间为 6 个月期限的截止日，则无法保障申请人的权利能够完整实现。

2. 关于仲裁中一方当事人隐瞒了足以影响公正裁决的证据问题，在仲裁程序中，因涉及争议的主合同系一方向另一方供煤，双方各自提供了供煤对账表，但在双方对账表中，供煤吨数相差 3 万余吨，仲裁庭未就该差异组织举证质证，且仲裁庭在没有相关证据的情况下，推定了该 3 万余吨煤的相应权利义务，在上述前提下，仲裁庭对该 3 万余吨煤的相关权利义务的事实认定没有证据支持，属于仲裁庭的主观臆断，足以影响本案裁决的公正，故法院认定此项理由属于应当撤销仲裁裁决的情形。

3. 关于本案仲裁程序中是否存在违反仲裁规则的问题，法院裁定仲裁机构未违反仲裁规则即未违反法定程序的理由如下：按照本案仲裁机构仲裁规则规定，裁决作出前，应先由仲裁员签订签发裁决的批准文件，本案仲裁程序中，虽然批准文件的签订时间后于裁决作出的时间，但在裁决作出前，仲裁庭经过 2 次合议后，才作出裁决，上述有合议笔录为证。仲裁规则中规定仲裁员应先签订批准文件的目的是为确保裁决在仲裁庭合议后作出，即保障裁决的公正性，本案中，虽然批准文件后于仲裁裁决签订，但因仲裁庭在 2 次合议后才作出裁决，已经达到了保证裁决公正的目的。

第二节　仲裁裁决的解释和补正

一、仲裁裁决的解释

仲裁当事人将仲裁提交仲裁庭后，会出现裁决结果和自己预想的结果不同的状况，此时，便需要仲裁庭对于裁决结果进行解释以解答当事人的疑惑。但是遍寻我国的《仲裁法》和一些国内仲裁机构的仲裁规则，尚没有关于仲裁裁决解释的规定，也没有任何关于仲裁庭对所作出的仲裁裁决解释的权利和义务的规定。但在仲裁实践中，为了避免在后续执行中各方当事人存在分歧，提升仲裁效率，也为了保证仲裁效果和仲裁公正性得以有效实现。如果当事人要求仲裁庭对该裁决的部分内容作出解释，仲裁庭一般会向当事人进行充分说理，但仲裁庭的上述行为仅为向当事人明确裁判依据之用，该解释不能作为执行的依据或作他用。

国际仲裁中，多数法律和仲裁机构的仲裁规则都有关于仲裁庭作出裁决后可以对仲裁裁决作出解释或者说明的规定。2010 年的韩国最高法院就根据《韩国仲裁法》作出了驳回撤销申请附理由裁决的申请。韩国最高法院认为仲裁裁决包含作出结论的解释，仲裁庭有权依据任何公平原则进行解释，这并不会导致仲裁裁决的执行违反公序良俗原则或者公共政策。典型的规定还见于 2012 年《瑞士国际仲裁规则》，第 35 条直接明确规定仲裁庭可以向当事人作出解释。

除此之外，我国香港地区深受外国立法影响，香港国际仲裁中心在 2018 年的仲裁规则中规定："在收到裁决后 30 日内，经通知所有其他当事人，任何一方当事人均可要仲裁庭对裁决作出解释。仲裁庭可设定期限，一般不超过 15 日，要求所有其他当事人就此提出意见""仲裁庭应在收到解释裁决的要求后 30 日内，以书面形式作出其认为适当的解释"。

二、漏裁、文字错误、计算错误的处理

仲裁实行一裁终局制度，仲裁裁决一经送达即发生法律效力。因此，仲裁裁决书具有终局的效力。然而在仲裁实践中，由于各方面的因素，裁决文书有可能在内容、形式上产生一些错误或疏漏，这样，就有必要对裁决书进行补正。我国《仲裁法》第 56 条规定："对裁决书中的文字、计算错误或者仲裁庭已经裁决但在裁决书中遗漏的事项，仲裁庭应当补正；当事人自收到裁决书之日起 30 日内，可以请求仲裁庭补正。"

当然，和仲裁裁决的解释不同，仲裁裁决的补正在《仲裁法》中系属强制性规定，各仲裁委员会的仲裁规则也都对仲裁裁决的补正继受了法律规定。

根据法律规定，仲裁裁决的补正主要出现在以下几种情形中：①对裁决书中的文字错误、计算数字错误、排版错误、印刷错误等类似情形的错误，当事人可以要求仲裁庭进行补正；②当事人在仲裁申请中提出的仲裁请求在裁决书中遗漏的情况，或者被申请人在仲裁过程中提出了反请求但裁决书中遗漏了反请求事项，当事人可以请求追加、补充裁决。

仲裁裁决的补正是在仲裁裁决作出之后，裁决履行之前，当事人经向仲裁庭申请或者仲裁庭自身审查发现存在需要补正的情形。在我国司法实践中，通过补正裁定纠正明显的形式错误的做法十分常见，具体比如错别字，当事人姓名或者名称、性别、生日、身份，或者住址错误，事实部分中金额的小数点位置或者数字错误，法律适用部分的引用法条编号、名称或者方式错误，主文部分未列明全部涉及争议的财产目录或者主文内容，以及程序部分的本案案号或者主文中撤销原判的案号、仲裁员人数或者仲裁员签名错误等。[1]从法条理解上，补正裁定不能对裁决文书的已认定的事实、适用法律以及判决结果进行补正。补正改变了裁决文书主体部分，就是形成了新的裁决文书。因此，仲裁裁决的补正并不是独立于已经作出的裁决书，其与已经作出的裁决书构成一个整体，补正的裁决书不能取代原有裁决书的效力，补正的裁决书只是原裁决的一部分。

裁决书的补正，关系到裁决结果的公正，更关系到仲裁这一替代性纠纷解决方式能否具有公信力。根据《仲裁法》及一些仲裁机构制定的仲裁规则，从审慎的态度出发，裁决的补正需要遵守严格的程序：首先，补正申请只能由仲裁案件的当事人向处理该案件的仲裁庭或者仲裁机构提出，不能由非相关人士向其他仲裁机构或者仲裁庭提出。其次，补正申请需要按照特定的仲裁机构要求作出，且在当事人收到裁决书的一定期限内提出。因为各个仲裁机构的仲裁规则不一，对于仲裁裁决的补正要求也不尽相同，所以当事人需要根据特定的仲裁机构的要求来进行。最后，仲裁庭经过审查之后确认了应当补正裁决，就需要在仲裁规则确定的时间内作出。虽然我国的法律并没有对仲裁庭的补正有确定的期限要求，但一般仲裁委员会为了使程序更具有操作性，都会在其仲裁规则中明确补正期限。例如 2012 年版的《中国国际经济

---

[1] 见案例 7-3 超出文字、计算错误的补正，还是补正吗？

贸易仲裁委员会仲裁规则》第 52 条的第 2 款规定："任何一方当事人可以在收到裁决书后 30 天内以书面形式请求仲裁庭就裁决书中遗漏的事项作出补充裁决，如确有漏裁事项，仲裁庭应在收到上述书面申请后 30 天内作出补充裁决"。

　　一般而言，仲裁机构或者仲裁庭对于需要补正的事项的解决方式存在差异，补正事项不同，解决方式不同。如果需要补正的事项是漏裁，漏裁的事项此前没有经庭审，或者补正所依据的证据没有经过质证，仲裁庭就要在补正裁决之前给予当事人陈述意见的机会或者对证据进行质证。如果没有给予当事人陈述意见的机会，在申请人不知情的情况下作出的补正在程序上是违法的。但对待裁决书中的文字或计算错误的更正，显然是不需要当事人进行陈述意见，因为文字的错误并不涉及当事人实体的权利和义务的分配问题。而计算错误的更正所依据的事实是经过双方认可的，证据也是经过庭审质证的，对数字的更改仅仅是因为计算错误上的更改，所以并不需要当事人作出新的陈述意见。但是，如果是仲裁庭依据不同的证据或事实对数额进行了修改，此时的仲裁庭补正其实本质上是对之前作出的裁决实体问题的更改，已经不属于单纯的计算错误。

案例 7-3 ▶ 超出文字、计算错误的补正，还是补正吗？

案情简介：

　　周某、贵州省某国有资产经营有限责任公司、贵州某房地产开发有限责任公司就争议仲裁后，周某申请撤裁，理由是补正决定书违反法律程序。

　　贵阳仲裁委员会作出（2014）贵仲补决字第 297 号补正决定书，补正如下：①贵阳仲裁委员会作出的（2014）贵仲裁字第 297 号裁决书主文第一项所称"登记在周某名下的贵阳市延安中路某广场 B 座负二层 787.70 平方米房屋"即原产权证为 010479394 号坐落于贵阳市××××号建筑面积 976.56 平方米的商业用房；②上述裁决书主所写房屋面积 787.70 平方米，系根据当事人提交的仲裁文书所注明的套内面积表述，现按涉案房屋的《房屋分层分户平面图》记载的分摊系数 0.193 883 加以测算，其建筑面积即为 976.56 平方米。

本补正决定书是（2014）贵仲裁字第 297 号裁决书组成部分，不同之处以本补正决定书为准。

裁判结果：

根据《中华人民共和国仲裁法》第 56 条及 2013 年 3 月 15 日起施行的《贵阳仲裁委员会仲裁规则》第 62 条第 1 款的规定，仲裁庭对已经发送的裁决书中的文字、计算等错误，以补正决定书予以补正。

本案贵阳仲裁委员会作出的（2014）贵仲补决字第 297 号补正决定书根据执行过程中新发现且未经双方当事人质证确认的证据，对（2014）贵仲裁字第 297 号裁决书主文第 1 项所涉及的房屋的产权证号、面积、位置等进行确认，对裁决书主文所写的房屋面积 787.70 平方米进行说明并补正其建筑面积为 976.56 平方米。该内容并非裁决书中的文字、计算等错误，不属于应予补正的情形，故补正程序违法。

本案要旨：

裁决书补正的内容，一般仅限于文字和计算错误，如错别字、小数点位置、按照计算公式计算的数值错误等，但在本案中，补正的内容已经涉及应进行实体审理的问题，如房屋位置、面积等，该补正超出了补正应有范围，不是裁决的补正。

第三节　仲裁裁决书的送达与生效

一、仲裁与诉讼送达对比

送达是纠纷解决方式中一项非常重要的活动。民事诉讼中和民商事仲裁活动中都有送达的环节，送达是指人民法院或者仲裁机构按照法定的程序或方式，将诉讼文书或者仲裁文件送交当事人或者其他诉讼参与人或者仲裁参与人的行为。送达之所以是一项非常重要的制度，是因为它直接关系到纠纷解决程序能否顺利进行及能否完成预定的任务。送达的作用在于将文书交给受送达的当事人和第三人，即与案件有利害关系的人，使其了解文书的内容，以使其根据文书的内容参加诉讼或仲裁活动，行使诉讼或仲裁权利，履行相应的义务，[1]送达行为本身就包含并进一步预设了一定的法律后果：受送达人若没有正当理由而拖延诉讼期间或拒绝出庭参加仲裁活动，或者没有按照法院或仲裁庭的要求实施特定行为，就应当承担诉讼法上的或者仲裁法上相应的法律后果。由于《仲裁法》的立法时间在《民事诉讼法》之后，所以《仲裁法》在立法时充分吸收了民事诉讼程序中有关送达的合理规定。

（一）诉讼的送达主体

由于民事诉讼是由人民法院居中裁判审理案件，是以国家强制力为后盾保证实施的活动，而仲裁活动是民间机构所主持的纠纷解决活动，因此，诉讼活动中的送达要求更为严格，特征也更加明显。首先，送达既是人民法院的职权，也是人民法院的职责，因此，当事人之间、当事人和其他诉讼参与人之间、人民法院之间以及当事人和其他诉讼参与人向人民法院递交或者传送诉讼文书的行为，均不属于送达，不能适用《民事诉讼法》和相关司法解释中关于送达的规定。其次，诉讼中的送达必须按照法律和司法解释规定的方式和程序来进行。我国的《民事诉讼法》第7章和《民诉法解释》等司法解释对送达的方式与程序作了明确的规定，人民法院实施送达行为必须严格按照这些规定来办理，否则不能产生送达的法律效力。最后，送达的诉讼文件应当是所有需要交给当事人和其他诉讼参与人的诉讼文书。

（二）诉讼的送达方式

根据《民事诉讼法》和《民诉法解释》等司法解释的有关规定，在我国民事诉讼中，送达诉讼文书的方式主要有以下几种：

1. 直接送达

直接送达是指人民法院指派专人将诉讼文书直接面交受送达人本人或者法律明确规定的相关人等的送达方式。在民事诉讼的多种送达方式中，直接送达是首选的送达方式。只有在直接送达确有困难时，才能酌情使用其他适宜的送达方式。直接送达又分为以下几种具体情况：

（1）受送达人是公民的，应送交其本人签收；若其本人不在，则应交其同住的成年家属签收。

---

〔1〕 见案例7-4当事人因刑事犯罪被羁押，长期失联，仲裁中对该当事人的送达有效吗？

（2）受送达人是法人或者其他组织的，应当由法人的法定代表人，其他组织的主要负责人或者该法人、其他组织的办公室、收发室、值班室等负责收件的人签收或者盖章。

（3）受送达人有诉讼代理人的，人民法院既可以向受送达人送达，也可以送交其代理人签收。

（4）受送达人或者受送达人的同住成年家属，法人或其他组织的负责收件的人，诉讼代理人或者代收人在送达回证上签收的日期为送到日期。当事人拒绝签署送达回证的，采用拍照、录像等方式记录送达过程即视为送达。

2. 留置送达

留置送达是指受送达人拒绝签收向其送达的诉讼文书时，送达人依法将诉讼文书放置在受送达人的住处并履行相应手续即视为完成送达的送达方式。依照《民事诉讼法》第86条和《民诉法解释》第130条的规定，受送达人或者他的同住的成年家属拒绝接受诉讼文书的，送达人可以邀请有关基层组织或者所在单位的代表到场，说明情况，在送达回证上记明拒收事由和日期，由送达人、见证人签名或者盖章，把诉讼文书留在受送达人的住所。此外，法人的法定代表人或者其他组织的主要负责人或其办公室、收发室、值班室等负责收件的人拒绝签收或者盖章的，适用留置送达。

3. 电子送达

电子送达是指利用传真、电子邮件等现代技术手段完成的送达。这种送达方式直接反映了现代科学技术对于争议解决的促进。根据相关法律的规定，经受送达人同意，人民法院可以采取传真、电子邮件、移动通信等能够确认其即时收悉的特定系统为送达媒介且以此方式完成诉讼文书的送达。采用这种送达方式送达的，以传真、电子邮件等进入受送达人特定系统的日期为送达日期。但受送达人证明到达其特定系统的日期与人民法院的对应系统显示的发送成功的日期不一致的，以受送达人证明到达其特定系统的日期为准。

4. 委托送达

委托送达是指受诉法院直接送达诉讼文书确有困难时，委托其他人民法院代为送达的送达方式。委托其他人民法院代为送达的，委托法院应当出具委托函，并附需要送达的诉讼文书和送达回证。受送达人在送达回证上签收的日期为送达日期。

5. 邮寄送达

邮寄送达是指人民法院将需要送达的诉讼文书通过邮局邮寄给受送达人的送达方式。邮寄送达与委托送达之间是平行的选择关系，它们的适用前提均是受诉法院"直接送达诉讼文书确有困难"，因此，受诉法院既可以选择委托送达，也可以选择邮寄送达，但在现实的司法实践当中，法院大都选择邮寄送达。当具有受送达人在邮件回执上签名、盖章或者捺印的；受送达人是无民事行为能力或者限制行为能力的自然人，其法定代理人签收的；受送达人是法人或者其他组织，该法人的法定代表人，该组织的主要负责人或者办公室、收发室、值班室的工作人员签收的；受送达人的诉讼代理人签收的、其指定的代收人签收的、同住的成年家属签收的任何一种情况下，都视为送达。

签收人是受送达人本人或者是受送达人的法定代表人、主要负责人、法定代理人、诉讼代理人的，应当场核对邮件内容。邮寄送达以回执上注明的收件日期为送达日期。但因受送达人自己提供或者确认的送达地址不准确、拒不提供送达地址等原因导致诉讼文书未能被受送达人实际接收的，文书退回之日视为送达之日。但受送达人能够证明自己在诉讼文书送达过程中没有过错的，不适用这一规定。

6. 转交送达

转交送达是指人民法院将诉讼文书交给受送达人所在部队或有关单位代收后转交受送达人的送达方式，这一送达方式主要适用于三种情形：受送达人是军人的，通过其所在部队团以上单位的政治机关转交；受送达人被监禁的，通过其所在监所转交；受送达人被采取强制性教育措施的，通过其所在强制性教育机构转交。

7. 公告送达

公告送达是指受送达人下落不明或者用上述方法无法送达的情况下所采取的一种特殊的送达方式。根据《民事诉讼法》的第92条和最高人民法院的相关规定，公告可以在法院的公告栏、受送达人原住所地张贴，也可以在报纸上刊登。公告送达要在案卷中记明原因和经过。

文书在送达受送达人之后就产生了法律上的相应的法律后果，送达的效力又因为送达的诉讼文书的种类不同而有所区分：其一，确定受送达人实施有关诉讼行为、行使诉讼权利、履行诉讼义务的日期。例如，起诉书副本的送达，被告提出答辩状的 15 日期限就开始计算了。其二，受送达人接受送达的诉讼文书后，需要承担程序法上包含并预设的法律后果。例如受诉法院依法向原告送达传票后，原告没有正当理由拒不到庭的行为就能够按撤诉处理。其三，引起某些诉讼法律关系的产生或者消灭。例如，法院在立案登记以后，依法将起诉状的副本送达被告人，导致受诉法院和被告人之间就建立起唯一的民事诉讼的法律关系，当事人不能再向其他的法院申请立案，否则会被驳回。其四，送达是某些法律文书生效的法律条件之一。例如，受诉法院依法将调解书送达双方当事人签收之后，调解书就发生法律效力，当事人之间就依据调解书产生权利义务关系。

仲裁的送达大体上和诉讼相同，但具体细节上又存在诸多差异。这不仅是因为诉讼和仲裁的制度设计不同，还因为仲裁的理论基础和诉讼存在差异。

（三）仲裁的送达主体

仲裁和诉讼首先在送达主体上就存在不同的认定。关于仲裁文件的被送达主体，各国仲裁立法和仲裁机构的仲裁规则基本上都确定是当事人，无论是申请人还是被申请人。但关于仲裁文件的送达主体，有关的规定不完全相同。大陆法系国家的仲裁机构大多规定送达主体是仲裁机构，仲裁机构拟定的仲裁文件和双方当事人提交的仲裁文件，都是由仲裁机构送达给双方当事人。典型例子是 2010 年版的《斯德哥尔摩商会仲裁院仲裁规则》规定仲裁文件应由仲裁机构秘书处送达，该仲裁规则第 5 条规定："秘书处应当将仲裁申请送达被申请人，并规定被申请人向仲裁院提交答复的期限，秘书处将答复送达申请并给予申请人就答复提交意见的机会。"按照英美法系国家的仲裁机构仲裁规则的规定，仲裁文件的送达主体包括仲裁机构或仲裁庭和当事人。仲裁机构或仲裁庭拟定的文件，由仲裁机构或仲裁庭送达双方当事人，当事人提交的文件除了提交给仲裁机构或仲裁庭，需要当事人送达给对方当事人。英美法系典型的送达规则体现在《伦敦国际仲裁院仲裁规则》，该规则第 13 条规定："仲裁庭向任何当事人发送任何书面通讯，均应向其他各方当事人发送副本一份，任何当事人向书记员发送任何通讯时，应向每一位仲裁员发送副本一份，并将副本直接抄送给其他所有的当事人，并向书记员书面确认其已经或正在发送该副本。"另外一个典型例子是 2013 年版《新加坡国际仲裁中心仲裁规则》，其中的第 3 条第 4 款规定："申请人应当同时向被申请人和登记机构发送仲裁通知；仲裁通知发送后，申请人应当通知仲裁机构并说明送达方式和送达日期。"

我国继受了大陆法系的传统，同时仲裁中有关送达的内容吸收了《民事诉讼法》的规定，1995 年施行的《仲裁法》明定仲裁委员会的仲裁通知、仲裁规则、仲裁员名册和仲裁委员会的其他文件，应由仲裁委员会送达双方当事人，申请人提交的仲裁申请书副本和被申请人提交的答辩书副本等也都是由仲裁委员会送达对方当事人。这也就是说，按照我国《仲裁法》的规定，送达主体是仲裁机构。只有仲裁机构向当事人送交仲裁文书的行为才能称为送达。同《民事诉讼法》的规定一样，当事人向仲裁机构递交仲裁文书，以及他们之间和他们与仲裁机构之间的交换仲裁文书均非送达行为，被送达的主体是当事人和其他仲裁参与人。《华南国际经济贸易仲裁委员会仲裁规则》第 5 条规定："有关仲裁的文书、通知材料等其他可以当面送达或者邮件、传真等方式或者仲裁委员会秘书处、仲裁庭认为适当的其他方式送达"。《中国国际经济贸易仲裁委员会仲裁规则》第 8 条也明确写道："有关仲裁的一切文书、通知材料均可采用当面递交挂号信、特快专递、传真或仲裁委员会秘书局或仲裁庭认为适当的其他方式发送"。由此可见，我国不仅是从立法层面而且也从法律实践层面确认了我国仲裁送达是以仲裁庭为中心的送达模式。

（四）仲裁的送达方式

在送达方式方面，我国《仲裁法》并没有作出明确规定，但是我国仲裁机构在其仲裁规则中都作出了较为明确的列举，事实上，这些送达方式大部分被民事诉讼的送达方式所包容，但仲裁中还有一些送达方式是具有独特性的。通过总结仲裁规则可以发现，除直接送达外，通用的几种送达方式主要包括了以下几种：

1. 电子邮件送达

电子邮件送达其实是被民事诉讼中的电子送达所涵括的，最高人民法院曾就"关于是否裁定不予执行和承认英国伦敦 ABRA 轮 2004 年 12 月 28 日租约仲裁裁决"作出过批复，主张采用电子邮件方式向被申请人送达的送达方式，并非我国法律所禁止，在申请人能够证明被申请人已经收悉送达通知的情况下，该送达为有效送达。但是采用电子邮件进行送达的方式还应该以审慎的态度来看待。因为在现实中，多种情况可能造成电子邮件内容的无法识别，因此通知人以电子邮件方式送达仲裁通知时，还应当采取必要的技术措施或者辅助措施来保证仲裁通知能够由被送达人完全知晓内容。[1]

2. 留置送达

仲裁中的留置送达和民事诉讼中的留置送达存在一定的不同，前文已经较为详细地介绍了民事诉讼中的留置送达。民事诉讼中采用的留置送达方式，是基于人民法院作为国家公权力机关，法院工作人员可以按照法律以及司法解释的规定邀请基层组织及有关人员到场配合送达工作。但是仲裁机构和法院进行审理裁判的权力来源不同，仲裁机构并没有法院的公权力，由仲裁机构邀请基层组织或者有关人员到场配合工作缺乏权力支撑，且由于仲裁私密性比较强，在涉及商事仲裁和商业秘密时，留置送达不利于保密，所以仲裁的留置送达方式和法院留置送达的方式略有不同。每个仲裁机构都会有自己关于留置送达的规定，北京仲裁委员会仲裁规则规定留置送达由公证人员签字；天津仲裁委员会和广州仲裁委员会仲裁规则中则规定由见证人或者送达人在送达回证上签字就视为送达；另外一些仲裁机构则规定由见证人签字，或者在场人员签字即可。

3. 公告送达

公告送达也是《民事诉讼法》中法院民事诉讼案件规定的送达方式之一。在我国诸多仲裁机构的仲裁规则中均可以看到公告送达的送达方式，但是这一送达方式究竟是否和《仲裁法》第40条明确规定的仲裁不公开原则存在冲突还有待讨论。[2]

4. 委托送达

委托送达同公告送达一样，存在法律上的矛盾，我国仲裁法中规定各仲裁委员会均是独立的仲裁机构，和法院这种有严密组织体系的机关不同，仲裁委员会之间并不存在隶属关系，也不存在相互配合的义务。在法律层面上，仲裁委员会之间的委托送达缺乏法律依据。此外，仲裁庭之所以能够审理案件，是基于当事人的意思自治。当事人订立仲裁协议或仲裁条款自愿接受仲

---

[1] 齐湘泉：《论国际商事仲裁中的适当通知》，载《仲裁研究》2010年第1期。
[2] 见案例7-5公告送达中，能否以"自公告之日起第×日下午2点半开庭"作为开庭时间？

裁委员会的仲裁规则，就应当按照该仲裁委员会仲裁规则所规定的送达方式进行送达。如果该仲裁机构的仲裁规则承认委托送达，那么可以使用委托送达的送达方式。

5. 公证送达

公证送达是仲裁规则中一种特殊的送达方式，这种方式民事诉讼中并不存在，是仲裁独有的送达方式。但这种送达方式由于昂贵的公证费用，在实务操作中较为少见，也只有少数的仲裁委员会将这种送达方式纳入了仲裁规则。

二、仲裁裁决的生效

虽然仲裁裁决送达的法律后果和《民事诉讼法》的判决书的送达效果并没有本质上的区别，但是，仲裁裁决书的生效是仲裁庭已经作出便具有法律拘束力，[1]这和判决书送达生效具有区别。但是，毕竟是法律文书，仲裁裁决也应当以适当的形式送达当事人，以便当事人履行和获得相应权利。

案例 7-4 当事人因刑事犯罪被羁押，长期失联，仲裁中对该当事人的送达有效吗？

案情简介：

仲裁中一方当事人因涉嫌刑事犯罪被羁押，后在监狱服刑，相关文件无法送达，仲裁机构仍然作出裁决。仲裁后，该当事人得知仲裁结果，向法院申请撤裁。

裁判结果：

法院认为，本案是申请撤销仲裁裁决纠纷，仲裁委员会于 2015 年 7 月 13 日受理被申请人李某提出的仲裁申请后，是通过 EMS 向撤裁申请人卢哲在《保证合同》《最高额借款合同》中约定的地址向申请人卢某等仲裁当事人送

---

〔1〕 见案例 7-6 有中文名的外国仲裁员在裁决书上应签中文名还是外文名？

达相关仲裁文书的，EMS "退改批条" 明确注明："原址查无此人；长期无人在，已关机"。而撤裁申请人卢某等人在于 2015 年 6 月 4 日已因涉嫌非法吸收公众存款罪被东莞市公安局刑事拘留，2015 年 7 月 10 日被捕，因此，不能认定仲裁文书已向申请人卢某等仲裁当事人合法送达。申请人卢某等没有收到相关的仲裁文书，无法参加本案的仲裁活动，亦无法行使相关的仲裁权利及诉讼权利。仲裁委员会在没有送达相关仲裁文书的情况下仍组成仲裁庭开庭并作出裁决，程序违法。

本案要旨：

仲裁程序中，送达地址与主合同约定的送达地址相同，一方当事人因刑事拘留、羁押、服刑而长期无法接收材料，仲裁机构也未穷尽其他送达方式，不应认定为成功送达，因在此情况下，受送达一方当事人无法接收材料，其仲裁中的实体权利无法实现，如不能选定仲裁员等。（不同仲裁机构仲裁规则不同，以仲裁规则为准）

本案中，当事人的送达未能实现，所以不能按照物流记录显示初次投递时间计算裁决生效日期。

需要特别说明的是，当事人因涉嫌刑事犯罪并不必然导致送达无法实现，如当事人被取保候审或在家中被监视居住，送达是可以实现的，此时，当事人在仲裁中的权利可以实现。因此在当事人因刑事犯罪被羁押，长期失联的情况下，仲裁委员会也应对当事人穷尽其他送达方式进行送达，否则送达无效可能导致仲裁裁决被撤销。另外，本案中撤销仲裁的申请人未受到仲裁生效 6 个月内的期限限制，主要原因是无法送达，而非当事人陷于刑事案件。

案例 7-5 公告送达中，能否以 "自公告之日起第×日下午 2 点半开庭" 作为开庭时间？

案情简介：

杨某、南京某物业服务有限公司连云港分公司因争议进行仲裁，裁决作出后，杨某申请撤裁，主要理由是连云港仲裁委员会于 2014 年 10 月 29 日在报纸上刊登公告,决定自公告之日起第 65 日下午 2 点半开庭。开庭时间不确定。

裁判结果:

在本案中,连云港仲裁委员会于 2014 年 10 月 29 日在报纸上刊登公告,决定自公告之日起第 65 日下午 2 点半开庭。而仲裁庭于 2014 年 11 月 29 日开庭审理,杨某没有到庭参加仲裁。仲裁庭没有在公告确定的日期开庭,致使杨某未能到庭参加仲裁,剥夺了其参加仲裁、陈述意见的权利,可能影响案件正确裁决。

本案要旨:

仲裁中,在其他方式送达不能的情况下,可以进行公告送达,但对于开庭时间等内容,应有明确的时间,以保证当事人在看到公告后可以行使程序和实体权利。本案公告的开庭时间不是明确的,即使当事人看到此公告,也无法推算准确的开庭时间,变相剥夺了当事人的实体权利,该仲裁裁决应予撤销。

案例 7-6 有中文名的外国仲裁员在裁决书上应签中文名还是外文名?

案情简介:

北京某集团有限责任公司工程总承包部与北京市朝阳田某建筑集团公司在北仲仲裁后,某集团总承包部申请撤裁,主要理由是首席仲裁员在裁决书上应签名"Mr. Zhao",而非中文名"赵某"。裁决书无首席仲裁员 Mr. Zhao 的有效签名。仲裁委主任为本案指定了首席仲裁员 Mr. Zhao(德籍)。根据我国国籍法、姓名法的规定和一般认识,中国人入外籍后即丧失中国国籍并依法注销户口、身份证等身份证明,同时由入籍国发放该国护照作为法定身份证明。Mr. Zhao 入德国国籍后其护照上登载的姓名"Mr. Zhao"(同中国国际经济贸易委员会仲裁员名册的记载)为其法定姓名,因此 Mr. Zhao 应在裁决书签名处签署其法定姓名"Mr. Zhao",而非"赵某"。根据《北京仲裁委仲裁规则》第44条第3、4款的规定，裁决书应当由仲裁员签名后加盖仲裁委员会印章，本案仲裁庭及仲裁委也违反了裁决书制作的法定程序。

裁判结果：

关于某集团总承包部提出的首席仲裁员签名违反法定程序的撤销理由。本院认为，首先，《北京仲裁委仲裁规则》第44条第3款规定，裁决书由仲裁员签名。对裁决持不同意见的仲裁员，可以签名，也可以不签名；不签名的仲裁员应当出具个人意见。由上述规定可知，裁决书签名的作用在于仲裁员对于裁决书意见是否是自己真实意思表示的确认。首席仲裁员 Mr. Zhao 向法院来信，明确认可裁决书中"赵杭"系其所签，愿意对该签名负责。其次，首席仲裁员 Mr. Zhao 于2013年1月8日取得了中华人民共和国公安部签发的《中华人民共和国外国人永久居留证》。该永久居留证作为获得中国永久居留资格的外国人在中国境内居留的合法身份证件，赋予了首席仲裁员 Mr. Zhao 中文姓名"赵某"在证件有效期内与其护照姓名具有同等的法律效力。上述永久居留证的有效期间为2013年1月8日至2023年1月7日，本案仲裁裁决作出及首席仲裁员 Mr. Zhao 签名的时间为2013年7月26日，在上述有效期内。因此，"赵某"的签名合法有效，未违反仲裁法和《北京仲裁委仲裁规则》的相关规定，某集团总承包部的该项撤销理由不能成立。

本案要旨：

本案争议焦点简单说，即有中文名的外国籍仲裁员应在裁决书上签署中文还是英文名字。本案中，仲裁员赵某系德国籍，但其持有《中华人民共和国外国人永久居留证》，该证赋予"赵某"这一中文名字与英文名在中国境内同等有效的法律地位，且其签名时间在居留证有效期内，因此，其签署中文或英文名都是有效的。

第八章

裁决的执行

第一节　管辖法院

一、相关法律对管辖的规定

1991 年《民事诉讼法》虽然首次明确了国内仲裁裁决的执行由被执行人住所地或被执行财产所在地人民法院管辖，但未明确国内仲裁执行管辖法院的级别，出现了基层法院与中级人民法院因法律规定不明确，互相推诿，不愿受理仲裁申请的情况，也出现了基层法院受理执行标的金额过大的执行申请，而不具备强制执行力的情况。

根据 2008 年 12 月 31 日最高人民法院发布了《关于人民法院执行工作若干问题的规定（试行）》（以下简称《执行工作规定》），其中第 10 条明确了国内仲裁裁决执行的级别管辖问题。规定仲裁机构作出的国内仲裁裁决、公证机关依法赋予强制执行效力的公证债权文书，由被执行人住所地或被执行的财产所在地人民法院执行，有关级别管辖参照各地法院受理诉讼案件的级别管辖的规定确定。某种程度上解决了之前级别管辖混乱的问题。

同年，最高人民法院修订和施行了《最高人民法院关于适用〈中华人民共和国仲裁法〉若干问题的解释》（以下简称《仲裁法司法解释》）第 29 条规定："当事人申请执行仲裁裁决案件，由被执行人住所地或者被执行的财产所在地的中级人民法院管辖。"

至此，国内仲裁裁决的执行，无论标的额大小，统一由被执行人住所地或者被执行的财产所在地的中级人民法院管辖。

二、仲裁裁决执行的管辖与保全管辖的差异

保全管辖的规定见于最高人民法院《执行工作规定》第 11 条，"在国内仲裁过程中，当事人申请财产保全，经仲裁机构提交人民法院的，由被申请人住所地或被申请保全的财产所在地的基层人民法院裁定并执行；申请证据保全的，由证据所在地的基层人民法院裁定并执行。"关于涉外仲裁，《执行工作规定》第 12 条规定："在涉外仲裁过程中，当事人申请财产保全，经仲裁机构提交人民法院的，由被申请人住所地或被申请保全的财产所在地的中级人民法院裁定并执行；申请证据保全的，由证据所在地的中级人民法院裁定并执行。"涉外仲裁裁决执行和保全管辖都在中级人民法院，主要原因是涉外案件较之于国内案件，有一定的复杂性和国际色彩，中级人民法院不仅具有业务上的优势，在遇到特殊情况时，也便于向上级请示汇报。其实际上仍然是为了提高效率和保障公正性。

仲裁裁决管辖的规定见于《最高人民法院关于适用〈中华人民共和国仲裁法〉若干问题的解释》第 29 条，"当事人申请执行仲裁裁决案件，由被执行人住所地或者被执行的财产所在地的中级人民法院管辖。"

对比上述两项法律规定，不难发现，保全管辖与裁决执行管辖的差异有二：一是级别不同，裁决执行管辖法院为中级人民法院，而保全管辖的法院为基层法院；二是地域管辖不同，裁决执行的管辖法院是被执行人住所地或被执行财产所在地的法院，财产保全的管辖法院是被申请人住所地或被保全财产所在地或被保全证据所在地的法院。

级别管辖不同，主要原因是考虑到不同级别法院对案件审查能力和案件承办能力的差别；从另一方面讲，也是为了保证公平与效率。商事仲裁往往具备争议复杂、争议标的额高等特点，中级人民法院较之于基层法院，对于处理此类特点的案件更有经验，在一定程度上也保障了审理的公正性和专业性。为了保障办案质量，同时兼顾法院内部案件数量分配，2018 年 1 月 5 日由最高人民法院审判委员会第 1730 次会议通过了《最高人民法院关于人民法院办理仲裁裁决执行案件若干问题的规定》（以下简称《仲裁执行规定》）。根据《仲裁执行规定》第 2 条规定，符合下列条件的，经上级人民法院批准，中级人民法院可以参照《民事诉讼法》第 38 条"上级人民法院有权审理下级

人民法院管辖的第一审民事案件；确有必要将本院管辖的第一审民事案件交下级人民法院审理的，应当报请其上级人民法院批准"的规定，指定基层人民法院管辖：①执行标的额符合基层人民法院一审民商事案件级别管辖受理范围；②被执行人住所地或者被执行的财产所在地在被指定的基层人民法院辖区内；同时规定，被执行人、案外人对仲裁裁决执行案件申请不予执行的，负责执行的中级人民法院应当另行立案审查处理；执行案件已指定基层人民法院管辖的，应当于收到不予执行申请后3日内移送原执行法院另行立案审查处理。

但是国内仲裁中，执行与保全管辖法院不同的现状，也会产生一定不利，主要表现在：其一，由于同一案件财产保全由基层法院管辖，执行由中级法院管辖，因财产保全所发生的财产冻结、查封由基层法院作出，这就导致了基层法院与中级法院工作中的衔接问题增加，从而增加了法院的工作量；其二，无论是在保全还是执行中，中级法院的力度较基层法院更强，所以实践中，申请人向仲裁机构递交保全申请时，代理律师应当先向被申请人所在地或者财产所在地的基层法院和中级法院了解清楚后，再向仲裁机构申请转交给实际管辖的法院。

三、仲裁裁决的执行与其他民事诉讼法律文书的执行异同

项　目	仲　裁	其他民事诉讼法律文书的执行
执行依据	我国仲裁机构作出的仲裁裁决书与调解书； 经人民法院裁定承认其效力的在国外作出的仲裁裁决	（一）法院依法作出的具有可执行内容的法律文书： 1. 刑事附带民事判决（裁定、调解）书； 2. 民事判决（裁定、调解）书； 3. 支付令； （二）公证机关赋予强制执行效力的债权文书； （三）经法院依法审查并作出确认裁定的人民调解协议； （四）经法院裁定承认其效力的外国法院作出的判决、裁定； （五）法律规定的由法院执行的其他法律文书。

续表

项　目	仲　裁	其他民事诉讼法律文书的执行
执行法院	向被申请人住所地或被执行财产所在地中级人民法院申请	发生法律效力的民事判决、裁定，以及刑事判决、裁定中的财产部分，由第一审人民法院或者与第一审人民法院同级的被执行的财产所在地人民法院执行。 法律规定由人民法院执行的其他法律文书，由被执行人住所地或者被执行的财产所在地人民法院执行。
申请时间	一般情况下，应当在下列时间段到期前向法院申请执行，但符合法律规定的中止、中断情形的除外： 法律文书规定履行的，从该时间的最后一日起的 2 年内； 如果是分期履行的，从每次履行时间的最后一日起的 2 年内； 没有规定履行时间的，从法律文书生效之日起的 2 年内； 法律文书要求义务人履行不作为义务的，则从其违反该规定时起的 2 年内。	
递交材料	（一）经本人签字或者盖章的申请执行书。 申请执行书中应当写明申请执行的理由、事项、执行标的，以及申请执行人所了解的被执行人的财产状况； 申请执行人书写申请执行书确有困难的，可以口头提出申请。人民法院接待人员对口头申请应当制作笔录，由申请执行人签字或者盖章； 外国一方当事人申请执行的，应当提交中文申请执行书。当事人所在国与我国缔结或共同参加的司法协助条约有特别规定的，按照条约规定办理。 （二）生效的法律文书。 （三）本人的身份证明（如身份证、军官证、护照等）原件及复印件。 个体工商户或者代表单位申请执行的，还应携带好营业执照和复印件以及法定代表人或主要负责人的身份证明； 继承人或者权利承受人申请执行的，应当提交继承或者承受权利的证明。 （四）其他应当提交的材料：如，如果作为申请人向被执行人的财产所在地法院申请执行的，则应当再提供该法院辖区内有可供执行财产的证明材料以及法律文书的生效证明。	
执行期限	被执行人有财产可供执行的案件，一般应当在立案之日起 6 个月内执结； 非诉执行案件，一般应当在立案之日起 3 个月内执结； 有特殊情况须延长执行期限的，应当报请本院院长或副院长批准。	

四、执行管辖异议的救济

在我国，申请对仲裁裁决和仲裁调解书的执行管辖和民事诉讼中申请对其他司法文书的执行，有着较大差异。

根据最高人民法院的《执行工作规定》第 3 条规定，人民法院受理执行申请后，当事人对管辖权有异议的，应当自收到执行通知书之日起 10 日内提出。人民法院对当事人提出的异议，应当审查。异议成立的，应当撤销执行案件，并告知当事人向有管辖权的人民法院申请执行；异议不成立的，裁定驳回。当事人对裁定不服的，可以向上一级人民法院申请复议。管辖权异议审查和复议期间，不停止执行。也就是说在对除仲裁裁决书和仲裁调解书之外的生效法律文书的执行中，当事人对管辖权有异议，申请管辖权异议被驳回的，只能向上一级人民法院申请复议，而不能对驳回裁定提出上诉。

但是，对于仲裁案件的司法审查中，2018 年 1 月 1 日实施的《最高人民法院关于审理仲裁司法审查案件若干问题的规定》第 10 条规定，人民法院受理仲裁司法审查案件后，被申请人对管辖权有异议的，应当自收到人民法院通知之日起 15 日内提出。人民法院对被申请人提出的异议，应当审查并作出裁定。当事人对裁定不服的，可以提起上诉。第 20 条也明确规定，人民法院在仲裁司法审查案件中作出的裁定，除不予受理、驳回申请、管辖权异议的裁定外，一经送达即发生法律效力。当事人申请复议、提出上诉或者申请再审的，人民法院不予受理，但法律和司法解释另有规定的除外。也就是说，按照最新的司法解释的规定，在申请对仲裁裁决和仲裁调解书执行程序中，当事人对执行管辖有异议的，提出管辖权异议后，如果被法院裁定驳回，当事人可以就该裁定向上一级法院提起上诉。

◇ 延伸阅读：申请执行书（范本）

申请执行人：（写明姓名或单位名称及有效证件和号码等基本情况）。

法定代表人：（写明姓名、通讯联系方式等基本情况）。

代理人：（写明姓名、所在单位及通讯联系方式等基本情况）。

被执行人：（写明姓名或名称及有效证件和号码等基本情况）。

法定代表人：（写明姓名、通讯联系方式等基本情况）。

代理人：（写明姓名、所在单位及通讯联系方式等基本情况）。

因＿＿＿＿＿＿＿＿＿一案的法律文书业已生效（详见附件）。被执行人拒绝遵照履行（或被执行人尚有＿＿＿＿＿＿＿＿＿＿部分没有履行）。为此，申请你院予以强制执行。

请求事项（以下列项可根据生效法律文书确定的内容选择填写）：

一、请求执行＿＿＿＿＿＿＿＿＿（写明生效法律文书及制作机关、案由和案号）生效法律文书确定的尚未履行的债务＿＿＿＿＿元。

二、请求执行迟延履行期间的债务利息＿＿＿＿＿＿＿元（暂计算到＿＿＿＿＿年＿＿＿＿＿月＿＿＿＿＿日止）。

三、请求交付财产＿＿＿＿＿＿＿＿＿＿＿＿（写明财产的名称、数量等）。

四、请求完成＿＿＿＿＿＿＿＿＿＿＿行为。

五、其他请求＿＿＿＿＿＿＿＿＿＿。

附：

1. 申请执行人有效证件复印件＿＿＿＿份；

2. 代理人、法定代表人身份证明＿＿＿＿份及身份证复印件＿＿＿＿份；

3. 申请执行生效法律文书副本＿＿＿＿份；

4. 继承或承受权利的证明文件；

5. 其他文件＿＿＿＿份。

此致

＿＿＿＿＿＿＿人民法院

申请执行人：＿＿＿＿＿＿＿

代理人：＿＿＿＿＿＿

＿＿＿＿＿年＿＿＿＿月＿＿＿＿日

第二节　我国海峡两岸暨香港、澳门之间仲裁裁决的执行

一、仲裁裁决的承认和执行概述

仲裁裁决的承认与执行具有密切的关系。承认是执行的前提，一项外国

（法域）裁决如被执行，则其效力必然已得到管辖法院的承认。通常说来，从一国的角度来看，仲裁裁决的承认与执行制度包括三种情况：内国仲裁裁决在内国法院的执行、内国仲裁裁决（无论有无涉外因素）在外国的承认与执行、外国（或非内国）仲裁裁决在内国的承认与执行。

就中国区际仲裁裁决而言，应只包括各法域相互执行彼此的仲裁裁决的情况。我国存在"一国两制四法域"，且近年来各法域间经济联系进一步密切，仲裁在解决区际民商事争议方面起着不容忽视的作用，各地都加强了仲裁立法。仲裁虽然是一个独立的争议解决程序，但如果仲裁庭就一个案件作出裁决而当事人未自动履行，胜方当事人则有可能需要到其他法域法院申请强制执行，若执行地点在不同法域，则产生了区际仲裁裁决的执行问题。

我国内地（大陆）及港澳台地区相互执行仲裁裁决时，有一个前提性问题，即何种裁决是内地（大陆）的裁决，何种裁决是香港的裁决、澳门的裁决、台湾的裁决。就四地已有的认可与执行其他法域仲裁裁决的实践来看，四地确定裁决的"区籍"比较严格，常常是仲裁机构、仲裁地、仲裁程序准据法三者叠加，或者仲裁地与仲裁程序准据法二者叠加，并没有单纯地采用领域标准。

我国内地（大陆）与港澳地区之间实际上采纳了《纽约公约》的实质内容，但台湾地区之间则彼此把对方的裁决视为既非外地裁决也非本地裁决的第三类裁决，显然不利于提高两岸之间的执行效率。

二、内地与香港相互认可、执行仲裁裁决的安排

（一）我国香港地区关于承认和执行国际仲裁裁决的立法[1]

香港以 1950 年英国仲裁法为蓝本，于 1963 年 7 月 5 日颁布香港第一部仲裁法《香港仲裁条例》。该仲裁条例从内容到文字几乎全部照搬了 1950 年英国的仲裁法。英国 1979 年对其仲裁法作了重大修改，香港亦在 1982 年对其仲裁条例进行了大幅度的修改。1982 年香港新的《仲裁条例》既汲取了英国1979 年仲裁法的精华，又有许多创新和发展，如增加了调解、适用联合国国

---

[1]　宋纪萍：《中国内地与香港国际商事仲裁裁决的相互承认与执行》，载《辽宁行政学院学报》2005年第 6 期。

际贸易法委员会仲裁程序等。此后，随着经济的发展和实际需要，又分别在1984 年、1985 年、1987 年、1989 年、1991 年及 1996 年对有关条文作了修改和增减。特别是 1996 年新的《香港仲裁条例》，作了诸多重要修改，如放宽了对仲裁协议形式的要求、明确给予仲裁员责任豁免、授权仲裁员去判断谁应承担仲裁产生的费用，等等。

在香港，对仲裁裁决的执行可分为两种情况：①港内仲裁裁决的执行。此等裁决与法院判决或决定具有同样的法律效力。在法院的许可下，可以用执行法院判决或决定的同样方法保证其执行，或将裁决的内容转变为法院判决而予以执行。②港外仲裁裁决的执行。它可分为"外国仲裁裁决的执行"与"公约裁决的执行"。其中，"外国仲裁裁决"是指香港以外地区或国家仲裁机构作出的裁决，它必须是在 1924 年 7 月 28 日后作出的裁决，且该裁决必须是根据日内瓦仲裁条款议定书所适用的仲裁协议而作出的裁决，并且请求执行裁决的当事人所属国与英国有执行裁决的互惠协议。"公约裁决"是指根据在香港以外的国家或地区达成仲裁协议所作的裁决且作出上述裁决的国家或地区必须是 1958 年《纽约公约》的缔约国或地区。但 1997 年香港回归以后执行外国仲裁裁决公约将不再适用于香港特别行政区。因此，此后的港外仲裁裁决就是指公约裁决。

1999 年 6 月 21 日，我国最高人民法院与香港特别行政区的代表终于就内地和香港之间仲裁裁决相互执行的制度重构达成协议，签署了《关于内地与香港特别行政区相互执行仲裁裁决的安排》（以下简称《安排》）。该《安排》已经以中华人民共和国最高人民法院司法解释的形式于 2000 年 1 月 24 日公布，自 2000 年 2 月 1 日起实施。香港特区立法委员会也于 2000 年 1 月对香港《仲裁法》进行了修订，将《安排》《意见》纳入香港《仲裁法》中，并实施。《安排》的诞生，标志着内地和香港之间在仲裁的相互配合上迈出了重要的一步，为仲裁替代司法成为解决两地经济和民事法律纠纷的制度建筑了新的平台。该《安排》对两地之间仲裁裁决相互执行的条件、程序以及适用的时间范围作出了规定。[1]

---

〔1〕 见案例 8-1 仲裁执行中，被申请人参与投资的资产能被执行吗？

（二）香港与内地关于承认和执行仲裁裁决的具体内容

按照《关于内地与香港特别行政地区相互执行仲裁裁决的安排》，香港特区法院同意执行内地仲裁机构（名单由国务院法制办公室经国务院港澳事务办公室提供）依据《中华人民共和国仲裁法》所作出的裁决，内地法院同意执行在香港特区按《香港仲裁条例》所作出的裁决。故此，对内地法院而言，香港裁决是仲裁地在香港且以香港仲裁法为仲裁程序准据法的裁决；对香港法院而言，内地裁决是由内地仲裁机构依内地仲裁法作出的裁决。香港裁决可能是香港仲裁机构作出的裁决，也可能是临时仲裁庭作出的裁决，或者是外国仲裁机构作出的裁决。在《最高人民法院关于香港仲裁裁决在内地执行的有关问题的通知》（法〔2009〕415号）中，也明确此点。而内地裁决则只是内地仲裁机构依内地仲裁法作出的裁决，且仲裁机构的名单由国务院法制办公室经国务院港澳事务办公室提供。

根据上述《安排》及最高人民法院《关于涉外民商事案件诉讼管辖若干问题的规定》，在中国内地受理香港仲裁裁决强制执行的管辖法院为被执行人住所地或被执行财产所在地有涉外案件管辖权的中级人民法院。被执行人住所地或被执行财产所在地既在内地又在香港的，申请人不得同时向两地法院提出申请，只有一地法院执行不足以清偿其债务时，申请人才能就不足部分向另一地法院申请强制执行。

三、内地与澳门相互认可、执行仲裁裁决的安排

（一）澳门关于承认和执行国际仲裁裁决的立法[1]

澳门仲裁制度最早可追溯至1961年《葡萄牙民事诉讼法典》第4卷对仲裁的专门规定。该法典自1963年1月1日起延伸适用于澳门。然而，随着澳门社会的发展与时代的变迁，将葡萄牙的法律不加修饰地移植到澳门适用，日渐不能适应社会经济生活的发展需要，在过去的30多年里，澳门地区一直没有民商事仲裁的案例和仲裁机构。为了确立澳门本地行之有效的仲裁制度，适应澳门社会和商业的发展，解决逐年增多的民商事纠纷，澳门政府于20世纪80年代末开始着手制定本地仲裁法律规范。1996年5月29日，经澳门总

---

〔1〕　袁古洁、庞静：《论内地与澳门仲裁裁决的相互承认与执行》，载《仲裁研究》2004年第1期。

督核准，颁布了第 29/96/M 号法令，核准通过澳门地区的"自愿仲裁法"，确立了澳门本地仲裁制度。鉴于澳门与其他国家和地区之间的经贸联系日益密切，澳门如果仍然依赖诉讼途径解决涉外民商事纠纷，将难以满足实际需要。因此，有必要在确立本地仲裁制度之后，尽快建立涉外商事仲裁制度和机构，将具有涉外因素的民商事争议交由涉外商事仲裁予以规范。澳门政府于 1998 年 11 月 23 日由澳门总督核准，以第 55/98/M 号法令公布了澳门地区"涉外商事仲裁法"，建立起澳门涉外商事仲裁制度。[1]至此，澳门仲裁制度得以真正确立。澳门特区的"自愿仲裁法"和"涉外商事仲裁法"，分别调整澳门本地仲裁和涉外仲裁法律关系，是澳门现行仲裁制度最基本的法律规范。两个法令在起草过程中，既考虑了澳门本地的实际情况，又参考了相关国际条约和其他国家的仲裁立法，体现了充分尊重当事人意思自治原则。但澳门仲裁法律由于过多地以葡萄牙仲裁制度为蓝本，也存在不少缺陷：①两个法令都没有规定仲裁机构的设立问题，致使澳门地区至今没有建立起一个完整的仲裁机构体系，空有仲裁法律规范而没有机构来实施法律。②仲裁裁决没有应有的效力。澳门的仲裁制度有条件地保留了对仲裁裁决上诉的规定，只允许当事人在仲裁协议中明确约定可以对仲裁裁决提起上诉、并且在协议内订明了提出上诉的条件、期间、上诉的方式及审理上诉的机构和组成的情况下，才可以提起上诉。[2]另外，当事人也可以在仲裁协议或在随后签署的书面协议中确定仲裁裁决上诉应向澳门高等法院提出，且在程序上适用《民事诉讼法》的相应规定。但如果当事人在仲裁协议中约定了允许仲裁员按公平或衡平原则进行裁决，则当事人不得就仲裁裁决提起上诉。③对仲裁员的资格没有明确规定。澳门"自愿仲裁法"对仲裁员的资格几乎未作任何限制，只规定"仲裁员应为具有完全行为能力的自然人"，这就必然会影响到仲裁人员的专业素质和道德素质，不利于争取人们对仲裁制度的信任。

　　尽管以"自愿仲裁法"和"涉外商事仲裁法"为基础所建立的澳门仲裁制度仍有待完善，但这两个法令的相继颁布，意味着澳门地区开始尝试以非司法方式解决争议，这不能不说是澳门法治的一大进步。

---

〔1〕 郭锡昆：《澳门仲裁法：守成与变革之间》，载《仲裁与法律》2002 年第 4 期，第 37~38 页。

〔2〕 聂华英：《澳门仲裁制度比较研究》，载米健、李丽如主编：《澳门论学：澳门回归一周年纪念文集》（第 1 辑），法律出版社 2001 年版，第 493 页。

（二）澳门与内地关于承认和执行国际仲裁裁决的具体内容

按照《关于内地与澳门特别行政区相互认可和执行仲裁裁决的安排》，内地法院认可和执行澳门特别行政区仲裁机构及仲裁员按照澳门特别行政区仲裁法规在澳门作出的民商事仲裁裁决，澳门特别行政区法院认可和执行内地仲裁机构依据《中华人民共和国仲裁法》作出的民商事仲裁裁决。对内地法院而言，澳门裁决是澳门仲裁机构或者临时仲裁庭在澳门依其仲裁法作出的裁决，比香港裁决范围窄；对澳门法院而言，内地裁决是内地仲裁机构在内地依内地仲裁法作出的裁决。但后者并未明确要求仲裁机构名单须由国务院法制办提供。

《关于内地与澳门特别行政区相互执行仲裁裁决的安排》第3条规定，执行澳门仲裁裁决的法院是被执行人住所地、经常居住地或被执行财产所在地享有涉外案件管辖权的中级人民法院。申请人可以同时向内地澳门两地法院提出申请，两地法院都应当依法审查。两地法院执行财产的总额，不得超过仲裁裁决确定的金额。

四、台湾与大陆认可、执行仲裁裁决的安排

相继出台的《最高人民法院关于人民法院认可台湾地区有关法院民事判决的规定》（现已失效）和其补充规定（现已失效）把对台湾地区仲裁机构作出的仲裁裁决的认可纳入其中。[1]据此，我国台湾地区仲裁机构的裁决，当事人可以向大陆有关人民法院申请认可，经人民法院认可的仲裁裁决需要执行的则应按照《民事诉讼法》规定的程序办理。

（一）大陆认可台湾仲裁裁决

申请大陆人民法院认可台湾地区仲裁机构裁决，须该裁决当事人的住所地、经常居住地或者被执行财产所在地不在台湾地区，而是在其他省、自治区、直辖市。

1998年5月22日发布《最高人民法院关于人民法院认可台湾地区有关法院民事判决的规定》仅在第19条规定，申请认可台湾地区仲裁机构裁决的，适用本规定。即台湾地区的仲裁机构作出的仲裁裁决，可以到大陆申请认可、

---

〔1〕《判决认可规定》第19、18条和《认可台湾地区判决补充规定》第2条。

执行。台湾地区的临时仲裁并不发达，但如果有台湾地区的临时裁决来大陆申请执行，参照大陆以往的实践，得到认可的可能性较大。另外，外国仲裁机构在台湾地区作出的裁决，是否可作为台湾地区裁决予以认可或执行，或许还存在一定的不确定性，但据内地对香港类似裁决的实践，应该也有得到认可或执行的可能。而2015年《最高人民法院关于认可和执行台湾地区仲裁裁决的规定》则又有不同，其第2条规定："本规定所称台湾地区仲裁裁决是指有关常设仲裁机构及临时仲裁庭在台湾地区按照台湾地区仲裁规定就有关民商事争议作出的仲裁裁决，包括仲裁判断、仲裁和解和仲裁调解。"即常设仲裁机构和临时仲裁庭在台湾地区依台湾地区仲裁规定就民商事争议作出的仲裁裁决，为台湾裁决。

（二）台湾认可执行大陆仲裁裁决

根据我国台湾地区"台湾地区与大陆地区人民关系条例"第74条，在大陆地区作成之民事仲裁判断，不违背台湾地区公共秩序或善良风俗者，得申请法院裁定认可及执行。也就是说，在大陆作成的仲裁裁决，就构成大陆裁决，该项规定，实质上增加了前提条件，即台湾地区法院认可和执行大陆仲裁裁决的前提，是大陆法院要认可和执行台湾地区仲裁裁决。

台湾地区"仲裁法"中，也未明确涉及认可和执行大陆仲裁裁决的问题。该法第47条规定："在（台湾地区）领域外作成之仲裁判断或在（台湾地区）领域内依法作成之仲裁判断，为外国仲裁判断，经申请法院裁定承认后，得为执行名义。"虽然对于上述"台湾地区与大陆地区人民关系条例"与"仲裁法"之间的效力关系不甚明了，但可以认为，大陆仲裁裁决在台湾地区的认可和执行仍将作为外国仲裁裁决并适用"仲裁法"的有关规定。

案例 8-1 仲裁执行中，被申请人参与投资的资产能被执行吗？

案情介绍：

某通信（控股）股份有限公司（United Communications Corporation）（以下简称"通信公司"）与某电子股份有限公司（以下简称"电子公司"）在香港特别行政区香港国际仲裁中心进行仲裁，仲裁裁决作出后，通信公司向北京市海淀区人民法院申请对该裁决的承认与执行。被申请人提出问题有二：一是海淀法院系基层法院，无权管辖香港作出的仲裁裁决执行。根据《最高人民法院关于内地与香港特别行政区相互执行仲裁裁决的安排》第 1 条的规定，在内地或者香港特区作出的仲裁裁决，一方当事人不履行仲裁裁决的，另一方当事人可以向被申请人住所地或者财产所在地的有关法院申请执行。依据《最高人民法院关于内地与香港特别行政区相互执行仲裁裁决的安排》第 2 条，有关法院在内地是指被申请人住所地或者财产所在地的中级人民法院。二是被申请人住所地、财产所在地均不在大陆。被申请人住所地在我国台湾地区，申请人列明的被申请人财产信息：①银行账户，该账户的开户名为某电子（中国）有限公司（以下简称"电子中国公司"），该账户依法属于案外人电子中国公司所有；②不动产，经过合法登记的某大厦的房屋所有权人为电子中国公司。

裁判结果：

根据现有证据，电子公司 100% 控股 X Tech Co.，Ltd.（即英属维尔京群岛电子有限公司，以下简称"维尔京公司"），维尔京公司 100% 控股 X Technologies（HK）Inc.，Ltd.（即电子香港公司），电子香港公司 100% 控股威盛中国公司。电子中国公司系北京市海淀区中关村东路某号院 7 号楼（某大厦，建筑面积 24 157.7 平方米）的所有权人。

电子公司申请执行的涉案财产所有权人登记为电子中国公司，而电子公司与电子中国公司之间是间接投资关系，现有证据不能证明北京市为被申请人电子公司财产所在地，同时，被申请人电子公司的住所地亦不在北京市，故执行申请人申请的法院不是被申请人电子公司住所地或财产所在地的有关法院。因此，该法院对本案没有管辖权，通信公司的申请，不符合规定受理条件。

本案要旨：

本案中，仲裁裁决在香港地区作出，仲裁申请人向我国境内法院申请执行，根据法律规定，此类仲裁裁决的执行，应由执行被申请人住所地或被申请人财产所在地法院管辖。本案执行被申请人住所地不在中国境内，被申请人财产也不在境内，被申请人投资控股的公司虽在北京市海淀区有不动产，但其投资控股公司的不动产不能等同于被申请人财产，所以中国法院对该裁决的执行，没有管辖权。因此，被申请人参与投资的资产不能被执行。

第三节　外国仲裁裁决的承认和执行

一、外国仲裁裁决的认定

（一）《纽约公约》认定外国仲裁裁决的标准〔1〕

1. 地域标准

《纽约公约》第1条第1款规定："仲裁裁决，因自然人或法人间之争议而产生且在申请承认及执行地所在国以外之国家领土内作成者，其承认及执行适用本公约。本公约对于仲裁裁决决定经申请承认及执行地所在国认为非国内裁决者，亦适用之。"公约认定外国裁决的标准为地域标准，即"另一缔约国"的领土内作成的裁决为外国裁决。

2. "非内国裁决"标准

由于法国、德国等国家以仲裁程序所适用的法律来确定仲裁裁决国籍，〔2〕因此公约在制定的过程中考虑到这些国家的主张，在规定了地域标准的同时，公约第1条第1款同时规定了例外的情形：即使是在申请承认和执行所在国领域内作成的裁决，只要该国认为它不是本国裁决，依然可以得到该国的承认及执行。这种例外情形下的裁决被称为"非内国裁决"，该例外情形是为了扩大公约的适用范围，但缔约国可以对此作出保留。

（二）我国认定外国仲裁裁决的标准

我国现行法律中没有对"外国裁决"这一概念直接进行法律上的界定。我国司法实践中是以"仲裁机构所在地"作为判断仲裁裁决的标准，该标准源于《民事诉讼法》第283条的规定："国外仲裁机构的裁决，需要中华人民共和国人民法院承认和执行的，应当由当事人直接向被执行人住所地或者其财产所在地的中级人民法院申请，人民法院应当依照中华人民共和国缔结或

---

〔1〕 肖毅：《我国承认与执行外国仲裁裁决若干问题研究》，华东政法大学2014年专业学位硕士论文。
〔2〕 王芳：《英国承认与执行外国仲裁裁决制度研究》，中国政法大学出版社2012年版，第53页。

者参加的国际条约，或者按照互惠原则办理。"

以仲裁机构所在地来认定是否为外国裁决，事实上是将外国仲裁机构裁决与外国裁决混为一谈，不仅如此，在过去诸多案例中显示，我国法院事实上将外国裁决、外国仲裁机构裁决与非本国裁决混同。[1]此外，以仲裁机构所在地为标准确定裁决国籍会产生如下问题：①国际性常设机构虽然将仲裁机构设立于某国，但并不是依照该国的法律设立，不具有设立地国家的国籍，因此根据仲裁机构所在地标准来判断裁决国籍这些仲裁机构所作裁决应当为无国籍裁决。②临时仲裁并非仲裁机构作出的裁决，因此依照我国实践标准则会被认定为无国籍裁决。③国外的仲裁机构在其设立地以外国家作出的裁决，根据我国实践标准此裁决会被认定为设立地国家的裁决。若依据《纽约公约》的规定，该裁决应当为裁决作出地国家的国籍，而不具有机构设立地的国籍。[2]

二、外国仲裁裁决在我国承认与执行

（一）法律依据

1. 依据国际公约承认与执行外国仲裁裁决

联合国于1958年6月10日主持制定《纽约公约》，迄今为止，我国加入公约已有30余年，人民法院也严格按照《纽约公约》所规定的条件和我国的保留声明承认与执行公约其他成员国领土内产生的裁决，最高人民法院发布《关于执行我国加入的〈承认及执行外国仲裁裁决公约〉的通知》，确定了在适用该公约时的具体做法和详细规定。

2. 依据我国缔结的双边或多边协定承认和执行外国仲裁裁决

各国若要保证具有地域性、跨国性、国际性等特点的外国仲裁裁决顺利得到承认与执行，必须建立合作的桥梁，因此有越来越多的国家互相签订和缔结双边或多边协定来寻求司法合作。我国对此也十分重视，与俄罗斯、韩国、巴基斯坦、哈萨克斯坦等国家签署了带有承认和执行仲裁裁决条款的司法协助条约、双边或多边协定，也为外国仲裁的承认和执行提供了保障，但此类协定只约束签订国，能够适用的范围较为狭窄，效果并不是十分理想。

---

〔1〕 赵秀文：《论非内国裁决的法律性质——兼论〈纽约公约〉的适用范围》，载《北京仲裁》2008年第4期。

〔2〕 齐湘泉：《外国仲裁裁决承认及执行论》，法律出版社2010年版，第11~12页。

3. 依据互惠原则承认与执行外国仲裁裁决

随着全球经济一体化进程的加速，世界各国政治经济、地理历史等方面都有着千丝万缕的联系，加上各国加入的国际条约和互相签署的司法协助条约，为各国的友好往来奠定了基础，形成国与国之间的互惠关系。《中华人民共和国民事诉讼法》第 283 条对互惠原则作出了规定，此外，部分既不是国际条约的共同缔约国，又未与中国签订双边司法协助条约关系的国家，也可以按照互惠原则承认和执行商事仲裁裁决。从目前的司法实践来看，我国法院尚未发生依据互惠原则来承认和执行外国仲裁裁决的判例。

（二）具体程序规定

我国法院在承认与执行时，对于外国和内国的程序基本一致，法院裁定对外国仲裁裁决和内国仲裁裁决予以承认和执行，都是同样按照我国法律规定作出的，具有同等效力。[1]

1. 执行管辖

当事人向我国法院申请时，必须由申请人向被申请人自然人户籍所在地或居住地申请，在我国境内无住所地的法人则向主要办事机构所在地的中级人民法院提出申请，若是被申请人在我国境内没有居住地址或主要办公机构，提出申请的当事人则需向被申请人的财产所在地的中级人民法院提出申请。我国中级人民法院对承认和执行外国仲裁裁决的管辖权是由《关于执行我国加入的〈承认和执行外国仲裁裁决公约〉的通知》确定的，以及最高人民法院《关于涉外民商事案件诉讼管辖若干问题的规定》，该规定第 1 条[2]确定了五类法院有管辖权。

2. 当事人申请承认与执行外国仲裁裁决时必要的文件

《纽约公约》第 4 条规定[3]了当事人申请时需要提交的文件，该款规定

---

〔1〕 王生长：《外国仲裁裁决在中国的承认和执行》，载《国际经济法论丛》1999 年第 1 期。

〔2〕《关于涉外民商事案件诉讼管辖若干问题的规定》第 1 条规定，第一审涉外民商事案件由下列人民法院管辖：国务院批准设立的经济技术开发区人民法院；省会、自治区首府、直辖市所在地的中级人民法院；经济特区、计划单列市中级人民法院；最高人民法院指定的其他中级人民法院；高级人民法院。

〔3〕《纽约公约》第 4 条规定：为了能够承认和执行仲裁裁决，其申请人必须提供：属于公约范畴内的仲裁协议正本或者经过证明的副本及协议正本或者经正式认证的协议副本，如果这些协议或裁决用的不是被请求国的所用的文字，则当事人可请求其为这些文件提供被请求国所用文字的译文，译文应该由官员经过宣誓的翻译人员或者由外交或领事代表证明。

中的"正式证明"是为了证明该副本是正本的真实副本，而"正式认证"是为证实正本签字的真实性，但此处对仲裁协议的正本并没有规定要认证，此外，因当事人申请裁决是为了仲裁裁决在该国能够得到承认和执行，所以向法院提交以上申请材料时应同时提交申请书。

3. 申请承认与执行外国仲裁裁决的费用与时效

根据《民事诉讼法》第 239 条的规定，当事人应当在裁判生效后的 2 年内提出申请，该申请期限适用诉讼时效中止和中断的规定。关于申请承认与执行外国仲裁裁决的费用问题，《纽约公约》也在第 3 条作出了具体规定，即缔约国在承认和执行外国仲裁裁决时，不能规定比执行其本国仲裁裁决时更严格的条件或者是收取更多的诉讼费。[1]

4. 法院审查的期限

最高人民法院《关于承认和执行外国仲裁裁决收费及审查期限问题的规定》中第 4 条规定了审查期限，在受理申请之日起 2 个月内，法院必须作出决定，如果受理申请法院同意承认并执行，那么其执行期限为裁决后 6 个月。但如果作出了拒绝承认和执行仲裁裁决的决定，则该法院必须于 2 个月内层报至所在省的高级人民法院，并由所在省的高级人民法院层报至最高人民法院，经最高人民法院书面审理并复函同意后方可拒绝承认和执行。但对于最高人民法院的书面审理时间尚未有明确规定，也就是说最高人民法院对自身是没有时间约束和限制的，这也就很可能导致案件的拖沓。在司法实践中，案件的长时间审查屡见不鲜，因此，完善关于最高人民法院在审查期限方面的规定是很有必要的。

然而，承认及执行国外仲裁裁决的程序规定上存在某些问题：①缺乏基本原则的指引。指导性原则的缺失会导致法院在办理该类案件时出现尺度不一的情况，部分法院承认及执行外国仲裁裁决时就无法坚持以互惠、对等的原则办理案件，对这些案件直接予以承认和执行，也可能会损害国家利益和当事人权利，例如我国在承认和执行外国仲裁裁决时一律实行程序监督，而有些国家却仍保留有限的实体监督，这种不对等的冲突就会在处理相关问题

---

[1] 见案例 8-2 申请人向法院提出承认与执行外国仲裁裁决申请后又撤回，申请人撤回申请并获准许，会引起执行时效中断吗？

时产生损害国家利益和当事人权利的可能。法院在办理这类案件时，应遵守《纽约公约》的规定以及我国在加入《纽约公约》时所提出的保留声明，同时以法条形式明确规定法院在办理这类案件时应遵循的基本原则，保障我国的国家利益和当事人利益，维护司法权威。②立案规范存在漏洞。向我国法院申请承认与执行外国仲裁裁决，就必须要按照《民事诉讼法》中所规定的程序立案，即在收到起诉状或口头起诉后7日内为立案期限，但由于该类案件大多较为复杂，当事人在立案时提交的审查材料包括仲裁协议书、仲裁裁决书、协议书正式译文以及当事人的授权委托书等，这些材料可能需要长时间集齐，此外，法院的立案庭在初审材料时也会遇到很多问题，如签名不完整，关键文字笔误，材料页码错乱甚至丢失，或者关键专属称谓弄错等，这些都需要由仲裁庭进行补正，而7日的立案时间显然过短。对此，可将立案审查时间延长至30日，这样不仅可以避免因审查期限时间过短而造成的问题，也能更好地维护司法权威。

案例 8-2 申请人向法院提出承认与执行外国仲裁裁决申请后又撤回，申请人撤回申请并获准许，会引起执行时效中断吗？

案情简介：

申请人俄罗斯某物流有限公司与被申请人广东南方某进出口有限公司就争议进行仲裁后，2012年4月19日，申请人向广州市中级人民法院申请承认与执行上述仲裁裁决，广州市中级人民法院以（2012）穗中法民四初字第101号案立案受理后，申请人又于2012年11月5日以提供经公证认证的相关证据需要较长时间，待准备好相关证据后再行申请为由向法院提出撤回该承认和执行外国仲裁裁决的申请。广州市中级人民法院于2012年11月5日裁定准许申请人撤回申请。2013年1月24日，申请人再次向广州市中级人民法院申请承认与执行上述仲裁裁决。

被申请人称，涉案仲裁裁决是2010年12月8日作出的，申请人在2013年1月24日才提出承认和执行申请，已经超过了2年的时效。

裁判结果：

申请人某物流在 2012 年 4 月 19 日提出承认与执行涉案仲裁裁决的申请，又于 2012 年 11 月 5 日申请撤回，这只是其对自身诉讼权利的处分，不违反法律法规的强制性和禁止性规定，应予允许，不能因此而认为申请人放弃了自身实体权利而不能再次提出承认和执行申请。俄罗斯联邦工商会国际商务仲裁庭于 2010 年 12 月 8 日作出涉案仲裁裁决，申请人于 2012 年 4 月 19 日第一次提出承认和执行申请时，没有超过《中华人民共和国民事诉讼法》第 239 条规定的 2 年申请执行期间。申请人于 2012 年 11 月 5 日撤回第一次承认和执行的申请，本院于同日裁定准许申请人撤回申请后，应适用申请执行时效中断的规定。故申请人于 2013 年 1 月 24 日再次提起本案申请，并没有超过 2 年的申请执行期间。在满足其他条件的情况下，应裁定承认与执行涉案仲裁裁决。

本案要旨：

申请承认和执行外国裁决的期限为 2 年，申请人在该期间最后 6 个月内申请承认和执行外国裁决又撤回的，属于申请执行期间中断。申请人撤回申请与再次进行申请之间的没有超过 6 个月的中断时效，因此申请人的申请合法有效。

◇ 案例拓展

案情简介：

申请人德国某国际有限责任公司（以下简称"德国公司"），被申请人为中国无锡 WK 通用工程橡胶有限公司（以下简称"无锡公司"），因双方在合同履行过程中发生争议，德国公司向国际仲裁院（ICC）提出仲裁申请，后该仲裁庭确认对该争议具有管辖权，并且根据《国际仲裁院（ICC）仲裁规则》在上海开庭审理该争议，最终作出了无锡公司败诉的仲裁裁决。德国公司向无锡市中级人民法院申请执行该仲裁裁决，被申请人无锡公司举证证明该仲裁裁决所依据的仲裁条款已被我国法院认定无效，符合《纽约公约》第 5 条第 1 项的规定，不应被承认和执行，而无锡市中级人民法院认为该案是承认和执行外国仲裁裁决案，该裁决是国际商会仲裁院作出，经由总部确认，属于非内国裁决，根据《纽约公约》第1条的规定，该裁决应适用《纽约公约》。无锡市中级人民法院适用《纽约公约》作出裁定，驳回申请人德国公司的申请。

本案中涉及如下几个问题：

仲裁裁决在中国上海作出，虽然仲裁地在中国境内，但国际商会仲裁院总部位于法国巴黎，系在中国境外，该裁决经过总部确认，所以其仲裁地被认定为非中国境内，基于此，对该裁决的承认和执行适用《纽约公约》，而非我国法律。

因本案适用《纽约公约》，当被申请人能够证明，根据《纽约公约》，该裁决不应被我国承认和执行时，无锡市中级人民法院经审查裁定驳回申请人的申请，即不承认该裁决在中国境内的效力。

第四节　临时仲裁在我国

一、临时仲裁的概念 [1]

临时仲裁的英文名称为 ad hoc arbitration."ad hoc" 为拉丁语，它首先意味着把争议提交仲裁，其次也意味着争议的解决方式无须提交仲裁机构且无须仲裁机构提供程序规则，[2] 并含有专门的、特别的、服务于某种特别目的的意思。据此，"ad hoc arbitration" 的中文名称另有其他几种译法，如有学者译为特别仲裁，[3] 也有学者译为特设仲裁，[4] 另有学者译为随意仲裁，[5] 尽管临时仲裁译名多样，但对临时仲裁的概念却取得了较为一致的认识。本书第一章曾经提及，临时仲裁是根据双方当事人的仲裁协议，在争议发生后由双方当事人推荐的仲裁员临时组成的，负责审理当事人之间的有关争议，并

---

〔1〕　张斌生主编：《仲裁法新论》，厦门大学出版社 2004 年版。

〔2〕　Keren Tweeddale and Andrew Tweeddale, *A Practical Approach to Arbitration Law*, Blackstone Press Limited, 1999, p.84.

〔3〕　韩健：《现代国际商事仲裁法的理论与实践》，法律出版社 1993 年版，第 24 页。

〔4〕　赵秀文：《香港仲裁制度》，河南人民出版社 1997 年版，第 40 页。

〔5〕　杨良宜：《国际商务仲裁》，中国政法大学出版社 1997 年版，第 136 页。

在审理终结作出裁决后即行解散的仲裁。[1]

　　临时仲裁在 19 世纪中期的机构仲裁出现之前，一直是唯一的国际商事仲裁形式。在当时，有关当事人为了保持其和谐友好的关系，在他们之间发生争议时，便共同推选一名他们彼此都熟悉、信得过的律师或朋友，或某一知名人士作为仲裁人，授权他对争议作出公正的裁决。特别是在国家作为当事人一方时，由于其不愿意接受机构仲裁权力的约束，更是经常选择临时仲裁来处理有关纠纷。[2]由于临时仲裁为审理某一特定争议而临时设立，因而其没有固定的办公地点、章程和规则。因此，凡与仲裁审理有关的事项，诸如仲裁庭的组成、仲裁地点、仲裁适用的规则、仲裁使用的语言等事项，都应在仲裁协议中约定。而其中最为重要的是由谁来担任仲裁员以及由几个仲裁员组成仲裁庭。因为一旦仲裁庭设立，凡与仲裁有关的事项，就可以由仲裁庭作出决定。

　　临时仲裁争议双方当事人在选任仲裁员、决定仲裁程序和适用法律等方面所享有的充分自由权，决定了临时仲裁在审理国际商事案件上具有极大灵活性的特点。1961 年 4 月在日内瓦签订的《关于国际商事仲裁的欧洲公约》第 4 条规定，在当事人决定将他们的争议提交临时仲裁审理的情况下，双方当事人可以自由指定仲裁员或确定仲裁员的方式，决定仲裁地点，规定仲裁员必须遵守的程序等。在现实生活中，为方便起见，很多当事人在选择临时仲裁规则时，往往在仲裁条款中引用某些有权威的国际组织或国内组织指定的仲裁规则，必要时，仅对其中的某些条款做些修改和补充而已。

　　每个国家（地区）的临时仲裁制度都各有特点。美国商事仲裁制度发展最为完善，以临时仲裁、机构仲裁与半机构仲裁共同发展的多元化仲裁模式为主，各国（地区）争相借鉴其多元化的仲裁模式。但是美国临时仲裁先于机构仲裁发展，其临时仲裁传承久远，相配套的法律制度完善，与我国商事仲裁制度发展模式并不相同。葡萄牙则是以临时仲裁为主要仲裁形式，鉴于葡萄牙本国的商事仲裁制度发展环境特殊性，临时仲裁为主的仲裁形式虽然会带来些许不便之处，但是临时仲裁足够满足葡萄牙商事仲裁当事人的需求。

---

[1]　沈达明等：《国际商法（下）》，对外经济贸易大学出版社 1982 年版，第 199 页。
[2]　李玉泉：《国际民事诉讼与国际商事仲裁》，武汉大学出版社 1994 年版，第 253 页。

我国香港地区系临时仲裁与机构仲裁共同发展的仲裁模式，深受英国临时仲裁理论影响，其临时仲裁发展程度优于机构仲裁。我国台湾地区系以机构仲裁为主，临时仲裁为辅的商事仲裁制度，其商事仲裁制度的发展进程与大陆地区具有相似之处。

二、有关临时仲裁利弊的探讨

在国际商事仲裁立法和实践中，仲裁机构既包括常设仲裁机构，也包括临时仲裁机构。根据我国现行的仲裁立法，除了我国政府与其他一些国家在双边投资保护协定中有关于通过临时仲裁机构组成的仲裁庭解决有关争议的规定外，《仲裁法》中并没有关于临时仲裁机构解决争议的规定。随着我国仲裁事业与国际进一步接轨，临时仲裁制度和临时仲裁机构应当逐渐为我国法律所认可。

临时仲裁具有程序灵活、提高仲裁效率和减少仲裁费用、减少常设仲裁机构的一些内部管理方面的繁杂手续等优点，因此，对于争议标的不大，当事人迫切需要及时解决的民商事争议，临时仲裁更受当事人的青睐。在国际商事仲裁实践，特别是某些海事仲裁案件中，如有关海上货物运输中由于船舶滞期而发生的争议，许多都是通过临时仲裁机构解决的。[1]

（一）临时仲裁的优势

1. 更充分地体现当事人的自主性

机构仲裁中，当事人虽然在一定事务上有一定选择权利，但其自主性仍然受到一定限制，相对而言，在临时仲裁中，当事人具有更强的自主性。临时仲裁更加强调双方当事人对仲裁员及仲裁庭组成、仲裁地点、仲裁程序、规则的制定或适用的选择权，使当事人都能更好地按照自己需要的方式行事，增加仲裁结果的确定性和可预见性。

2. 具有极大的灵活性

临时仲裁的程序可以按当事人的愿望和特定的争议事实来进行，为达到这一目的，争议各方及其代理人就必将进行完全的合作。仲裁过程中，具体仲裁事项的处理方法、程序均由当事人双方根据争议的事实状况及其解决需

---

[1] 李玉泉：《国际民事诉讼与国际商事仲裁》，武汉大学出版社 1994 年版，第 253 页。

要而灵活地协商确定，通常具有较大的灵活性和可变通性。

3. 效率更高

临时仲裁不像机构仲裁那样严格地遵循自己制定的程序规则，因此，它可以免除机构的内部程序时限，缩短日程，以缩短仲裁周期。

4. 节省费用

当事人选择临时仲裁就可以节省机构仲裁中向机构缴纳的管理费用。有些机构仲裁中，仲裁机构的办公点总是距当事人的营业所、争议发生地有相当的距离。如果去仲裁机构立案，由仲裁庭开庭审理案件、实地调查事实等会增加当事人的成本。另外，临时仲裁中，当事人不必预付仲裁费用。一般临时仲裁的仲裁员都会通过留置裁决书来保证当事人的缴费。

（二）临时仲裁的不足

临时仲裁具有非常明显的缺点，主要表现在以下几个方面：

1. 临时仲裁缺乏规范性

临时仲裁过于依赖当事人意思自治和有效合作，临时仲裁必须以仲裁地完善的配套制度和法律规定为前提条件。如果没有完善的配套制度和成熟的运行机制，临时仲裁的程序可能陷入混乱。

2. 临时仲裁缺乏稳定性

临时仲裁制度的有效性是由仲裁双方当事人的协议决定的，这一点对当事人来说十分不利，因其缺乏固定的管理机构和仲裁规则，必然导致临时仲裁的进行完全依赖于当事人的契约精神。如果当事人不能达成一致或在短时间内不能达成一致，则临时仲裁亦难以进行。

三、关于临时仲裁的承认和执行

我国作为《纽约公约》的缔约国，依据《纽约公约》第 1 条第 2 款的规定："仲裁裁决一词包括当事人为了每一个案件而临时指定的仲裁员作出的裁决和常设的仲裁机构的裁决两种"，我国承诺承认和执行其他成员国作出的全部仲裁裁决，包括机构仲裁裁决和临时仲裁裁决。[1]我国的法律并不承认临

---

〔1〕 李刚：《浅议临时仲裁条款的效力》，载《中国律师 2009 年海商法国际研讨会论文和演讲稿汇编》2009 年，第 307~309 页。

时仲裁，根据《纽约公约》的规定："对于根据仲裁地的法律作出的不合法的仲裁裁决，其他国家可拒绝承认和执行"，这从客观形成了我国与其他承认和执行临时仲裁裁决的国家或地区之间的不对等关系，即我国承认《纽约公约》成员国作出的临时仲裁裁决，但其他成员国可以拒绝承认在我国境内作出的临时仲裁裁决。

关于临时仲裁裁决执行方面的问题，不仅包括国外的临时仲裁裁决执行的问题，还包括我国港澳台的临时仲裁裁决的执行问题。我国港澳台地区是机构仲裁与临时仲裁并行发展的仲裁模式，而我国内地（大陆）则是以机构仲裁为主的仲裁模式，并不承认临时仲裁。自香港、澳门回归后，《纽约公约》则不再适用。我国台湾地区亦有其特殊性。在司法实践中，由于不能适用《纽约公约》，内地（大陆）对港澳台地区的临时仲裁裁决的执行问题，目前只能依据双方签订的协议来解决。如1999年6月，最高人民法院通过了《最高人民法院关于内地与香港特别行政区相互执行仲裁裁决的安排》，并于2000年2月1日起施行，2015年7月1日正式实施的《最高人民法院关于认可和执行台湾地区仲裁裁决的规定》等。对内地（大陆）而言，我国港澳台地区的临时仲裁裁决是另一法域作出的仲裁裁决，不等同于外国裁决，也不等同于内地（大陆）作出的非涉外裁决和涉外裁决。[1]因此，临时仲裁裁决的执行问题显得尤为棘手。

如果外国当事人与中国当事人就某一商事纠纷约定在国外进行临时仲裁，而且这一临时仲裁机构按照约定的仲裁规则作出了中方败诉的裁决，当外国当事人向中方当事人所在地的人民法院申请强制执行该裁决，中国法院对仲裁裁决进行审查时，如果裁决不存在《纽约公约》以及我国《民事诉讼法》规定的仲裁裁决无效的情形时，人民法院就应当承认该裁决的效力，并予以强制执行。但是，如果当事人约定在中国临时仲裁，而裁决结果为外方败诉，则外方当事人可以根据我国仲裁法的规定，以仲裁协议中没有约定仲裁机构从而仲裁协议无效为由申请法院撤销该裁决；外方当事人还可以在中方当事人向该外方当事人所在地的法院申请执行仲裁裁决时提出抗辩：裁决地中国

---

[1]　李剑强：《中国内地与香港地区承认与执行仲裁裁决制度之比较及实例分析》，人民法院出版社2006年版，第87页。

的《仲裁法》第 18 条规定，当事人在仲裁协议中没有约定仲裁机构的，该仲裁协议无效。

四、中国引入临时仲裁的不同观点

目前，学界主流观点认为引入临时仲裁必然是利大于弊。尽管如此，学界仍然存在一些质疑的声音。上海复旦大学陈治东教授认为由于我国当前仲裁员自身素质有待提高，虽然临时仲裁很好，但并不意味着现在是引入临时仲裁制度的最佳时机。有的认为应当先将机构仲裁的相关制度予以完善，然后再考虑引入临时仲裁制度的问题；有的认为从商事仲裁制度的发展历程上可以看出，临时仲裁作为现代仲裁制度的原初形态已处于边缘地位，我国的司法机制在构建过程中也从未将临时仲裁纳入考虑的范畴，盲目引进临时仲裁实属不明智之举。

而今，随着我国商业发展和与西方仲裁制度的融合程度提高，临时仲裁这一制度被引入上海自贸区的商事纠纷解决方式内。临时仲裁在上海自贸区被试点。

无论如何，临时仲裁是否应被引入这一话题的争论，可能只有随着我国商事仲裁不断发展完善，并达到一定程度后，才能定论。

第九章

裁决后救济途径

第一节　撤销仲裁裁决

一、撤销的法定条件

我国《仲裁法》第5章规定了仲裁裁决在法定条件下可以撤销，同时第70条也规定了涉外仲裁裁决也可以撤销。这些可以撤销的仲裁裁决均是由法律规定其要件，当事人不可以自行约定裁决撤销的条件，[1]其他非立法机构也不能自行拟定有关仲裁裁决撤销的规定。最高人民法院《关于适用〈中华人民共和国仲裁法〉若干问题的解释》第17条体现了我国法院对于仲裁裁决的态度："当事人以不属于《仲裁法》第58条或者《民事诉讼法》第260条（即修订后的《民事诉讼法》第276条）规定的事由申请撤销仲裁裁决的，人民法院不予支持。"由此可见，有关仲裁撤销的法定条件详细规定在《仲裁法》的58条和《民事诉讼法》的276条中。

《仲裁法》第58条规定：当事人提出证据证明裁决有下列情形之一的，可以向仲裁委员会所在地的中级人民法院申请撤销裁决：

第一，没有仲裁协议的（仲裁协议无效）。仲裁协议无效的情形，本书前文已经详细介绍，不再赘述，此处仅强调仲裁当事人之间必须具备书面的仲裁协议。[2]但需要特别说明的是，在涉外仲裁中，对于仲裁协议的效力审查

---

〔1〕　见案例9-1一方当事人申请撤裁后，被申请人也同意撤裁，法院能否直接裁定撤销该裁决？
〔2〕　见案例9-2甲乙之间、乙丙之间存在仲裁协议，能否认定甲乙之间、乙丙之间仲裁条款对甲丙之间有效？

应当优先适用当事人约定的法律；当事人没有约定适用的法律但是约定了仲裁地的，适用仲裁地法律；没有约定适用的法律也没有约定仲裁地或者仲裁地约定不明的，适用法院地法律。

第二，裁决的事项不属于仲裁协议的范围或者仲裁委员会无权仲裁的。委员会无权仲裁的仲裁庭对不属于仲裁协议规定的仲裁范围内的事项作出了裁决，或者裁决了不在当事人请求范围内的事项，属于超裁。[1]无论是法院还是仲裁庭，作为中立的裁判者，都应当奉行"不告不理"原则，不能对当事人请求以外的事项作出处理。如果没有提请仲裁裁决的事项可以与其他裁决事项分开，则撤销该没有提请仲裁的事项即可，如果没有提起仲裁的事项和其他裁决的事项不能分割，全部裁决事项都可能会被撤销。

除此之外，《仲裁法》的第2条和第3条分别从正反两面列举了仲裁机构的裁决事项的范围和不可裁决事项的范围。不可仲裁的事项既可以作为撤销国内仲裁的理由，也可以作为撤销涉外仲裁的理由。

第三，仲裁庭的组成或者仲裁的程序违反法定程序的。法院在对仲裁裁决作司法审查时，所依据的是我国国内的法律，因为仲裁裁决需要在我国得到承认和执行，作出撤销裁决决定的也是我国国内法院。常见的违反法定情形的情况如仲裁当事人不适格、遗漏仲裁请求等。[2]在我国，《仲裁法》和《民事诉讼法》对于国内裁决和涉外裁决有关仲裁庭的组成和仲裁程序的撤销使用了不同的措辞。撤销国内裁决的原因是"违反法定程序"而撤销涉外的理由是"与仲裁规则不符"，两者表述不同，但实质上法律效果是统一的。原因在于内国仲裁裁决均是依照国内的法律作出的，而涉外裁决可能涉及当事人自己选定的仲裁规则或者由我国国际法所规定的准据法来确定外国法律适用。

第四，裁决所根据的证据是伪造的。

第五，对方当事人隐瞒了足以影响公正裁决的证据的。当事人向法院提

---

〔1〕　见案例9-3仲裁庭就某份合同项下的争议进行裁决时，涉及了其他合同项下的履行情况，是否属于超裁？

〔2〕　见案例9-4仲裁中当事人不适格，仲裁有效吗？案例9-5仲裁过程中，被申请人（公司）被准予注销，仲裁庭能否追加被申请人股东作为被申请人进行仲裁？案例9-6仲裁裁决遗漏仲裁请求，裁决可能被撤销吗？

起异议，法院才启动对仲裁裁决的审查，但是审查主要集中在程序方面，法院在实体问题的审查上并不具有优势。伪造证据和对当事人隐瞒主要证据是两个撤销国内裁决的理由，对于涉外仲裁裁决并不适用。

我国现行法律并未对"对方当事人隐瞒了足以影响公正裁决的证据"作出详细规定，法院在认定该情形时，多以常理和判例作为认定标准。[1]

第六，仲裁员在仲裁该案时有索贿受贿，徇私舞弊，枉法裁决行为的。人民法院经组成合议庭审查核实裁决有前述六个规定情形之一的，应当裁定撤销。人民法院认定该裁决违背社会公共利益的，应当裁定撤销。

在涉外仲裁裁决时，适用的法律条文有所改变。《仲裁法》第70条是涉外仲裁裁决司法审查的依据。《仲裁法》第70条规定当事人提出证据证明涉外仲裁裁决有《民事诉讼法》第258条第1款规定的情形之一的，经人民法院组成合议庭审查核实，裁定撤销。

《民事诉讼法》第258条第1款经过2012年修订以后已经变更为现行《民事诉讼法》第274条第1款，本条规定，对中华人民共和国涉外仲裁机构作出的裁决，被申请人提出证据证明仲裁裁决有以下情形之一的，经人民法院组成合议庭审查核实，裁定不予执行：①当事人在合同中没有订有仲裁条款或者事后没有达成书面仲裁协议的；②被申请人没有得到指定仲裁员或者进行仲裁程序的通知，或者由于其他不属于被申请人负责的原因未能陈述意见的；③仲裁庭的组成或者仲裁的程序与仲裁规则不符的；④裁决的事项不属于仲裁协议的范围或者仲裁机构无权仲裁的。[2]

对比撤销国内仲裁裁决和涉外仲裁裁决的要件，可以发现，撤销国内仲裁裁决的理由比撤销涉外仲裁裁决的理由多了三项，分别是裁决所依据的证据是伪造的、对方当事人隐瞒了足以影响公正裁决的证据以及仲裁员在仲裁该案时有索贿受贿、徇私舞弊、枉法裁决行为。涉外仲裁存在上述三项情形

---

〔1〕 见案例9-7可能影响裁决结果的证据，仲裁庭未要求一方当事人提供，该情形属于此方当事人隐瞒证据吗？案例9-8仲裁中，如何认定一方当事人隐瞒足以影响公正裁决的证据？案例9-9一方当事人的法定代表人去世，该当事人未予披露，法律后果如何？

〔2〕 见案例9-10当事人和标的货物均在我国境内，为何仲裁系涉外仲裁？合同双方所持的合同中，一方在己方、他方持有的合同中所用印章不一致，合同条款为何被认定为有效？案例9-11招投标格式合同中有仲裁条款，工程价款变更争议是否受该仲裁条款约束？仲裁条款中约定"调解不成，提起仲裁"是否意味着必须经过调解程序才能仲裁？

时，并不必然导致裁决结果被撤销，因为如果该仲裁裁决是外国仲裁机构作出的，我国法院是无法直接撤销该仲裁机构作出的裁决，相应的处理方式是在当事人向法院申请执行时，人民法院对该裁决不予承认或者不予执行，这样，就不会因为有问题的裁决结果而实际影响到当事人的权利义务关系。

在法定的撤销仲裁裁决的基础上，实务中又延伸出了另外一种特殊的撤销仲裁裁决的理由，即违反公共秩序。公共秩序保留作为一项基本原则在国际法上被各国广泛接受，同样在仲裁领域，公共秩序保留也有很大的适用空间。如果仲裁裁决损害了我国的基本道德准则，有悖于善良风俗，或者严重损害了国家利益和社会利益，这种裁决就要被撤销。

二、裁决被部分撤销的，未撤销的继续执行

广东省高级人民法院曾就《深圳瑞丰工贸有限公司申请撤销（97）深国仲结字第07号裁决一案》向最高人民法院请示，最高人民法院就我国仲裁机构作出的仲裁裁决能否部分撤销的问题进行了批复，最高人民法院认为，我国仲裁机构作出的仲裁裁决，如果裁决事项超出当事人仲裁协议约定的范围，或者不属当事人申请仲裁的事项，并且上述事项与仲裁机构作出裁决的其他事项是可分的，人民法院可以基于当事人的申请，在查清事实后裁定撤销该超裁部分。对（1997）粤法经二请字第22号请示，同意广东省高级人民法院审判委员会多数意见，即中国国际经济贸易仲裁委员会深圳分会（97）深国仲结字第07号裁决的第三项内容系租赁合同项下的争议，不是合作合同项下的争议，鉴于该租赁合同没有仲裁条款，按照深圳瑞丰工贸有限公司的申请，人民法院可以裁定撤销仲裁裁决中的该部分内容。该批复已经于1999年6月26日由最高人民法院审判委员会第1071次会议通过，并自1999年8月31日起施行。

由此可见，我国司法实践中对于仲裁裁决部分撤销是持肯定态度的。在部分裁决被撤销之后，没有被撤销的部分当事人能够继续向法院申请执行，就被撤销的部分，当事人可以重新达成仲裁协议向仲裁机构申请仲裁或者向人民法院提起诉讼。

为了贯彻这一制度，2018年1月15日最高人民法院审判委员会第1730次会议通过了《最高人民法院关于人民法院办理仲裁裁决执行案件若干问题

的规定》这一司法解释，并于 2018 年 3 月 1 日起施行。该司法解释第 3 条规定："仲裁裁决或者仲裁调解书执行内容具有下列情形之一导致无法执行的，人民法院可以裁定驳回执行申请；导致部分无法执行的，可以裁定驳回该部分的执行申请；导致部分无法执行且该部分与其他部分不可分的，可以裁定驳回执行申请：①权利义务主体不明确；②金钱给付具体数额不明确或者计算方法不明确导致无法计算出具体数额；③交付的特定物不明确或者无法确定；④行为履行的标准、对象、范围不明确。仲裁裁决或者仲裁调解书仅确定继续履行合同，但对继续履行的权利义务，以及履行的方式、期限等具体内容不明确，导致无法执行的，依照前款规定处理"。同时最高人民法院《关于适用〈中华人民共和国仲裁法〉若干问题的解释》第 19 条也规定："当事人以仲裁裁决事项超出仲裁协议范围为由申请撤销仲裁裁决，经审查属实的，人民法院应当撤销仲裁裁决中的超裁部分。但超裁部分与其他裁决事项不可分的，人民法院应当撤销仲裁裁决"。最高人民法院在此次司法解释中明确区分了仲裁裁决的可分性问题。即如果仲裁裁决是可分的，人民法院在撤销部分裁决后，剩余的部分仍是有效的，具有申请执行的效力。但如果该被撤销的部分与其他裁决部分是一密切整体，不可分割，或者被撤销的部分涉及法律关系的最主要部分，此部分裁决的撤销就视为对整体裁决的否定，则整个仲裁裁决不能够再作为执行的依据。

三、撤销仲裁裁决的启动

根据我国现有规定以及司法实践，当事人想要撤销仲裁裁决，当事人必须在收到仲裁裁决 6 个月以内向仲裁机构所在地中级人民法院提交撤销仲裁的申请，受案法院应当审查当事人所提交的请求是否符合法律规定的条件。如果当事人所提交的申请符合受理条件，受案法院应当作出受理决定。一般而言，法院应当在 2 个月以内审理完毕，作出撤销仲裁的裁定或者作出驳回申请的裁定，对于法院撤销的裁决所涉及的纠纷，当事人只能重新达成仲裁协议向仲裁机构申请重新仲裁或者向法院起诉。

如果经法院审查，法院认为该仲裁裁决所依据的事实和证据有问题，或者适用法律错误，应当通知原仲裁庭重新仲裁，同时中止撤销仲裁裁决程序。此时，如果仲裁庭拒绝重新仲裁，法院就应当恢复撤销仲裁裁决的程序，裁定撤销仲裁裁决。如果仲裁庭同意重新仲裁，受案法院就应当作出中止审查撤销仲裁的决定。此时案件重新回到仲裁庭手中，由仲裁庭自己撤销原裁决，作出新裁决。如果仲裁庭在重新仲裁后仍然得出了维持原裁决的结果，当事人认可的，便可以向执行法院申请执行，如果当事人不认可该裁决结果，当事人应当在6个月内重新向中级人民法院申请撤销仲裁裁决。

综上，当事人启动撤销仲裁裁决程序，应注意以下四个问题：

（1）启动期限：当事人必须在收到仲裁裁决书之日起的6个月内向人民法院申请撤销仲裁裁决，否则仲裁裁决书便具有了终局效力，当事人不得就该事项再提起仲裁或者诉讼。

（2）启动主体：向法院申请撤销仲裁裁决的主体必须是仲裁裁决的当事人，也仅指仲裁裁决的当事人。

（3）启动的法院，即管辖撤销仲裁裁决的法院：《仲裁法》对此作出了明确规定，由仲裁机构所在地的中级人民法院受理对仲裁裁决撤销的申请。

（4）当事人启动撤销仲裁裁决程序的理由：法律明确规定的七种情形。

四、撤销后的救济——起诉或重新仲裁

一些国家为了给予当事人救济，制定了撤销仲裁裁决裁定后当事人可以上诉的制度，即当事人在下级法院撤销仲裁裁决后向上级法院上诉。仲裁和民事诉讼制度，虽然两种制度存在理论上的差别，但价值追求上保持了一致性：以法律为准绳，保证案件的公平正义。如果法院的撤销判决或者仲裁委员会的仲裁裁决不符合公平正义，那么就应赋予当事人一定的救济权利予以推翻，这不仅是程序上对当事人权利保护的救济方式，更是为整个审判制度实现公平正义以及仲裁的有效性和稳定性所进行的必要设计。

我国没有撤销仲裁裁决裁定的上诉制度。从最高人民法院对仲裁裁决撤销案件的批复来看，对于撤销仲裁裁决的裁定，当事人不得上诉，检察机关不得抗诉，法院也不得进行再审。最高人民法院曾就陕西省高级人民法院《关于当事人对人民法院撤销仲裁裁决的裁定不服申请再审是否应当受理的请示》（陕高法〔1998〕78号）作出批复，最高人民法院认为根据《中华人民共和国仲裁法》第9条规定的精神，当事人对人民法院撤销仲裁裁决的裁定不服申请再审的，人民法院不予受理。2012年修正的《民事诉讼法》亦重申

了这一立场。

除了上述上诉制度，许多仲裁发达国家还建立了裁决撤销判决的再审制度，虽然与上诉制度存在程序机制差异，但亦是一种裁决被误撤销的救济方式。

我国尽管对于撤销仲裁裁决案件没有规定上诉和再审的救济途径，但是当事人依然可以选择向人民法院起诉重新审判案件来获得终局性的解决方案。此外，《仲裁法》第 61 条规定："人民法院受理撤销裁决的申请后，认为可以由仲裁庭重新仲裁的，通知仲裁庭在一定期限内重新仲裁，并裁定中止撤销程序。仲裁庭拒绝重新仲裁的，人民法院应当裁定恢复撤销程序。"在当事人提出仲裁裁决撤销申请，经法院审查确定该裁决存在瑕疵，且该瑕疵可由仲裁庭重新裁决予以纠正时，即裁定中止撤销程序，发回仲裁庭进行重审的制度。可以看到，该制度模式下的"重新仲裁"以当事人申请裁决撤销为前提，即当事人不能单独申请重新仲裁，法院也不能依职权主动要求重新仲裁，故而该制度模式也就不能作为一个独立的救济措施被单独采用。第二种"重新仲裁"制度模式指的是仲裁裁决被撤销后再由法院发回仲裁庭重新审理，是为一种"事后救济"。需要指出的是，我国《仲裁法》第 9 条第 2 款所谓的"重新仲裁"是由当事人选择的自行救济途径，是由当事人达成新的仲裁协议，开启一个新的仲裁程序，这样一来就不属于法院司法救济的范畴。

需要特别指出的是，尽量让纠纷继续通过仲裁解决的方式也极大地维护了仲裁的独立性，由仲裁庭自行弥补所作裁决的瑕疵也能避免仲裁资源的不当浪费，提高纠纷解决效率。

案例 9-1　一方当事人申请撤裁后，被申请人也同意撤裁，法院能否直接裁定撤销该裁决？

案情简介：

甲乙双方在合同中约定了仲裁条款，后双方因该合同产生争议进行仲裁，仲裁裁决作出后，甲方向法院提出撤销裁决申请，理由为仲裁裁决书印刷不够精良，被申请人乙方对该撤裁理由表示认可，即乙方也认为仲裁决书印刷不够精良，支持撤销裁决。

裁判结果：

法院在审查申请人的理由后，认定其撤裁理由不属于我国《仲裁法》规定的可以撤销仲裁裁决的事由，因此认定申请的撤裁理由不成立，驳回了撤裁申请，该仲裁裁决仍然有效。

本案要旨：

裁决的撤销，必须符合法定条件，而不能仅基于当事人合意，当事人非因法定事由合意撤销仲裁裁决，不利于维护法律权威，法院不能予以支持。

案例 9-2 甲乙之间、乙丙之间存在仲裁协议，能否认定甲乙之间、乙丙之间仲裁条款对甲丙之间有效？

案情简介：

甲公司、乙公司、丙公司三方，两两之间签订了仲裁协议，甲公司、乙公司之间，乙公司、丙公司之间的争议受仲裁管辖约束，甲公司、丙公司之间的争议被仲裁机构审理并裁决，该案进入撤裁程序，撤裁申请人的理由为甲公司、丙公司之间没有仲裁协议。

裁判结果：

关于三方当事人是否存在仲裁协议的问题。乙公司与甲公司、丙公司之间分别存在《产权交易合同》和《借款合同》，其中均约定有仲裁条款。甲公司不是《借款合同》的当事人，丙公司不是《产权交易合同》的当事人，虽然两份合同中就还款事项存在一定的关联性，但是在两份合同中均仅涉及合同相对方的权利义务，不涉及合同之外的第三人的权利义务事项，即，《产权交易合同》中关于还款事项系乙公司与甲公司之间之约定，并未涉及丙公司；《借款合同》中关于还款事项系乙公司与丙公司之间之约定，并未涉及甲公司。所以，两份合同中的仲裁协议亦仅是合同相对方当事人就纠纷提交仲裁的意思表示及约定。基于此，不应认定本案三方当事人之间存在仲裁协议或是就仲裁形成了一致的意思表示。故，甲公司提出的乙公司、甲公司、丙公司三方之间没有仲裁协议的撤销仲裁裁决理由成立。

本案要旨：

本案中，仲裁中的三方当事人分两组签订了两份合同，该两份合同关于还款事项的约定具有高度关联性，即甲乙签订 A 合同，乙丙签订 B 合同，A、B 合同中均有相应的仲裁条款，约定管辖，但甲丙之间没有签订任何协议，虽然 A、B 合同中均有仲裁条款，但甲丙双方不在同一合同中作为相对人，不能根据甲乙、乙丙之间相互的意思表示推定甲丙之间有仲裁协议。

案例 9-3 仲裁庭就某份合同项下的争议进行裁决时，涉及其他合同项下的履行情况，是否属于超裁？

案情简介：

LR 公司、KY 公司，就争议进行仲裁，双方于 2012 年、2013 年、2014 年均签有来料加工合同，仲裁庭对 2014 年 9 月双方签订合同事项进行裁决。但仲裁庭仅依据对账单，将 2014 年 9 月以前的欠款都归在 2014 年 9 月双方所签订的合同项下。裁决作出后，一方申请撤裁。

裁判结果：

由于 2012 年、2013 年、2014 年合同存在滚动付款，仲裁庭就 2014 年合同项下作出的仲裁裁决内容涉及 2013 年合同的履行情况，超出 2014 年合同的范围。另申请人 LR 公司亦提供了被申请人 KY 公司向其出具的增值税发票，以证明裁决事项超出了仲裁裁决的范围。

本案要旨：

1. 本案仲裁请求系对 2014 年合同付款情况进行裁决。

2. 因双方在 2012—2014 年存在滚动付款的情况，仲裁庭在审查 2014 年合同争议的同时，为查明事实，审查并裁决了 2012—2014 三年间的合同履行状况，虽然合情，但不合法，属于超越，应予撤销仲裁裁决。

案例 9-4　仲裁中当事人不适格，仲裁有效吗？

案情简介：

某市日发制衣有限公司、曹某之间签订仲裁协议，双方争议协商不成，提请仲裁，2017 年 4 月 6 日，通化仲裁委员会作出通仲裁字（2017）第 024 号裁决：①曹某与某市日发制衣有限公司签订的《借款协议》和《抵押协议书》及《某市日发制衣有限公司与债权人曹某关于抵押借款的决定》合法有效；曹某依法取得东通化大街×号三楼的厂房（面积 400 平方米）（产权证为吉房权通字第××××号）的所有权；②仲裁费 5638 元，由曹某自愿承担。

但是，仲裁立案时，某市日发制衣有限公司原法定代表人已经退休，其以法定代表人林某身份参与仲裁，但不具备法定代表人的相关手续。

裁判结果：

从庭前林某的陈述及其提供的中共通化市二道路江区经济局委员会文件《关于林某同志免职的批复》，能够认定林某因其年龄原因提出辞去公司总经理及法人代表一职，2016 年 11 月 14 日，林某被免去在申请人处的一切职务，即 2017 年 4 月，通化仲裁委员会在受理曹某的仲裁申请并作出仲裁时，林某并非申请人的法定代表人，林某未向该仲裁委出具日发公司出具的法定代表人证明书或者授权委托书，故能够认定通化仲裁委员会仲裁的程序违反法定程序。

本案要旨：

仲裁程序中，如当事人不具备当事人资格或手续不完整，不应被认定为适格的当事人，在此情形下作出的仲裁裁决应属违反法定程序。本案中，仲裁被申请人为法人，但在仲裁程序中，被申请人原法定代表人已被免职，但日发公司提交的法定代表人证明及授权文件中，法定代表人仍为已经被免职的原法定代表人，即日发公司提交的证明及授权文件中的法定代表人与现在日发公司的实际法定代表人不符，故该人无权代表申请人申请仲裁并进行仲裁程序，属于程序违法，仲裁无效。

案例 9-5　仲裁过程中，被申请人（公司）被准予注销，仲裁庭能否追加被申请人股东作为被申请人进行仲裁？

案情简介：

胡某与仲裁被申请人上海某生物科技有限公司（以下简称"生物公司"）因专利权转让合同纠纷向上海仲裁委员会提起仲裁，该案于 2012 年 12 月 10 日立案，上海仲裁委员会对本案适用简易程序进行了审理，并于 2013 年 12 月 4 日作出裁决。

胡某在撤裁程序中提出，其于 2013 年 8 月偶然得知生物公司已于 2013 年 5 月 14 日办理了注销手续，故于同年 8 月 19 日向上海仲裁委员会提交了《追加当事人的申请》，但仲裁庭不予同意，且在生物公司主体已不存在的情况下，无视客观事实，依然作出了毫无意义的裁决。

裁判结果：

仲裁审理中，上海市工商行政管理局奉贤分局于 2013 年 5 月 9 日向生物公司发出"准予注销登记通知书"，准予生物公司注销登记。胡某得知上述情况后，于同年 8 月 18 日向上海仲裁委员会递交"追加当事人申请书"，以生物公司已经注销为由，要求追加生物公司的股东赵某、李某参加仲裁审理。仲裁庭认为胡某要求追加的案外人与胡某之间不存在仲裁协议，故对其追加申请不予同意。后上海仲裁委员会于 2013 年 12 月 4 日作出裁决，对胡某的各项仲裁请求均不予支持。

法院认为，当事人申请撤销仲裁裁决的案件，人民法院应当根据《中华人民共和国仲裁法》第 58 条的规定进行审查。仲裁案件的当事人应是合法存续的主体，原生物公司在仲裁审理期间已经办理了工商注销手续，其法人主体不复存在，胡某与原生物公司之间的纠纷应根据相关法律规定另行处理，上海仲裁委员会在原生物公司的主体已不存在的情况下，仍列其为当事人并作出裁决，系仲裁程序违法。

本案要旨：

1. 仲裁过程中，一方当事人被注销，另一方当事人为保证仲裁能够继续进行，申请追加注销公司的股东作为被申请人，但股东与申请人之间没有仲裁协议，不受仲裁管辖约束，因此仲裁机构不予追加是正确的。

2. 一方当事人注销后，其仲裁主体资格也已经消失，仲裁庭仍将其列为仲裁主体，违反法定程序应予撤销仲裁裁决。

案例 9-6　仲裁裁决遗漏仲裁请求，裁决可能被撤销吗？

案情简介：

秦皇岛某房地产开发有限公司（以下简称"房地产公司"）与刘某仲裁后，房地产公司申请撤裁，理由是申请仲裁的请求是解除《商品房买卖合同》，退还购房款。可见解除《商品房买卖合同》是退还购房款的前提，即只有裁决解除《商品房买卖合同》，才能裁决退还购房款。而事实上，仲裁并没有裁决解除《商品房买卖合同》，当然也不能裁决退还房款。

裁判结果：

仲裁机构在未解除房地产公司与刘某的《商品房买卖合同》的情况下，裁决房地产公司返还刘某购房款，遗漏刘某的申请仲裁请求，故仲裁裁决应予撤销。

本案要旨：

本案中，解除合同是退还购房款的基础，仲裁机构对解除合同这一仲裁申请未作出裁决直接对退还购房款进行裁决，属于遗漏仲裁请求的情况，应予撤销仲裁裁决。

案例 9-7 可能影响裁决结果的证据，仲裁庭未要求一方当事人提供，该情形属于此方当事人隐瞒证据吗？

案情简介：

TJ 公司与 SNS 公司在贸仲仲裁后，TJ 公司提出，SNS 公司有意隐瞒 2014 年度高价值作物产值的证据。2014 年 SNS 公司违约没有向 TJ 公司下达生产订单，因此，TJ 公司无法提供 2014 年度高价值作物的亩产值证据，不能按照《家庭农场协议》第 6 条的约定，计算出该年度高价值作物与低价值作物之间的差额，但 SNS 公司向其他单位下达了与涉案作物相同的订单，其司手中持有大量的、可以证明 2014 年高价值作物产值的证据，仲裁庭完全可以通过要求 SNS 公司提供相应证据的方式，按照《家庭农场协议》的约定作出裁决，而不是没有任何证据地去"酌情裁定"。

裁判结果：

因仲裁庭并未要求 SNS 公司就相关问题提交相应证据予以证明，故不存在 SNS 公司隐瞒足以影响公证裁决的证据的情形。TJ 公司的此项申请理由实际是仲裁庭对案件实体问题的处理，不属于《中华人民共和国仲裁法》第 58 条规定的应予以撤销仲裁裁决的情形，故 TJ 公司的此申请理由缺乏事实和法律依据，法院不予采信。

本案要旨：

仲裁中，无论当事人能否提供相应证据，只要仲裁庭未要求当事人举证，即使因缺少此证据使得裁决受到影响，也属于仲裁庭在审理过程中的举证责任分配问题，该分配即使是错误的，也属于仲裁审理的实体问题，法院不予审查。只有仲裁庭要求当事人提供证据，但当事人隐瞒证据不予提供时，且该证据能够影响裁判结果的公正，才属于《仲裁法》规定的应予撤销仲裁决的情况。

案例 9-8　仲裁中，如何认定一方当事人隐瞒足以影响公正裁决的证据？

案情简介：

2015 年 4 月 10 日，亳州仲裁委就其受理的申请人合肥 LQ 公司与安徽 XZQ 公司建筑施工合同纠纷一案作出（2014）亳仲裁字第 13 号仲裁裁决书。裁决作出后，合肥 LQ 公司称，在仲裁审理过程中，当庭以书面形式申请仲裁庭调取被申请人持有的工程竣工文件（包括工程款决算的文件）。被申请人称竣工文件在深圳总部而拒绝提供。庭后，申请人再次书面申请仲裁庭调取，并提供了被申请人持有相关证据的证据。但仲裁庭未予理会，没有向被申请人发出调取通知。由于涉案证据系足以影响公正裁决的证据，一方面被申请人隐瞒证据拒不提供，另一方面仲裁庭不依法行使调取证据的职责，致使仲裁裁决以"没有证据证明涉案工程款"为由驳回了申请人的绝大部分仲裁请求。安徽 XZQ 公司认为依照"谁主张，谁举证"的原则其没有隐瞒证据，该证据应当由对方提交。

裁判结果：

合肥 LQ 公司因不服安徽 XZQ 公司单方委托作出的工程款审核报告，要求其按照实际施工给付工程款而提出仲裁申请，为确认其完工时间、实际工程量和工程款，合肥 LQ 公司申请调取其施工后提交给安徽 XZQ 公司的一整套竣工文件资料，安徽 XZQ 公司认可合肥 LQ 公司在施工结束后将该竣工文件提交给自己且未予返还的事实，则应提供该证据材料或对该证据材料的去向详细说明。其以该证据属于申请人自己的证据为由并否认该证据在其公司而拒绝提供，应认定其具有隐瞒情形。且该证据涉及工程款决算的相关事实认定，直接关系到合肥 LQ 公司在仲裁诉讼中请求支付工程款相关权利的实现。亳州仲裁委对合肥 LQ 公司的调取申请未作答复，裁决以没有证据证明不予支持申请人合肥 LQ 公司提出的工程款请求，显然有失公正。

本案要旨：

本案中，法院认定一方当事人在仲裁中隐瞒了影响裁决公正的证据，符合以下条件：

1. 竣工文件资料是建设工程中的关键性文件，完整记载了工程结算过程中的绝大部分数据。

2. 竣工文件资料系合肥 LQ 公司在施工结束后将该竣工文件提交给安徽 XZQ 公司的，安徽 XZQ 公司未予返还，且拒绝说明去向。

3. 合肥 LQ 公司在仲裁程序中国向仲裁庭申请调取该文件，仲裁庭未予理会。

根据以上条件，案涉竣工文件资料"足以影响公正裁决的证据"，当事人隐瞒该证据作出的仲裁裁决，应予撤销。

案例 9-9 一方当事人的法定代表人去世，该当事人未予披露，法律后果如何？

案情简介：

某县广惠街街道办事处桃村李村村民委员会与某置业有限公司仲裁后，桃村李村村民委员会称，某置业有限公司隐瞒了公司法定代表人赵某去世的信息，某置业有限公司没有提交组织机构代码证。

某置业公司答辩称，法定代表人死亡不影响公司诉讼的权利，公司委托是合法有效的代理。

裁判结果：

审理查明：①被申请人某置业公司的法定代表人赵某于 2013 年 7 月 13 日死亡。②仲裁委于 2014 年 2 月 26 日立案受理某置业公司与桃村李村村委会房地产联合开发合同纠纷仲裁一案，仲裁庭于 2014 年 5 月 30 日开庭审理该案。③某置业公司在本院庭审中陈述：赵某是仲裁庭开庭后死亡的，开庭时赵某已经重病。

法院认为，《中华人民共和国民事诉讼法》第 48 条第 2 款规定，法人由其法定代表人进行诉讼。而被申请人某置业公司在仲裁时隐瞒了其公司法定代表人赵某死亡的事实，应视为隐瞒了足以影响公正裁决的证据。

本案要旨：

1. 法人由其法定代表人代表其进行诉讼或仲裁，法定代表人死亡，应由现任法定代表人进行诉讼或仲裁。

2. 本案中，该公司法定代表人死亡在先，公司申请仲裁在后，且该公司在所有手续中使用已经死亡的法定代表人名义，按法律规定，在此情况下，仲裁立案程序无法实现。

案例 9-10 当事人和标的货物均在我国境内，为何仲裁系涉外仲裁？合同双方所持的合同中，一方在己方、他方持有的合同中所用印章不一致，合同条款为何被认定为有效？

案情简介：

XDD 公司与 TJ 服装公司根据仲裁协议在中国国际经济贸易仲裁委员会进行仲裁，在撤裁程序中，XDD 公司认为 TJ 服装公司伪造协议，即仲裁裁决所依据的证据合同编号为 TJFZ20140530 的《棉花销售合同 COTTON SALES CONTRACT》（以下简称《棉花销售合同》），理由如下：

①TJ 服装公司提交贸仲的《棉花销售合同》中显示的印章样式为长条章，与 TJ 服装公司提交的仲裁申请书以及 XDD 公司所持的《棉花销售合同》、案外人青岛某国际物流有限公司留存的《棉花销售合同》复印件以及 TJ 服装公司在工商部门登记存档的公章样式均不一致。②TJ 服装公司把带有 XDD 公司签章的合同中己方的圆形章涂掉或覆盖住，再补盖己方的长条章，形成其提交给贸仲的合同文本。③TJ 服装公司提供的《棉花销售合同》上签名的不是该公司的法定代表人，而且使用的公章亦不是公司统一的对外公章。④仲裁庭始终未对该关键证据进行调查论证，就认定了该份证据。

裁判结果：

根据《最高人民法院关于适用〈中华人民共和国民事诉讼法〉的解释》第 522 条以及《最高人民法院关于适用〈中华人民共和国涉外民事关系法律适用法〉若干问题的解释（一）》第 1 条之规定，有如下情形之一的：①当事人一方或双方是外国公民、外国法人或者其他组织、无国籍人；②当事人一方或双方的经常居所地在中华人民共和国领域外；③标的物在中华人民共和国领域外；④产生、变更或者消灭民事关系的法律事实发生在中华人民共和国领域外；⑤可以认定为涉外民事关系的其他情形，人民法院可以认定为涉外民事案件。本案申请人 XDD 公司、被申请人 TJ 服装公司虽均为中国境内注册成立的企业，但在《棉花销售合同》中双方约定交货地点及方式为"EXW 青岛保税库、买方自行提货"，而且"买方负责清关"，即双方买卖合同的标的物系未清关货物，尽管青岛保税库属于中华人民共和国领域内，但按照海关管理制度，保税区内未清关货物属于未入境货物，故依照上述法律规定，本案具有涉外因素，系涉外民事案件。

关于 XDD 公司与 TJ 服装公司之间是否有仲裁协议的问题。虽然 XDD 公司与 TJ 服装公司提交的《棉花销售合同》在 TJ 服装公司加盖公章和签名处有所不同，但合同内容完全一致，说明双方就《棉花销售合同》的合同条款达成了一致意思表示，仲裁裁决亦对合同的效力作出有效认定。

本案要旨：

1. 关于本案涉外仲裁的问题，虽然双方系在中国注册的公司，货物所在地青岛，也在中国境内，但主合同《棉花销售合同》中双方约定交货地点及方式为"EXW 青岛保税库、买方自行提货"，而且"买方负责清关"，即双方买卖合同的标的物系未清关货物，按照海关管理制度，保税区内未清关货物属于未入境货物。又因为《最高人民法院关于适用〈中华人民共和国民事诉讼法〉的解释》第 522 条以及《最高人民法院关于适用〈中华人民共和国涉外民事关系法律适用法〉若干问题的解释（一）》第 1 条第 3 款：标的物在中华人民共和国领域外。所以本案被认定为涉外仲裁，基于此，本案中申请人所提出的理由，不属于涉外仲裁中可撤销的情形。

2. 关于合同签章不一致的问题，本案双方所持有的合虽然签章不一致，但双方所持合同的条款完全一致，故签章不一致不影响合同所裁条款的效力仲裁条款有效

案例 9-11 ▶ 招投标格式合同中有仲裁条款，工程价款变更争议是否受该仲裁条款约束？仲裁条款中约定"调解不成，提起仲裁"是否意味着必须经过调解程序才能仲裁？

案情简介：

SHX 投资公司、ZT 公司之间有仲裁协议，深圳仲裁委根据 SHX 投资公司与 ZT 公司 2008 年 3 月 26 日签订的《施工承包合同》约定的仲裁条款及 ZT 公司提交的仲裁申请，于 2011 年 4 月 12 日受理了 ZT 公司提出的仲裁申请，后作出裁决。

在撤裁程序中，撤裁申请人 SHX 投资公司申请撤裁理由如下：

（1）深圳仲裁委无权仲裁，因双方在合同中约定应先行调解，本案没有经过调解程序。

（2）仲裁机构超裁，因仲裁条款所在合同为招投标合同，合同金额为包干价，已经固定，仲裁机构对工程价格的裁决，已经构成了对本合同的实质变更，不属于招投标合同中约定的仲裁范围。

裁判结果：

1. 关于深圳仲裁委是否无权仲裁涉案争议的问题。SHX 投资公司主张案涉争议未经调解，ZT 公司提请仲裁不符合施工合同约定程序，深圳仲裁委无权仲裁。本院认为，施工合同约定在履行过程中发生争议时，由监理工程师调解，调解不成时，采用向深圳仲裁委提请仲裁的方式解决。该约定仅表明合同双方发生争议时可以采用调解的方式解决纠纷，并没有约定未经调解就不得提起仲裁。

2. 关于仲裁的事项有无超越仲裁协议范围的问题。涉案工程属于市政招投标工程，合同约定为包干价。依据《中华人民共和国招标投标法》第 46 条

规定，招标人和中标人应当自中标通知书发出之日起 30 日内，按照招标文件和中标人的投标文件订立书面合同。招标人和中标人不得再行订立背离合同实质性内容的其他协议。涉案高支模系统合同约定造价是 16 286 200 元，ZT 公司仲裁请求 SHX 投资公司补偿的增加费用为 1.144 2 亿元，而仲裁庭经鉴定结果为 89 188 637.81 元，高出合同造价 72 193 829.46 元。依据《中华人民共和国合同法》第 30 条规定，承诺的内容应当与要约的内容一致。受要约人对要约的内容作出实质性变更的，为新要约。有关合同标的、数量、质量、价款或者报酬、履行期限、履行地点和方式、违约责任和解决争议方法等变更，是对要约内容的实质性变更。据此，ZT 公司要求 SHX 投资公司增补的费用属于对合同的实质性变更，已超越涉案招投标工程相关合同约定的范围，双方虽然对此有协商，但未达成一致协议，更不存在达成仲裁的合意，因此，涉案仲裁请求不属于原仲裁协议的范围，不受原仲裁条款的约束，仲裁庭依据原仲裁协议作出裁决属于超裁，裁决依法应予撤销。

本案要旨：

1. 关于对合同实体性内容进行变更是否在仲裁范围内的问题，本案中，仲裁申请人仲裁依据系《招投标合同》中的仲裁条款，当事人之间约定的仲裁范围也系《招投标合同》中招投标争议，但在本案中，仲裁申请人在仲裁请求中明确要求被申请人补偿价款，且该价款的补偿是基于申请人对《招投标合同》中造价的投标价的不认可，即申请人的仲裁请求是要求对合同进行实质性变更，而合同能否实质性变更、如何变更，不在当事人约定的仲裁范围内。

2. 关于调解是否是仲裁必须的前置程序问题，当事人在主合同中约定先行调解一般分为两种情况：第一种是调解系必经的前置程序，即必须经过调解且调解不成，才能提起诉讼或申请仲裁；第二种是调解不是必经的前置程序，只是在发生争议时的一种解决争议的选择。二者区别主要看合同条款中的表达方式，有无必须经过调解的意思，本案中，合同条款的表述方式做上述第二种理解，所以本案仲裁申请人虽未经调解即申请仲裁，但不应认定其违法合同约定程序。

第二节　不予执行仲裁裁决

一、不予执行的法定条件

根据我国《民事诉讼法》第 237 条的规定，被申请执行人提出证据证明仲裁裁决有下列情形之一的，经人民法院组成合议庭审查核实，可以裁定不予执行：

（1）当事人在合同中没有订立仲裁条款或者事后没有达成书面仲裁协议的。[1] 即，仲裁以合同当事人的协议为前提，如果当事人在合同中没有订立仲裁条款，事后也无书面的仲裁协议，仲裁就没有根据，仲裁机构即使作出裁决，人民法院也不予执行。

（2）裁决的事项不属于仲裁协议的范围或者仲裁机构无权仲裁的。仲裁机构应当依照仲裁法规的规定和当事人仲裁协议的约定进行仲裁，其裁决才能有效。仲裁机构的裁决事项如果超出了当事人仲裁协议的范围，或者仲裁的事项不属于仲裁机构受案范围的，属于超越职权的行为。因此，即使仲裁机构作了裁决，法院也不能执行。

（3）仲裁庭的组成或仲裁程序违反法定程序的。如果仲裁员与本案有关联，依法应当回避而未回避，或者对当事人未经过合法通知而予以缺席仲裁等，其作出的裁决不发生效力，因而人民法院可不执行该项裁决。

（4）裁决所根据的证据是伪造的。

（5）对方当事人向仲裁机构隐瞒了足以影响公正裁决的证据的。

（6）仲裁员在仲裁该案时有贪污受贿、徇私舞弊、枉法裁决行为的。仲裁员必须廉洁奉公，依法裁决，如果在仲裁案件中有贪污受贿、徇私舞弊、枉法裁决的行为，则是违法犯罪的行为，所作裁决必然是错误的，人民法院理所当然应不予执行。

（7）在涉外仲裁中，有关法院可裁定不予执行的情形有：①仲裁协议当事人依对其适用的法律属于某种无行为能力的情形；或者该项仲裁协议依约

---

〔1〕　见案例9-12夫妻一方与他人在合同中签订仲裁条款，该仲裁条款对配偶有效吗？

定的准据法无效；或者未指明以何种法律为准时，依仲裁裁决地的法律无效的；②被申请人未接到指派仲裁员的适当通知，或者因他故未能陈述意见的；③裁决所处理的争议不是交付仲裁的标的或者不在仲裁协议条款之内，或者裁决载有关于交付仲裁范围以外事项的决定的；但交付仲裁的标的不在仲裁协议条款之内，或者裁决载有关于交付仲裁范围以外事项的决定的；但交付仲裁事项的决定可与未交付仲裁的事项划分时，裁决中关于交付仲裁事项的决定部分应当予以执行；④仲裁庭的组成或者仲裁庭程序与当事人之间的协议不符，或者在有关当事人没有这种协议时与仲裁地的法律不符的；⑤裁决对当事人尚无约束力，或者已经仲裁地法院或者按照仲裁地的法律撤销或者停止执行的。

以上规定，主要是仲裁行为违反法定程序，或者由于其他原因，人民法院不执行该案的裁决。除此以外，《民事诉讼法》第 237 条还赋予人民法院一项权力，即人民法院认定执行该裁决违背社会公共利益的，可以裁定不予执行。从实体方面考虑，只要接受执行申请的人民法院认定执行该裁决会违背社会公共利益，人民法院即可作出裁定，不予执行。

人民法院在执行仲裁机构裁决的过程中，只要被申请人能证明仲裁裁决有上述情形之一的，或者法院认定执行该裁决违背社会公共利益的，裁定该裁决不予执行，并将裁定书送达双方当事人和仲裁机构。人民法院裁定不予执行仲裁裁决后，该仲裁裁决即无效，当事人既可以根据事后达成的书面仲裁协议重新申请仲裁机构仲裁，也可以直接向人民法院起诉。

二、不予执行认定的标准

为了规范人民法院办理仲裁裁决执行案件，依法保护当事人、案外人的合法权益，针对不予执行仲裁裁决的问题，最高人民法院发布了《最高人民法院关于人民法院办理仲裁裁决执行案件若干问题的规定》，该司法解释将《仲裁法》中规定的不予执行的原则性规定细化，用更加细致的标准作为认定是否执行的依据。

经人民法院审查属实的，应当认定为《民事诉讼法》第 237 条第 2 款第 2 项规定的"裁决的事项不属于仲裁协议的范围或者仲裁机构无权仲裁的"的标准有：①裁决的事项超出仲裁协议约定的范围；②裁决的事项属于依照法律规定或者当事人选择的仲裁规则规定的不可仲裁事项；③裁决内容超出当事人仲裁请求的范围；④作出裁决的仲裁机构非仲裁协议所约定。

违反仲裁法规定的仲裁程序、当事人选择的仲裁规则或者当事人对仲裁程序的特别约定，可能影响案件公正裁决的，经人民法院审查属实的，应当认定为《民事诉讼法》第 237 条第 2 款第 3 项规定的"仲裁庭的组成或者仲裁的程序违反法定程序的"。具体情形如当事人主张未按照仲裁法或仲裁规则规定的方式送达法律文书导致其未能参与仲裁，或者仲裁员根据仲裁法或仲裁规则的规定应当回避而未回避，可能影响公正裁决，经审查属实的，人民法院应当支持；仲裁庭按照仲裁法或仲裁规则以及当事人约定的方式送达仲裁法律文书，当事人主张不符合《民事诉讼法》有关送达规定的，人民法院不予支持。适用的仲裁程序或仲裁规则经特别提示，当事人知道或者应当知道法定仲裁程序或选择的仲裁规则未被遵守，但仍然参加或者继续参加仲裁程序且未提出异议，在仲裁裁决作出之后以违反法定程序为由申请不予执行仲裁裁决的，人民法院不予支持。

人民法院判断是否应当认定为《民事诉讼法》第 237 条第 2 款第 4 项规定的"裁决所根据的证据是伪造的"标准有三个，分别是：①该证据已被仲裁裁决采信；②该证据属于认定案件基本事实的主要证据；③该证据经查明确属通过捏造、变造、提供虚假证明等非法方式形成或者获取，违反证据的客观性、关联性、合法性要求。

判断是否应当认定为《民事诉讼法》第 237 条第 2 款第 5 项规定的"对方当事人向仲裁机构隐瞒了足以影响公正裁决的证据的"标准也有三个：①该证据属于认定案件基本事实的主要证据；②该证据仅为对方当事人掌握，但未向仲裁庭提交；③仲裁过程中知悉存在该证据，且要求对方当事人出示或者请求仲裁庭责令其提交，但对方当事人无正当理由未予出示或者提交。当事人一方在仲裁过程中隐瞒己方掌握的证据，仲裁裁决作出后以己方所隐瞒的证据足以影响公正裁决为由申请不予执行仲裁裁决的，人民法院不予支持。

有关案外人申请不予执行的标准规定在该司法解释第 18 条："案外人根据本规定第 9 条申请不予执行仲裁裁决或者仲裁调解书，符合下列条件的，人民法院应当支持：①案外人系权利或者利益的主体；②案外人主张的权利或者利益合法、真实；③仲裁案件当事人之间存在虚构法律关系，捏造案件事实的情形；④仲裁裁决主文或者仲裁调解书处理当事人民事权利义务的结果部分或者全部错误，损害案外人合法权益。"

三、不予执行程序的启动和进行

《最高人民法院关于人民法院办理仲裁裁决执行案件若干问题的规定》中明确，向法院申请不予执行的主体为利害关系人。当事人和案外第三人均可以向法院申请不予执行，但当事人中的申请不予执行的一方只能是被申请执行仲裁裁决一方的当事人。[1]上述司法解释明确了案外人申请不予执行的程序要件、实质审查标准、审查程序以及案外人可采取的防损止损措施。该司法解释第9条规定："案外人向人民法院申请不予执行仲裁裁决或者仲裁调解书的，应当提交申请书以及证明其请求成立的证据材料，并符合下列条件：①有证据证明仲裁案件当事人恶意申请仲裁或者虚假仲裁，损害其合法权益；②案外人主张的合法权益所涉及的执行标的尚未执行终结；③自知道或者应当知道人民法院对该标的采取执行措施之日起30日内提出。"

人民法院对不予执行仲裁裁决案件应当组成合议庭围绕被执行人申请的事由、案外人的申请进行审查；对申请人没有申请的事由不予审查，但仲裁裁决可能违背社会公共利益的除外。被执行人、案外人对仲裁裁决执行案件申请不予执行的，人民法院应当对其进行询问；申请人在询问终结前提出其他不予执行事由的，应当一并审查。人民法院审查时，认为必要的，可以要求仲裁庭作出说明，或者向仲裁机构调阅仲裁案卷。人民法院对不予执行仲裁裁决案件的审查，应当在立案之日起2个月内审查完毕并作出裁定；有特殊情况需要延长的，经本院院长批准，可以延长1个月。被执行人、案外人对仲裁裁决执行案件逾期申请不予执行的，人民法院应当裁定不予受理；已经受理的，应当裁定驳回不予执行申请。被执行人、案外人对仲裁裁决执行案件申请不予执行，经审查理由成立的，人民法院应当裁定不予执行；理由不成立的，应当裁定驳回不予执行申请。当事人向人民法院申请撤销仲裁裁决被驳回后，又在执行程序中以相同事由提出不予执行申请的，人民法院不

---

[1] 见案例9-13申请不予执行被驳回后，申请人能以同一理由申请撤销裁决吗？

予支持；当事人向人民法院申请不予执行被驳回后，又以相同事由申请撤销仲裁裁决的，人民法院不予支持。在不予执行仲裁裁决案件审查期间，当事人向有管辖权的人民法院提出撤销仲裁裁决申请并被受理的，人民法院应当裁定中止对不予执行申请的审查；仲裁裁决被撤销或者决定重新仲裁的，人民法院应当裁定终结执行，并终结对不予执行申请的审查；撤销仲裁裁决申请被驳回或者申请执行人撤回撤销仲裁裁决申请的，人民法院应当恢复对不予执行申请的审查；被执行人撤回撤销仲裁裁决申请的，人民法院应当裁定终结对不予执行申请的审查，但案外人申请不予执行仲裁裁决的除外。人民法院裁定驳回撤销仲裁裁决申请或者驳回不予执行仲裁裁决、仲裁调解书申请的，执行法院应当恢复执行。

人民法院裁定撤销仲裁裁决或者基于被执行人申请裁定不予执行仲裁裁决，原被执行人申请执行回转或者解除强制执行措施的，人民法院应当支持。原申请执行人对已履行或者被人民法院强制执行的款物申请保全的，人民法院应当依法准许；原申请执行人在人民法院采取保全措施之日起 30 日内，未根据双方达成的书面仲裁协议重新申请仲裁或者向人民法院起诉的，人民法院应当裁定解除保全。人民法院基于案外人申请裁定不予执行仲裁裁决或者仲裁调解书，案外人申请执行回转或者解除强制执行措施的，人民法院应当支持。

四、对不予执行的救济方式

在 2015 年新《民事诉讼法》及相关司法解释颁布前，虽然《民事诉讼法》及《仲裁法》明确规定当事人只能申请新的仲裁或者诉讼，但最高人民法院《关于人民法院执行工作若干问题的规定（试行）》（法释〔1998〕15 号）第 129 条、第 130 条规定，对于不予执行的裁定，最高人民法院有权监督地方各级人民法院的执行工作，并进而受理当事人对于不予执行裁定的申诉申请。这一点与撤销仲裁裁决差异较大。撤销仲裁裁决的效力是确定的，当事人一般不能对于这一裁定申诉。

在最高人民法院（2013）执监字第 204 号中国对外建设有限公司申诉案执行裁定书中，被执行人向北京市第一中级人民法院提起不予执行仲裁裁决的申请，北京市第一中级人民法院裁定不予执行。随后，申请执行人向北京市高级人民法院申请复议（此时 2015 年《民事诉讼法司法解释》尚未颁布，故当事人仍然可就不予执行裁定提出复议），北京市高级人民法院支持其复议请求，撤销原北京市第一中级人民法院的裁定，驳回被执行人不予执行仲裁裁决的申请。而后，被执行人向最高人民法院申诉，请求撤销北京市高级人民法院的裁定。

最高人民法院认为，申请执行人提出的"依照本院 1996 年 6 月 26 日《关于当事人因不予执行仲裁裁决的裁定不服而申请再审人民法院不予受理的批复》的规定，本院不应受理中外建公司（被执行人）的执行监督申请。该批复是指'人民法院不予受理当事人因对不予执行仲裁裁决的裁定不服而提起的再审申请'，并不涉及执行监督问题。本院《关于人民法院执行工作若干问题的规定（试行）》第 129 条规定，上级人民法院依法监督下级人民法院的执行工作。最高人民法院依法监督地方各级人民法院和专门法院的执行工作。第 130 条规定，上级法院发现下级法院在执行中作出的裁定、决定、通知或具体执行行为不当或有错误的，有权予以纠正。根据上述规定，本院有权立案处理当事人就不予执行仲裁裁决案件提起的执行监督申请"。

根据《民事诉讼法》第 154 条规定，不予执行仲裁裁决的裁定本身，当事人不能上诉。但对该裁定能否提起执行异议或者复议以资救济，这一问题向来争议较大，司法实践中做法也很不一致。一种观点认为，已经明确对不予执行仲裁裁决所作的裁定不允许上诉和申请再审，如果在执行程序中却允许复议，则与法律精神相悖，因此对不予执行仲裁裁决的裁定不服的，不应当赋予当事人申请复议的权利；另外一种观点认为，目前随意裁定不予执行的问题较突出，有必要赋予当事人申请复议的权利，使上级法院能够对此予以监督。

因此，实践中有的法院允许对该裁定提出复议，有的法院则实行一裁终局，不允许当事人提起复议。[1]

新《民事诉讼法》生效后，新《民事诉讼法司法解释》采纳了第一种观点，该解释第 478 条明确规定："依照民事诉讼法第 237 条第 2 款、第 3 款规定，人民法院裁定不予执行仲裁裁决后，当事人对该裁定提出执行异议或者复议的，人民法院不予受理。"该解释的法理依据在于，仲裁裁决被人民法院

---

〔1〕《民事审判指导与参考》（2015 年第 2 辑·总第 62 辑）。

裁定不予执行后，丧失强制执行力，从而间接否定了该仲裁裁决的法律效力，该不予执行仲裁裁决本质上属于对执行依据的监督程序，并非对执行程序中的执行行为提出异议，因此，不应当将不予执行仲裁裁决的裁定作为执行行为纳入执行异议和复议程序的范围之内。根据《民事诉讼法》和《仲裁法》的相关规定，当事人民事权利的救济渠道应是重新申请仲裁或向人民法院起诉。

需要特别指出的是，虽然《最高人民法院关于人民法院办理仲裁裁决执行案件若干问题的规定》第 22 条第 1 款规定："人民法院裁定不予执行仲裁裁决、驳回或者不予受理不予执行仲裁裁决申请后，当事人对该裁定提出执行异议或者申请复议的，人民法院不予受理。"但当事人对不予执行仲裁裁决的裁定，提出执行异议或者申请复议，不同于当事人在执行中提出执行异议申请，即当事人如果对正在执行标的持有异议或对执行仲裁裁决持有异议，仍可向法院提出申请，人民法院也需经过审查，而非不予受理当事人的申请。

如前所述，不予执行仲裁调解书也是司法对仲裁的监督程序。与不予执行仲裁裁决一样，在人民法院依法作出不予执行仲裁调解书的情形下，当事人可根据《民事诉讼法》和《仲裁法》规定，重新申请仲裁或提起诉讼。

另外，为了保障裁判的公平，给予未实际参与裁定程序的权利人适当的救济途径，人民法院基于案外人申请裁定不予执行仲裁裁决或者仲裁调解书，当事人不服的，可以自裁定送达之日起 10 日内向上一级人民法院申请复议；人民法院裁定驳回或者不予受理案外人提出的不予执行仲裁裁决、仲裁调解书申请，案外人不服的，可以自裁定送达之日起 10 日内向上一级人民法院申请复议。

五、不予执行和撤销仲裁的差异

目前，我国相关法律赋予法院对仲裁裁决的司法审查实行"双轨制"，即仲裁裁决的不予执行制度和撤销制度，这两种制度有以下区别之处：

第一，不予执行与撤销国内仲裁裁决的法定情形不同。《民事诉讼法》第 237 条关于申请不予执行仲裁裁决理由的第 4 项和第 5 项分别是：认定事实的主要证据不足的、适用法律确有错误的；而《仲裁法》第 58 条关于申请撤销仲裁裁决理由的第 4 项和第 5 项分别是：裁决所根据的证据是伪造的，对方当事人隐瞒了足以影响公正裁决的证据的；而且，人民法院还可以以违背社会公共利益为由撤销仲裁裁决。决定理由的不同表明，人民法院在审查撤销仲裁裁决时，侧重对于仲裁裁决的事实认定进行审查；而在审查不予执行仲裁裁决时，既审查仲裁裁决所认定的事实，又审查仲裁裁决所适用的法律。[1]

第二，申请的主体不同。有权提出不予执行仲裁裁决的当事人只能是被申请执行仲裁裁决的一方当事人；而有权提出撤销仲裁裁决申请的当事人可以是仲裁案件中的任何一方当事人，不论其是仲裁裁决确定的权利人还是义务人。

第三，管辖法院不同。当事人申请不予执行仲裁裁决只能向申请执行人所提出执行申请的法院提出，而当事人申请撤销仲裁裁决，应当向仲裁委员会所在地的中级人民法院提出。

第四，申请的时间不同。当事人申请不予执行仲裁裁决是应当在执行通知书送达之日起 15 日内提出书面申请；有《民事诉讼法》第 237 条第 2 款第 4、6 项规定情形[2]且执行程序尚未终结的，应当自知道或者应当知道有关事实或案件之日起 15 日内提出书面申请。同时，前款规定期限届满前，被执行人已向有管辖权的人民法院申请撤销仲裁裁决且已被受理的，自人民法院驳回撤销仲裁裁决申请的裁判文书生效之日起重新计算期限；而当事人请求撤销仲裁裁决的，则是应当自收到仲裁裁决书之日起 6 个月内向人民法院提出。

第五，法律程序不同。在撤销仲裁裁决的程序中，法院认为可以由仲裁庭重新仲裁的，应通知仲裁庭在一定期限内重新仲裁；而在不予执行仲裁裁决的程序中，法院不可要求仲裁庭重新仲裁。

---

[1] 见案例 9-14 当事人在仲裁后先申请撤销裁决，被法院驳回后，又以不同理由申请不予执行，法院如何处理？

[2]《民事诉讼法》第 237 条第 2 款第 4 项：裁决所根据的证据是伪造的；第 6 项：仲裁员在仲裁该案时有贪污受贿，徇私舞弊，枉法裁决行为的。

案例 9-12 夫妻一方与他人在合同中签订仲裁条款，该仲裁条款对配偶有效吗？

案情简介：

刘某同廖某是夫妻关系，二人向民生银行申请贷款时，刘某签署了《商户借款申请表》，未签署《个人授信项下借款合同》《最高额保证授信合同》，廖某签署了上述 3 份文件，仲裁条款在《个人授信项下借款合同》《最高额保证授信合同》中体现。仲裁裁决作出后，刘某向法院申请不予执行，其认为其与民生银行之间没有仲裁协议。

裁判结果：

涉案《商户借款申请表》仅是借款人向民生银行广州分行借款的申请，并不构成《个人授信项下借款合同》《最高额保证授信合同》的组成部分。刘某从未以签约主体的身份在《个人授信项下借款合同》、《最高额保证授信合同》上签名，可见，无论刘某是否曾在《商户借款申请表》上签名确认，其均非《个人授信项下借款合同》《最高额保证授信合同》的合同相对方，《个人授信项下借款合同》《最高额保证授信合同》约定的仲裁条款对刘某并不产生法律约束力。

刘某与民生银行广州分行之间并没有签订仲裁协议，广州仲裁委员会无权受理刘某与民生银行广州分行之间的纠纷，其对民生银行广州分行向刘某提出的仲裁主张进行裁决欠缺仲裁协议基础。

本案要旨：

本案中，不予执行申请人在《商户借款申请表》上签字，但在约定了仲裁条款的《个人授信项下借款合同》《最高额保证授信合同》中，申请人未签字，《个人授信项下借款合同》《最高额保证授信合同》对申请人不产生效力。虽然 3 份文件具有一定关联，但不能据此推定申请人认可并接受《个人授信项下借款合同》、《最高额保证授信合同》，因此申请人与民生银行之间没有仲裁协议。因此，夫妻一方与他人在合同中签订仲裁条款该仲裁条款对未签署合同的配偶不发生效力。

案例 9-13 申请不予执行被驳回后，申请人能以同一理由申请撤销裁决吗？

案情简介：

RB 公司与 HMS 公司就争议在贸仲进行仲裁。裁决作出以后，HMS 公司向东营市中级人民法院申请执行仲裁裁决。在执行的过程中，RB 公司申请不予执行该裁决，理由为：①仲裁的程序违反法定程序，仲裁裁决是片面采信有利于 HMS 公司单方证据而作出的；②仲裁裁决认定事实的主要证据不足，其所依据的证据是伪造的，即 HMS 公司提交的过磅单是伪造的；③HMS 公司向仲裁机构隐瞒了足以影响公正裁决的证据，HMS 公司与 HY 公司之间存在实际控制关系；④本案属于《中华人民共和国民事诉讼法》第 237 条第 3 款不予执行的情形；⑤本案应适用《中华人民共和国合同法》第 402 条的抗辩理由有确凿的事实根据和足够的证据支持，依法成立，仲裁庭应予采纳。东营市中级人民法院于 2017 年 12 月 26 日作出（2017）鲁 05 执 340 号之一执行裁定书，裁定：驳回被执行人 RB 公司不予执行中国国际经济贸易委员会作出的（2017）中国贸仲京裁字第 1061 号裁决书的申请。

后，RB 公司向北京市第四中级人民法院以相同理由申请撤销裁决。

裁判结果：

首先，《最高人民法院关于人民法院办理仲裁裁决执行案件若干问题的规定》第 20 条规定："当事人向人民法院申请撤销仲裁裁决被驳回后，又在执行程序中以相同事由提出不予执行申请的，人民法院不予支持；当事人向人民法院申请不予执行被驳回后，又以相同事由申请撤销仲裁裁决的，人民法院不予支持。"因 RB 公司曾以 HMS 公司伪造证据及向仲裁机构隐瞒了足以影响公正裁决的证据为由，向东营市中级人民法院申请不予执行且被法院驳回，故对 RB 公司再次以上述相同事由作为此次撤销仲裁裁决理由，法院不予支持。

其次，关于 RB 公司所称仲裁严重违反法定程序的相关事由。其中，对于当事人变更仲裁请求及答辩的具体期限，证据是否当庭出示和质证，仲裁裁决应列明的具体事项以及仲裁庭审笔录签字等事由，并无法律强制性规定，其决定权在仲裁庭，在 RB 公司并未举证证实仲裁程序已实质性违反法定程序的情况下，不构成撤销仲裁裁决的法定事由，法院不予采纳。

除此之外，RB 公司提出的遗漏本案当事人，仲裁请求已经超过了法定期限不应获得支持以及仲裁庭应先确认解除合同的效力等，实质上均属于仲裁庭就仲裁案件对实体内容的认定和处理，同样不属于法院撤销仲裁裁决的法定事由，故法院不予审查。

本案要旨：

根据《最高人民法院关于人民法院办理仲裁裁决执行案件若干问题的规定》第 20 条规定："当事人向人民法院申请撤销仲裁裁决被驳回后，又在执行程序中以相同事由提出不予执行申请的，人民法院不予支持；当事人向人民法院申请不予执行被驳回后，又以相同事由申请撤销仲裁裁决的，人民法院不予支持。"本案中，撤销裁决的申请人曾以相同事由提起过不予执行申请，被法院驳回后，又提出撤销仲裁申请，法院不再审查。

> **案例 9-14** 当事人在仲裁后先申请撤销裁决，被法院驳回后，又以不同理由申请不予执行，法院如何处理？

案情简介：

北京仲裁委员会于 2015 年 5 月 5 日作出 0371 号仲裁裁决。裁决生效后，执行申请人华世 TL 公司向法院申请强制执行。执行过程中，被执行人 MO 剧院向法院申请撤销 0371 号裁决，法院于 2015 年 7 月 15 日作出（2015）三中民（商）特字第 07424 号民事裁定，驳回 MO 剧院的撤销仲裁裁决申请。后 MO 剧院向法院申请不予执行 0371 号裁决。在法院审查期间，被执行人 MO 剧院申请证人何×出庭作证，何×当庭表示，华世 TL 公司向仲裁委提供的证据清单中的证据 14、15，即演员合约和两份支出凭单上何×的签字均不是其本人所签。何×只认可从华世 TL 公司领取排练费及演出费人民币 2900 元，但否认领到证据支出凭单所列的人民币 16 000 元。在听证会后，华世 TL 公司认可上述证据中的签字不是何×本人所签，而是华世 TL 公司员工与何×电话沟通后代签的。经法院与何×核实，其否认曾授权华世 TL 公司员工代签上述证据文件。

裁判结果：

对于 MO 剧院提出的适用仲裁规则错误、仲裁程序违法的主张，因其在撤销仲裁裁决时提出过且已被法院驳回，故对其上述不予执行理由主张法院不予支持。

仲裁程序中，当事人负有向仲裁庭提供真实证据的义务，而仲裁庭应依据当事人提供的真实证据作出相应裁决。本案中，根据查明的事实，华世 TL 公司向仲裁机构提供的证据中，演员合约和两份支出凭单上何×的签字均不是何×本人所签。华世 TL 公司称其员工是在征得何×同意后代签的，但何×予以否认，且华世 TL 公司未提供相应证据佐证，故应认定该证据系华世 TL 公司伪造。虽然该证据涉及的金额占案件总标的比例不大，但在演出合同中，演员的劳务报酬应属重要支出，是演员获得其劳动所得的重要方式，与之相关的证据在作出仲裁裁决所依据的证据中应属重要证据。依照法律规定，当事人提出证据证明仲裁裁决所根据的证据是伪造的，即应裁定不予执行，故对 MO 剧院不予执行的申请，法院予以支持。

本案要旨：

当事人向人民法院申请撤销仲裁裁决被驳回后，又在执行程序中以相同理由提出不予执行抗辩的，人民法院不予支持。但是以不同理由主张不予执行仲裁裁决的，法院应依法裁决。本案中申请人 MO 剧院申请不予执行，提出的理由有二：一是适用仲裁规则错误、仲裁程序违法，二是仲裁裁决所根据的证据是伪造的。对于第一项理由，法院已经在 MO 剧院撤销裁决的申请中予以审查，第二项理由系 MO 剧院在撤销裁决申请中没有提出过的，且有证据证明其主张，法院予以支持。

第三节 不予承认和执行外国仲裁裁决

一、承认和执行外国仲裁裁决的条件

对于外国仲裁裁决能否在我国得到承认和执行，首先，应关注作出裁决的国家是否为《纽约公约》的缔约国。《纽约公约》在其导言中明确宣示其宗旨：尊重仲裁协议的效力，确保外国和国内仲裁裁决的有效执行，即"外国和非内国仲裁裁决不会受到区别对待，并要求各缔约国确保这类裁决在其法域内同国内裁决一样得到承认并普遍能够强制执行"。同时，《纽约公约》另一个宗旨是：要求各缔约国法院为充分执行仲裁协定而拒绝当事人在违反其将有关事项提交仲裁庭处理的约定下诉诸法院。所以，如果作出裁决的国家并非《纽约公约》缔约国，其仲裁裁决无法在我国得到承认和执行。

其次，根据《纽约公约》，在保留以及出现缔约国可以拒绝承认和执行仲裁裁决时，中国可以不承认和执行。公约中保留分为两种，一种是互惠保留，另一种是商事保留。二者含义已经在本书第一章详细讲解，此处不再赘述。我国在加入《纽约公约》时提出了商事保留。这意味着，如果外国仲裁机构所作出的仲裁裁决的法律关系对象并不属于最高人民法院司法解释规定的商事范畴，我国法院不予承认执行，当事人只能重新向法院提起诉讼，不能再寻求仲裁的救济方式。

除保留外，《纽约公约》第5条还针对案件事实拟定了可以拒绝承认和执行的情形：①签订仲裁协议的当事人，根据对他们适用的法律，存在某种无行为能力的情况，或者根据仲裁协议所选定的准据法（或未选定准据法而依据裁决地法），证明该仲裁协议无效；②被执行人未接到关于指派仲裁员或关于仲裁程序的适当通知，或者由于其他情况未能对案件进行申辩；③裁决所处理的事项，非为交付仲裁事项，或者不包括在仲裁协议规定之内，或者超过仲裁协议范围以外；[1]④仲裁庭的组成或仲裁程序同当事人之间的协议不

---

[1] 见案例9-15 外国仲裁机构超裁，中国法院如何处理？外国仲裁机构仲裁过程中，当事人提供的中文文书必须提交英文翻译本吗？

符，或者当事人之间没有这种协议时，同进行仲裁的国家的法律不符；[1]⑤裁决对当事人还没有拘束力，或者裁决已经由作出裁决的国家或据其法律作出裁决的国家的主管机关撤销或停止执行。除了这五项事由，裁决执行国法院还能依职权主动审查争议事项是否依该国法律成为可仲裁事项以及承认和执行该裁决是否违背该国的公共政策。

通过对比《纽约公约》和我国国内法关于对外国仲裁裁决承认和执行的规定，国内法的制定充分采纳了公约的精神，国内的法律规定以及最高人民法院相继出台的两个有关外国仲裁及涉外仲裁的司法解释的条款内容没有与公约发生冲突。

综上，现阶段外国仲裁裁决被我国承认和执行条件有三：一是作出裁决的国家系《纽约公约》缔约国；二是外国仲裁机构所作出的仲裁裁决的法律关系对象属于最高人民法院司法解释规定的商事范畴；三是仲裁裁决内容不存在《纽约公约》或我国相关法律可以拒绝承认和执行的情形。

需要特别提醒的是，我国《民事诉讼法》并没有针对仲裁裁决的类型而划分不同的申请或者执行期限，而是一律将仲裁程序等同于诉讼程序，适用民事诉讼的时效规定。当事人在裁决生效后，按照现有的《民事诉讼法》规定，在 2 年之内没有申请执行的，就不能再向法院申请，当事人需要重新就争议事项申请仲裁或者向法院提起诉讼。换言之，外国仲裁裁决即使符合上述 3 个条件，但当事人未在裁决生效 2 年内向我国法院申请执行，该仲裁裁决也无法在我国境内执行。

二、外国仲裁裁决不予执行的处理程序

根据《仲裁法》和《民事诉讼法》规定，对于国内的仲裁裁决，人民法院可以通过对裁决不予执行和撤销这两种程序对仲裁裁决进行司法监督。但对于外国仲裁机构作出的裁决来说，只能通过不予执行来否认其效力，我国法院对外国仲裁机构没有最终司法管辖权，对其作出的裁决不能作撤销处理。

申请外国仲裁裁决在我国不予执行的程序与我国仲裁裁决申请不予执行

---

〔1〕 见案例 9-16 在当事人已经明确约定仲裁庭由 3 名仲裁员组成的情况下，仲裁机构能否决定由 1 名独任仲裁员审理案件？

的程序相同。特殊之处在于，最高人民法院在其 1995 年 8 月 28 日发布的《关于人民法院处理与涉外仲裁以及外国仲裁事项有关问题的通知》（该通知 2008 年经修改）中，确立了人民法院裁定不予执行涉外仲裁裁决的报告制度。该通知指出，凡一方当事人向人民法院申请执行我国涉外仲裁裁决，如果人民法院认为仲裁裁决具有《民事诉讼法》第 260 条[1]所规定的情形之一的，在裁定不予执行之前，必须报请本辖区所属高级人民法院进行审查；如果高级人民法院同意不予执行，应将其审查意见报请最高人民法院，待最高人民法院答复后，方可裁定不予执行。据此，中级人民法院如欲裁定不予执行涉外仲裁裁决，需报请辖区所属高级人民法院和最高人民法院同意，是高级人民法院尤其是最高人民法院得以有效地控制各地拒绝执行涉外仲裁裁决的行为。从目前来看，这种多级审查和报告制度对于监督各地人民法院严格执行和正确适用《仲裁法》和《民事诉讼法》的有关规定，维护仲裁裁决的效力和仲裁的权威，保护当事人的合法权益，发挥了重要作用，并使人民法院系统内能够有机会对其作出的错误裁定予以纠正。

　　当然，由于我国各地的具体情况不同，中级人民法院在裁定不予执行后如何向高级人民法院报送案件也有不同的操作方式，这种情况由各省制定详细规则进行操作。以江苏省为例，在 2007 年江苏省高级人民法院《关于审理民商事仲裁司法审查案件若干问题的意见》中就规定：中级人民法院认为我国涉外仲裁裁决应不予执行的，应当在案件受理之日起 30 日内报请高级人民法院审查。高级人民法院不同意不予执行我国涉外仲裁裁决的，应当在受理案件后 30 日内作出批复。高级人民法院同意不予执行我国涉外仲裁裁决的，应当在受理案件之日起 15 日内报请最高人民法院审查。高级人民法院应当在收到批复后 10 日内转发中级人民法院。中级人民法院应当在收到批复后 10 日内作出裁定。

　　如果中级人民法院作出了执行裁定，说明中级人民法院是在查清法律适用、认定仲裁程序符合仲裁规则的基础上承认裁决，已经满足了当事人的诉求，因此，不需要再向高级人民法院和最高人民法院报告，可以直接按照当事人的申请执行。

---

[1]　该法条号为修订前《民事诉讼法》法条号。

无论法院认为外国的仲裁裁决是否应被承认和执行，都会以裁定的形式作出决定。中级人民法院就是否承认和执行外国仲裁裁决的裁定是终审裁定，不允许当事人对该裁定上诉。一旦裁定不予承认和执行，当事人只能通过启动法律规定的再审程序获得救济。但是在司法实践中，承认和执行案件本身就是由中级人民法院管辖，以体现对于仲裁案件的重视，并且按照最高人民法院的规定，中级人民法院认为不应当承认和执行的案件还需要层层上报最高人民法院作出最后审核后方能作出最终的不予承认和执行的裁定书。因此，启动再审程序获得改判的可能性较小。当事人如果想继续维护自己的权益，可以重新向中国的法院提起诉讼。

案例 9-15 外国仲裁机构超裁，中国法院如何处理？外国仲裁机构仲裁过程中，当事人提供的中文文书必须提交英文翻译本吗？

案情简介：

A 化学工程和咨询公司（A Chemical Engineering and Consulting GMBH）与 B 化工股份有限公司在国际商会仲裁院就争议进行仲裁后，A 化学工程和咨询公司向中国法院申请对该裁决不予执行，理由主要为：

1. 仲裁请求是请求被申请人停止适用诉争之技术，但仲裁裁决若被申请人继续使用，则应向申请人支付相关费用，该仲裁裁决背离了仲裁申请人请求停止使用的意思表示。

2. A 公司提交的关键证据没有英文文本。

裁判结果：

本案仲裁裁决由国际商会仲裁院在瑞士作出，我国和瑞士均是《承认和执行外国仲裁裁决公约》（以下简称 1958 年《纽约公约》）的缔约国，因此本案仲裁裁决是否可以得到承认和执行，应当按照 1958 年《纽约公约》的规定进行审查。关于涉案仲裁裁决是否存在 1958 年《纽约公约》第 5 条第 1 款第丙项所规定的"裁决所处理之争议非为交付仲裁之标的或不在其条款之列"，即本案是否存在超裁的情形。A 公司申请仲裁时的主张是停止使用未经授权的技术及因未经授权使用而支付违约金，但《最终裁决书》第 414 项为"只要 B 公司继续使用 A 公司的技术，则应在接下来每个月的 23 日向 A 公司支付月罚金 100 000 欧元"，第 415 项为"B 公司不得使用 A 公司的技术，直到本《最终裁决书》第 414 自然段所裁决的款项全部付清为止"。就上述裁决内容而言，裁决并没有只强调应停止使用未经授权的技术，从其表述看也存在着超出 A 公司请求的情形，第 417 项"此后的每月到期的罚金，也按年利率 5% 计息，利息计算至付款完成"也指向了第 414 项中超裁的内容。因此，对于以上超裁的部分应不予承认和执行。

关于仲裁证据 C-46 的语言表述问题。虽然当事人约定仲裁程序的语言为英语，A 公司并未提交该份证据的英文件，但 B 公司在仲裁程序中并未对此提出异议，并对该份证据发表了质证意见。又根据本仲裁案件适用的《国际商会仲裁规则》第 33 条之规定："一方当事人对本规则的条款或适用于仲裁程序的其他规则，仲裁庭作出之指令或仲裁协议中关于组成仲裁庭或进行仲裁程序的要求未被遵守的情形不提出异议而是继续参加仲裁程序的，视为放弃其提出异议的权利。"故 A 公司虽未提交该份证据的英文件，但并不构成 1958 年《纽约公约》第 5 条第 1 款第丁项规定的情形。

本案要旨：

1. 关于超裁，本案申请人 A 申请仲裁时的主张是停止使用未经授权的技术及因未经授权使用而支付违约金，但《最终裁决书》第 414 项为"只要 B 公司继续使用 A 公司的技术，则应在接下来每个月的 23 日向 A 公司支付月罚金 100 000 欧元"，第 415 项为"B 公司不得使用 A 公司的技术，直到本《最终裁决书》第 414 自然段所裁决的款项全部付清为止"，第 417 项"此后的每月到期的罚金，也按年利率 5% 计息，利息计算至付款完成"。从裁决表述上看，仲裁裁决授权被申请人使用申请人技术，裁决的内容也包含了裁决作出后的时间段，而申请人的仲裁请求是请求仲裁机构对被申请人在仲裁前的行为作出裁决，属于超裁，我国法院应不予承认和执行。

2. 本案与国内仲裁一样，虽然申请人提交的证据没有英文翻译文件，但被申请人并未就仲裁庭的程序问题提出书面异议，并继续了程序，应视为被申请人放弃了异议权，因此不能认定仲裁程序违反相关规定。

案例 9-16 在当事人已经明确约定仲裁庭由 3 名仲裁员组成的情况下，仲裁机构能否决定由 1 名独任仲裁员审理案件？

案情简介：

LB 公司与 XT 公司在新加坡国际仲裁中心作出仲裁裁决后，LB 公司申请我国法院不予承认和执行该裁决，

2014 年 10 月 29 日，LB 公司作为卖方与 XT 公司作为买方通过电子邮件签订了《铁矿石买卖合同》，双方同意按照下列《交易摘要》之条款和条件并以引述方式根据后附之《Global ORE 标准铁矿石贸易协议》（《标准协议》）版本 L2.4 第 2 部分之条款和条件和《相关铁矿石标准规格》（《标准规格》）进行铁矿石买卖交易。

《标准协议》版本 L2.4 第 2 部分第 16 条"争议"规定：①因交易和/或本协议引起的或与其有关的任何争议和索赔，包括与其存在、有效性或终止有关的任何问题，应根据当时有效的新加坡国际仲裁中心《仲裁规则》提交新加坡仲裁，该等规则视为经引述被并入本条款。（a）仲裁庭应由 3 名仲裁员组成。（b）仲裁语言为英语。②仲裁的任何裁决（包括多数裁决）自作出之日起即构成对双方当事人具有约束力的终局裁决，双方当事人不可撤销地放弃任何形式的上诉、复审或诉诸任何法院或其他司法机关的权利，唯以该等权利可有效放弃为限。③本协议任何规定不妨碍任何一方当事人在仲裁庭作出终局裁决前，向任何法院申请扣押、查封和/或采取其他保全、中间或者临时行动。

其中关键在于，双方约定由 3 名仲裁员组成仲裁庭裁决争议，但新加坡仲裁机构对本案适用了快速程序，即由独任仲裁员裁决争议。

裁判结果：

关于仲裁庭的组成与当事人约定是否相符的问题。新加坡国际仲裁中心《仲裁规则（2013 年第 5 版）》第 5.2 条规定：当事人已依据本规则第 5.1 条向主席申请快速程序时，主席考虑各方当事人观点后决定仲裁应当适用本条快速程序的，仲裁程序应当按照如下规定进行：……案件应当由独任仲裁

员审理，但主席另有决定的除外……

从上述规定看，新加坡国际仲裁中心《仲裁规则（2013 年第 5 版）》并未排除"快速程序"中适用其他的仲裁庭组成方式，亦没有规定在当事人已约定适用其他的仲裁庭组成方式时，新加坡国际仲裁中心主席仍然有权强制适用第 5.2 条 b 项关于独任仲裁的规定。当事人意思自治是仲裁制度运作的基石，而仲裁庭的组成方式属于仲裁基本程序规则，因此新加坡国际仲裁中心《仲裁规则（2013 年第 5 版）》第 5.2 条 b 项所规定的"主席另有决定的除外"不应解释为新加坡国际仲裁中心主席对仲裁庭的组成方式享有任意决定权；相反，在其行使决定权时应当充分尊重当事人关于仲裁庭组成方式的合意，保障当事人的意思自治。

由于本案双方当事人已在仲裁条款中明确约定应由 3 名仲裁员组成仲裁庭，且未排除该组成方式在仲裁"快速程序"中的适用。因此，适用"快速程序"进行仲裁不影响当事人依据仲裁条款获得 3 名仲裁员组庭进行仲裁的基本程序权利。新加坡国际仲裁中心在仲裁条款约定仲裁庭由 3 名仲裁员组成且 XT 公司明确反对独任仲裁的情况下，仍然依据其《仲裁规则（2013 年第 5 版）》第 5.2 条的规定决定采取独任仲裁员的组成方式，违反了案涉仲裁条款的约定，属于《纽约公约》第 5 条第 1 款第丁项所规定的"仲裁机关之组成或仲裁程序与各造间之协议不符"的情形，故涉案仲裁裁决不应当被承认与执行。

本案要旨：

本案的关键在于在当事人已经明确约定 3 名仲裁员的情况下，仲裁机构能否按照独任仲裁员程序裁决案件。新加坡国际仲裁中心《仲裁规则（2013 年第 5 版）》第 5.2 条规定：当事人已依据本规则第 5.1 条向主簿申请快速程序时，主席考虑各方当事人观点后决定仲裁应当适用本条快速程序的，仲裁程序应当按照如下规定进行。

按此条款，主簿决定是否进行快速程序即适用独任仲裁员审理时，应先考虑各方观点，各方观点首先应为各方在仲裁协议中的约定。本案各方约定明确应组成仲裁庭进行审理，而被适用快速程序，应认定为仲裁程序存在与协议不一致的情形，该仲裁裁决应不予承认和执行。

第十章

办案手记

我们选取四种类型且较为典型的案件，就案件中的重点问题进行讲解和分析，希望能对读者们的实务操作有所帮助。因商事仲裁具有较高的保密性，我们将案件信息进行了一定的模糊处理，请读者理解。

第一节　对赌协议纠纷仲裁案

一、案情简介

2011 年 3 月 3 日，红花、黄花、白花三方（以下简称"申请人"）与张三、李四、大树公司（以下简称"被申请人"）签订《增资协议》及《补充协议》，协议约定三方申请人向目标公司，即向被申请人之一大树公司投资合计 1.2 亿元并取得大树公司的相应股权，若在约定时间内大树公司业绩未达到合同约定的回报条件，申请人有权要求被申请人张三、被申请人李四（张三、李四为大树公司股东）按照合同约定价格收购申请人所持有被申请人大树公司的股份。

2011 年 3 月 22 日，申请人向目标公司即被申请人大树公司履行划款义务，并办理了相应的工商变更。2014 年，因被申请人大树公司未达成合同中约定的回报条件，申请人向中国国际经济贸易仲裁委员会申请仲裁，请求被申请人回购股份。

本书律师团代理红花公司、黄花公司、白花公司。

二、案件分析

（一）被申请人提出仲裁管辖异议，中国国际经济贸易仲裁委员会是否对本案具有管辖权？申请人是否必须先履行协商解决的前置程序，才能申请仲裁？

1. 问题描述

仲裁协议应具备书面性和独立性，并应为协议各方的真实意思表示。本案中，《增资协议》中明确约定"因履行本协议所产生的争议，各方均应友好协商解决，如果在30日内不能协商解决，任何一方均可以向位于北京的中国国际经济贸易仲裁委员会申请仲裁"。本案被申请人对该仲裁协议的效力并无异议，但被申请人认为，在《增资协议》中申请人红花公司被表述为"甲方a"，申请人黄花公司被表述为"甲方b"，申请人白花公司被表述为"甲方c"，协议中尚有"甲方d"小草公司未参与本次仲裁。被申请人认为协议中的甲方指合同中甲方a-d，申请仲裁应由甲方a-d，即红花公司、黄花公司、白花公司、小草公司共同进行，协议中甲方a-d中的单独一方或几方无权申请仲裁，即协议中甲方a-d为一个整体，本案中仅有甲方a-c参与，不符合协议仲裁的条件。

另外，被申请人认为，协商解决争议，是申请仲裁必经的前置程序，只有经过协商且协商不成，才能进行仲裁，申请人并未履行协商程序，因此仲裁条件未成就。（见下图1）

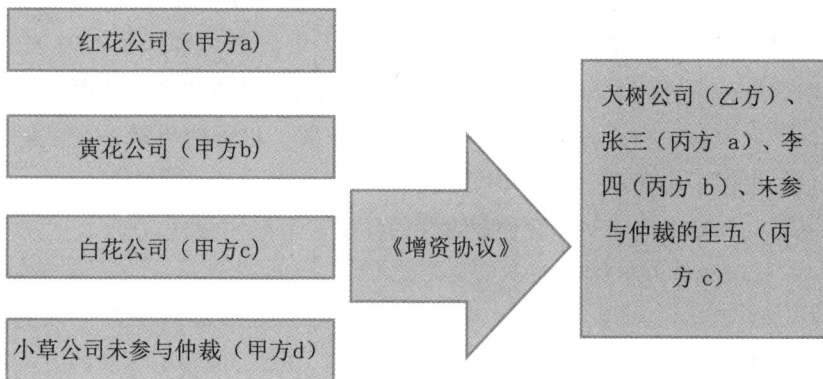

图1 《增资协议》协议方关系图

2. 风险点

本案如仲裁庭采纳了被申请人意见而小草公司又不愿意参与仲裁，则申请人不能进行仲裁，只能通过协商或诉讼途径解决争议，如果进入诉讼，则商事仲裁的保密性、快捷性等优势将无法体现。另因本案诉争标的额较大，相关材料繁杂，且具有较强的投资领域专业性，商事仲裁仲裁员专业背景优势明显，诉讼则很难保证审理质量能够与商事仲裁等同。

3. 解决方案

律师团提出以下两项意见：一是虽然申请人对应《增资协议》中的甲方a—c，《增资协议》中甲方 d 小草公司未参与本次仲裁，但协议中甲方 a—d 各方（即红花公司、黄花公司、白花公司及未参与本次仲裁的小草公司）均在合同盖章页独立签章，红花公司、黄花公司、白花公司均应视为独立主体，享有独立的仲裁申请权利，另外《增资协议》中的甲方 d 小草公司就该增资合同的相关争议，已先于本次仲裁向另一仲裁机构提出了仲裁申请，且仲裁裁决已经作出，佐证了甲方中任意一方均享有独立的仲裁申请权利的意见；二是在限制一方或几方单独申请仲裁的案件中，一般情况下各方应在合同中明确约定诸如"乙方在向甲方主张权利时，由乙方1全权代表乙方2"的条款或限制性表述，但在本案所涉及的合同条款中，并无此类约定。

律师团提供了《增资协议》甲方 d 小草公司在仲裁中申请保全，法院作出的保全裁定书，证明小草公司已经单独提起仲裁；律师团提供了贸仲于2003 年作出的裁决，证明除非仲裁协议对申请人行使仲裁权利的方式作出专门限制性约定，否则申请人有权根据仲裁协议单独行使仲裁权利。

律师团提供了申请人委托律师向被申请人发出的律师函及 EMS 物流记录、申请人公司管理人员与大树公司管理人员就股权回购事宜协商的电子邮件记录、大树公司有关股权回购事宜的会议纪要，以证明申请人在申请仲裁前，已经进行了协商这一前置程序。

基于此，被申请人对本案仲裁管辖的异议并未被仲裁庭采纳。

（二）被申请人如何确定

1. 问题描述

本案中，申请人较为明朗，《增资协议》中甲方，即投资方共四方，除甲方 d 小草公司已经申请仲裁外，《增资协议》中的其他三个甲方，即本案中的红花、黄花、白花三公司为本次仲裁的申请人。

《增资协议》中，除红花、黄花、白花、小草四公司以外，还涉及《增资协议》中的乙方大树公司、丙方 a 张三、丙方 b 李四、丙方 c 王五，张三、李四、王五三人系本案中目标公司大树公司高管，三人皆持有大树公司股份。《增资协议》中约定，"若乙方业绩未达成回报条件，甲方有权要求丙方按约定价回购合同中甲方持有的乙方股份，乙方对丙方在本协议项下的一切义务承担连带责任"，即若大树公司业绩未达成回报条件，则红花、黄花、白花、小草四公司有权要求张三、李四、王五按约定价格回购红花、黄花、白花、小草四公司持有的大树公司股份，大树公司对张三、李四、王五在协议项下的义务承担连带责任。

在仲裁申请提出前，大树公司已经通过股东会决议，王五将其持有的大树公司股份转让给张三、李四，王五不再持有大树公司股份，以上变更事项已经办理了工商登记变更。

2. 风险点

被申请人应是明确、准确的，遗漏、错列被申请人，可能产生以下几种不利后果：一是遗漏被申请人会导致应当承担责任的自然人或法人不承担相应责任，仲裁效果打折扣，若执行中现有承担责任人支付能力不足，则会导致执行障碍；二是错列被申请人将不应承担责任的自然人或法人卷入争议，在庭审、财产保全等环节会给不应承担责任的主体造成不利影响。特别是在商事争议中，如一方给他方带来麻烦，则可能影响双方后续合作，甚至影响各方的商业信誉。

3. 解决方案

律师团认为，《增资协议》中丙方回购甲方股份的义务，基础来源于协议中丙方，即张三、李四、王五的股东身份，王五不再持有大树公司股份并办理了相应的工商登记变更，仲裁申请人请求王五回购股份即丧失了请求权基础，故王五未被列入本次仲裁的被申请人，又因为协议约定大树公司对合同中张三、李四、王五的合同义务承担连带责任，所以大树公司被列为被申请人。

综上，本次仲裁的被申请人为张三、李四、大树公司。

（三）被申请人李四被是否应受《增资协议》约束？被申请人李四是否有支付股权价款的义务？

1. 问题描述

被申请人李四在庭审中提出，自己为隐名股东，不应承担协议中的相应义务。另外本案中，申请人的一项仲裁请求是要求被申请人支付相应的股权回购价款，被申请人李四认为，在《增资协议》第12.1条款下，只写明李四有承诺回购的义务，但无支付回购价款的义务。

2. 风险点

如被申请人李四不受《增资协议》约束，或无支付股权回购价款的义务，则仲裁裁决作出后，被申请人的偿付能力可能降低。

3. 解决方案

基于被申请人观点，律师团提交了第三方对目标公司大树公司的尽职调查报告，证明在该报告中未见李四所提出的隐名股东情况，且在《增资协议》中，李四也未披露其隐名股东身份。律师团提交了大树公司股东会决议，证明李四所陈述的代持关系不存在，根据股东会决议，李四获得的100万元系股权激励款，而非委托代持股份的报酬，佐证了李四的股东身份。另外律师团提交了相应的工商信息，证明李四的大树公司股东身份，在工商信息未变更前，李四不得对抗善意第三人。

仲裁庭采纳了律师团意见。

关于李四是否具有支付股权回购价款的义务，律师团与仲裁庭均认为，虽然在《增资协议》12.1条款下未明确约定被申请人李四有支付股权回购价款的义务，但在协议其他相关条款下，包括协议约定的回购程序中，都写明被申请人李四的支付义务，不应因协议某条款未明确写明了支付股权回购价款，而豁免被申请人李四的支付义务。

（四）被申请人大树公司承诺收购申请人股权的连带责任是否有效？

1. 问题描述

被申请人大树公司认为，申请人系大树公司股东，申请人的仲裁请求系滥用股东权利、涉嫌抽逃资金罪且不属于法定的回购原因，因此大树公司不应承担连带责任。

2. 风险点

通常而言，法人的偿付能力高于自然人，原因有二：一是法人的资产较为透明，便于在执行中提供更多财产线索或在仲裁前、仲裁中进行保全；二是法人较为看重自己的社会信誉，因此鲜有拒不履行裁决的情况发生，因此本案中大树公司连带责任有效至关重要。

3. 解决方案

律师团提出，申请人与被申请人签订《增资协议》，系合同关系，虽然因申请人履行投资义务而成为大树公司股东，但此行为并不改变申请人与被申请人之间的投资合同法律关系的性质。基于投资合同法律关系，申请人系债权人，被申请人张三、李四系债务人，目标公司大树公司系债务的连带责任债务人。根据合同约定，回购条件已经触发，此时债务人及负有连带责任的债务人都有义务清偿全部债务。关于大树公司提出的抽逃资金一说，正是基于申请人与被申请人的投资合同法律关系，该股权回购与抽逃出资无论从主观意图还是客观表现上都有区别，不应混淆。

此外，被申请人大树公司所主张的，该回购情形不在法律规定范围内，虽然公司法列举了几种股权回购情形，但法律并未禁止其他情形的股权回购，本案在未违反强制性法律法规、未损害国家及第三人利益下订立的回购条款，应属有效。

仲裁庭采纳了律师团的上述意见。

（五）被申请人延迟支付股权回购价款的违约责任计算标准是否过高？

1. 问题描述

被申请人认为，申请人仲裁请求中，延迟支付股权回购价款的违约责任计算标准过高（计算标准不便展示），按此计算标准，仅延迟支付股权回购价款一项，违约就产生总计超过 2 千万元人民币的违约金，于理不合。

2. 风险点

延迟支付股权回购价款的违约责任计算标准系《增资协议》中约定，如该标准不被仲裁庭支持，不仅可能给申请人造成损失，同时可能连带地产生对《增资协议》其他约定条款效力的认定问题，如出现此情况，本案申请人的所有请求均可能不被支持。

3. 解决方案

律师团与仲裁庭均认为，申请人的计算标准系合同约定，签订合同系各方自愿协商，故该计算标准合理。

（六）证据组合

本案中，仲裁请求可以分为两部分，一部分为请求裁决被申请人向申请人支付股权回购价款、利息及违约金；另一部分为请求被申请人支付申请人用于本次仲裁的律师费、保全费、仲裁费等费用。

对于第一部分仲裁请求，具体金额的计算在《增资协议》中有明确约定，此处详细论述如何通过证据证明被申请人应向申请人支付相应款项。

律师团证明逻辑如下：

首先，申请人应证明其履行了《增资协议》中约定的义务，即向目标公司大树公司支付投资款和配合办理工商登记变更，申请人提供了验资报告、汇款凭证及工商信息档案，证明申请人已经履行合同义务。其次，《增资协议》中约定的回购条件有三：①目标公司大树公司盈利未达要求；②目标公司大树公司未在 2013 年 12 月 31 日前完成中国境内 A 股首次公开发行上市；③在申请仲裁前，各方应先进行协商。为证明上述三个条件已经全部达成，申请人提供了一系列证据，针对条件上述条件①，律师团提供 2011 年、2012 年目标公司的年检报告书证明大树公司的利润远低于合同约定的利润标准；针对条件②，律师团提供第三方对大树公司的尽职调查报告，证明申请人系基于该尽职调查报告对大树公司 A 股上市有巨大可能性的判断，才对大树公司进行投资，大树公司未上市的事实，可通过公开途径获取，申请人未就此事实提供证据；针对条件③，律师团提供了申请人委托律师向被申请人发出的律师函及 EMS 物流记录、申请人公司管理人员与大树公司管理人员就股权回购事宜协商的电子邮件记录、大树公司有关股权回购事宜的会议纪要，以证明申请人在申请仲裁前，已经进行了协商这一前置程序。

对于第二部分仲裁请求，律师团提供了本案聘请律师的委托代理合同、律师费发票、保全裁定书、保全费发票、担保合同、担保费发票及一系列汇款凭证，以证明上述费用实际发生。

（七）引申问题

1. 问题描述

如申请人与被申请人签订《借款合同》，合同约定，借款到期后，逾期清偿债务的，债务人应按逾期金额每日1‰的标准支付违约金，直至支付完毕之日。申请人履行合同义务后，债务人逾期清偿借款，违约金应如何计算？

2. 解决方案

首先，该合同为借款合同，申请人与被申请人为借贷关系，根据《最高人民法院关于审理民间借贷案件适用法律若干问题的规定》第30条，出借人与借款人既约定了逾期利率，又约定了违约金或其他费用，出借人可以主张逾期利息、违约金或者其他费用，也可以一并主张，但总计超过合同成立时一年期贷款市场报价利率四倍的部分，人民法院不予支持。

按照合同约定，违约金为逾期金额的1‰，若以利率计算，则为年利率36.5%，所以无论按违约金还是利息计算，该金额明显高于法律支持范围内的金额，鉴于上述司法解释，在明确仲裁请求时，即主张被申请人按照合同成立时一年期贷款市场报价利率四倍向申请人支付逾期利息。

三、裁判结果

仲裁庭支持了律师团代理的申请人的全部仲裁请求，申请人因本次仲裁产生的仲裁费、担保费、保全费、律师费由被申请人承担。

第二节 委托持股协议纠纷仲裁案

一、案情简介

2010年6月，翠花（以下简称"申请人"）与大锤（以下简称"被申请人"）之间签订《委托持股协议》，约定申请人出资100余万元，认购小白兔公司17万股的股份，并由被申请人代持申请人持有的小白兔公司的股份。同时，被申请人与小白兔公司签订《投资协议》，协议中约定，小白兔公司应于2010年、2011年分别达到《投资协议》中约定的业绩目标，2013年小白兔公司应上市，如小白兔公司未达到相应的业绩，小白兔公司应以协议约定价格回购被申请人持有的小白兔公司股份。此时，申请人即成为小白兔公司的隐名股东。

因小白兔公司触发了《投资协议》约定的股权回购条件，被申请人于2014年7月将小白兔公司及小白兔公司实际控制人诉至法院，要求回购股份。判决生效后，申请人将大锤作为被申请人至仲裁机构申请仲裁，要求被申请人承担其股权转让损失、股权回购溢价损失、资金占用费、违约金损失、业绩补偿损失、保全费、律师费。

仲裁中，被申请人提出仲裁反请求，要求申请人支付诉讼中被申请人垫付的诉讼费、保全费、担保费、管理费及相应的违约金损失及律师费、仲裁费。

本书律师团代理大锤。

二、案件分析

（一）被申请人在委托持股期间，是否尽到向申请人的告知义务？

1. 问题描述

被申请人代为持有申请人在小白兔公司的股份，因此，小白兔公司的业绩、财务状况由小白兔公司向作为股东的被申请人披露，被申请人作为代持人，应负有及时告知申请人所持股公司即小白兔公司的真实状况的义务，以便申请人及时调整投资策略。

申请人与被申请人就被申请人是否对申请人尽到告知义务各执一词。

2. 风险点

被申请人代持申请人持有的小白兔公司股份，申请人的投资决策依赖于被申请人提供的小白兔公司经营信息，在投资过程中，如果不能证明被申请人尽到了对申请人的信息告知义务，被申请人则应承担申请人的投资损失。

3. 解决方案

本案中，申请人主张被申请人未尽告知义务，导致申请人投资损失。律师团提供了逻辑完整的证据，以抗辩申请人的主张。证据逻辑如下：

（1）在申请人与被申请人直接建立微信联系对接投资委托事宜及小白兔公司信息之前，被申请人一直通过案外人王二与申请人通过微信联系，或被申请人直接与申请人通过邮件联系，在被申请人与王二的微信聊天记录中，明确了相应的联系邮箱地址。

（2）在申请人与被申请人建立微信联系之后，被申请人通过微信聊天与申请人确认了之前联系的邮箱地址，证明申请人对邮件联系是认可的，对邮箱地址也是认可的。

（3）被申请人提供了向案外人王二及申请人邮箱发送邮件的记录，证明就有关事项已经及时通知申请人。

（4）需要特别说明的是，被申请人在仲裁程序开始前对其与王二、申请人的微信聊天记录、邮件往来记录进行了公证，申请人虽然对上述证据的真实性、关联性并不认可，但根据《民事诉讼法》的有关规定，除非有相反证据足以推翻公证证明，人民法院应将经过公证的文书、行为作为认定事实的根据。因此，虽然申请人对上述证据持有异议，但因无法提供推翻公证证明的证据，仲裁庭对该经公证的证据予以采信。

仲裁庭采纳了律师团的意见。

（二）申请人要求被申请人赔偿《投资协议》项下的股权转让损失、股权回购溢价款损失、资金占用费损失、业绩补偿损失、违约金是否合法合理？

1. 问题描述

申请人认为，基于被申请人未尽到告知义务，造成其投资损失，被申请人应按照《投资协议》中的相关约定，向其赔偿损失，包括股权转让损失、股权回购溢价款损失、资金占用费损失、业绩补偿损失、违约金。另外申请人提供了相关录音，以证明2010年被申请人在未经申请人指示的情况下，擅自修改了与小白兔公司签订的《投资协议》中的业绩补偿条款。

2. 风险点

虽然《委托持股协议》中涉及的金额只有100余万元，但上述赔偿范围的赔偿标准是协议中的约定，有着特殊的计算方法，累加后，系巨额赔偿。申请人的意见如被仲裁庭采纳，被申请人将面临巨大的赔偿金额。

3. 解决方案

律师团提出如下意见：

（1）被申请人作为代持人，其代持行为符合法律规定及双方约定。

（2）被申请人尽到了及时告知义务。

（3）在仲裁前，被申请人与小白兔公司已就《投资协议》进行诉讼，法院生效判决载明，小白兔公司实际控制人按原价回购股权，只有在申请人能够证明该股权回购款最终无法得到受偿的情况下，才能寻求其他救济，而申请人未证明该款项最终无法得到受偿。

（4）申请人未证明在被申请人与小白兔公司就《投资协议》进行诉讼的诉前或诉中，向被申请人发出指示，向被申请人主张溢价回购股份、资金占用费、违约金，申请人也未证明有实际损失。因此，在申请人知悉被申请人与小白兔公司就《投资协议》进行诉讼的情况下，申请人实际已经放弃了追索《投资协议》项下溢价回购股份、资金占用费、违约金的权利。

（5）基于申请人与被申请人之间签订的《委托持股协议》所确定的被申请人与申请人的代持关系，及被申请人已经尽到告知义务，即使申请人因本次投资产生损失，申请人也应就相应损失向小白兔公司主张。

仲裁庭采纳了律师团上述意见，未支持申请人对股权转让损失、股权回购溢价款损失、资金占用费损失、违约金的赔偿请求，仲裁庭支持了申请人部分业绩补偿损失的要求，理由如下：

申请人提供了相关录音，证明 2010 年，被申请人在未经申请人指示的情况下，擅自修改了《投资协议》的业绩补偿条款，致使申请人因此失去了主张业绩补偿的基础，因此被申请人应就此承担一定责任。

（三）被申请人在仲裁反请求中主张的申请人支付管理费及相应利息，是否合理？

1. 问题描述

被申请人认为，在其代持申请人所持有的小白兔公司股份并进行投资期间，其从申请人处收取了管理费并将该管理费向案外人大灰狼公司支付，而被申请人的管理费支付，是基于代持申请人所持有的小白兔公司股份并代申请人进行管理而产生的，现《委托持股协议》《投资协议》终止，因此申请人应向被申请人退还管理费并支付利息。

2. 风险点

律师团提示被申请人，该管理费的收取和支付，是基于被申请人委托案外人大灰狼公司对资金进行管理，该管理并不在《投资协议》《委托持股协议》约定范围内，且该管理费系被申请人从申请人处领取并转交大灰狼公司，被申请人不是请求返还管理费的权利主体，因此该请求不被仲裁庭支持的可能性极高。

3. 解决方案

该请求仲裁庭未予支持，理由如下：

经过审查，可以明确，被申请人提出所谓的管理费，是被申请人代替案外人大灰狼公司收取，即被申请人从申请人处收取管理费后转交实际管理的案外人大灰狼公司，因此主张管理费及利息的权利主体系案外人大灰狼公司。

（四）被申请人在仲裁反请求中主张的要求申请人支付被申请人与小白兔公司在《投资协议》诉讼案件中，被申请人垫付、支付的诉讼费、保全费、担保费及延迟支付的利息，是否合理？

1. 问题描述

被申请人认为，其与小白兔公司就《投资协议》进行的诉讼，是被申请人为申请人争取权益而进行的，被申请人为此垫付了诉讼费、保全费、担保费，上述费用应由申请人承担。

2. 风险点

律师团提示被申请人，按照一般司法实践，诉讼费在判决中已经明确了负担主体，仲裁中不予处理的风险极高，而保全费、担保费，被申请人在诉讼中并未要求他方承担，仲裁庭可能因此视为被申请人已经放弃主张他方支付担保费、保全费的权利。

3. 解决方案

仲裁庭未支持被申请人的此项请求，裁决逻辑如下：

（1）诉讼费及保全费，在被申请人与案外人小白兔公司就《投资协议》进行的诉讼生效判决中已经载明由该案被告（本案案外人小白兔公司）承担，虽该费用由被申请人垫付，但其承担主体已经在判决书中确定，因此仲裁庭不予支持。

（2）担保费，在被申请人与案外人小白兔公司就《投资协议》进行的诉讼中并未主张担保费由对方承担，因此视为被申请人已经放弃了对该部分费用的权利主张，因此仲裁庭不予支持。延迟支付利息应基于对前述主张的支持，仲裁庭对前述主张不予支持，因此也无从谈及延迟支付利息。

三、裁判结果

仲裁庭支持了申请人的部分业绩补偿请求，不予支持申请人的其他仲裁请求，不予支持被申请人的仲裁反请求。

第三节　不良贷款转让合同纠纷仲裁案

一、案情简介

2006 年，高山公司（以下简称"申请人"）与流水公司（以下简称"被申请人"）签订《居间协议》、协议约定被申请人为申请人提供不良资产转让的居间服务，以达到申请人从他方顺利收购不良资产的目的，协议签订后，申请人向被申请人支付了佣金。而后，在被申请人提供居间服务后，申请人通过拍卖的方式，获得本案案外人森林公司的债权资产包。后在申请人对其收购的森林公司出售的债权资产包的权利追索过程中，发现该资产包中的资产存在限制转让、隐瞒真实情况的情形，导致申请人无法实现权利，遂申请人申请仲裁，请求确认申请人与被申请人就债权资产包的《转让合同》无效，并要求被申请人退还转让金。

本书律师团代理高山公司。

二、案件分析

（一）本案是否超过了时效限制？

1. 问题描述

被申请人在仲裁中提出，事发时为 2006 年，仲裁时已经是 2016 年，间隔 10 年，申请人申请仲裁已经超过了《民法通则》中诉讼时效 2 年的限制，仲裁机构应对申请人的仲裁申请不予受理。

2. 风险点

在诉讼中，诉讼时效是阻隔权利人主张权利的一座大山，本案中，如申请人的仲裁申请超过时效，则其仲裁请求将不被仲裁庭审查，导致本次仲裁没有效果。

3. 解决方案

律师团提出，虽然《仲裁法》中规定，仲裁时效没有特殊规定的，适用民事诉讼中诉讼时效的规定，但诉讼时效的起算点并非应于合同订立时计算。本案中，因被申请人隐瞒真实情况是在仲裁提出前较近的时间段内发生，因此仲裁庭有权对本案进行审查。

（二）申请人与森林公司就债权资产包的《转让合同》是否有效？

1. 问题描述

申请人认为，其与被申请人就债权资产包签订《转让合同》的目的在于实现债权资产包内资产的权利，现因资产包中资产存在限制转让、隐瞒真实情况的情形，导致申请人无法实现权利，《转让合同》应属无效。

2. 风险点

律师团提示申请人，第一，申请人没有相应证据证明其所述事实；第二，在《转让合同》中，被申请人已经对收购资产包的风险进行了释明，申请人在签订《转让合同》时没有提出异议，因此仲裁庭不支持申请人该仲裁请求的风险极高。

3. 解决方案

仲裁庭裁定该合同有效，理由如下：

（1）被申请人并未隐瞒真实情况，因在本案所涉《转让合同》中，条款对可能出现的风险进行了充分释明，且有"标的成交后，买受人不得以不了解或不完全了解标的物为由提出异议"的条款，因此，在申请人签订合同时，已经知悉了可能无法实现权利的风险。

（2）《转让合同》条款中提到，债权资产可能出现因违反法律法规而归于无效的情形，被申请人已经向申请人释明了可能出现的不利后果，申请人仍然签订合同，是对以上情况的自愿认可。

（三）申请人向被申请人主张退还转让费的请求主体是否适格？

1. 问题描述

被申请人提出，被申请人仅是该债权资产转让过程中转让方的委托人，其在本案案外人森林公司的委托范围内行使权利，即案外人森林公司委托被申请人收取转让费，转让费最终归森林公司所有，并且申请人知悉被申请人与本案案外人森林公司的委托关系。被申请人就其主张提交了相应证据。

2. 风险点

律师团提示申请人，被申请人仅提供居间服务，而申请人与被申请人签订的《居间协议》并未约定被申请人与其介绍的不良资产出让方负有连带责任。另外，转让费是基于申请人与案外人森林公司的买卖关系，而非基于申请人与被申请人的居间关系。因此，申请人的该项仲裁请求不被仲裁庭支持的风险极高。

3. 解决方案

仲裁庭支持了被申请人的主张。

三、裁判结果

仲裁庭对本案申请人的全部仲裁请求均未予支持。

第四节　销售协议纠纷仲裁案

一、案情简介

2011 年，长江公司（以下简称"申请人"）、黄河公司（以下简称"被申请人"）签订《意向书》，《意向书》约定，经过被申请人对申请人的资质审查合格，被申请人与申请人签订《意向书》附件的《零部件销售协议》，后被申请人与申请人分别于 2011 年、2012 年、2013 年签订《零部件销售协议》，申请人作为被申请人零部件产品的经销商。后，申请人与被申请人又约定，在《意向书》以外，申请人作为被申请人主机产品的经销商，申请人在《主机销售协议》上签章，但被申请人未在《主机销售协议》签字或盖章。

另，《意向书》中有仲裁条款，针对申请人销售的主机与零部件，买受人有一定重叠。

2013 年 8 月 1 日，被申请人在 2013 年《零部件销售协议》未到期的情况下，单方解除合同，申请人认为被申请人单方解约，给申请人造成了损失，要求被申请人进行赔偿，主要仲裁请求如下：

（1）被申请人支付违约损失 5000 余万元人民币。

（2）被申请人支付零部件违约净损失 2000 余万元人民币。

（3）被申请人支付 2012 年销售奖金 100 余万元人民币。

本书律师团代理本案申请人长江公司。

二、案件分析

（一）申请人与被申请人在《主机销售协议》项下纠纷，是否属于仲裁范围？

1. 问题描述

申请人与被申请人均认可《意向书》及附件《零部件销售协议》的仲裁管辖，申请人在计算违约金及损失时，将《主机销售协议》项下的违约金及损失并入计算在仲裁请求中，被申请人则认为《主机销售协议》项下争议不属于仲裁管辖。

2. 风险点

律师团提示申请人，仲裁协议应具有书面性，《主机销售协议》未经被申请人签章，因此《主机销售协议》项下争议，不属于本次仲裁的争议解决范围。

3. 解决方案

仲裁庭认为，仲裁协议应是自愿达成且应以书面形式，在《主机销售协议》中，虽然有申请人签章，且申请人也实际履行了该协议的部分义务，但因被申请人未在该协议上签字或盖章，不能认可该协议所附的仲裁条款有效，因此《主机销售协议》项下争议，不属于仲裁庭管辖，双方应以其他救济方式解决此协议项下争议。

（二）被申请人单方终止《零部件销售协议》是否违约？

1. 问题描述

被申请人在《零部件销售协议》尚未到期的情况下终止协议，被申请人提出，其提前终止协议是因政策收紧，被申请人重新对经销商开展审核，而申请人未达到通过审核的条件，因此被申请人终止协议是因申请人原因导致，并非被申请人违约。

2. 风险点

被申请人违约，是被申请人向申请人支付违约金及违约损失的前提，如不能认定被申请人违约，申请人就无法获得相应的违约损失，仲裁效果欠佳。

3. 解决方案

律师团在仔细研究《意向书》及《零部件销售协议》后提出，双方在《零部件销售协议》中的确约定了被申请人可以单方终止协议的情形，但该等情形均有关于业务开展、业务业绩等与业务有关的事项，被申请人于 2013 年单方终止协议是因政策收紧，被申请人重新对经销商开展审核，该原因不是协议中约定的可单方终止协议的事由，因此被申请人违约。

仲裁庭采纳了律师团的意见。

(三)《零部件销售协议》是本约合同还是预约合同？

1. 问题描述

按照申请人与被申请人约定，双方在签订《零部件销售协议》后，如申请人获得订单，申请人与被申请人再签订《订购单》，签订《订购单》后，被申请人向申请人就申请人所需零部件品种、数量进行发货。被申请人认为，《零部件销售协议》是预约合同，因此，申请人可以主张被申请人承担违反预约合同的违约责任或要求解除预约合同并主张损害赔偿，而不能主张《订购单》履行后其可获得的可得利益损失。而申请人则认为，被申请人终止《零部件销售协议》给申请人造成的损失，申请人均应获得赔偿。

2. 风险点

律师团提示申请人，《零部件销售协议》并没有约定零部件的数量、品种、质量等关键信息，而合同所应具备的关键信息均在《订购单》中体现，因此《零部件销售协议》应属预约合同。

3. 解决方案

仲裁庭认为，首先，应对本案中相关协议进行本约合同与预约合同的区分，因两种合同法律后果不同。按照《买卖合同司法解释》第 2 条的规定，"当事人签订认购书、订购书、预订书、意向书、备忘录等预约合同，约定在未来一定期限内订立买卖合同，一方不履行订立买卖合同的义务，对方请求其承担预约合同违约责任或要求解除预约合同并主张损害赔偿的，人民法院应予支持。"由此可见，根据目的和手段划分，预约合同是为在未来一定期限内订立合同之合同，因此相对于《零部件销售协议》，《意向书》是预约合同。在争议的 2013 年《零部件销售协议》中，合同本身并未约定销售的数量、金额，而合同中约定的一切销售数量、质量、金额均应由双方签订的

《订购单》确定，因此，签订《零部件销售协议》的目的是在未来一段时间内签订《订购单》实现销售目的，相对于《订购单》而言，《零部件销售协议》是预约合同。

因此，《订购单》及《零部件销售协议》的争议应适用《买卖合同司法解释》第2条，即申请人可以主张被申请人承担违反预约合同的违约责任或要求解除预约合同并主张损害赔偿，而不能主张《订购单》履行后其可获得的可得利益损失。

三、裁判结果

首先，申请人请求被申请人支付违约损失 5000 余万元人民币，本项请求仲裁庭支持了 1000 万元人民币，理由如下：

（1）损失时间段的认定：申请人认为应从 2011 年 7 月 12 日，即申请人正式获得被申请人授予经销授权之日起，至 2013 年《零部件销售协议》自然终止之日，即 2014 年 7 月 11 日止，理由在于申请人根据双方协议，在 2011 年起的未来 3 年至 5 年均作出了安排与投入。被申请人认为该协议为一年一授权，被申请人虽然于 2013 年 8 月 1 日提前终止了协议，但本次终止协议不影响 2013 年 8 月 1 日以前申请人权利的实现。仲裁庭采纳了被申请人的意见。

（2）违约的赔偿金额：申请人将《主机销售协议》的有关损失均并入计算，但因该协议不属于仲裁管辖，因此该协议项下的违约赔偿金额，仲裁庭不予审查。

（3）违约的赔偿范围：仲裁庭认为，预约合同违约损害赔偿的范围应为信赖利益损失，信赖利益损失通常包括财产性利益损失和机会性利益损失，前者包括缔约费用、准备履行费用、因为履行而已经支出的费用及前述已付费用的利息等损失，后者为丧失与第三方订约机会之利益损失，并且，信赖利益的损害赔偿以不超过履行利益为限。

本案中，损害包括：第一，申请人为订立《意向书》《零部件销售协议》等协议所支出各项费用损失，如考察费、交通费、餐饮住宿费、通讯费等；第二，申请人准备履约和实际履约所支付的费用，市场开发费、人力成本、培训费、运费等；第三，申请人已支付款项的法定孳息；第四，因履约而丧失的与其他潜在生产商/供货商建立经销关系的机会。

其次，申请人请求被申请人支付零部件违约净损失 2000 余万元人民币，本项请求仲裁庭支持了 800 万元人民币，理由如下：

申请人主张其对主机享有自 2013 年 8 月起，未来 5 年零部件的市场销售权，因此损失应计算至 2018 年 7 月 31 日。被申请人则认为申请人主张的后市场利益没有合同依据。

仲裁庭认为，虽然《主机销售协议》不在本案的审查范围内，但申请人与被申请人之间的主机经销关系是客观事实，且被申请人对申请人提交的已实现的主机销售协议认可，在此情况下，申请人本可以向其已实现的主机买受人提供零配件销售服务，但因被申请人终止《零部件销售协议》而丧失资格，被申请人应对申请人进行适当赔偿。

最后，仲裁庭不予支持申请人请求被申请人支付 2012 年销售奖金 100 余万元人民币的仲裁请求。

仲裁庭认为，申请人所主张销售奖金均来自于《主机销售合同》的约定，因《主机销售合同》所涉争议不在仲裁管辖范围内，因此仲裁庭对本请求不予审查。

第十一章

裁判规则的案例推演与运用

第一节　履约保证金纠纷仲裁案例

一、案例模型

甲乙双方签订某主协议，约定因某项交易，甲方从乙方处获得某项权益，甲方向乙方支付对价，双方在签订主协议前还约定，甲方应支付一定数额的"履约保证金"于甲乙双方的共管账户。甲方支付"履约保证金"后，甲乙双方又签订一系列《补充协议》《备忘录》等形式的合同文件，约定甲乙双方为完成主协议交易所具备的权利及应履行的义务。

而后，甲方认为乙方未履行完成交易所应履行的义务而产生纠纷，要求乙方双倍返还甲方已经支付的"履约保证金"。

需要特别提示的是，本案是交易双方约定"履约保证金"在先，签订主合同在后，如双方在主合同中约定"履约保证金"条款则与本案例模型不符，处理方式上，也存在差异。

二、裁判规则与代理思路

（一）主协议及补充协议、备忘录等形式的合同文件效力

通常而言，仲裁庭在裁决纠纷时，会先对涉案协议的效力进行认定，结合证据、争议各方意见、辩论等内容，仲裁庭将核查涉案合同文件：①是否为双方真实意思表示；②是否与国家法律法规的强制性规定相抵触。就"履约保证金"争议而言，仲裁庭还会核查"履约保证金"是否实际交付，因

"履约保证金"的约定本质上属于定金合同，只有实际交付，才符合我国《担保法》中规定的定金合同生效条件。

对于主张涉案合同文件有效、"履约保证金"条款已经生效的一方而言，应对"履约保证金"已经实际交付进行证明，应提交"履约保证金"所涉的银行开户证明、汇款凭证、约定"履约保证金"的合同文件等。

对于主张涉案合同文件无效、"履约保证金"条款未生效的一方而言，如主张涉案合同文件并非双方真实意思表示，应提交己方被胁迫、欺诈的证据，如对方对己方非法拘禁，则应提供相应的报警记录等；如主张涉案合同文件违反法律法规强制性规定，应提供具体法律条文支持主张；如主张"履约保证金"条款未生效，如果对方提交了"履约保证金"条款已经生效的证据，应根据实际情况提出能够反驳对方主张的证据或理由，常见的如对方提交的汇款凭证与开户行不符、汇款方是对方以外的第三方；"履约保证金"支付方式与合同约定不符等。

如交易各方在主合同中约定"保证金"条款，则保证金条款随主合同生效而生效。

（二）涉案"履约保证金"的性质

上文所述，"履约保证金"的约定本质上属于定金合同。定金，因当事人设立的目的不同而在性质上产生差异。定金一般分为三种，立约定金、解约定金、违约订金。所谓立约定金，《担保法解释》第 115 条规定："当事人约定以交付定金作为订立主合同担保的，给付定金一方拒绝订立主合同的，无权要求返还定金；收受定金的一方拒绝订立主合同的，应当双倍返还定金。"所谓解约定金，《担保法解释》第 117 条规定："定金交付后，交付定金的一方可以按照合同约定，以丧失定金为代价而解除主合同，收受定金的一方可以双倍返还定金为代价解除主合同。"即定金的设立是为保留合同解除权。所谓违约定金，《担保法解释》第 120 条规定："因当事人一方延迟履行或者其他违约行为致使合同目的不能实现，可以适用定金罚则，但法律另有规定或当事人另有约定的除外，当事人一方不完全履行合同的，应按照未履行部分所占合同金额的比例，适用定金罚则。"可见，定金性质的不同决定了担保效力的不同。

仲裁庭在对定金性质进行认定时，会充分考虑各方订立定金条款的目的，并对条款进行文义解释，因此争议各方如对定金的性质不能达成一致，应向仲裁庭充分提交定金合同及与定金合同有关的协议和其他文件，如各方对定金性质或与定金性质有关的内容进行过沟通协商，还应提交往来邮件、微信聊天、电话录音等证据，有条件的可以对网页、微信、电话等进行公证。

根据案例模型所述，甲乙双方约定并履行"履约保证金"是为了对主合同的签订进行担保，因此案例模型的情形属于立约定金。

（三）违约责任的认定

如案例模型中所述，甲方认为乙方未履行完成交易所应履行的义务，致使主合同无法订立，要求乙方双倍返还"履约保证金"，且"履约保证金"的设立，是为了担保主合同订立和主合同交易的实现，因此，判定主合同生效条件未成就或不履行签订主合同义务的过错在于哪一方，是认定违约责任的核心。

通常而言，在股权投资纠纷中，常见的不履行合同义务的情形分为期限问题和合同目的无法实现两种。所谓期限问题，是双方在合同中约定了某事项的履行期限，而负有履行义务的一方延迟履行或不履行。所谓合同目的无法实现，是双方签订合同，是为一方或多方实现目的，且该目的在合同中有明确表示，因另一方过错导致己方目的不能实现。

关于期限问题，主张因对方怠于履行义务而使己方受损的一方，首先应提交与期限有关的证据，如协议、各方就期限协商的邮件、聊天记录等，以证明对方与己方已经就期限问题达成了明确约定；其次应提交对方怠于履行义务的相应证据，记载对方重大决议事项的公司年报、股东会决议、可公开查询的登记信息等。主张并未怠于履行义务的一方，如对对方提出的期限有异议，应提交双方未就履行期限达成一致的证据或经协商推迟履行期限的证据，多以邮件、函件、聊天记录为主；如能证明己方已经于约定期限内履行了义务，则应提交相应证据加以证明；如该义务需对方配合而对方未配合的，也应提交相应证据加以证明。

关于合同目的不能实现这一问题，最典型的例子为甲方收购乙方股权，目的是为获得目标公司的控制权，原约定乙方向甲方转让其持有的目标公司79%的股权，后因乙方原因，乙方仅向甲方转让其持有的目标公司76%的股权。在此情况下，甲方主张自己的合同目的不能实现，但裁判观点认为，虽然甲方从乙方获得的目标公司股权从79%降至76%，但甲方即使持有目标公司76%的股权，也足以实现对目标公司的控制权，合同目的可以实现，因此并不能认定乙方违约。作为主张合同目的不能实现的一方，不仅要提供充分证据证明自己的主张，还应充分考虑合同目的是否真的难以实现，若因细微瑕疵而主张合同目的不能实现，难获仲裁庭支持。作为主张合同目的可以实现的一方，应充分从合同目的角度考虑，特别是从股东实际权利的角度出发，考虑对方实质上已经实现合同目的的可能性，并提供相应证据。

（四）同时履行抗辩权问题

上文所述，在投资纠纷中，往往存在交易各方配合，才能完成一项交易的情形。因此，争议发生后，争议双方常以同时履行抗辩权这一法律概念进行抗辩。同时履行抗辩权应具备以下要件：①因同一双务合同互负债务；②双方互负的债务均已届清偿期；③对方未履行债务或未提出履行债务；④对方的对待给付是可能履行的。

而在一般的股权投资纠纷中，一方支付对价获得股权，另一方获得对价出售股权，一方当事人之所以存在给付义务，是其获得了股权支付的对价。因此，仲裁裁判观点认为，此类合同不是真正的双务合同，缺乏发生同时履行抗辩权的基础。

（五）仲裁裁判观点中的"履约保证金"偿还金额

仲裁裁判观点中，仲裁庭会首先对仲裁被申请人是否延迟履行订立主合同义务或因被申请人过错导致合同目的不能实现进行认定，如果仲裁庭认为，不能认定被申请人延迟履行订立主合同义务或因被申请人过错导致合同目的不能实现，则不会支持申请人要求双倍返还"履约保证金"的仲裁请求。但是，仲裁庭会充分考虑争议各方主合同生效条件未达成的原因，根据我国《合同法》第120条"当事人双方违反合同的，应当各自承担相应的责任"，如被申请人确实存在一定过错，仲裁庭会根据被申请人的过错程度，酌定裁决被申请人退还申请人部分"履约保证金"。

（六）法院裁判观点中的"履约保证金"退还金额

根据现有公布于网络的裁判案例，人民法院在裁判过错方"履约保证金"退还金额时，通常有两种裁判方法，一种裁判观点与仲裁庭类似，人民法院确认"履约保证金"条款有效后，人民法院会对影响履约的过错方及过错责任进行审查，并根据过错责任对应退还的金额进行判决。另一种裁判观点与仲裁庭有明显差异，人民法院在确认"履约保证金"条款有效后，仅对被告方是否为影响履约的过错方进行审查，确定被告方确有影响履约的过错后，被告方承担退还"履约保证金"的全部责任，人民法院不主动对双方责任进行审查和分配。

上述两种观点，在不同地区的不同法院，甚至是同一地区的不同法院都同时存在，在案件中，人民法院究竟适用哪种裁判方法，还要结合案情、证据、双方其他过错与"履约保证金"争议的关联程度综合判断。

第二节　公司纠纷仲裁案例

如何理解"转让股份应过半数股东同意"？

一、案例模型

甲乙双方于某一时间签署《解除合作协议》，协议中约定，乙方将其持有的目标公司一定比例的股权转让给甲方或甲方指定的人，甲方向乙方返还乙方因前期合作项目出资的 240 万元及 120 元利息。同时约定了甲方分期返还及甲方每期返还的期限和金额。乙方应自收到甲方返还合计金额 180 万元之日起 15 日内，将其持有的目标公司股权出让。

甲乙双方因此产生纠纷，乙方称，甲方在向其返还 200 万元之后，不再依约向其返还剩余的 160 万元，亦不配合其完成股权转让手续。甲方称，乙方在收到自己向其返还的 180 万元后，未办理相应股权转让手续，系乙方违约，因此主张解除《解除合作协议》，并要求乙方退还已经收到的 180 万元。

二、裁判规则与代理思路

（一）《解除合作协议》是否有效

如前所述，在解决争议过程中，仲裁庭一般会先对相关交易文件的有效性进行审查。交易文件的签署，是否是交易各方真实意思表示，是仲裁庭常规审查点，此处及下文不再赘述。

在本案例模型中，甲乙双方签署的《解除合作协议》，本质上是目标公司股东向外转让股权的协议，因此该协议除应符合我国《合同法》的相关规定外，还应符合我国《公司法》的相关规定。《公司法》中与本案有直接关联的法条为第71条：有限责任公司的股东向股东以外的人转让股权，应当经其他股东过半数同意，股东应就股权转让事项书面通知其他股东征求同意，经股东同意转让的股权，在同等条件下，其他股东有优先购买权。如果上述法条属于强制性规定，且争议某方的行为确实违反了上述法律规定，则根据《合同法》第52条第5项，"违反法律、行政法规强制性规定的合同无效"，《解除合作协议》系无效合同。

基于上述逻辑，仲裁庭会首先对《公司法》第71条是否为法律强制性规定进行审查。从法理上进行解释：虽然在《公司法》第71条法律条文中，使用了"应当"一词，但在《公司法》第71条第4款中，亦写明"公司章程对股权转让另有规定的，从其规定。"由此可见，在公司章程规定并不违反法律强制性规定的情况下，公司章程如果对股权转让事宜作出了其他规定，公司章程的规定优先于法条适用，而强制性法条的优先性，不可能低于公司章程。因此，《公司法》第71条不是法律强制性规定，而是选择性条款，交易各方均有选择适用或不适用的权利。

在确定《公司法》第71条不是强制性法律规定后，其实已经不再需要对《合同法》第52条第5项进行解释和强调，但仲裁庭裁决争议，与基层法院相比，其对说理的要求更高、更细致。因此仲裁庭通常会对《合同法》第52条第5项进行解释。《关于适用〈中华人民共和国合同法〉若干问题的解释（二）》第14条明确，《合同法》第52条第5项规定的"强制性规定"，是效力性的强制性规定。而《公司法》第71条明显属于程序性的规定，而非效力性规定。

在股权转让交易中，根据《公司法》第71条的规定，推定双方交易协议无效，是主张协议无效一方常见的主张或代理意见。在此情况下，主张协议有效的一方，即可提出上述仲裁庭观点进行抗辩。股权转让交易中，出让方及目标公司股东如果在公司章程中，对股权转让程序进行了特别约定，因公司章程约定优先性高于《公司法》第72条规定的程序性条款。受让方如果知悉目标公司章程有其他约定，并且出让方因违反公司章程约定，导致出让方与受让方的协议无法履行，应及时提出上述主张并提交相应证据，如目标公司章程、出让方与受让方有关公司章程特别约定的聊天记录、邮件、目标公司会议纪要、决定等。但需要特别提示的是，如受让方在知悉相关协议违反目标公司章程之规定，仍与出让方签署协议，则受让方应自行承担责任。

（二）如何看待《解除合作协议》未经其他股东过半数同意

根据《公司法》第 71 条，有限责任公司的股东向股东以外的人转让股权，应当经其他股东过半数同意，股东应就股权转让事项书面通知其他股东征求同意，经股东同意转让的股权，在同等条件下，其他股东有优先购买权，可以得知，阻却受让方获得股权的条件是，目标公司股东不同意转让股权并在同等条件下进行购买。即使目标公司股东反对对股权进行转让，但其不在同等条件下进行购买，亦不能阻却受让人购买目标公司股权，成为目标公司股东。

因此，主张协议是否无效的双方，举证焦点在于，目标公司股东是否有效地对买受人获得目标公司股权进行阻却。主张协议无效的一方，应提交目标公司股东表明自己愿意购买股份并出资的证据，或是交易对手方向自己披露的，目标公司股东愿意购买股权，导致无法与自己交易的信息。主张协议有效的一方，应提交目标公司无股东在同等条件下出资购买股份的证据，以证明没有阻却买受人成为目标公司股东的情形出现。

（三）《解除合作协议》是否应继续履行

在充分了解本协议交易目的的基础上，仲裁庭的裁判逻辑如下：

第一，股权转让属于双方的法律行为，不仅要有双方的意思表示，更要有双方的行为配合。针对这一焦点，主张协议可以继续履行的一方，应提供己方向对方发送的，表示愿意配合办理股权转让手续的信息、邮件、函件等，针对对方可能提出的并未收到此类信息的抗辩，提交证据一方应对载有重要内容的信息、邮件进行公证[1]，有条件的，均应使用物流信息完备的物流公司发送书面函件，并保存物流记录，以证明对方已经收到了己方的意思表示。在此前提下，即使对方不承认收到了相关信息或函件，仲裁庭亦不能认定股权出让方拒绝交付股权、股权受让方拒绝受让股权，仲裁庭可以认定，《解除

---

〔1〕 详见第十章办案手记第一节之（六）证据组合及第二节之（一）被申请人在委托持股期间，是否尽到向申请人的告知义务。

合作协议》的对价目的，可以实现。主张协议不能继续履行的一方，应提交对方拒绝办理股权转让手续的信息、邮件等，或因对方原因造成的，不能办理股权转让手续的证据，如目标公司股东会决议等，以证明合同不能继续履行。

第二，解除合作这一目的的可实现性，是仲裁庭审查的另一重点。《解除合作协议》签署的目的，在于双方对合作项目的解除，同时包括股权出让方不再获得其所持有的目标公司相应权利。针对这一焦点，主张协议可以继续履行的一方，应证明没有发生阻却双方合作解除的事由发生、股权转让方不再享有合作控制权等事项。而主张协议不能继续履行的一方，应证明存在阻却双方合作解除的事由发生、股权受让方无法享有股东权利等事项。

第三，如果《解除合作协议》中，约定了交易一方应具备某项协助义务，协助义务应如何理解和适用？仲裁庭通常不会对协助义务进行主动审查，主张对方未履行协助义务的一方应对自己的主张进行充分举证，以达到证明对方未履行协助义务而无法达成交易目的的证明效果。同时应注意的是，如约定该协助义务的目的是促使第三人对自己的权利进行处分，如"乙方协助甲方使张三出让其在目标公司所持的股权给甲方"。此类协助义务的约定效力，通常不被仲裁庭所认可。

（四）法院裁判观点中的《公司法》第71条

纵观股权转让诉讼案例，法院的裁判观点与仲裁机构基本一致，即《公司法》第71条，有限责任公司的股东向股东以外的人转让股权，应当经其他股东过半数同意，股东应就股权转让事项书面通知其他股东征求同意，经股东同意转让的股权，在同等条件下，其他股东有优先购买权，不属于强制性规定。但少有法院判决会对认定上述法律条文不是强制性规定的法律逻辑进行解释，仅有结论性论述。

三、法律服务建议

虽然有限责任公司股东转让股权征得公司股东过半数同意仅为程序性规定。但为了维护有限责任公司人合性和股东间的信任感，股东转让股权，也应尽可能按照法律规定进行。

公司应根据自己实际情况完善管理制度，也应重视公司章程的起草和修订。公司治理的重要程序、问题都应在公司章程中进行确认和细化。《公司法》虽然是公司治理的重要法律，但《公司法》不可能事无巨细地对公司治理中的所有问题作出具体规定。并且，《公司法》在多条法律规定中均明确提出，公司章程有特殊规定的，遵从公司章程规定。可见公司章程的重要性。

每个企业都存在个体差异，公司章程的重要作用，也体现在公司章程能够对企业进行量身定制上，由此，再次提醒读者，重视公司章程、用好公司章程。

第三节　未实际出资的股东转让股权行为效力

一、案例模型

甲乙双方均为目标公司股东，双方签订《股权转让协议》，该协议约定，甲方将其所持有的目标公司股份按约定价格转让给乙方，并约定了支付期限。除常见的合同条款外，甲乙双方还约定，如乙方未按约定期限向甲方支付股权受让款，则乙方应将其所持有的目标公司股权，按一定比例，无偿转让给甲方作为违约赔偿。

现，甲方因乙方未按约定付款，申请仲裁，请求裁决终止合同，及乙方无偿向其转让约定比例的股份并向其赔偿违约损失。乙方称自己签署《股权转让合同》，是在存在重大误解情况下签署的，并且甲方从未对目标公司进行出资，目标公司的设立本身无效。

二、裁判规则与代理思路

（一）合同效力的认定

仲裁庭在对争议合同的效力进行认定时，审查的重点在上文已经进行讲解，此处不再赘述。如遇一方当事人不认可合同为本人签署，并要求对笔迹进行鉴定时，仲裁庭一般会准予鉴定，并将鉴定结论作为重要的裁决依据。

如果鉴定机构的结论是"无法作出明确判断"这类不确定的结论，仲裁机构会通过各方提交的证据及各方陈述进行综合判断。比如，不认可合同是自己签名的当事人在庭审中称"我签名当时对合同有误解""我是为了维护关系，没看内容就签了"等。

因此，主张协议不是自己签名的一方，应注意在庭审中的表述，不能出现与自己主张相反的陈述，同时应对自己的主张提交充足的证据，因为在没有证据证明自己主张的情况下，除非对方认可，否则主张很难被仲裁庭采信。主张协议真实有效的一方，应注意对方的言辞，如在庭审过程中，对方表述中出现了与其主张相反的陈述，主张协议真实有效的一方应提请仲裁庭注意对方的陈述。反之，亦如是。

（二）目标公司是否为合法有效成立

因争议交易发生于目标公司股东之间的股权转让，因此目标公司是否为合法有效的成立，是本案争议交易能否履行的基础，因此仲裁庭首先对目标公司是否是合法有效成立的公司进行审查。因公司成立需要工商部门登记，工商部门进行登记的过程，一般不会产生违法情形。主张目标公司不是合法有效成立的一方，通常提出的观点是，在公司设立时自己"没有参与、没有提供过证件、没有签署过有关协议"，自己处于三无状态，并想尽办法挖掘证据。但是，仲裁庭不会仅审查主张目标公司不是合法有效成立的一方是否真处于上述"三无状态"中，更不会仅以其处于"三无状态"而认定目标公司不是合法有效成立的。仲裁庭审查的重点在于，主张目标公司不是合法有效成立的一方在目标公司成立后，是否以登记的身份从事目标公司的经营活动，即其是否已经接受了公司设立的事实。

所以，主张目标公司不是合法有效成立的一方应重点对自己并不接受并且持续不接受公司设立这一事实进行举证，如致函法定代表人、股东会，要求变更工商登记将自己除名；拒绝参加目标公司的经营活动等。主张目标公司是合法有效成立的一方应重点对自己及对方以登记身份从事目标公司经营活动进行举证，以证明自己及对方均接受公司设立的事实。

（三）股权转让方是否对公司进行出资、该出资是否影响股权转让

股权转让的前提是，转让股权的股东合法拥有公司股权。股东取得公司股权的方式有两种，一是原始取得，即公司设立之初，股东向公司出资以取得股东身份；二是继受取得，通过股权转让交易获得股权，是继受取得股权的方式之一。无论股权转让方以哪种形式获得股权，更无论股权转让方是自己出资还是他人代为出资，均不影响股权转让方的股东身份，即股权转让方

合法持有公司股权，除非真正的出资人对记载于公司章程的股东提出异议。

基于上述裁决逻辑，主张争议股权不能进行转让的一方应证明转让方并未合法拥有股东身份，如公司章程、股东会决议等文件未记载转让方的股东身份、转让方并未进行出资且真实出资人对转让方的股东身份提出异议等。而主张争议股权能进行转让的一方应证明转让方具备合法的股东身份，如提供工商登记档案、公司章程等。在对方提出真实出资人另有其人这一主张时，主张争议股权能进行转让的一方还应注意，对方提出的真实出资人是否具有从事公司经营活动的资格，如军人、公务员等特殊身份的人，不可能成为公司股东。如果对方提出的出资人因身份原因根本不可能作为公司股东，己方也应提出这一问题，提请仲裁庭注意。

（四）股东之间转让股权是否需经股东会决议

根据我国《公司法》第 71 条第 1 款的规定，有限责任公司股东之间转让股权，不需要经过半数以上股东同意，也不需要经过股东会会议形成文件。因此，在此类争议中，主张《股权转让协议》未经股东会决议或未经过半数股东同意而无效，是没有法律依据的。但如果《公司章程》有特殊的约定，应遵从《公司章程》，所以，主张协议因违反程序性规定而无效的一方，应对《公司章程》有别的约定进行举证。

（五）股权转让价格是否与原始出资有必然联系

依据仲裁庭的裁决逻辑，股权一旦形成，便与原始出资行为脱离。因为股权价格不仅受到利益、财产等因素的影响，也受到《公司章程》对股东权利的确认或限制的影响。所以，只要股权交易双方协商一致、达成合意，《股权转让合同》即可生效。

因此，主张协议无效的一方，应对双方未达成合意举证，而非提出转让价格与股东原始出资不符这一观点。

（六）未履行《股权转让合同》的违约责任

对于本案涉及争议交易的违约责任判断，仲裁庭的裁判逻辑分为以下两步：第一步，判定违约的条件是什么，该违约条件是否已经成就；第二步，如违约条件成就，则判定违约方的赔偿责任是否可行。如合同约定，因一方违约导致合同解除，违约方应将其持有的目标公司 10% 的股份无偿转让给守约方，原股权出让方恢复其在目标公司的股东权利。

本案的合同条款中，"一方违约导致合同解除"是条件，当此条件成就时，违约方的赔偿责任有二：一是"违约方应将其持有的目标公司10%的股份无偿转让给守约方"，二是"原股权出让方恢复其在目标公司的股东权利"。针对"违约方应将其持有的目标公司10%的股份无偿转让给守约方"这一赔偿责任而言，根据我国《合同法》第107条，"当事人一方不履行合同义务或者履行合同义务不符合约定的，应当承担继续履行、采取补救措施或者赔偿损失等违约责任"之规定，"违约方应将其持有的目标公司10%的股份无偿转让给守约方"，一是可以实现，二是《合同法》规定的列举以外合法的违约赔偿形式，因此仲裁庭一般予以支持。针对"原股权出让方恢复其在目标公司的股东权利"，当交易双方《股权转让协议》解除，转让方的股东身份自然保留，股东权利也自然恢复，因此"原股权出让方恢复其在目标公司的股东权利"不需要作为违约责任执行。

因此，主张对方违约责任的一方，应提供的证据主要包括以下两部分：一是提供证明对方已经构成违约的证据，二是违约赔偿责任是合法并且可以实行的，且该责任需要通过仲裁裁决予以明确，赋予其强制执行力。相反地，主张己方未违约的一方应提供的证据也主要包括以下两部分：一是证明己方未违约的证据，二是证明违约责任不合法或不能实现，或该责任不需要通过仲裁裁决予以明确，赋予其强制执行力。

（七）法院裁判观点中的"未出资股东转让股权"

法院裁判中，以"股东未出资，并不必然导致其丧失股东身份"为普遍观点，股东身份存在，其转让股权的行为即为有效。但需要注意的是，无论是诉讼还是仲裁，都不能笼统地作出"股东未出资，转让股权也有效"的判断。每个案件的具体情况不同，事实、证据均千差万别，应结合全案综合分析，以避免策略方向错误，造成损失。

三、法律服务建议

如果公司设立时，出于某种原因，某自然人或法人已经办理股东登记手续，但不愿成为该公司股东，应及时提出办理变更手续，如果该自然人或法人不仅不提出持续异议，还参与公司生产经营活动，则视为该股东认可并接受自己是公司股东的这一事实。

第四节　股权交易双方析责

一、案例模型

甲乙双方签订《股权转让协议》，约定甲方向乙方转让其所持的目标公司股份。乙方称，乙方向甲方支付了股权转让定金后，甲方没有任何作为，不配合其办理股权变更手续。乙方要求甲方退还双倍定金，并支付违约赔偿金。甲方称，乙方违约在先，乙方造成合同终止，甲方要求没收乙方全部定金。

二、裁判规则与代理思路

（一）合同效力的认定

上文中已经对合同效力的认定进行了分析，此处不再赘述。

（二）交易双方析责

仲裁庭只有经过明确分析交易双方通过协议确立的责任，才能对交易双方的过错程度进行认定，从而确定交易双方的索赔请求如何裁决。析责是一个宽泛而又琐碎的过程，但明确责任的根本，是交易协议的相关约定，一切责任的划分都是依据交易协议的理解和解释。甲乙双方在《股权转让协议》中有如下约定：乙方在收到甲方书面通知后，20 个工作日内办理总额为 x 元的银行承兑汇票，或乙方用银行存款转入由甲乙双方共管的银行账号。甲方见到银行承兑汇票或银行存款到账后，10 个工作日内必须办理完成乙方股权受让手续，同时取得变更后企业营业执照；如果甲方未能按时办理完成乙方股权受让手续，同时取得变更后企业营业执照，每逾期 1 日必须向乙方支付经济补偿金 x 元。协议还约定：甲方办理完成乙方股权受让手续，同时取得变更后企业营业执照之时，甲乙双方解除对账户的共管，乙方将款项交给甲方。

对此约定，甲方主张，因乙方未按协议约定开具汇票，乙方违约，应没收乙方的定金。而乙方主张，甲方未履行约定的义务，因此导致合同目的不能实现，甲方违约，应双倍返还定金。

综合以上约定，不难看出，甲乙双方的义务存在先后顺序。正确顺序为：

其一，甲方向乙方发出书面通知；其二，乙方开具汇票或将约定金额存入共管账户；其三，甲方办理完成相关手续；其四，解除共管，甲方获得转让款。

针对上述顺序的第一步，乙方提出甲方在履行过程中存在问题，乙方认为，所谓的"书面通知"，应该是甲方陈述已经完成工作和事实的通知，而不应该是简单"要钱"的通知，甲方仅向乙方发出了"要钱"的通知，因此甲方没有向其发出符合合同约定的通知，导致后续步骤无法进行。但是，根据仲裁庭通常对协议约定的理解，结合缔约目的和交易习惯，本案中的书面通知，仲裁庭解释为"要求乙方开具承兑汇票或将存款转入共管账的书面意思表示"，乙方的主张，仲裁庭不予认可。需要特别提示的是，仲裁员均为有丰富法律专业经验及行业知识的专家，当一方当事人违背交易习惯对协议条款作出解释时，观点很难被仲裁员采信。

虽然仲裁庭会对交易习惯作出判断，但作为主张己方已经发出支付通知的一方，也应主动向仲裁庭就交易习惯、发出通知的形式及内容符合合同要求作出说明。而作为主张对方未发出通知的一方，也应尽可能找寻如对方要求推迟支付、双方细化明确通知形式或已经对变更通知达成合意的证据。

针对上述顺序的第二步、第三步，乙方称，因甲方没有发出"书面通知"，同时，因协议中另有约定，甲方应在发出"书面通知"前，履行一系列合同约定的义务，而甲方并未向自己陈述已经完成，也没有证据证明甲方已经履行协议约定的义务，因此自己没有在协议约定时间内开具汇票或将存款转入共管账户，是行使不安抗辩权。甲方称，自己为达成合同目的，做了一系列准备工作，并提交了自己履行前置义务的一系列证据。甲方认为，因为乙方没有在约定时间内开具汇票或者将存款转入共管账户，自己不配合办理股权变更手续，是行使先履行抗辩权。

在甲方发出的"书面通知"已经被仲裁庭确认为有效这一前提下，乙方提出的甲方没有发出书面通知这一主张，不被仲裁庭采信。乙方虽然主张甲方没有履行前置义务，但在乙方并没有证据推翻甲方提交的证据之时，乙方的主张因为没有证据，也不被仲裁庭认可。

针对上述问题，案件中的甲方尽可能提供证据支持自己的主张，是非常正确的方式，而如果代理本案中的乙方，在提出自己观点的同时，就应考虑能否有证据证明自己的观点，如果自己已经能够预判己方的观点会因为没有证据支持而不被仲裁庭认可，那么就应慎重考虑是否要将此观点作为主要观点提出。在商事仲裁中，最忌讳毫无证据的空说。

有关纳税申报的争议作为股权受让方的乙方认为，按照《关于加强股权转让所得征收个人所得税管理的通知》[1]第1条，甲方应就已经取得的第一笔股权转让款办理转让证明，但甲方未办理，因此自己可以不按照协议约定开具汇票或向共管账户存款。作为股权转让方的甲方则认为，按照《关于加强股权转让所得征收个人所得税管理的通知》第2条，交易未完成之前无需纳税。

仲裁庭的观点是，应按照合同的约定进行理解，乙方向甲方支付的第一笔费用，是定金，并非股权转让款，在甲乙双方在协议中没有特别约定的前提下，应适用《关于加强股权转让所得征收个人所得税管理的通知》第2条的规定，甲方尚无需纳税。

（三）甲方错在何处

在对本案的上述分析中，交易的乙方自身出现了一系列错误，那么在本案中，交易甲方是否对合同目的不能实现，完全不承担责任呢？当然不是。

仲裁庭在对本案进行全面审查后，认为交易甲方的错误有两处。第一处错误是，根据《股权转让协议》约定，甲乙双方需要对共管账户进行协商，并签订约定共管账户具体事宜的《共管协议》，甲方在发出书面通知后，乙方未予回应，甲方也未积极联系乙方，更未就《共管协议》进行磋商。甲方的消极态度也是导致合同无法继续履行的原因之一。第二处错误是，根据我国《合同法》第60条，"当事人应遵循诚实信用原则，根据合同的性质、目的和交易习惯履行通知、协商、保密等义务"之规定，既然甲方已经履行了前置义务，甲方就应当将情况告知乙方，使乙方增强对本案协议继续履行的预期，最终达成交易目的顺利实现的圆满结果。

由此可见，在商事交易中，如果交易一方消极对待交易，怠于促使交易顺利达成，也将承担一定的责任。老生常谈的商事仲裁不同于一般的民事诉讼，商事仲裁更看重交易各方在交易实现过程中所完成的工作以及各方是否真的能够从促成交易实现出发，尽自己的能力去解决交易过程中存在的问题。

---

[1] 该通知现已失效，但该案例发生时通知届时有效。

普通民事诉讼中往往只判断对错，而不关注交易各方的积极态度。

（四）裁决结果

仲裁庭支持交易甲方向乙方退还已经收取的定金，不支持乙方主张的违约损失。

三、法律服务建议

在投资交易中，任何一方均应当积极对待交易中产生的问题，积极配合交易，实现交易目的。如果认为对方不配合交易，应及时发函督促对方履行义务，并保存好己方督促对方实现交易目的的证据。

第五节　重复通知股东行使优先购买权

一、案例模型

甲乙均系目标公司股东，双方签订《股权转让协议》，约定甲方向乙方转让其所持有的目标公司 61% 的股权。

甲方称，转让价格为 1200 万元，协议约定乙方先付 1000 万元，甲乙双方在协议签订之日起 15 日内办理股权转让手续，余款支付期限甲乙双方另行约定，乙方应在约定期限内付清。甲方按约定办理了股权转让手续，但乙方并未在约定期限内付清余款。

乙方称，甲乙双方原本约定的股权转让款为 1000 万元，甲乙双方达成一致后、协议尚未签订前，甲方与第三人达成协议，甲方又以 1000 万元的价格向第三人转让股份。乙方为了继续履行协议，获得甲方转让的股份，迫不得已同意向甲方支付 1200 万元。

由此，甲方请求乙方补齐剩余的 200 万股权转让金，乙方请求将《股权转让协议》中股权转让金的金额由 1200 万元变更为 1000 万元。

二、裁判规则与代理思路

（一）争议双方的证据及明确的事实

本争议中，甲乙双方为了证明其主张，都应提交完整的证据材料，以支持其主张。作为本争议的甲方，主要应证明的事项有两项，第一是甲乙双方达成合意，即乙方自愿接受以 1200 万元的价格受让甲方的股权；第二是甲方按照约定办理了相关手续，但乙方未按约定支付 200 万元余款。为证明上述两项事项，甲方应提交甲乙双方签订的《股权转让协议》、甲方已经办理完成股权转让手续的证明，如工商登记信息、目标企业向外公开披露的报告等，为了加强对乙方系自愿签订《股权转让协议》的证明力度，甲方如果持有乙方对受让股权比例、金额的确认等书面材料或邮件、聊天确认信息，甲方也应一并提交。

作为本争议的乙方，主要证明的事项主要有一项，即甲方在与己方已经达成一致的情况下，又抬高股权转让价格，己方为了获得股权，不得不妥协。为此，乙方应提交的证据逻辑为：第一，甲乙双方达成以 1000 万元价格转让股权的证据，如甲方向乙方发送的价格确认书、目标公司股东会决议等；第二，甲方在与乙方确认价格为 1000 万元后，与第三人达成以 1000 万元的价格向第三人转让股权的意思表示，如甲方向第三人发出的带有明确价格内容的要约、目标公司股东会决议、第三人汇款记录等，应特别注意的是，甲方与第三人之间的股权转让要约文书，形成日期应在甲乙双方就股权转让价格达成合意之后。第三，甲方要求以高于原合意的 1000 万元价格向乙方转让股份，或带有甲方"出资不高于 1000 万元的价格则无法获得股权"向乙方的意思表示的证据。证据如甲方向乙方发送的函件、证人证言等。

本类型的案件，争议双方各执一词。仲裁庭会首先根据双方提供的证据和陈述，明确涉案争议中各事项的发生时间，梳理争议的基本事实，在基本事实明确后，再对争议焦点进行审查和裁判。

（二）明确的法理说理

1. 乙方能否拒绝甲方 1200 万元的报价？甲方是否按照《股权转让协议》履行了义务？

在本案中，甲方如果并未按照协议约定履行义务，因甲方股权转让义务在先，乙方支付 200 万元义务在后，则甲方要求乙方按照约定继续支付股权转让余款 200 万元，没有请求基础。所以确定甲方是否按协议约定完成了义务，是第一步。

按照《股权转让协议》约定，甲方应履行一切必要的审批和授权手续，甲方提供的证据已经能够明确，甲方配合办理了股权转让手续，也就股权转让事宜履行了内部程序。因此，甲方转让自己所持有的目标公司股份，符合《公司法》要求和《股权转让协议》的约定。

2. 有关甲方两次向乙方提出股权转让价格的事实与法理问题

首先，甲乙双方均系目标公司股东，甲方两次向乙方提出股权转让价格，均是对其他股东行使优先购买权的通知和确认。但本案的问题在于，甲方在第一次以1000万元价格向乙方发出通知后，乙方明确表示自己接受1000万元价格并行使优先购买权，甲方再次以1200万元的价格向乙方发出通知，乙方能否拒绝本次通知的价格，要求以之前的1000万元价格受让股权。

要解决上述问题，先要明确优先购买权的性质，即优先购买权是请求权还是形成权。通常来说，仲裁庭普遍认为优先购买权是形成权。

请求权的基本特征有两个，一是请求权具有向相对人要求某种特定给付的性质。二是请求权的相对人可以拒绝履行。对优先购买权而言，股东行使优先购买权，只是对股权转让这一事宜达成合意，而非直接产生股权给付的后果。另外，优先购买权这一制度的建立是为了维护有限责任公司的人合性。如果在股权转让合意达成后，转让人拒绝履行，则优先购买权这一制度的目的无法实现。所以在优先购买权制度中，股权出让方与受让方达成合意，出让方即不能拒绝。

优先购买权作为形成权，对相对人行使，就产生了两个后果：一是阻止股权转让方以同等条件与第三人签订《股权转让协议》，二是股权受让方作出行使优先购买权的意思表示，即等同于转让方与受让方就股权转让事宜达成了合意。

在本争议中，甲方先以1000万元的报价转让股份，乙方表示行使优先购买权。此时双方已经就1000万元价格转让受让股份达成合意，甲方不应再以1200万价格通知乙方再次行使优先购买权，乙方可以拒绝，如果因乙方拒绝产生争议，乙方的主张是可以被仲裁庭支持的。

乙方虽然向甲方发送了律师函等函件表示不认可1200万元的股权转让金，但仍然在约定1200万元股权转让金的《股权转让协议》上签字，并签署了1200万元价格的《确认书》，乙方不论从法律形式上还是实质上都接受了1200万元股权转让金额。

3. 乙方是否应向甲方支付 200 万元余款并支付违约利息

按照甲乙双方签订的《股权转让协议》约定，明确乙方有义务向甲方支付 200 万元股权转让金余款，但双方以"另行协商"的形式对股权转让金余款的支付期限、违约金支付利率等作出约定，实则双方也并未对上述事宜作出协商约定。

本案中，又出现了上一案例的裁判思路，即甲方并未证明自己已经督促乙方对未尽事宜进行协商确认，甲方怠于行使自己的权利，怠于实现交易目的，此时因双方并没有对违约金及余款的支付期限达成协议，虽然乙方有义务向甲方支付余款，但乙方并无义务向甲方支付违约利息。

再次提示读者，当对方不履行约定义务或怠于行使权利时，己方应当积极应对，督促对方实现交易目的。

（三）各自主张举证部分

《合同法》第 52 条规定了合同无效的法定情形，其中第 1 款写明，一方以欺诈、胁迫的手段订立合同，损害国家利益；第 2 款写明，当事人恶意串通，损害国家、集体、第三人利益的，该合同无效。因此恶意串通的结果必须是损害国家、集体、第三人中的一方或多方利益。

根据上述法律规定，作为本案乙方，需要提供能够证明甲方与第三人串通，确有损害国家、集体、第三人利益的情况发生的证据，本案乙方关于甲方与第三人恶意串通的主张才能成立。如果本案乙方仅提供甲方与第三人串通损害自己利益的证据，则其主张难以被仲裁庭支持。

《合同法》第 52 条第 1 款写明，一方以欺诈、胁迫的手段订立合同，损害国家利益，合同无效。指以给他人的人身或其亲属造成损害为要挟，迫使对方作出不真实的意思表示的行为。

胁迫的构成要件有四个：一方有胁迫的故意；胁迫行为违法；被胁迫人因被胁迫而心生恐惧；被胁迫人因恐惧而作出了有瑕疵的意思表示。按照仲裁庭普遍的裁判观点，在市场经济中，交易的一方利用自己经济上的优势迫使对方接受不利条件，虽然有一定的胁迫之意，但不一定具有违法性。所以主张被胁迫的一方应对对方的胁迫行为满足以上四个构成要件进行举证，而不能割裂地只对上述四个胁迫的构成要件中的一个或几个进行举证。

主张因被胁迫而要求行使合同撤销权的一方还应注意除斥期间的问题。

按照《合同法》第55条的规定，撤销权应自知道或应当知道1年内行使。如果主张自己受到胁迫而签订合同，在签订合同时就应当知道自己受到胁迫，如果合同签订1年内没有行使合同撤销权，仲裁庭通常会认定该方当事人已经丧失合同撤销权。

（四）裁判结果

仲裁庭裁决本案乙方（股权受让方）向甲方（股权转让方）支付股权转让金余款200万元。

三、法律服务建议

公司股东转让股份，在向其他股东发出行使优先购买权通知后，其他股东明确表示行使优先购买权后，转让股份的股东不应再与第三人达成合意出让股权，更不能以更高价格再次向其他股东发出行使优先购买权通知。

公司股东行使优先购买权同意受让股份，如转让股份的股东再次发出通知，以更高价格通知行使优先购买权。无论该转让股权的股东以何种形式经过何种程序，已经表示过行使优先购买权的股东应明确表示拒绝，要求以第一次同意的价格为成交价。如果协商不成的，应马上进入争议解决程序，而不应以较高价格签订任何形式的协议。

第六节　个人能否持有法人股

一、案例模型

甲方为个人，1995年，甲方与乙方签订协议，甲方委托乙方，代甲方持有某集团公司10.5万股非流通法人股。后经过股权改革，现10.5万股法人股已成为无限制的流通股。甲方要求乙方将代持的股份过户至自己名下。

二、裁判规则与代理思路

（一）个人能否持有法人股

要解释这个问题，需要追溯至1992年。在1992年发布的《股份制企业试点办法》第4条中规定，股份制企业的股权设置，可以分为四种：国家股、法人股、个人股、外资股。该规定对法人股进行了解释，法人股为"企业法人以其依法可支配的资产向公司投资形成股份，或具有法人资格的事业单位和社会团体以国家允许用于经营的资产向公司投资形成股份。"由此可见，持有法人股的对象应该是企业法人，或具有法人资格的事业单位和社会团体。在此时，个人出资购买并持有法人股，其实并不符合上述规定的要求。

但是，法人股存在的问题在市场交易中日渐显现，即法人股不流通，企业法人购买后不能出售，这与市场经济的原则相悖，也使企业法人对购买法人股丧失了积极性。企业为了使法人股成功出售，默示允许个人购买法人股，并由法人进行代持。这种方式解决了企业法人股出售难的困境，成了当时一种普遍存在的持股方式。

我国《公司法》颁布实施后，为了贯彻实行《公司法》的相关精神和条文，工商行政管理局等部门在1996年出台了《关于对原有股份有限公司规范中若干问题的意见》，其中第9条对个人持有法人股的处理方式予以明确，第一种建议是法人股由公司回购后注销该股份；第二种建议是法人股由法人股东收购。但《关于对原有股份有限公司规范中若干问题的意见》，并未对其他处理法人股的方式进行禁止。此后，大量法人股逐渐流通，一时间大量委托法人代持股份的个人，提起股东资格确认之诉。

仲裁庭针对此类争议，以承认个人持有法人股有效为主。以此观点为主流观点的主要理由有两个：一是我国《公司法》和《证券法》，均未对个人购买法人股作出限制，更未明确规定个人持有法人股无效。因此不能作出个人持有法人股违法的判断。二是从尊重历史和维护市场经济稳定的角度出发，既然个人持有法人股的情况大量存在，这也是委托持股人和被委托持股人之间达成的一致，应尊重当事人的意思自治。

（二）隐名股东权益维护

《公司法解释（三）》第24条明确规定，有限责任公司的实际出资人与名义出资人订立合同，约定由实际出资人出资并享有投资权益，以名义出资人为名义股东，实际出资人与名义股东对该合同效力发生争议的，如无《合同法》第52条规定的情形，人民法院应认定该合同有效。前款规定的实际出资人与名义股东因投资权益的归属发生争议，实际出资人以其履行了实际出资义务向名义股东主张权利的，人民法院应予支持。

这就意味着，我国通过司法解释的形式承认了实际出资人与名义股东之间的委托代持合同关系。同时，如果实际出资人向名义股东主张权利，应以履行出资义务为前提。对于实际出资人而言，主张自己的权利，除应提供自己与名义股东就代持达成合意的证据外，还应提供自己已经履行出资义务的证据，如与名义股东签订的《出资确认书》、交易凭证等。如作为主张自己是实际出资人的对方，且不认可"实际出资人"的主张，应提供双方没有达成代持合意、"实际出资人"没有履行出资义务的证据。

三、法律服务建议

实际出资人应与名义股东签订有效的书面《股权代持协议》，明确双方权利义务。实际出资人应与名义股东签署《出资确认书》，明确实际出资人的出资情况，以保证实际出资人实现权利。实际出资人如果分多笔出资，并要求名义股东代持股份的，应分别签署《股权代持协议》及《出资确认书》，并尽可能详细写明具体信息，避免混同。

第七节　股权转让中的瑕疵担保义务

一、案例模型

甲乙双方签订《股权转让协议》，约定甲方将其所持有的目标公司股权按约定价格转让给乙方，同时乙方通过受让甲方所持股份，获得目标公司资产及目标公司生产药品的控制权。乙方在支付股权转让交易定金及第一笔股权转让金后，乙方发现，在协议签订前，因政策原因，目标公司被停止生产药品。

乙方认为，其受让股权目的在于获得药品生产的控制权，现在药品停产，交易目的不能实现，因此要求解除协议及甲方退还其已经支付的款项并赔偿损失。

甲方认为，在《股权转让协议》签订时，自己不存在隐瞒事实的情况，因此要求继续履行合同，及乙方向其支付剩余的股权转让金。

二、裁判规则与代理思路

（一）《股权转让协议》应解除还是继续履行？关于隐瞒情况，甲乙双方应如何举证？

股权转让方不应隐瞒真实情况的义务来源是股权转让方、受让方之间签订的《股权转让协议》及相关或配套文件。如果双方在签订协议时对协议所涉资产的权属、合法有效性或资产能够达到实现交易目的的状态作出保证，则双方则应遵守协议约定。

就本案而言，乙方称在协议签订前，目标公司的药品已经被国家相关机构下令停止生产，乙方应就这一主张提供证据。通常而言，药品属于特殊物品，企业或个人应能通过公开渠道获得相关凭证，如《退审通知》、有关停产的批文等。

如处在本案甲方角度，主张自己没有隐瞒情况，应提供己方已经向对方释明争议所涉及标的状况的证据。如对方签字的药品审批情况说明、风险释明书或与涉案药品有关的官方文件等。

概括地说，主张受蒙蔽的一方应证明，对方应向自己披露的信息，对方未披露。而主张没有隐瞒重要信息的一方，应证明自己已经有效告知对方已经发生、可能发生的情况。

在本案中，本案乙方不能证明自己已经对甲方尽到告知义务，而本案甲方有证据证明在《股权转让协议签订前》签订前，争议所涉药品已经被有关机关通知停产。因此，不利后果应由本案甲方承担。

在本案争议双方签署的协议中有"待转让的股权在股权转让完成之日不得附带任何抵押、质押和留置权或其他权利瑕疵"之约定，所以本案甲方已经违反了协议约定的瑕疵担保责任。

（二）本案涉及的瑕疵担保义务是否需要经过瑕疵通知程序

我国《合同法》第 158 条规定："当事人约定检验期间的，买受人应当在检验期间内将标的物的数量或者质量不符合约定的情形通知出卖人。买受人怠于通知的，视为标的物的数量或者质量符合约定。"由此可知，适用本法条规定的以瑕疵通知为对方履行瑕疵担保义务条件，应适用于买卖标的物的瑕疵担保责任。仲裁庭普遍的裁判观点为上述法律条文，不适用于股权转让瑕疵担保责任。

（三）主张对方隐瞒真实情况的一方是否享有协议解除权

争议双方的权利义务在签署的协议中体现，如果双方签署的协议或同等效力的法律文件中有"转让方承诺、声明和保证目标公司所有资产上均未设有任何抵押质押或存在任何法律上的瑕疵。且协议一方若未能完成协议约定的内容和其承诺、声明及其保证事项，或履约过程中未能达到约定的标准和要求，即构成违约，另一方可解除协议或要求违约方赔偿损失。"双方只要在协议等法律文件中明确约定，如因一方未达到约定的保证事项，即构成约定解除协议的情形。此时，只要守约方证明对方存在达成约定解除协议的条件，即可行使协议解除权。

（四）行使约定解除权的期限

主张对方已经超过行使解除权期限最直接有效的方法，是双方在协议中明确了解除权行使的期限，此时己方只要证明对方首次要求行使解除权的日期超出约定期限即可。如果协议中没有明确约定行使解除权的期限，主张对方已经超过行使解除权期限的一方如果曾经对对方行使解除权进行过催告，并在催告信函中明确"如在××时间内不行使解除权，则视为放弃行使解除权"，对方在期限内未行使权利也未提出异议，则可以视为对方放弃行使合同解除权。

因此，关于行使解除权的期限问题，主张对方已经超期的一方应提供上述证据。主张自己行使权利没有超期的一方，如遇在主合同中明确解除权行使期限，但其他协议或合意中对行使撤销权期限明确约定不受期限限制的情况，也可向仲裁庭提交明确撤销权不受期限限制的证据，但应注意，需要关注两份就撤销权行使期限约定不一致的协议签订时间，以撤销权没有期限的约定在后为宜。另外需要特别关注的是，主合同以外的协议，是否有约定"本协议与×协议约定不一致的，以×协议为准"，如果约定了以写明撤销权行使有期限的协议为准，则再向仲裁庭提交本协议以外的协议，也达不到证明自己主张的目的；如对对方的催告持有异议，应对对方送达的有效性进行抗辩，并提交相应证据。

（五）股权受让方是否仍有支付完毕股权转让金的义务

按照前述的本案分析，股权转让交易目的是受让方获得目标公司的控制权及目标公司药品生产的控制权，从而盈利。因此，股权转让方转让股权达到交易目的的要求，是股权转让方在本次交易中的先行义务。

按照通行的仲裁裁判观点，股权受让方虽然没有继续向股权转让方支付股权转让金，但股权受让方此举是行使不安抗辩权。根据我国《合同法》第68条的规定，应当先履行债务的当事人，有确切证据证明对方有下列情形之一的，可以中止履行：有丧失或者可能丧失履行债务能力的其他情形，当股权受让方有确切证据证明股权转让方违反瑕疵担保义务时，股权受让方中止协议的履行，不构成违约。

（六）定金是否应双倍返还

最高人民法院《关于适用〈中华人民共和国担保法〉若干问题的解释》第120条第1款规定，因当事人一方延迟履行或其他违法行为导致合同目的不能实现，可以适用定金罚则。由此可知，一方当事人双倍返还定金的条件有二：一是延迟履行或其他违法行为导致合同目的不能实现，二是双方约定了定金罚则。

所以，主张对方应双倍返还定金的一方应证明双方就定金罚则进行了明确约定。如果双方没有就定金罚则进行约定，即使对方存在违约情形，守约方双倍返还定金的请求也不能得到仲裁庭支持。

三、法律服务建议

在股权交易过程中，相关法律文件的起草、修改应当审慎。特别是在瑕疵担保事项、解除权行使的期限、条件等条款中，约定应尽可能详尽且具有可操作性。

合同相对方应对合同进行充分理解，如合同中明确了相关权利的期限，应在期限届满前行使权利。

在交易前，应对相对方及合同目的的可实现程度进行充分调查，避免因本可以避免的原因造成损失。

第八节　中外股东之间股权交易

一、案例模型

甲方为目标公司中方股东，乙方为目标公司外方股东。甲乙双方签订股权转让协议，约定甲方将其所持有的目标公司股份转让给乙方，双方在《股权转让协议》上签章。

现甲乙双方产生争议，甲方称，乙方不按约定向其支付股权转让款，亦不配合办理股权转让手续。乙方称，《股权转让协议》尚未生效。

二、裁判规则与代理思路

（一）法律适用

本案例中，争议双方系中外双方，带有涉外性质的争议，普遍涉及法律适用问题。仲裁庭确定法律适用，通常先以争议双方的协议为准，如双方在涉及争议的协议中约定适用中国法、美国法等。如果双方没有约定具体适用哪国法，并将争议提请中国的仲裁机构进行仲裁，仲裁庭默认适用中国法，争议双方如对适用中国法有异议，应根据仲裁规则的规定，及时提出异议。

就本案而言，争议双方在《股权转让协议》中约定适用中国法。如果该协议有效，则直接适用协议约定，没有任何问题。但在《股权转让协议》是否有效还需审查的情况下，仅凭该协议约定作出双方争议适用中国法的判定是不严谨的。此时，仲裁庭就要关注争议双方是否对适用中国法有异议，在双方对本案适用中国法均无异议的情况下，本案争议适用中国法，这一判定成立。

（二）股权转让协议是否已经生效

根据《最高人民法院关于审理外商投资企业纠纷案件若干问题的规定（一）》第1条规定，"当事人在外商投资企业设立、变更等过程中订立的合同，依法律、行政法规的规定应当经外商投资企业审批机关批准后才生效的，自批准之日起生效；未经批准的，人民法院应当认定该合同未生效。当事人请求确认该合同无效的，人民法院不予支持。前款所述合同因未经批准而被认定未生效的，不影响合同中当事人履行报批义务条款及因该报批义务而设定的相关条款的效力。"

由此可见，如果依据法律、行政法规的规定，外商投资企业设立、变更需要经过审批机关报批而未获得批准的，合同成立，但未生效。因此，主张合同未生效的一方应提交的证据分为两部分：一是有法律、行政法规规定，争议交易需要进行审批，法律依据为《中华人民共和国中外合资企业经营法实施条例》[1]（2019 年修订）、《合同法》（《中外合资企业法实施条例》第20 条：合营一方向第三人转让其部分或全部股权的，需经合营他方同意并报审批机关批准，向登记管理机构办理变更登记手续。违反上述规定的，其转让无效。《合同法》第 44 条第 2 款：法律、行政法规规定应当办理审批、登记等手续生效的，依照其规定）等。二是争议合同没有经过审批。

在本案中，争议合同的性质因上述司法解释被认定为成立而未生效的合同，但合同未生效并不影响本案当事人履行报批义务条效及因该报批义务而设定的相关条款的效力。

（三）双方是否已经终止履行争议合同

在履行合同过程中，双方如果已经自发终止履行合同，且继续履行合同，交易目的不能实现，仲裁庭也无审查合同是否应当继续履行的必要。

就本案而言，主张合同未终止履行的一方称，根据《股权转让协议》约定，对方不享有单方合同解除权，解除合同只能双方协商一致解除。且，根据《股权转让协议》的约定，双方解除协议应以书面形式进行，并将书面解除协议报北京产权交易所备案。在合同未约定、程序未进行的情况下，双方签订的《股权转让协议》有效，双方也并未终止履行。

主张合同已经终止履行的一方称，在双方《股权转让协议》签订后，为了解决公司困境，转让方又与第三方签订《股权转让协议》，约定转让方将其所持有的目标公司股份转让给第三方，自己知晓并同意此事。所以双方《股权转让协议》已经终止履行。

在此类争议中，主张已经终止履行合同的一方应提交证明合同确实已经终止履行的证据，比如在本案中，主张已经终止履行合同的一方提交目标公

---

[1]　该通知现已失效，但该案例发生时通知届时有效。

司董事会决议，证明以董事会决议的形式明确了转让方将股权转让给第三方的事实，也证明己方知悉上述事实。另外，主张已经终止履行合同的一方还可以提交转让方与第三方签订的协议或其他文件，以证明股权转让方已经无意向己方履行合同。

本案中，仲裁庭认为，虽然《股权转让协议》中有明确约定，双方当事人解除协议应签订书面协议，并报北京产权交易所备案，但双方当事人依旧有权在意思自治的基础上终止对《股权转让协议》的履行。而从转让方已经与第三人签订与股权转让有关的协议上看，双方已经在实质上终止了《股权转让协议》的履行。

三、法律服务建议

除关注法律规定以外，还应关注行政法规对所涉争议的理解和适用。

在签订交易协议时，应关注协议的解除条款，尽可能避免约定程序反复地解除协议条件，以免加重己方负担。

第九节　股权价格与目标公司资产的关系

一、案例模型

甲方向乙方转让其所持有的项目公司股权，双方签订《股权转让协议》约定了分期支付股权转让款的金额和成就条件等交易事宜。丙方是乙方投资设立的子公司，乙方持有丙方51%的股份。后甲乙丙三方签订《补充协议》，《补充协议》中约定，《股权转让协议中》受让方的责任、权利及义务关系，由丙方承担。

后在甲方、丙方之间发生争议，争议有以下几项：

（1）《股权转让协议》中约定，项目公司召开特别股东大会批准甲方将其在项目公司中占有的全部股份转让给乙方之后10个工作日内，乙方向甲方支付股权转让费8800万元。

因股权受让方的义务由丙方承担，甲方称，该约定的付款条件已经达成，但丙方仅支付了人民币4000万元，尚有4800万元人民币未支付。

（2）《股权转让协议》中约定，项目投产后四个月，乙方向甲方支付股权转让费人民币2840万元。《股权转让协议》另约定，乙方保证在向甲方支付本协议约定的全部股权转让费前，不得将受让的股权及其全部权益再次转让。

甲方称，其发现丙方在还没有向其支付全部股权转让款的情况下，乙方已经将股权转给了第三方。所以，甲方要求丙方立即支付尚未支付的股权转让款。另外，在上述情况下，丙方应支付而未支付的股权转让费已达到全部股权转让费的1/5，甲方有权要求丙方立即支付应支付而未支付的股权转让费。

（3）丙方称，股权转让价格是根据甲方提供的《可行性报告》确定的，但在签订《股权转让协议》后，双方均发现，《可行性报告》中预估的项目收益远高于实际，双方为了扭转这一局面，双方又签订《补充协议一》，约定共同对新项目进行开拓，丙方支付了前期费用，但没有成果。

因此，丙方要求按实际收益确定股权转让费价格，并扣减《股权转让协议》约定股权转让费的相应金额，并要求甲方向丙方支付丙方实际支付的前期费用。

二、裁判规则与代理思路

（一）项目效益能否影响股权转让价格

本案中双方就股权转让价格争议的实质，其实是股权转让价格与股权所涉及的公司、项目收益、资产等因素是否有直接关系。如果目标项目或公司的资产收益低于预估，按预估收益协商的股权转让价格能否根据实际情况予以扣减。

而上述争议的焦点其实为，股权转让交易是否涉及资产转让性质。仲裁庭在审查这一问题时，通常会对争议所涉及的《股权转让协议》进行全面细致的审查，特别是对双方交易是何种性质的条款，仲裁庭会进行分析和解释。

以下为标准股权转让条款示例的部分内容：

（1）甲方按本协议条件向乙方转让其所持有目标公司全部股份，即1000股中73%股份。其余27%的股份由×公司持有，依据甲方与×公司签订的合资合同，×公司在项目公司持有的股份不得低于27%。

（2）乙方同意向甲方支付目标项目股权转让费共计 1955 万美元，经双方协商，乙方支付甲方的股权转让费以人民币方式结算，采用固定比价即 1 美元＝8 元人民币，总金额为 1.564 亿元人民币。

（3）在本协议生效后 5 个工作日内，乙方向甲方支付股权转让费 500 万美元，即合 4000 万元人民币。

（4）项目公司召开股东大会批准甲方将其在项目公司中占有的全部股份转让给乙方之日后 10 个工作日内，乙方向甲方支付股权转让费 1100 万美元，即合 8800 万元人民币。

（5）甲方依法具有完全独立的法人权利能力及行为能力，具有转让本协议项下项目公司 73% 股份的权利。

（6）乙方依法具有完全及独立的法人意思及行为能力，且公司依法登记注册之日至本协议签订之日，一直为合法存续及合法经营之法人，具有受让本协议项下股权的资格。

通常的仲裁观点认为，股权是股东基于出资并由其出资所有权让渡而来的可转让的权利。该权利既有财产性权利利益分配权、优先购买权等，也有人身性权利，如重大决策权、知情权、管理权等。一般的股权转让合同，转让的是目标公司股权，股权转让可以使目标公司的股权结构发生变化，但不会影响目标公司的资产价值。公司资产转让通常是收购方以现金或者有价证券为对价收购卖方公司全部有形或无形资产，接管卖方公司业务的行为。因此，股权转让与资产转让主体不同、收购标的不同、法律性质与后果、债务承担均不同。

根据合同约定内容，可以得知，甲乙双方所签订的协议是股权转让协议，而非资产转让协议。

有关于公司项目资产收益是否与股权转让价格有关，仲裁庭认为，股权价值需要对目标公司资产、负债进行综合判断。股权受让方受让股权的目的即在于通过进入目标公司获得目标项目利益，因此目标项目资产收益回报等价值非常重要。可以说，股权转让价格与目标项目收益回报状况有很大关系。

（二）项目资产收益与预估差异巨大，能否作为扣减相应股权转让费的理由

对于项目资产收益与预估有所差异这一问题，仲裁庭常见裁决逻辑如下：

　　如果一方有充足证据或双方均认可类似于《可行性研究报告》等预估项目收益的评估类文件，是双方确定股权转让价格的重要参考依据。则仲裁庭确认，双方对项目收益的预判，是确定股权价值的重要依据。

　　转让方与受让方在预估与现实有所差异的情况下，是否达成新的协议，以其他方式弥补股权价值的缺损。如转让方承诺，与受让方开发新的项目，并以新项目中转让方应得收益作为对受让方的补偿。

　　受让方是否有提出过解除、终止《股权转让协议》的意思表示。如果受让方既未提出过终止、解除《股权转让协议》，又通过其他方式在股权价值上获得了补偿，则仲裁庭一般不会支持受让方要求扣减股权转让费的请求。

　　基于上述仲裁观点，主张应当扣减股权转让款的一方，应提交以下几部分证据：

　　一是双方确定股权转让价格的重要依据是《可行性研究报告》等评估类文件，如《股权转让协议》中"鉴于"条款中写明双方确认股权转让费的依据是《可行性研究报告》、双方协商股权价格时的协商记录中所提及评估类文件的作用等。二是预估的情况与现实存在巨大差异，且该差异足够影响股权价值，如收益报表、项目陷入实质性危机的证据等。三是在己方发现上述问题时，向对方表示过要解除、终止《股权转让协议》，或己方要求对方给予补偿，对方拒绝或未达成一致的证据等。

　　主张不应当扣减股权转让款的一方，应提交以下几部分证据：

　　一是上述评估类文件并不作为股权转让价格的参考，如《股权转让协议》中明确表示的条款、受让方签确的风险释明文件等。如果确实没有证据证明评估类文件不是股权转让价格的参考依据，则应提交对方已经接受其他形式补偿的证据，如双方另行签署的补偿协议。二是应考虑对方是否提出过解除、终止履行《股权转让协议》，对方没有提出解除或终止履行，说明对方认可该协议，并愿意履行该协议的约定，《股权转让协议》中的约定即包括股权转让价格的约定。

　　本案中，因出让方与受让方达成协议，出让方以新项目收益作为弥补受让方股权价值缺损的损失，所以不存在扣减相应股权转让费的问题。受让方向转让方支付股权转让费4800万元的条件已经触发。转让方请求裁决受让方支付4800万股权转让费的请求成立。

（三）受让方违约转让股权的认定

仲裁庭在认定一方是否违约时，以协议为主要依据。例如在本案中，双方《股权转让协议》中有如下约定：

（1）×项目正式投产后4个月，乙方向甲方支付股权转让费355万美元，合2840万元人民币。

（2）乙方保证在向甲方支付本协议约定的全部股权转让费前，不得将其受让的股权及其权益再次转让。

在转让方有明确证据证明，受让方在没有支付全部股权转让费的前提下将股权转让给第三人，受让方也无证据证明自己转让股权是与转让方达成一致的情况下，受让方被认定为违约是必然的。如果受让方转让股权的行为导致股权转让款支付条件永远不能达成，则仲裁庭通常裁决受让方立即向转让方支付股权转让费。

（四）受让方为开发新项目垫付的前期费用，是否应得到补偿

本案中，受让方垫付的费用，得到补偿，满足了两个条件：一是转让方与受让方在《股权转让协议》中明确约定，在对履行协议时不符合约定义务采取的补救措施所产生的费用，自行承担；二是受让方的支出，其实是转让方应采取的补救措施，所以受让方支出的费用，是给转让方垫付的资金。并且，受让方提供了费用支出的合同、发票等，足以证明钱款的流向。

因此，转让方理应对受让方进行补偿。

三、法律服务建议

受让股权时，如果受让方是基于获得目标公司项目资产回报的目的，且该项目尚在初始筹备阶段，受让方应尽可能对项目利润、风险进行充分了解和认识。转让股权及其他支付款项，如果涉及外汇，应在合同中明确约定结算币种及比率。

重视合同的"鉴于"条款，重要的事实不方便以合同条款进行确定的，应在"鉴于"部分充分表达。在发生纠纷时，"鉴于"部分将作为双方都认可的事实影响裁判结果。

合同一方如认为有必要解除或终止履行合同，应及时向对方提出。

第十节　股权转让"同等条件"瑕疵认定

一、案例模型

甲乙双方、×工厂，此三方签订《债转股协议》及《债转股补充协议》，约定甲方以全资持有的×工厂净资产出资，乙方以对×工厂的债权出资，共同设立目标公司。

目标公司设立后，乙方召开股东会，欲将其所持有的目标公司55%的股份转让给第三人，并向甲方送达了行使优先购买权的通知。甲方表示不放弃优先购买权，具体事宜协商解决。但甲乙双方经过多次协商，并未就优先购买股权事宜达成一致。

甲方认为乙方所设定的优先购买权行使条件存在瑕疵，请求裁决确认自己具有目标公司股份的优先购买权。乙方认为自己在程序上不存在问题。

二、裁判规则与代理思路

（一）如何理解股权转让中同等条件的瑕疵

在股权转让交易中，为了维护有限责任公司的人合性，拟转让股权的股东应先通知目标公司其他股东自己的转让意向，其他股东在同等条件下享有优先购买权。

拟转让股权股东通知其他股东行使优先购买权、并对所谓的"同等条件"进行解释，常见的方式有两种：

第一种方式通常发生于拟转让股权的股东已经与目标公司其他股东以外的第三人达成了初步的交易协议，并对股权转让中的交易条件进行了商洽。此时，拟转让股权的股东会向目标公司其他股东发送通知，并召开股东会等。拟转让股权的股东对其他股东进行通知，通知一般有两部分内容：一是表达自己希望转让股权，询问其他股东是否行使优先购买权；二是告知其他股东自己与第三人达成的股权交易条件。

第二种方式通常发生于拟转让股权的股东尚未与目标公司以外的股东商洽股权交易事宜。此时，拟转让股权的股东会向目标公司其他股东发出通知，询问其他股东是否行使优先购买权并表达自己对股权价格、付款方式、期限的要求。

根据主流仲裁裁判观点，如果拟转让股权的股东仅向目标公司其他股东就其与第三人的股权交易条件进行通知，而未对目标公司其他股东购买股权的条件进行明确，是拟转让股权股东通知其他股东行使优先购买权程序的瑕疵。

因此，针对拟转让股权的股东在通知其他股东行使优先购买权是否存在瑕疵这一焦点问题中，主张存在瑕疵的一方，除应关注拟转让股权的股东在发出通知、召开会议等程序中是否符合法律及公司章程要求以外，还应关注，拟转让股权的一方是否对股权受让"同等条件"进行了明确。

（二）股东行使优先购买权的期限如何确定

股东行使优先购买权的期限，主要有两个问题：一是股东行使优先购买权，转让方是否必须给予受让方一定期限；二是期限如何确定。

针对第一个问题，主流仲裁裁判观点认为，我国现行法律并没有对股东同意在同等条件下行使优先购买权的购买期限作出明确规定，但股权交易是一个相对复杂的过程，仲裁庭认可应当给出拟受让方购买期限，除非双方同意立即交易。

针对第二个问题，主流仲裁裁判观点认为，虽然我国现行法律并没有对期限问题作出明确规定，但期限的合理性应充分考虑交易的复杂程度及目标公司的运营状况。即拟受让方需要权衡的因素越多，合理期限也就越长。

因此，主张所谓合理期限应更长的一方，应对自己对该股权交易进行权衡且必要的因素进行证明。比如，目标公司刚成立即发生重大股权交易，可能影响股权价值；交易模式特殊，可能对股权价值产生非正常影响；涉及金额巨大等。主张所谓合理期限应更短的一方则应提交现有的期限已经足够对方充分考虑行使优先购买权事宜的证据。如无直接证据，也可考虑提交己方催促对方于某日期前作出决定，对方对该期限没有提出异议或对方明确要求顺延至某日的函件，以证明对方认为合理的期限已经明确，且对方已经超期。

（三）拟转让方设定的最后期限，是否影响拟受让方优先购买权的行使

在股权交易中，经常出现一种情况，拟转让方通知其他股东行使优先购买权时，会在通知中或双方商洽过程中，通知对方，本次股权转让优先购买

权行使是有期限的，你方应在某日前，与我方达成协议。如果拟受让方在拟转让方给出的"最后期限"结束时，还未与拟转让方达成股权转让有关的主要协议，拟转让股权的一方则可能主张，目标公司股东已经放弃行使优先购买权。

针对上述问题，主流仲裁裁判观点认为，在我国现行法律并未对优先购买权的期限进行明确规定的前提下，如果拟交易双方没有就"最后期限"达成一致，拟受让方也未表示放弃行使优先购买权，则不能推定拟受让方已经放弃行使优先购买权。

因此，主张对方已经放弃行使优先购买权的一方，应提交的证据有两种：一是对方已经明确表示自己放弃行使优先购买权的证据，二是虽然对方并未明确提出自己放弃行使优先购买权，但双方已就行使优先购买权的期限达成一致且对方未在约定期限内行权。主张自己没有放弃行使优先购买权的一方，应提交的证据包括，己方明确表示不放弃优先购买权、双方未就行权期限达成过一致的证据。

三、法律服务建议

应对股权转让交易中的"同等条件"进行明确解释和通知。股东在向其他股东通知行使优先购买权时，应随通知写明目标公司股东应在同等条件下行使优先购买权，同等条件究竟是何种条件，不能仅以与第三人拟定的交易条件进行通知，仅通知拟转让股东与第三人交易的条件，属于对"同等条件"的解释带有瑕疵。

如果拟交易股权的双方对行使优先购买权的期限达成过一致，应将双方的约定通过书面形式加以固定，并写明如在约定期限内未行使权利，则视为放弃行使优先购买权。并应对行使权利的表现形式进行相对明确的约定，如写明，行使优先购买权是指双方至少对股权转让比例、价格、付款期限进行确认。

第十一节 土地使用权能否作为股权价值的依据

一、案例模型

甲方（共三人）持有目标公司全部股份，甲乙双方签订《股权转让协议》，协议约定甲方将其所持有的目标公司全部股份转让给乙方，股权转让价款总额按照目标公司土地使用权证核准的面积作为计算依据。

此后，乙方将2500万元（含500万元定金）汇入甲乙双方共管账户，又几经催促甲方履行协议，均被甲方拒绝，乙方向仲裁委申请仲裁，请求裁决甲方支付违约金。

甲方认为，甲乙双方虽然签订了《股权转让协议》，但签订该协议的真实目的是通过股权转让的形式转让土地使用权，协议签订后，因政策原因致使合同目的无法实现，因此不能履行协议。

二、裁判规则与代理思路

（一）《股权转让协议》的性质

按照通行的仲裁裁判观点，在股权转让交易中，如果股东变化仅导致公司法人财产的财产收益发生变化，而不导致法人财产权属发生变更，则《股权转让协议》中的股权转让性质并无异议。

在本案中，虽然双方就股权转让的价值进行特别约定，将目标公司土地使用权面积作为股权转让价值计算依据，但无论在股权转让发生前，还是股权转让发生后，土地使用权的权属一直在目标公司名下，土地使用权属于目标公司。所以，不能认定双方签订《股权转让协议》是以合法行为掩饰非法目的。

（二）违约责任认定

就本案而言，双方在《股权转让协议》中有以下约定：

本协议第3条约定的甲方义务和责任在该约定的期限内因政府土地政策的限制或因政府控制性规划的变更造成目标公司土地不能进行住宅用地开发的情况，甲乙双方商定属于不可抗力事由。发生以上事由的，甲乙双方同意解除合同。

但本案中的股权转让方并未对发生上述事由进行举证，因此并不能判定双方一致认定的不可抗力事由发生。

结合上述裁判逻辑，争议各方当事人均应对各方签订的合同进行充分理解，如果主张对方违约或己方可以不履行合同的事由发生，应提交相应证据。在本案中，甲方主张不能履行协议的是由于政策因素导致交易目的不能实现，为充分证明自己的主张合理，甲方应按照以下法律逻辑准备证据：①对合同进行研读和充分理解，找到合同中可以解除合同的事由；②对满足上述事由和进行了相应程序进行举证，如在本案中，可以解除合同的事由为"因政府土地政策的限制或因政府控制性规划的变更造成目标公司土地不能进行住宅用地开发的情况"，而具体解除程序为"甲乙双方商定属于不可抗力事由"，即在合同签订前，甲乙双方已经进行了商定该事由为不可抗力的前置程序。在本案中，甲方应证明所谓的政策原因系"因政府土地政策的限制或因政府控制性规划的变更造成目标公司土地不能进行住宅用地开发的情况"，如政府的批文、通知等。

如果合同中写明的解除程序是"该事由发生后，甲方应及时通知乙方，并协商解除合同"，那么，本案甲方还应证明己方已经对甲乙进行了通知并积极要求协商。

另外，在本案中，仲裁庭根据双方责任、标的价值等因素进行综合判断，支持了受让方主张违约金的全部金额。

三、法律服务建议

每个行业均有其特点和特定的规律，在合同签订前，应针对交易过程中可能出现的行业性风险进行预判并尽可能在合同中进行体现。如房地产行业的政策变化问题、粮食行业的天气与储存问题等。

另外，交易各方在制定合同过程中，也应考虑合同中约定的各项程序操作的便利性和举证的便利性，特别是如通知、协商等程序。如此，既方便各方交易能够积极顺利地进行，也能让各方在纠纷出现时，为己方保留充足的证据。

第十二节　信息披露义务

一、案例模型

甲乙双方自愿签订《股权转让协议》，约定甲方将其所持有的目标公司40%的股份按约定价格转让给乙方，按约定，乙方应将约定的股权转让费汇入共管账户，另外双方约定了违约金为100万元。

后甲乙双方产生争议，甲方主张乙方未按约定履行汇款义务，请求裁决解除《股权转让协议》并由乙方协助办理股权返还变更手续、乙方向其支付违约金。乙方主张，甲方隐瞒了目标公司重度亏损的情形，后虽经乙方想方设法为目标公司解决债务问题，亦未扭转目标公司巨额亏损的局面。乙方请求裁决甲方向其提供真实完整的资料并向其支付违约金。

二、裁判规则与代理思路

（一）履行《股权转让协议》过程中，双方违约的认定

根据通常的仲裁裁判逻辑，要判断一方在履行合同过程中是否违约，先要查明此方负有何等义务、该方是否按约履行了该义务，明确上述问题以确定一方是否存在违约情形。

因此，主张对方违约的一方应先向仲裁庭列明对方负有的义务，一般义务来源为双方签订的合同。主张对方违约的一方在对合同中约定的对方负有的义务进行梳理后，应向仲裁庭提交对方应履行而未履行义务的证据。主张己方未违约的一方，也应根据双方签订的合同对自己应当履行的义务进行梳理，并提交自己已经完成履行相应义务的证据。

在本案中，结合争议双方签订的《股权转让协议》，股权转让方的合同义务是将合同所涉股权交付给受让方。而股权受让方的合同义务是将股权转让费交付给转让方。结合双方的举证情况，可以认定，股权转让方已经将股权交付给受让方，并办理了股权转让手续。而股权受让方并未将股权转让费交付给转让方。

通常状态下，一方未按合同约定履行义务，会以自己存在可以不履行义

务的事由进行抗辩。在本案中，受让方虽未交付股权转让费，但受让方主张，双方在签订《股权转让协议》时，是以《目标公司资产审计报告》作为确定股权转让费价格的依据。但该《目标公司资产审计报告》与事实严重不符，转让方亦未提供真实完整的资料给自己参考。需要特别说明的是，《目标公司资产审计报告》在双方签订的《股权转让协议》中，经过双方共同确认认可。

仲裁庭依据《目标公司资产审计报告》经过双方在《股权转让协议》中共同认可为主要理由，认可了《目标公司资产审计报告》的效力。另外，仲裁庭认为，虽然《股权转让协议》中约定了股权转让方有提供目标公司真实情况的义务，但该义务属于诚实信用原则衍生的附随义务，而非主给付义务。所以转让方提供目标公司真实情况的义务与受让方受让股权之间不具有对等关系。由此，受让方不能因为转让方没有提供目标公司真实情况的资料而拒绝支付股权转让费。

（二）守约方能否行使解除权

根据通行的仲裁裁判规则，仲裁庭认为，根据我国《合同法》行使解除权的规定，法律规定或当事人约定解除权行使期限的，期限届满当事人不行使的，权利消灭。在本案的情形中，受让方明确拒绝支付股权转让费，由此《股权转让协议》的合同目的无法实现。所以转让方行使合同解除权属于法定的解除权，而在双方未就行使权利期限作出约定的情况下，法律并未对法定解除权的期限作出规定，因此转让方解除《股权转让协议》并无不当。

（三）本案裁判结果

经仲裁庭裁判，本案的股权转让方守约、受让方违约。因此，仲裁庭裁决，解除《股权转让协议》，本案股权受让方向转让方支付100万元违约金。

三、法律服务建议

在作出重大交易决策前，尽可能自行委托会计师事务所及律师事务所对交易对手的财务、背景进行调查，以保证己方获得相对完整、真实的商业信息。

第十三节　名为转让实为担保的法律后果

一、案例模型

甲方为目标公司法定代表人，目标公司因运营项目缺少资金，与乙方、丙方签署了以下协议：

(1) 目标公司与乙方签订《借款协议》，约定乙方向目标公司出借 2200 万元人民币，借款期限一年，目标公司支付利息；

(2) 目标公司与乙方签订《合作协议》，约定乙方对目标公司的目标项目享有独家销售权，销售所得利润归乙方，但乙方应先向目标公司支付 1300 万元人民币的定金。同日，双方签订该《合作协议》的《终止协议》；

(3) 甲方、目标公司的其他两个股东、乙方、丙方签订《股权转让及合作协议》，约定目标公司的其他两个股东将所持的目标公司 65% 的股份无偿转让给丙方，丙方不参与目标公司运营，但丙方可以在其所掌握的目标公司 65% 的资产范围内归还乙方已经支付的 2200 万元借款和 1300 万元定金本息，在《股权转让及合作协议》终止后，丙方将股权无偿转让给甲方或甲方指定的人。

上述各项协议签订后，甲方认为丙方在公司内部限制了甲方的股东权利，甲方以签订上述协议是"以股权转让的合法形式，掩盖高息借贷的非法目的"为由，请求仲裁确认协议无效、请求裁决丙方退出股东地位。丙方认为，甲方不是《股权转让及合作协议》的当事方，无权提起仲裁，且该《股权转让及合作协议》中约定的丙方享有的权利，丙方有权行使。

二、裁判规则与代理思路

本案中甲方是否为适格当事人。仲裁庭在判断争议一方或几方是否为仲裁适格当事人时，最重要的依据是该方是否受仲裁协议约束。仲裁协议具有独立性、书面性的特征，如果仲裁当事人以书面形式签订了仲裁协议，无论主合同是否有效，均不影响仲裁协议的效力。

因此，在争议中，如果一方认为对方不是本次仲裁适格的当事人，应提供的主要证据是本次仲裁所依据的仲裁协议，没有经过对方签署或本次仲裁所涉争议根本不存在仲裁协议。而主张自己作为仲裁当事人适格的一方，应提供自己签署了仲裁协议的证据。

在本案中，《股权转让及合作协议》明确约定，"在履行过程中发生争议，可通过协商签订补充协议解决，补充协议与本协议有同等法律效力。协商不成，双方均可向北京仲裁委员会申请仲裁。"本案的甲方作为当事人在《股权转让及合作协议》上签字，即受仲裁条款的约束，换言之，本案甲方有权就《股权转让及合作协议》所涉争议向仲裁协议约定的仲裁机构申请仲裁。

（一）《股权转让及合作协议》是否有效

案件虽然可以进行类型化研究，但每个案件都是独立的个体，虽然有相同之处，但千差万别。现就本案所涉案情进行分析：

1.《股权转让及合作协议》与争议各方之间签订的其他协议，是否存在重要联系

在本案中，除争议直接涉及的《股权转让及合作协议》以外，争议各方还签订过《借款协议》《合作协议》等，且仲裁各当事人均将上述协议作为重要证据提交。在上述情况下，仲裁庭认为，虽然以上协议不属于本案仲裁管辖范围，但既然当事人将上述协议作为重要证据向冲裁庭提交，那么说明，上述协议对分析和认定《股权转让及合作协议》效力起到重要作用。

根据以上协议内容和当事人将上述协议作为证据提交，可以得知，《股权转让及合作协议》是根据争议各方当事人在签订《借款协议》《合作协议》后，根据《借款协议》《合作协议》主要条款制定的，且《股权转让及合作协议》的当事人不仅知悉《借款协议》《合作协议》的存在，也了解《借款协议》《合作协议》的主要内容。

2.《股权转让及合作协议》是否系"以合法形式掩盖非法目的"

在本案中，丙方无偿获得目标公司两个股东65%的股权，虽然协议约定无偿取得，但实际丙方获得目标公司股份是因乙方以贷款形式代替丙方支付了对价。《股权转让及合作协议》有约定，丙方可以在其掌握的目标公司65%的资产范围内偿还乙方已经向目标公司出借的贷款本息及合作定金本息。从本质上说，股权转让不是各方的真实意思，所谓股权转让交易的真实目的，是丙方掌握目标公司资产为乙方进行担保，以防止目标公司不偿还乙方出借

资金的本息。根据我国法律规定，企业间的借款合同无效，[1] 主合同无效从合同自然无效，因此各方当事人无论是签订企业间的借款合同还是企业间借款的担保合同，都属于无效的范畴。所以各方当事人为了达成目的，只能使用签订《股权转让及合作协议》《借款协议》《合作协议》等一系列协议的方式规避法律风险。各方当事人的真实目的在于以合法的股权转让形式达到非法担保的目的。

3. 《股权转让及合作协议》是否附条件，条件是否有效

进一步推理，在本案《股权转让及合作协议》中有此类条款，"如乙方未在《借款协议》约定的时间借给目标公司首期 2200 万元借款，则本协议自动终止。"这说明，当事人对于《股权转让及合作协议》增加了失效条件、终止条件。我国现行法律并不禁止当事人对所签订的协议附加条件，但该条件应该是合法的。然而，根据我国《商业银行法》等法律法规，企业间借贷资金违法，所以，《股权转让及合作协议》中所附条件，亦是违法的。

综上，《股权转让及合作协议》共存在三处无效因素：第一，以股权转让的合法形式达到担保借贷的非法目的；第二，股权转让是虚假的意思表示；第三，违反强制性法律规定，以企业间借贷作为履行条件。所以，《股权转让及合作协议》无效。

（二）本案丙方所获股权应如何处置

基于对《股权转让及合作协议》属于无效合同的裁决，仲裁庭认为，根据我国《合同法》第 55 条的规定，因无效合同取得的财产应当返还。由此，仲裁庭裁决，丙方因《股权转让及合作协议》所获得目标公司 65% 的股权应当返还至目标公司。

三、法律服务建议

如果《股权转让协议》确因借贷等事由签订，在《股权转让协议》中，尽量不体现签订该协议的事由，保证《股权转让协议》所涉交易的独立性。

---

[1] 在本书出版之时法律规定有变化。

第十四节　国有资产挂牌交易

一、案例模型一

甲方为私人企业，乙方为全民所有制企业，甲方、乙方向丙方转让其所持有的目标公司股份，三方签订《股权转让协议》，并约定丙方向甲乙双方支付的股权转让费金额及支付期限，同时约定了甲乙双方的义务。

后因丙方未按约定履行支付股权转让费的义务，甲乙双方申请仲裁。

二、案例模型一裁判规则与代理思路

本案仅涉及一个关键问题，《股权转让协议》对甲乙双方而言，是否有效，如果有效，则丙方应履行约定义务，如无效，则甲乙方无权要求丙方履行合同义务。

甲乙双方属性不同，应分别分析。

在本案中，甲方为私企（甲方为非国有性质），我国现行法律对非国有性质的主体进行股权转让交易并无特别限制，在甲方公司章程对股权交易没有作出特别要求的情况下，判断甲方与丙方之间签订的《股权转让协议》是否有效，遵循我国《合同法》的一般规则即可。所以，甲方与丙方在《股权转让协议》上签章时，《股权转让协议》成立并生效。

乙方的性质为全民所有制企业，根据《中华人民共和国企业国有资产法》的规定，乙方所持有的目标公司股份，属于国有资产。根据《中华人民共和国企业国有资产法》第54条的规定，国有资产，除国家规定可以直接协议转让的以外，国有资产转让应在依法设立的产权交易所公开进行。《国有资产转让管理暂行办法》[1] 第18条、第30条分别规定了国有资产可以直接转让的两种情形：一是产权交易所经公开征集只产生一个受让方或按有关规定经国资部门批准的，可协议转让；二是国民经济关键领域行业中对受让方有特殊要求的、企业实施资产重组中将企业国有资产转让给气压所属控股企业的国

---

〔1〕　该通知现已失效，但该案例发生时通知届时有效。

有产权转让，经省级以上国资部门批准后，可协议转让。本案中，乙方所持目标公司股份是国有资产，但乙方股权转让行为并不符合上述两项可以直接协议转让的情形，因此乙方与丙方之间的《股权转让协议》无效，乙方无权要求丙方支付股权转让费。

三、案例模型二

甲乙双方约定，甲方以 2600 万元人民币的价格收购乙方所持的目标公司 70% 的股份及 2000 万元人民币的债权，因交易资产性质为国有资产，双方需经过挂牌交易程序，双方又约定，最终交易价格以交易所挂牌竞拍所形成的价格为准。甲方向乙方支付了保证金 500 万元，后双方发生争议，甲方称，乙方在收取了甲方保证金后，不仅没有配合甲方办理相关手续，还私自将其 70% 的股权及 2000 万债权转让给了第三人×。

乙方称，甲乙双方均知晓，目标公司的公司章程明确规定，股东转让出资由股东会讨论通过，股东向股东以外的人转让出资时，必须经全体股东一致同意；不同意转让的股东应当购买该转让的出资，如果不购买转让的出资，视为同意转让。目标公司股东除乙方以外，还有一股东×，乙方在与甲方商定收购事宜后，与甲方签订了《收购协议》，并向×送达了股权转让通知，没想到×同意收购 70% 的股权及债权，因此乙方按照公司章程，只能优先将股权债权转让给×。

四、案例模型二裁判规则与代理思路

本案的关键问题在于，在×行使优先购买权的前提下，甲乙双方签订的《收购协议》是否仍有效。

如上文所述，仲裁庭在裁决案件时，充分重视争议所涉合同内容的表述，并对合同内容进行分析和逻辑推理，现将《收购协议》主要内容摘录如下：

鉴于：乙方拥有目标公司 70% 的股权和约 2000 万元人民币挂牌转让，甲方有意通过摘牌接受转让甲乙双方经友好协商达成以下协议：

（1）转让标的。

（2）转让程序：鉴于乙方属于国有企业，按照国家相关规定，国有产权转让需经交易所挂牌交易。甲乙双方签订本协议后，即启动审计评估及审批

程序，并尽快在国资委指定的交易所挂牌，乙方需将挂牌时间等事宜事先通知甲方，甲方参与摘牌的具体程序按交易所具体规定办理。

（3）支付方式。

（4）争议解决。

根据上述协议内容分析，在《收购协议》鉴于部分已经充分写明甲乙双方签订《收购协议》的前提是乙方已经决定将其持有的目标公司70%的股份及债权转让，另外，纵观《收购协议》所有条款，均无转让股权需要经过×同意或已经征得×同意的表述。

另需特别指出的是，本案乙方与×进行股权交易时，并未通过交易所挂牌程序。

现根据以上情况，以仲裁庭视角逐项分析。

（一）本案甲方是否知悉本交易×未放弃优先购买权

要想证明甲方知悉，最好的方法是将×优先购买权待定，若×行使优先购买权，协议无法履行的问题写入甲乙双方签订的《收购协议》中，但在本案中，上述内容既未在《收购协议》中体现，乙方也未以其他形式对甲方知悉这一信息进行固定，无法提交甲方知悉×有优先购买权且尚未放弃的证据。因此，仲裁庭只能推定，甲方对×未放弃优先购买权的问题，并不知情。

（二）乙方是否按《收购协议》履行了义务

根据目标公司的公司章程，"股东转让出资由股东会讨论通过，股东向股东以外的人转让出资时，必须经全体股东一致同意；不同意转让的股东应当购买该转让的出资，如果不购买转让的出资，视为同意转让。"无论对方是否知悉目标公司其他股东行使优先购买权的情况，根据公司章程，拟出让方在与目标公司其他股东以外的法人、自然人达成交易意向之前，均应先通知目标公司其他股东，询问其是否行使优先购买权。结合本案案情，本案的股权出让方与目标公司股东以外的法人达成交易意向、签订交易协议在先，征询其他股东意见在后，及拟转让方违背了目标公司的公司章程所规定的义务。由此导致《收购协议》无法履行，本案乙方应承担与其过错相对应的责任。

（三）本案甲方与×所享受的股权受让条件是否为同等条件

在本案中，本案乙方与×之间进行股权交易，并未经过交易所挂牌程序。由此可见，本案乙方在与甲方、×交易的条件并不等同，主要区别有二：

一是乙方在与甲方所谓交易条件，包括交易价格和挂牌交易两部分，而乙方与×的交易条件仅包括交易价格一部分。在甲方与×获得股权债权所支付的对价价格一致的情况下，因乙方与×的交易不需要挂牌程序，乙方与×的交易更便捷，而乙方与甲方交易程序更繁杂。

二是乙方与甲方的交易价格带有不确定性，而乙方与×的交易带有确定性。因乙方与甲方交易需要经过交易所挂牌程序，在该程序进行过程中，股权交易价格可能因公开交易而升高，高于甲乙双方原约定的 2600 万元，但乙方与×的交易不需要公开竞价，因此交易价格固定在 2600 万元。

所以根据仲裁裁决逻辑，乙方与×之间的交易条件更为优厚，×并非在同等条件下行使优先购买权。

五、法律服务建议

在日常法律服务及代理案件时，无论是对优先购买权还是其他法律概念的"同等条件"，均应从多个维度进行考虑，价格仅仅是"同等条件"的因素之一。

国内外重要仲裁机构

中国内地（大陆）重要仲裁机构

一、中国国际经济贸易仲裁委员会[1]

中国国际经济贸易仲裁委员会（英文简称"CIETAC"，中文简称"贸仲委"）是世界上主要的常设商事仲裁机构之一。

根据 1954 年 5 月 6 日中央人民政府政务院第 215 次政务会议通过的《关于在中国国际贸易促进委员会内设立对外贸易仲裁委员会的决定》，贸仲委于 1956 年 4 月由中国国际贸易促进委员会（简称"中国贸促会"）组织设立，当时名称为对外贸易仲裁委员会。中国实行对外开放政策以后，为了适应国际经济贸易关系不断发展的需要，根据国务院发布的《关于将对外贸易仲裁委员会改称为对外经济贸易仲裁委员会的通知》，对外贸易仲裁委员会于 1980 年改名为对外经济贸易仲裁委员会，又于 1988 年根据国务院《关于将对外经济贸易仲裁委员会改名为中国国际经济贸易仲裁委员会和修订仲裁规则的批复》，改名为中国国际经济贸易仲裁委员会。2000 年，中国国际经济贸易仲裁委员会同时启用中国国际商会仲裁院的名称。

贸仲委设在北京，并在深圳、上海、天津、重庆、杭州、武汉和福州分别设有华南分会、上海分会、天津国际经济金融仲裁中心（天津分会）、西南分会、浙江分会、湖北分会和福建分会。贸仲委在香港特别行政区设立贸仲

---

〔1〕 参见中国国际经济贸易仲裁委员会简介。

委香港仲裁中心。

根据仲裁业务发展的需要，以及就近为当事人提供仲裁咨询和程序便利的需要，贸仲委先后设立了 29 个地方和行业办事处。为满足当事人的行业仲裁需要，贸仲委在国内首家推出独具特色的行业争议解决服务，为不同行业的当事人提供适合其行业需要的仲裁法律服务，如粮食行业争议、商业行业争议、工程建设争议、金融争议以及羊毛争议解决服务等。此外，贸仲委还为当事人提供域名争议解决服务，积极探索电子商务的网上争议解决。针对快速解决电子商务纠纷及其他经济贸易争议的需要，于 2009 年 5 月 1 日推出《网上仲裁规则》。该规则在"普通程序"之外根据案件争议金额大小分别规定了"简易程序"和"快速程序"，以真正适应在网上快速解决经济纠纷的需要。

60 多年来，贸仲委以其仲裁实践和理论活动为中国《仲裁法》的制定和中国仲裁事业的发展做出了贡献。贸仲委还与世界上主要仲裁机构保持着友好合作关系，以其独立、公正和高效在国内外享有盛誉。

贸仲仲裁具有以下特点：①受案范围宽，程序国际化。自 1956 年成立以来，贸仲委共受理了近 3 万件国内外仲裁案件。贸仲委既可受理涉外案件，也可受理国内案件；同时，其受理案件的范围也不受当事人行业和国籍的限制。其现行有效的《仲裁规则》自 2015 年 1 月 1 日起施行，与国际上主要仲裁机构的仲裁规则基本相同，在现行《仲裁法》允许的范围内最大限度地尊重了当事人意思自治。此外，贸仲委的《仲裁员名册》中有近千名仲裁员，均为国内外仲裁或其他行业的知名专家。其中，外籍及港澳台仲裁员 300 多名，分别来自 41 个国家或地区。②独立公正。作为国际上主要的仲裁机构，贸仲委独立于行政机关，其办案不受任何行政机关的干涉。贸仲委的仲裁员，包括当事人选定的仲裁员，均不代表任何当事人，必须保持独立和公正。③仲裁程序快捷高效。在贸仲委的仲裁中，当事人可以约定仲裁程序如何进行。对于当事人提交的证据和陈述，贸仲委将以书面形式在当事人之间进行充分的交换，贸仲委的开庭审理一般只需 1~3 天。因此，贸仲委的仲裁程序具有快捷高效的特点，其受理的仲裁案件绝大多数均在仲裁庭组成之后 6 个月内结案。④仲裁费用相对低廉。作为国际仲裁机构，贸仲委的仲裁收费标准在世界主要仲裁机构中相对较为低廉。与国内其他仲裁机构相比，同等条件下收费基本相同。与诉讼相比，由于仲裁一裁终局、程序快捷等特点，使得采用仲裁对当事人而言更为经济。⑤仲裁与调解相结合。该做法将仲裁和调解各自的优点紧密结合起来，不仅有助于解决当事人之间的争议，而且有助于保持当事人的友好合作关系。

2012年、2017年，贸仲委被分别指定为《海峡两岸投资保护和促进协议》、内地与香港、澳门地区《〈关于建立更紧密经贸关系的安排〉投资协议》项下的投资争端解决机构之一，负责以调解方式解决港澳台地区投资者与内地（大陆）的投资争端。

贸仲委于2017年发布了《国际投资争端仲裁规则（试行）》，投资争端解决中心为解决基于合同、条约、法律法规或其他文件提起的、涉及投资者与东道国之间的国际投资争端提供仲裁服务。《国际投资争端仲裁规则》的制定背景和意义为：国际投资仲裁是解决投资者与东道国之间投资争端的主要方式。目前，我国仲裁机构尚没有受理国际投资争端的实践，也没有一部国际投资仲裁规则。为适应"一带一路"倡议实施，支持企业"走出去"，独立公正地解决投资者与东道国政府间国际投资争端，贸仲委组织投资仲裁专家牵头成立课题组，经汇集多方意见、反复斟酌和修改完善，制定了《投资仲裁规则》。《投资仲裁规则》的出台，填补了我国国际投资仲裁领域的空白，丰富和发展了我国投资仲裁实践，为我国企业提供了解决与东道国投资争端的制度化保障，为营造我国更加国际化、法治化、便利化的营商环境迈出了坚实一步。

二、北京仲裁委员会[1]

北京仲裁委员会（北仲）设立于1995年9月28日，是独立、公正、高效地解决平等主体自然人、法人和其他组织之间发生的合同纠纷和其他财产权益纠纷的常设仲裁机构。

自设立以来，北仲已迅速成长为在国内享有广泛声誉、在国际上亦有一定地位和影响的仲裁机构。秉承着"独立、公正、专业、高效"的价值理念，北仲正努力成为一个集仲裁、调解、建设工程评审等在内的多元争议解决实

---

[1] 参见北京仲裁委员会简介。

践中心，一个关于多元争议解决的信息交流、培训研究和宣传推广的中心，成为推动中国多元化争议解决发展的重要力量。

北仲仲裁具有以下特点：①国际化的仲裁规则。当事人可以约定仲裁适用的法律和语言，可以约定在北京以外的地点开庭，当事人可以申请指定紧急仲裁员并采取临时措施，申请合并仲裁、追加仲裁当事人，可以在仲裁庭主持下进行调解，且国际商事案件的当事人在仲裁程序中调解不成功，可要求更换仲裁员，可以在仲裁过程中根据《北京仲裁委员会调解规则》向北仲申请调解员调解。允许国际商事案件的当事人在北仲的仲裁员名册之外选定仲裁员。允许国际商事案件的当事人选择不同的仲裁收费办法。规定仲裁员信息披露程序，在国际商事案件中仲裁庭在任何情况下均应根据有效合同条款并考虑有关交易惯例作出裁决，在国际商事案件中可以进行友好仲裁。②发展中的多元化纠纷解决机制。遵循和强调自愿原则；受理范围不受书面协议限制；实行调解员推荐制；程序迅捷、灵活、保密；费用透明，成本小；独立于仲裁，又和仲裁相互衔接。③不断创新的制度。北仲《章程》规定：北京仲裁委员会主任及工作人员不兼任仲裁员，副主任和委员只有在双方选定的情况下才可担任仲裁员。北仲在国内仲裁机构中率先制定《仲裁员聘用管理办法》，采用公开、透明、注重专业素养的选聘标准，同时创设仲裁员培训制度，将经过仲裁员培训并考核合格作为选聘和优先指定仲裁员的条件，确保仲裁员的专业化、精英化。

三、上海仲裁委员会[1]

成立于 1995 年 9 月 18 日的上海仲裁委员会是根据《中华人民共和国仲裁法》组建的常设仲裁机构。自成立后，已经裁处了 30 000 多件案件，涉案争议金额总计达人民币 1300 多亿元。

现上海仲裁委员会共聘请了 612 名仲裁员。仲裁员由国内外法律、经济领域的著名教授、研究员、高级经济师、高级会计师、高级工程师、高级律师和在仲裁、审判、经济管理等工作中经验丰富的人士担任，来自商业、房地产、金融（包括期货、保险）、质量、知识产权、建筑工程、海事海商、国

---

〔1〕 参见上海仲裁委员会简介。

际贸易、运输、公司、广告、电子商务、信息产业、WTO 事务等专业领域。

上海仲裁委员会遵循中国法律、参照国际惯例、按照本会规则，独立、公正、专业、高效地仲裁国内或者涉外合同纠纷和其他财产权益纠纷。上海仲裁委员会受理案件的范围是：房地产纠纷、建设工程纠纷、金融纠纷（含保险、期货、证券、融资等纠纷）、产品质量责任纠纷、知识产权纠纷（含专利、版权、商标等纠纷）、海事海商纠纷、运输纠纷以及国际贸易、国际代理、国际工程项目、国际投资和国际技术合作等经济纠纷。

四、中国广州仲裁委员会〔1〕

中国广州仲裁委员会依据《中华人民共和国仲裁法》的规定，于 1995 年 8 月 29 日正式组建，作为广州地区唯一的民商事仲裁机构，一直遵循独立、高效的仲裁原则，以仲裁方式公正、及时地解决平等主体的自然人、法人和其他组织之间发生的民商事合同纠纷及其他财产权益纠纷。

中国广州仲裁委员会目前分为总会、东莞分会和中山分会、南沙国际仲裁中心四个机构。根据《仲裁法》的规定，可以提交仲裁机构仲裁的纠纷有：买卖合同纠纷、借款合同纠纷、合伙合作纠纷、建设工程合同纠纷、房地产开发纠纷、房屋买卖纠纷、租赁纠纷、融资纠纷、承揽纠纷、融资租赁纠纷、承揽合同纠纷、技术合同纠纷、金融证券纠纷、保险合同纠纷、保管合同纠纷等。

五、中国海事仲裁委员会〔2〕

中国海事仲裁委员会，原名"中国国际贸易促进委员会海事仲裁委员会"，是指中国常设的非政府海事仲裁机构，成立于 1959 年，1998 年更改为现名。仲裁委员会根据当事人在争议发生之前或发生之后达成的将争议提交仲裁委员会仲裁的协议和一方当事人的书面申请，受理仲裁有关海上船舶碰撞、海上船舶相互救助、海上船舶租赁、代理等海上运输业务、海上环境污染损害等的海事争议以及其他双方当事人协议要求仲裁的海事争议。

---

〔1〕 参见中国广州仲裁委员会简介。
〔2〕 参见中国海事仲裁委员会简介。

中国海事仲裁委员会的总部设于北京，在上海、天津、重庆、广东、香港、福建、浙江设有分会。2017年12月16日，中国海事仲裁委员会航空争议仲裁中心、航空争议调解中心在北京正式成立。仲裁范围如下：①受理平等主体的公民、法人和其他组织之间的国际/涉外及国内海事、海商、物流、渔业等争议仲裁案件，包括香港特别行政区、澳门特别行政区或台湾地区的仲裁案件；②提供当事人约定由仲裁委员会处理的其他争议解决服务；③根据当事人的约定和请求，为境外进行的非机构仲裁指定仲裁员；④宣传推广和研究仲裁及其他非诉讼解决争议的方式方法；⑤开展国内外业务交流，参加相关的国内外组织。[1]

国际上主要商事仲裁机构

一、国际商会仲裁院

国际商会仲裁院（The International Court of Arbitration of International Chamber of Commerce，简称ICC），成立于1923年，是附属于国际商会的一个全球性的常设仲裁机构，总部设在巴黎，1989年更名为"国际仲裁院"。该仲裁院的宗旨是：通过依照其仲裁规则的规定，以仲裁的方式处理国际商事争议，以促进国际合作与发展。该院最初受理的案件主要是有关货物买卖合同和许可证贸易中所发生的争议。后来其受案范围发生重大的变化，几乎包括了因契约关系而发生的任何争议。任何国家的当事人，包括自然人，法人，甚至是国家、政府及其机构本身，都可以通过仲裁协议将有关争议提交国际商会仲裁院仲裁。该院是当今国际商事仲裁领域中最具影响力的仲裁机构。

二、解决投资争议国际中心

解决投资争议国际中心（International Center for The Settlement of Investment Disputes，简称ICSID），是世界银行（即国际复兴开发银行）下的一个独立机构。它是1966年10月14日根据1965年3月在世界银行主持下签订的《解决

---

〔1〕 参见中国海事仲裁委员会章程。

国家与他国国民间投资争议的公约》（又称《华盛顿公约》）而设立的一个专门处理国际投资争议的全球性的常设仲裁机构，总部设在美国的华盛顿。该中心的宗旨是：用调停和仲裁的方法，解决该公约缔约国和其他缔约国国民之间的投资争议，促进和鼓励私人资本的国际流动。

解决投资争议国际中心具有不同于任何其他商事仲裁机构的特殊法律地位。它具有完全的国际人格；中心具有缔结契约、取得和处理动产和不动产及起诉的能力；中心在完成其任务时，在各缔约国领土内享有公约所规定的特权和豁免权；中心及其财产和资产享有豁免一切法律诉讼的权利；中心的资产、财务和收入以及公约许可的业务活动和交易，应免除一切税捐和关税；中心及其所有官员和工作人员，享有政府间国际组织及其人员所享有的特权和豁免权。而且，依据《华盛顿公约》，作为当事人、代理人、法律顾问、律师、证人或专家以及在仲裁中出席的人进行仲裁的往返途中或在仲裁地停留，也享有《华盛顿公约》第21条规定的豁免权。[1]

三、伦敦国际仲裁院

伦敦国际仲裁院（London Court of International Arbitration，简称 LCIA），是世界上最古老的常设仲裁机构，成立于1892年，当时称为"伦敦仲裁会"（London Chamber of Arbitration），1981年起改用现名，并由伦敦市政府、伦敦工商会和女王特许仲裁员协会共同组成的联合管理委员会管理。

四、苏黎世商会仲裁院

苏黎世商会仲裁院（Court of Arbitration of the Zurich Chamber of Commerce），成立于1911年，是瑞士苏黎世商会下设的一个全国性常设仲裁机构。苏黎世商会仲裁院设有秘书处，主要负责审查仲裁申请是否符合条件、协助组织仲裁庭、收取保证金、收受及送达有关文件等具体事务。苏黎世商会仲裁院任命机构的职能由会长担负。

由于瑞士在政治上处于中立地位，这就使得苏黎世商会仲裁院的裁决比

---

[1]《解决国家与他国国民间投资争议的公约》第1章第1~4节、第6节，国务院法制办公室政府法制协调司编：《中国仲裁机构概览》，中国物价出版社2001年版，第74~76页。

较容易被有关国家和双方当事人所接受，从而逐渐成为处理国际民商事争议的一个很重要的中心，在国际商事仲裁机构中具有一定地位。在涉及中国当事人的有关国际商事关系中，也有相当一部分选择了苏黎世商会仲裁院作为仲裁解决有关商事法律争议的商事仲裁机构。

五、瑞典斯德哥尔摩商会仲裁院

斯德哥尔摩商会仲裁院（The Arbitration Institute of Stockholm Chamber of Commerce，简称 AISCC），成立于 1917 年，总部设在瑞典首都斯德哥尔摩，是隶属于瑞典斯德哥尔摩商会，但又独立于商会的一个仲裁机构。其宗旨是：根据仲裁院本身的商事仲裁规则或仲裁院采用的其他规则协助解决国内和国际商事法律争议；由仲裁院决定，协助以部分或全部不同于仲裁院规则规定的方式进行仲裁程序；提供关于根据仲裁院规则解决商事法律争议的咨询和指令；以及提供关于仲裁和调解事宜的信息；按照仲裁院就每个案件作出的决定，协助进行与上述规定不同的审理程序；以及提供有关仲裁事务的咨询。

由于瑞典的仲裁制度历史悠久，有一套完整的仲裁规则和一大批精通国际商事仲裁的专家，因此，其仲裁的公正性在国际社会享有很高的声誉。斯德哥尔摩商会仲裁院现已发展成为国际社会一个非常重要的国际商事仲裁中心。

六、美国仲裁协会

美国仲裁协会（American Arbitration Association，简称 AAA），成立于 1926 年，是一个独立的、非政府性的、非营利性的民间性组织，是美国最主要的商事仲裁常设机构。其总部设在纽约，并在全美 30 余个主要城市设有分会。其目的是在法律许可的范围内，以仲裁方式解决商事法律争议。

由于美国仲裁协会能提供完备的行政和服务设施，仲裁较少受司法干预，因此，近年来受理的案件持续上升，成为世界上受案量最高的民间仲裁机构。

中国港澳台地区重要仲裁机构

一、香港国际仲裁中心

1985 年成立的香港国际仲裁中心（简称 HKIAC），是一个由商界及专业人士组成的委员会运作的、独立的非营利性机构，它由香港政府提供资助并接受私人捐赠进行运作。其目的是为香港本地以及国际仲裁提供服务，包括指定仲裁员、提供辅助服务，以及依该中心自身仲裁规则及《联合国国际贸易法委员会仲裁规则》进行仲裁管理。由于香港是亚洲第一个充分受益于采用联合国《国际商事仲裁示范法》的地区，因此，HKIAC 吸引了众多国内外商事争议当事人将争议提交该中心仲裁，并被视为是亚太地区最重要的国际仲裁中心之一。[1]

香港的现行仲裁制度实行双轨制，由本地仲裁和国际仲裁两套不同的制度组成。现行 1997 年 6 月生效的《香港仲裁条例》第 Ⅱ 部分，以 1996 年英国的仲裁法为蓝本，对仅涉及香港本地的仲裁作了相应规定；而现行《香港仲裁条例》的第 ⅡA 部分，则以联合国《国际商事示范法》为蓝本，对在香港进行的国际仲裁作了相应规定。同时《香港仲裁条例》第 2L 条规定，在争议发生后，香港本地仲裁当事人可以达成书面约定，将其争议按照国际仲裁的方式进行仲裁；第 2M 条规定，国际仲裁当事人亦可以达成书面约定，将其争议按照本地仲裁的方式提交仲裁。因此，在香港现行的仲裁制度下，争议当事人可以在两种不同的仲裁制度间进行选择。选择的意义在于：相对于国际仲裁而言，现行《香港仲裁条例》赋予了法院对香港本地仲裁更大的司法审查权与监督权。例如，本地仲裁的当事人享有就裁决产生的法律问题向法院提起上诉，请求司法复核的权利；法院有权命令将两个或两个以上仲裁程序进行综合处理，或命令该等仲裁程序同时或一项紧接着一项地聆讯，或命令将其中任何仲裁程序搁置，直至其余任何的仲裁程序作出裁定为止；法院

---

[1] 张月明：《新加坡与香港国际仲裁中心仲裁规则修改之比较》，载《广西社会科学》2009 年第 10 期。

有权力以仲裁员行为不当为由将其撤职或将其裁决作废。[1]2008年9月1日 HKIAC 正式推出了《机构仲裁规则》，该规则已于 2008 年 12 月 15 日正式启用，它取代了自 2005 年 3 月 31 日正式生效的《香港国际仲裁中心国际仲裁管理程序》。

二、澳门世界贸易中心仲裁中心[2]

澳门世界贸易中心仲裁中心原称为"澳门世界贸易中心自愿仲裁中心"，由澳门政府于 1986 年 6 月 5 日通过第 48/GM/98 号批示宣告成立。

该中心成立最主要的目的是在本地区推广及发展仲裁和调解这两种非司法性质的解决纷争的程序，以便让存在争议的当事人在选择解决纠纷的方式时，除可提起司法诉讼外，能有另外可以考虑的途径。

自成立后，该中心一直为实现其目标而不断努力及在仲裁和调解的工作上积累丰富的经验，该中心有足够的能力为当事人解决民事，行政或商事方面的争议。

三、台湾仲裁机构

2002 年前，台湾唯一的仲裁机构为"中华民国商务仲裁协会"。2002 年后，"中华民国商务仲裁协会"已更名为"中华民国仲裁协会"，在此期间，台湾地区又设立了台湾营建仲裁协会、中华工程仲裁协会等 2 家商事仲裁机构。依据台湾"仲裁法"第 54 条规定"仲裁机构得由各级职业团体、社会团体设立或联合设立，负责仲裁人登记、注销登记及办理仲裁事件"。由此规定可知，目前台湾地区的仲裁机构为民间机构，不具官方性质。

---

[1] 冯丹荔：《浅析香港仲裁法改革》，载《政法论丛》2008 年第 4 期。

[2] 参见澳门世界贸易中心仲裁中心简介。

参考文献

1. 李虎：《网上仲裁法律问题研究》，中国政法大学 2004 年博士学位论文。

2. 冀燕娜：《网上仲裁法律问题研究》，北京邮电大学 2015 年硕士学位论文。

3. 杨秀清、史飚：《仲裁法学》，厦门大学出版社，厦门大学出版社 2007 年版。

4. 马占军：《我国仲裁协议效力认定研究》，环球法律评论，2008 年第 5 期。

5. 赵秀文：《国际商事仲裁及其适用法律研究》，北京大学出版社 2002 年版。

6. 刘晓红：《国际商事仲裁协议的法理与实证》，商务印书馆 2005 年版。

7. 宋连斌：《国际商事仲裁管辖权研究》，法律出版社 2000 年版。

8. 刘晓红：《国际商事仲裁协议的法理与实证》，商务印书馆 2005 年版。

9. 赵秀文：《国际商事仲裁现代化研究》，法律出版社 2010 年版。

10. 陆效龙：《涉外仲裁协议的司法审查》，载《中国涉外商事海事审判指导与研究》2001
    年第 1 卷，人民法院出版社 2001 年版。

11. 自江伟、肖建国：《仲裁法》，中国人民大学出版社 2016 年版。

12. 张斌生：《仲裁法新论》，厦门大学出版社 2004 年版。

13. 杜承铭：《论仲裁财产保全》，载《学术研究》2002 年第 10 期。

14. 吴炯主编：《中国仲裁法律制度与实务》，中国工商出版社 2007 年版。

15. 刘璐：《商事仲裁证据规则研究》，对外经济贸易大学 2011 级博士学位论文。

16. 何家弘，刘品新：《证据法学》，法律出版社 2008 年版。

17. 齐树洁：《英国证据法》，厦门大学出版社 2002 年版。

18. 邓杰：《伦敦海事仲裁制度研究》，法律出版社 2002 年版。

19. 石华：《民商事仲裁证据收集制度研究》，内蒙古大学 2011 级硕士学位论文。

20. 叶青：《中国仲裁制度研究》，社会科学院出版社 2009 年版。

21. 韩健：《商事仲裁律师基础实务》，中国人民大学出版社 2010 年版。

22. 李双元，谢石松：《国际民事诉讼法概论》，武汉大学出版社 1990 年版。